质量天下

赵文斌·著

中国海关出版社有限公司

中国·北京

图书在版编目（CIP）数据

质量天下 / 赵文斌著 . —北京：中国海关出版社有限公司，2021.9
ISBN 978-7-5175-0517-4

Ⅰ.①质…　Ⅱ.①赵…　Ⅲ.①产品质量—质量管理　Ⅳ.① F273.2
中国版本图书馆 CIP 数据核字（2021）第 184294 号

质 量 天 下
ZHILIANG TIANXIA

作　　者：赵文斌	
责任编辑：李　多	
封面题字：彭敬信	
出版发行：中国海关出版社有限公司	
社　　址：北京市朝阳区东四环南路甲 1 号	邮政编码：100023
网　　址：www.hgcbs.com.cn	
编 辑 部：01065194242-7528（电话）	01065194231（传真）
发 行 部：01065194221/4238/4246（电话）	01065194233（传真）
社办书店：01065195616（电话）	01065195127（传真）
https://weidian.com/?userid=319526934	
印　　刷：北京鑫益晖印刷有限公司	经　　销：新华书店
开　　本：710mm×1000mm　1/16	
印　　张：23	字　　数：400 千字
版　　次：2021 年 9 月第 1 版	
印　　次：2021 年 11 月第 2 次印刷	
书　　号：ISBN 978-7-5175-0517-4	
定　　价：98.00 元	

海关版图书，版权所有，侵权必究
海关版图书，印装错误可随时退换

PREFACE
序

    国有大小，亦有强弱。大未必强，小不一定弱。各民族探索过各种强国之路，依靠出售自然资源，可以坐享其成；运用金融手段，可以很快获取滚滚财富；以各种借口发起的侵略战争，更是充斥人类历史，然而由此先后建立起来的各种各样的帝国王朝，通常迅速走向消亡。正是深刻理解了民族发展与世界进步的关系，中华民族一直在和而不同的基础上，坚持独立自主、自力更生，把内修实力放在首位。这种追求内力雄厚的本质，就是追求高质量。

    自18世纪起，一直领跑世界的中华民族，依然按照原有的节奏而行，然而装在蒸汽机上的西方国家已经猛然加速。第一次工业革命，英法崛起，成为世界强国。第二次工业革命，美德后发，进而傲视群雄。第三次工业革命，日本奋起，在强国之林占据一席之地。在历史的积累中，美、德、日、英、法等国夯实了厚重的质量基石，虽然也历经了风风雨雨、坎坎坷坷，但时至今日，依然能够保持世界强国的地位，无不因为站在质量基石之上。

    泱泱清王朝被鸦片战争轻轻一击，立刻虚弱毕露、败象显现。当清王朝土崩瓦解之时，中国有几件产品拿得出手？近代以来，中华民族一直追寻强国富民之路。今天，中国越来越靠近世界舞台的中央，两个一百年的奋斗目标正在一步步实现。越到关键时刻，中华民族越不能故步自封，复兴大业仍然需要借鉴世界先进经验，吸收历史发展规律，然后走好中国特色之路。在众多经验和规律中，提高质量无疑是最核心的一条。党的十九大提出，我国经济已由高速增长阶段转向高质量发展阶段。

借鉴首先需要了解。文斌先生在完成中国手工业质量发展历程《质量春秋》一书后，又笔耕不辍，撰成世界工业质量发展专著《质量天下》，可喜可贺。全书以史为经，以事为纬，展示质量发展的历史画卷。

全书开篇，文斌先生没有直接讲述人类质量发展的辉煌成就，而是从"质量之殇"入手。食品、日用品、交通工具、建筑工程的假冒伪劣无处不在，环境污染触目惊心，各种事故鲜血淋漓。在暴利面前，生产商丧失了良知，监管者装聋作哑，人的生命安全被漠视，人的健康一文不值。覆巢之下，焉有完卵？当假冒伪劣比比皆是之时，谁又能幸免于难？在发出良心的质问后，文斌先生转向述说世界强国质量发展历程，纺织质量成就的大英帝国、"德国制造"的凤凰涅槃、日本质量的觉醒、美国质量的全面领先、法国质量对品位的注重，还有韩国、瑞士、卢森堡等精致国家。通过正反两方面的对比，清晰而有力地让人们看到，质量兴则国家兴，质量强则国家强。

质量是一个复合的概念，也是一项综合实力的指标，影响其发展的要素纷繁复杂。《质量天下》没有单纯地停留在质量重要性的絮叨之中，而是抽丝剥茧，努力探寻质量发展的内在规律。科技引领质量，近现代质量的大变革正是因为工业革命带来的科技大发展，质量的发展史也是科技的发展史。在众多科技之中，计量、标准、合格评定作为国家质量基础设施，对质量发展又起着基础作用。食品安全法治的发展，让我们看到政府在保障公共质量安全方面具有不可替代的作用。政府质量安全监管的力度，不仅在于严惩违法者，更在于营造一个公开、透明的市场环境，促进良性互动，使质量之光照进千家万户。

回望世界工业质量发展历程，面对第四次工业革命浪潮，质量竞争方兴未艾。《质量天下》分析了数字化给质量发展带来的新变革，提出了魅力质量、敏捷质量、全生命周期质量等一系列新概念，为探索未来质量发展规律提供了新思考。

以史为鉴，但凡回顾历史，无不是期望给今日以借鉴。文斌先生呕心沥血所撰此书，良苦用心同样不言而喻，就是想要给今日中国发展以警醒和启迪，以全民质量觉醒推动中国迈向质量强国。难能可贵的是，全书没有流于空洞的说教，而是用了大量的史实和案例，很多章节读起来更像一篇篇报告文学，不会产生冗长乏味之感，令人兴趣盎然。这也使得一些内容可以单独成篇，得以先期在一些媒体上发表。

历史大潮浩浩荡荡，站在两个一百年的历史交汇点上，中华民族正逆水行舟、滚石上山，一如此刻的这场新冠肺炎疫情防控战，正处于关键时期。在这场战"疫"中，中华民族已经赢过一次，我们深信，未来也一定会找到长久的制胜之道。我们同样深信，中国一定能够成为质量强国，因为质量其实就是我们每个人心中对美好的渴望与追求。

是为序。

中国国际经济技术合作促进会第五届理事长　杨春光

2021 年 5 月于北京

前言
INTRODUCTION

1543年5月24日，奄奄一息的哥白尼在病榻上又摸了一下刚刚送来的《天体运行论》样书，带着欣慰、遗憾和困惑离开人世。哥白尼遗憾日心说一直受到蔑视和嘲笑，困惑"科学成了神学的婢女"的黑暗年代何时才会结束。

然而科学一旦上路，又有谁能够阻止其前行的步伐？

随着漫长的中世纪终于结束，教会权威逐渐衰弱。17世纪，科学在西欧萌芽。1673年，荷兰物理学家惠更斯开始研究用火药爆炸获取动力。虽然因火药燃烧难以控制而未获成功，但是发明一种可以解放双手的机器已经成为人们的梦想。又过了将近一百年，苏格兰格拉斯哥大学教具修理师詹姆斯·瓦特，终于制成第一台单动式发动机，从此，人类阔步进入工业时代。随着机器大生产取代手工劳动，商品不仅因为生产效率大幅提高而变得廉价，而且质量发生了飞跃。

回望第一次工业革命以来世界质量发展历程，或许能让我们更加坚定与从容。

一个国家或地区的富裕有很多原因：有的是老天眷顾，被赐予一块好土地，靠着卖石油或天然气，就可以富甲天下；有的是地理位置好，有天然良港或迷人风景，大量资金随着货物或人潮滚滚而来；有的抓住了一个特殊的历史机遇，一夜暴富，之后子子孙孙坐享其成……

但富裕不等于强大。富裕最多是强大的一个因素。比如卡塔尔，2020年人均GDP（国内生产总值）5万多美元，然而，谁也不能说这是个世界强国。纵观世界强国发展历程，无不是在历史的长河中奋发图强、日积月累，通过不断提升综合国力和国际竞争力，占据世界民族之巅。衡量世界强国有诸多指标，质量强是最鲜明的特质之一；世界强国崛起有诸多因素，强质量又是最根本的原因之一。

18世纪60年代，第一次工业革命从英国发端。从一架小小的珍妮纺织机到机械化生产，从在国际市场挑选最好的棉花原料到成为世界棉纺织工业头等强国，英国工业又是从纺织业起步。之后，英国开始制造世界最先进的机器，生产世界上最优质的钢铁。到1840年前后，英国建立起大工厂制和世界上最先进的制造业，成为世界第一大制造强国，基本完成工业革命。紧接着，依靠坚船利炮，英国打开了其他国家的大门，又依靠优质产品，英国占据了世界市场，成为"日不落帝国"。

19世纪60年代后期，第二次工业革命开始，美国和德国后来居上。美国刚刚独立之时，虽然在军事上取得了胜利，但无法掩盖其在经济和科技上远远落后于欧洲的窘境，牛奶掺水、咖啡掺炭、白糖和面粉掺石膏等现象层出不穷。在经历了一段"山寨"历史后，美国利用移民政策招来全世界优秀的人才，加快技术革新，推动产品升级。1894年，美国工业产值居世界第一，成为世界第一大工业化强国。20世纪初，美国又率先实现标准化生产，率先推出消费者保护制度，综合实力不断提升。第二次世界大战后，美国不仅经济总量位居世界第一、军事综合实力位居世界第一，而且在汽车、机械、航空设备、钢铁、石油产品、化肥、水泥、塑料等诸多领域的技术和质量水平也位居世界前列，成为世界超级大国。

德国起步同样较晚。1871年实现统一后，德国面对世界市场已经被其他强国瓜分完毕的局面，选择了大规模仿制和伪造其他国家产品，以低价占领市场。"德国制造"在当时一度成为假冒伪劣的代名词。但是，德国人知耻而后勇，仅仅用了10年时间，德国质量便开始崭露头角，诞生了一批耳熟能详的德国品牌。1913年，德国成为仅次于美国的世界第二工业大国。影响更为深远的是，德国的工匠精神和职业培训逐步成熟。在经历两次世界大战的灾难后，德国又迅速崛起，至今仍是欧洲乃至世界上一支重要的力量，取得这一地位恰恰在于"德国制造"始终是世界上最响亮的国家品牌。

二十世纪四五十年代，第三次工业革命来临。在战后废墟上重建的日本把握了机遇，创造了经济奇迹。其中一个重要的原因是日本实施"质量救国"战略，在全球率先实行全面质量管理，迅速成为全球又一个高质量国家。到20世纪80年代，日本已在多个领域打败美国企业。著名质量管理大师朱兰认为："日本的质量革命为日本成为经济超级大国开辟了道路。"受到震惊的美国又一次开始质量图强，在巩固传统产品质量优势的基础上，迅速发展计算机、电子和通信设备、信息、生物等高科技产业。

2008年全球金融危机爆发，世界经济哀鸿遍野。又过了10年，2018年世界GDP排名第一、三、四、六位的国家分别为美国、日本、德国、英国。这不是巧合，质量的发展和积淀是必然因素之一。世界上还有一些国土面积小的国家，如韩国、瑞士、卢森堡，也因为质量优势而独树一帜。面对世界质量发展大潮，中国、俄罗斯、印度和巴西等新兴经济体也加大了质量追赶的步伐。

国家强，质量必须强，质量是强国之基，又是民生福祉所在。一部人类进步史也是一部质量发展史，在质量水平不断上升的大趋势中，人类越来越多地享受到质量提升带来的幸福，对美好生活的向往也不断得到满足。但同时，质量安全的悲剧每一天又在全球不同的地方上演，食物中毒、交通事故、建筑倒塌、空气污染时刻提醒我们，质量发展远没有到高枕无忧之时，我们必须非常用心又非常小心地谋划和发展质量。

那么，质量如何发展？

质量发展的第一动力是科技。从手工业时期到工业时期，从第一次工业革命到第四次工业革命，250余年科技成果比之前上万年之和还要多得多。近现代科技的发展，推动着质量生产水平突飞猛进地发展，工业革命带来的规范生产、精准控制又使得质量管理丝丝入扣、得心应手。新产品不断被发明出来，不仅种类极大丰富，而且可靠性、安全性、耐用性、精细度等质量指标持续提高。比如，机械化交通工具被发明之初，人们担心其成为吃人机器的情况时有发生，高速之下血肉横飞、惨不忍睹的场面时常出现。但是，随着质量水平的提高，现代交通工具不仅效率比传统的车舟高出几十倍、上百倍，世界的距离因此一再缩短，而且变得越来越安全和舒适。又如，哥特式、巴洛克式、洛可可式建筑虽各有精巧和风华，但钢筋混凝土结构一次次突破人类建筑高度，到处可见一桥飞架南北的景象，此番宏伟景象古人根本无法想象。

在所有科技中，计量、标准、检验检测和认证认可具有系统性、技术性、制度性、基础性、国际性等多重属性，对质量的影响更加直接，被并称为国家质量基础设施。计量，从布指知寸、布手知尺到以自然物作为计量基准，从"米原器""档案千克"到电子计量、量子计量，使整个世界的呈现越来越精细、精准。标准，让世界更加规范，在统一的轨道上运行，又用同一尺度衡量，从而实现互联互通、协调发展。检验检测，实现了随时洞察这个世界的安危、甄别优劣；认证认可，则在供需之间架起了桥梁，传递着信任。

工业革命催生了现代管理思想，而质量管理思想自然孕育其中。第二次工业革命时期，泰勒首先提出将质量生产与检验分离，接着休哈特又打开了质量统计控制的大门。第三次工业革命时期，全面质量管理思想应运而生，戴明、朱兰、费根堡姆、石川馨等一批质量大师奔走呼吁、传道解惑，将质量管理的火种撒向世界各地。当六西格玛（6σ）[①]破茧而出时，质量保证和精益质量从梦想变成现实。

质量发展离不开制度保障。第一次工业革命将人类推上了一条前所未有的高速公路。然而，在狂奔疾行中，人们发现食品造假、环境污染等现象层出不穷。在速度与质量之间，又由谁来维护消费者的利益？进入第二次工业革命时期，世界各国从与生命健康最直接关联的食品药品入手，开始逐步建立质量安全法律体系，生产经营者承担质量的主体责任成为普遍共识，维护消费者权益成为各国立法的出发点。在随后的历史发展中，质量安全法律体系越来越广并不断完善，随着消费者权益保护法、产品责任法、食品安全法、环保法、建筑法、商标法、知识产权法、反不正当竞争法、禁止假冒商品法等的建立，逐步筑起质量安全的堤坝。各国普遍成立质量安全监管部门，重拳打击各种质量安全违法行为，在发挥市场对质量优胜劣汰作用的同时，发挥着政府不可替代的"守夜人"作用。自改革开放以来，中国经济持续高速增长，已经成为世界第二大经济体、第一大贸易国，正走在从站起来、富起来到强起来的路上，经济正从高速增长阶段转向高质量发展阶段。历史长河奔腾向前，第四次工业革命已是春潮涌动，谁主沉浮尚无定论，但可以肯定的是，胜利者也将是质量的强者。质量发展只

[①] 详细介绍见正文第 218 页。

有起点，而永远没有终点。对于未能赶上前三次工业革命浪潮的中国来说，面对第四次工业革命，机遇和挑战并存，使命与梦想同在。

本书梳理了第一次工业革命以来世界各国质量发展历程和重要的质量事件。其中，第一、二章阐述了质量兴衰与国家发展、民众幸福的关系，第三章至第七章分析了科技发展、质量基础设施、质量管理、法治监管等因素对质量发展的影响，最后一章简要探讨了"工业 4.0"时期质量走向，希望以史为鉴，引发社会各界进一步关注质量、追求质量，共同享有美好质量。

由于时间仓促、水平有限，书中内容难免有不当之处，恳请广大读者批评指正。

作者

2021 年 5 月

目录

第一章 质量之殇

一、社会转型与假冒伪劣 3
 英国食品黑历史 3
 美国"山寨"史 6
 "德国制造"曾是假冒伪劣的代名词 10
 垃圾产品"东洋货" 12
 假冒伪劣阴魂不散 13

二、速度与安全 16
 车轮下的生命 16
 "永不沉没"的巨轮沉没了 18
 "航母终结者"自己被终结 20
 飞翔的噩梦 21

三、安得广厦千万间 24
 狂舞的大桥 24
 不能承受之重 27

"豆腐渣工程" ... 30

四、绿水青山今何在 ... 32
请你吸口毒气 ... 32
哭泣的江海湖泊 ... 35
核污染的三次警钟 ... 38

五、良知与责任在鲜血中醒来 ... 40
成本暗算 ... 40
安全气囊变成"死亡气囊" ... 43
世界上最昂贵的戒指 ... 46
不让耻辱轻易离开 ... 49
悲哀的消费者 ... 50

第二章 国运因质量改变

一、纺织质量成就大英帝国 ... 55
从毛纺织起步 ... 55
直面印度挑战 ... 56
棉纺质量超越 ... 58
工业退潮 ... 61

二、"德国制造"凤凰涅槃 ... 63
在耻辱中奋起 ... 63
第二次世界大战后的坚守 ... 64

精神不朽·································· 66

三、第二次世界大战后日本崛起秘诀 69
　　唤醒沉睡的意识······························ 69
　　质量发展热潮································ 72
　　占据质量巅峰································ 73
　　坚守与迷茫·································· 75

四、美国何以强大 76
　　从模仿到领先································ 76
　　梦中惊醒···································· 78
　　全面发展质量································ 81

五、法国品位 82
　　一往情深手工业······························ 82
　　励精图治工业质量····························· 86
　　高端装备异军突起····························· 89

六、因质量而精致的国家 92
　　"亚洲四小龙"之首韩国······················· 93
　　"欧洲屋脊"瑞士····························· 95
　　"钢铁王国"卢森堡··························· 98

七、新兴经济体的追赶 100
　　俄罗斯的探索路······························ 100
　　印度人的补课································ 104
　　巴西人的摸索································ 106

八、中华民族复兴和质量振兴 ······ 109
  洋务运动和实业救国的曲折发展 ······ 110
  党领导下的质量振兴 ······ 113

第三章　科技的力量

一、工业质量革命 ······ 121
  动力变革 ······ 121
  钢浇铁铸 ······ 124
  机床雕刻世界 ······ 128
  连接世界的运输工具 ······ 131

二、建筑质量发展 ······ 134
  三次材料飞跃 ······ 134
  神工天巧 ······ 138
  缜密监管 ······ 143

第四章　质量支柱

一、量天度地 ······ 151
  何人认得君 ······ 151
  从布手知尺到米制 ······ 153

让误差无限接近于零 ·· 156
　　统一征途漫漫 ·· 158
　　捍卫公平公正 ·· 160

二、规范世界 ·· 162
　　始于规模化大生产 ·· 162
　　没有停步于可替换性 ·· 165
　　国家力量 ··· 167
　　世界通行 ··· 171
　　争夺话语权 ··· 174

三、传递信任 ·· 178
　　甄别优劣 ··· 178
　　架起信任的桥梁 ··· 182
　　向着事先预防挺进 ·· 187
　　用什么保证认证的可靠 ·· 191

第五章　质量管理思想发展

一、专职质量检验阶段 ·· 197
　　泰勒制开启检验与生产分离 ······································· 197
　　公差制和配合制 ··· 201

二、统计质量控制阶段 ·· 202
　　休哈特打开一扇门 ·· 202

统计管理热潮 205

三、全面质量管理阶段 207
　　费根堡姆和朱兰们的努力 208
　　在日本开花结果 211
　　国际推广 212

四、精益质量管理阶段 215
　　把不可能变为可能 215
　　六西格玛的魅力 218
　　韦尔奇接力前行 219

第六章　食以安为先

一、英国先行 225
　　问题来了 225
　　百年完善 228
　　体制健全 230

二、美国呼声 232
　　19世纪探索 232
　　改变美国食品法的书 234
　　改变美国药品法的事件 239

三、日本共识 243

法治起源 ··· 244
　　我们在同一条船上 ··· 245
　　从卫生到安全 ··· 248

第七章　政府质量管理

一、维护消费者权益是国家天职 ··· 253
　　消费者团结起来 ··· 253
　　从买者当心到产品责任 ··· 258
　　消费者保护独立成法 ··· 261

二、透明真实才能安全 ··· 265
　　从产品标识到质量溯源 ··· 265
　　广告≠忽悠 ··· 270
　　曝光一切丑陋行为 ··· 275

三、真谛在于共赢 ··· 277
　　保护商标 ··· 278
　　保护知识产权 ··· 280
　　反对不正当竞争 ··· 283
　　召回为了挽回 ··· 286
　　重拳出击打假 ··· 290

四、质量发展动力 ··· 292
　　弘扬工匠精神 ··· 292

加大质量激励 297
　　普及职业教育 302

第八章　未来之战

一、大幕已经拉开 311
　　"工业 4.0"来临 311
　　制造业回归 314
　　眼花缭乱的新材料 319

二、数字质量浪潮 322
　　魅力质量 322
　　敏捷质量 326
　　全生命周期质量 329
　　大数据的喜与忧 331
　　不一样的标准化 333

三、走向世界舞台中央的中国 335
　　直面问题 335
　　憧憬未来 336

参考文献 339
跋　文 345

第一章
质量之殇

第一次工业革命以来,科技发展日新月异,工业生产不断增长,全球贸易持续扩大,一个美丽的新世界展现在人们面前,更美好的新生活在向人们招手。但是历史的发展从来不会一帆风顺,美好总是与残缺相伴而行,优质总是与伪劣交替出现。如今的世界强国几乎无一例外地蹚过假冒伪劣的泥潭,一桩桩质量安全事故曾经让人类付出血的代价,留下悲痛的记忆。时至今日,假冒伪劣依然随处可见,质量安全事故不断发生。打击假冒伪劣,筑牢安全底线,依然是当今乃至未来的一项重大任务。

一、社会转型与假冒伪劣

假冒伪劣令人深恶痛绝，质量安全始终牵挂人心。假冒伪劣并非现代产物，自古有之。而近代以来，技术和贸易的发展，使得生产者和消费者之间的距离不断拉大，质量信息供给不充分，再加上市场机制不成熟，市场处于不完全竞争状态。法律体系尚不完善，在传统熟人道德体系式微的同时，以商业诚信为核心的社会公共道德体系尚未健全，人性的贪欲因为没有约束而充分暴露，导致在社会转型期，假冒伪劣成为一种普遍现象，许多发达国家在市场经济早期发展阶段的制假售假情况一度十分猖獗。

英国食品黑历史

19世纪初至19世纪70年代，英国工业和商业发展迅速，宗法体制和宗教体制逐步瓦解，传统价值体系崩溃，尼采说："上帝死了。"与此同时，资本主义制度尚未完善，相关商业制度尚未建立健全，假冒伪劣商品到处泛滥，在食品药品和日常消费品中尤为严重，各种手段五花八门。昏黄的油灯下，杂货店老板不无得意地向学徒传授生意经：尽其可能骗走客户的钱，主要有三"宝"——掺假、伪造、缺斤少两。

掺假、掺杂这种增加重量的方式相对简单，也最常被运用。食糖里掺入廉价的米粉，把褐色黏土捣得很细然后掺到可可里，棉花里掺入木屑和30%~50%的浆料。起初商贩在咖啡粉中掺入菊苣根粉末，后来觉得菊苣根粉末也贵，就掺入烤过的小麦或黑麦粉、橡树籽、饲料甜菜、锯末、烤过的豆子、欧洲防风草粉末，然后用焦糖染色。当时辣椒比生姜贵，就在辣椒粉里大量掺入生姜粉、米粉、椰子粉，甚至芥菜皮粉和锯末，再用红铅粉染色。马克思曾愤怒指出：掺假是常规，质量好倒是例外。为了使不好的食品也具有色香味而掺进的物质，大部分都有毒，对健康起着破坏作用。商业就好像是一个庞大的欺骗实验室，价格表是掺假物品的吓人的一览表，自由竞争则是进行毒害和遭受毒害的"自由"。

伪造也不少见。在曼彻斯特市，当椰子的汁水快消失殆尽、开始发臭时，商贩就在椰子上打个孔，往里灌水，再用一块颜色与外壳相近的软木封住洞眼，把椰子煮一下以增加重量，然后把外壳弄得闪闪发亮拿到市场去出售。所谓从葡萄牙进口的红葡萄酒，是用颜料和酒精勾兑的，英国人喝掉的这种假红葡萄酒比整个葡萄牙全国生产的真酒还要多。为了让食品看起来很新鲜，商人用红颜料润色鱼鳃，在陈肉上放一层新鲜的肥肉，在陈干酪上铺层新鲜的干酪。

缺斤少两更是常态。1837年6月20日，维多利亚女王登基，英国的假冒伪劣现象达到了巅峰。商贩把卖糖的秤盘故意弄湿，以便沾下一些糖。号称1磅的樱桃实际只有5盎司，而当时16盎司等于1磅。1842年11月，22岁的恩格斯在结束了一年的柏林炮兵生活后来到英国。他根据直接观察和各种官方及非官方文件的材料编写了重要著作《英国工人阶级状况》并于1845年出版，其中披露了当时英国假冒伪劣现象："烟草普遍掺假，去年夏天曼彻斯特某几个最著名的烟草商人曾公开地说，要是不掺假，他们的生意就无法做下去，价钱在3便士以下的雪茄烟，没有一支完全是用烟叶制成的。"缺斤短两、以次充好的现象不胜枚举。《英国工人阶级状况》中写道："到处都是骗局：把法兰绒、袜子等等拉长，叫人看起来好像长一些，只要洗一洗马上就缩短；比标准规格窄1.5英寸或3英寸的呢子被当作标准的卖出去；瓷器上的釉薄得一到手就裂开了，这类骗人的事情还可以举出几千件来。""商人的尺和秤大部分是不合规定的。在警局的报告里因犯了这类罪而被处以罚款的事情每天就多得难以置信。"

质量好的产品通常价格比较高，而穷人消费力很低，购买商品时主要关心价格，也就成为劣质商品和假货的最大消费者和受害者。19世纪中叶，英国社会两极分化更加严重，贫富差距不断拉大。1848年，英国约占总人口14%的人根本没有可靠的职业，有187万人靠贫困救济生活。《英国工人阶级状况》中披露了工人阶级的贫困生

《英国工人阶级状况》第一版扉页，弗里德里希·恩格斯（1820—1895年）著，1845年出版。

活，而假冒伪劣商品又让他们的生活雪上加霜。书中写道："穷人即工人每花一文钱都得盘算一下，必须以不多的钱买很多的东西，他们不能太注意质量而且也不善于这样做，因为他们没有机会锻炼自己的味觉，结果这些掺假的甚至常常是有毒的食物都卖给了他们。"恩格斯已经观察到质量与消费能力、知识水平之间的关系，以及"有恒产者有恒心"的特点，其在《英国工人阶级状况》中阐述道："有钱人不会受骗，因为他可以多花些钱到大商店里去买东西。大商店的老板是很珍惜自己的声誉的，假如他们出售劣等的掺假货物，最吃亏的还是他们自己。此外有钱人在吃的上面很讲究，他们的味觉很灵敏，比较容易识破骗局。"

19世纪40年代，英国记者亨利·梅休在伦敦的街头观察到同样猖獗的掺假现象，同样看到穷人成为假冒伪劣商品的消费主体。梅休与小贩们一次次访谈，他们把全部的伎俩都告诉他：怎样将坏掉的肉和蔬菜伪装成新鲜的；用水煮过的橘子看起来更大、更多汁；用草莓叶来铺满整个篮子，把草莓放在上面，让顾客觉得买的整篮都是草莓；他们还把烂鱼藏在鲜鱼中间来出售。自1849年起，梅休在《纪事晨报》上发表了一系列报道。1851年，他出版了《伦敦劳工与伦敦贫户》一书，其中写道："当我们想到商家缺斤少两，想到供应商品的质量时，应该马上意识到他们欺骗穷人的做法是多么残忍。穷人所得的报酬已经很低了，相比之下他们购买所有东西的价格无疑都非常高。"

英国商品假冒伪劣的"盛况"一直维持到19世纪80年代，之后逐步改善。恩格斯也看到这种改变，1892年《英国工人阶级状况》德文本第二版发行，他在序言中写道："现在，这本书里所描写的情况——至少就英国而言——大部分已成过去。现代政治经济学的规律之一就是：资本主义生产愈发展，它就愈不可能采用它在低级发展阶段所惯用的那些小小的哄骗和欺诈手段。代表欧洲商业最低发展阶段的波兰犹太人的小小的骗人伎俩，那些使他们在本国获得巨大利益并为大家所通用的诡计，要是在汉堡或柏林，就完全对他们不利了。同样地，至少不久以前是这样，当一个经理人（无论是犹太人或基督徒）从柏林或汉堡到达曼彻斯特交易所时，他立刻就会看到：要想廉价赚人棉纱或布匹，他必须首先放弃自己那套固然不算怎么笨拙但到底也很可怜的手段和诡计，虽然这些手段和诡计在他本国已经算是上等的商业技巧了。但是，随着大工业的发展，德国的许多情况也似乎改变了，特别是德国人在费拉德尔菲亚遭受工业失败以后，连那个规规矩矩的德国老观念也失去了一切信用。这个老观念就是：只要先给人们送上一些好的样品，然后再把蹩脚的货色送去，他们就会称心满意！的确，这些狡诈和诡计在大市场上已经吃不开了，在那里时间就是金钱，在那里商业上的诚实已发展到一定的水平，但这并不是出于伦理的狂热，而纯粹是为了不白费时间和劳动。"

但是，那段不堪回首的历史和由此引发的恐慌长久地留在人们的记忆中。一直到1914年，英国作家吉尔伯特·基思·切斯特顿在诗歌《反对杂货商之歌》中痛心疾首地写道："为了一个秘密与一个标记，上帝创造了邪恶的杂货商。人们会故意避开这可怕的商店，也不在小客栈里吃饭……为了赚钱，他将阿拉伯半岛的沙子当作糖卖给我们；他把店里都清扫过，并将扫出的尘土当作镇上最纯的盐来卖；他还在罐头里面塞满有毒的肉。女王最可怜的子民们，几千人因为吃了这些而死亡，为什么他还能笑得如此开心？"2003年，英国作家和史学者比·威尔逊在《美味欺诈：食品造假与打假的历史》一书中回顾这段历史时，以一种嘲讽的口气评价："在这种贫困经济下，一点点欺诈可能更像是个人正义——是他们为了自身生存而收取的一种弥补性收入。"

美国"山寨"史

在第一次独立战争结束后，美国虽赢得了军事上的胜利，但没有实现经济上的独立。18世纪中期，英国率先开始工业革命，经过数十年的发展，国力走在全世界的最前列，生产技术和产品质量远远领先于美国。1784—1786年，美国从英国进口货物总值约为760万英镑，而同期向英国出口仅为249万英镑，逆差高达511万英镑。1781—1789年是美国历史上的"危机时期"，商人、农场主纷纷破产，债务链条破裂，社会动荡，多地爆发了农民起义，最著名的是谢司起义。"美国向何处去"一时成为报纸和小册子讨论的焦点。

在追赶世界先进生产技术和水平的过程中，大多数后起国家无一例外地采取引进的方式，美国也不例外。美国将学习的目光投向了战争中的对手——英国，而方式上选择了不光彩的"山寨"。1791年，美国第一任财政部长亚历山大·汉密尔顿向国会提交一份文件《关于制造业的报告》，主张美国不必零基础开发本土制造业来与欧洲竞争，而应当直接"购买"欧洲机器和技术。

可是英国人怎么会出售？为了防止技术外泄，英国采取了严密的防范措施。18世纪80年代，英国禁止出口用于制造纺织品、皮革、纸张、金属、玻璃和钟表的工业设备，其中纺织技术禁令尤为全面。英国《航海条例》对殖民地生产或出口的钢铁、帽子、毛纺织品等做出诸多限制，规定航船所载移民数量，严禁纺织业主和熟练工人移民美洲，后来进一步拓展到禁止钢铁业和煤业工人离岸。1795年起，为了防止技术工人偷渡，英国要求外国船主提交乘客名单、年龄、职业、国籍等信息。工匠一旦被发现移民，将被

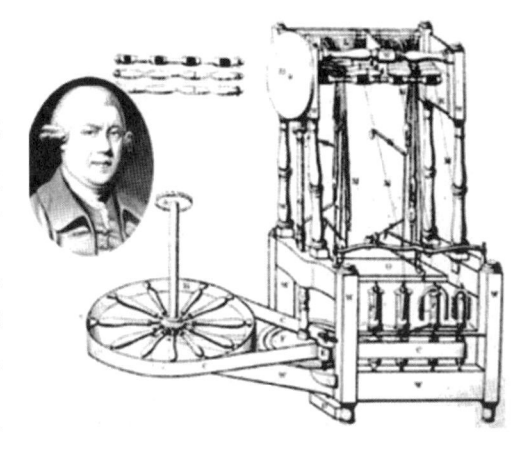

理查德·阿克莱特（1732—1792年），1768年发明水力纺纱机，1771年创办纺织厂，采用水力纺纱机纺出的纱坚韧结实，但比较粗糙。

剥夺公民权和财产；制造业主被发现移民，将被罚款和送进监狱。1803年，英国议会通过《旅客法》，进一步规定工匠和产业工人不得移居美国。

面对英国禁令，美国商会、制造业主千方百计吸引英国工人，或派人赴英国游说，或在英国报纸上刊登重金招聘广告。当时美国最想得到的无疑是英国的纺织技术，在多次试图引进阿克莱特棉纺机均告失败后，干脆在英国报纸上刊登正在奖励、资助研制新式纺织机的消息，许以重金，开出优厚条件。

许多英国工匠闻风而动，有人甚至藏身木桶偷渡到美国，英国青年塞缪尔·斯莱特也在其中。斯莱特出生在英国纺织之乡德比郡，14岁那年，他到英国纺织机发明人理查德·阿克莱特合伙人的工厂当学徒，逐步掌握了当时最先进的纺织技术。尽管签有"忠诚守护商业秘密"的契约，但在1789年，斯莱特还是打扮成农场工人，用假名躲过了海关审查，偷偷溜上轮船，只身来到纽约。虽然没有携带任何图纸和模型，但他的脑海里记下了阿克莱特棉纺机的全部资料和数据，仅凭记忆设计出一台24锭的棉纺机，然后和美国罗得岛纺织集团的布朗一拍即合。他负责建造机械设备并监督运作，布朗负责经费和销售，在罗得岛州的波特基特，他们建起美国第一家新型先进机器工厂，美国最早的机械纺织由此开启。此后十多年，类似工厂在马萨诸塞等地如雨后春笋般拔地而起，到1809年已有50家棉纺厂同时开工。靠着"偷"来的纺织技术，美国逐渐成为世界上另一个机械纺织大国，在纺织领域开始与英国并驾齐驱，也拉开了美国工业革命的序幕。

斯莱特成功复制阿克莱特棉纺机的消息传到大西洋彼岸，英国报纸纷纷指责他是"国家的叛徒""美国人的帮凶"，声称其一旦回国就要对其施以绞刑，而美国第7任总统安德鲁·杰克逊则称他为"美国工业革命之父"。1835年斯莱特去世时，已经成为著名的商业大亨和百万富翁，拥有13家工厂。

当时随着纺纱机和织布机的使用日益增多，原棉及其生产显得严重紧张。美国南方山地盛产短纤维棉花，由于轧棉技术不过关，很难将纤维从棉籽上分离出来。1793年，在美国康涅狄格州，机械工程师伊莱·惠特尼发明了轧棉机，使得从棉籽上分离短棉纤的生产效率提高了约50倍。原本无价值的美国短纤维棉花逐渐取代烟草，成为南方最有价值的农作物。1830年美国棉产量占世界的一半，1859年后达到70%。轧棉机很快供不应求，但是惠特尼一点也高兴不起来，由于当时美国知识产权保护非常薄弱，他的发明被大量仿制。仿制者大发其财，他本人却获利甚微，轧棉机制造厂不久因亏损倒闭。惠特尼为此感叹："一个发明可以变得如此有价值，而它的发明者却一文不值。"

19世纪初，美国人口仅有700万左右。年轻的美国以开放的气势，大量吸收外来移民。1864年，美国国会通过《鼓励外来移民法》。一些美国企业组团赴欧洲招聘熟练工人。当时，美国国务卿西沃德向美国驻欧洲外交官们发出通告，要求他们把吸引欧洲移民作为最重要的外交任务。从1820年开始到1920年间，美国共接纳了约3350万移民。大量的移民为美国带来了成千上万的熟练工人，带来了最前沿的钢铁、纺织等工业技术，推动了美国工业革命的车轮滚滚向前。电话发明者亚历山大·贝尔、"电报之父"萨缪尔·莫尔斯等人或是移民或是移民的后裔。

除了吸引移民之外，美国人还深入英国窃取技术。费城制造业协会会长坦奇·考克斯，在18世纪90年代担任助理财政部长，曾设立奖金，鼓励英国人出售技术秘密，并派出间谍到英国偷窃机器图纸。而为了防止技术外流，英国人很少允许外国人参观本土棉花加工设备，并将盗窃蒸汽纺织机器设计图纸定为严重犯罪行为，在工人上班后总是紧锁工厂大门。

弗朗西斯科·洛厄尔，一位长期从事从英国进口布料生意的美国人，和很多英国商人熟识，有机会获准参观英国纺织厂。他特别注意观察当时美国尚未引入的卡特赖特高速动力织布机。这位哈佛大学数学专业毕业生，拥有非凡的记忆力，他边看边用脑子记下工艺细节。1812年，第二次独立战争开战后，洛厄尔乘船回国，途中被英国海军拦截，关押到加拿大哈利法克斯的英军基地。英国人搜遍他的行李，没发现一点窃取技术的罪证，只好放了他。洛厄尔回国后，研制出自己的织布机，在马萨诸塞州建立了多家企业。1815 年，洛厄尔和波士顿联营公司建立纺织厂，将纺纱和织布结合起来，成为美国第一批现代企业的代表。洛厄尔去世后，纺织厂所在的小镇以他的名字命名。今天，洛厄尔已经成为马萨诸塞州第四大城市，拥有十多万人口，被称为"美国工业革命的摇篮"。

1790 年，华盛顿就任总统的第二年，就让国务卿杰斐逊尽快确立专利保护制度。在杰斐逊一手操办下，这一年，美国国会通过第一部《专利法案》。到 1835 年，美国共颁发 9225 项专利，然而其中大部分是对英国等工业发展较早国家的同类技术的"山寨"。1790—1836 年，美国是技术净进口国，专利发布仅限于美国公民和居民。1836 年，美国正式建立专利审查制度，尽管解除了对获得美国专利的国籍限制，但出于保护本国利益的目的，规定外国人申请美国专利的收费是美国公民的 10 倍，而对当时世界第一强国英国尤为"照顾"，收费再加三分之二。直到 1861 年，外国人在美国申请专利才被同等对待。

19 世纪的美国就是全球剽窃和盗版的温床，但无法抑制英国著名作家狄更斯对其的向往。1841 年完成《巴纳比·拉奇》后，他前往美国，受到了热烈欢迎，心中大悦。但是没几天，他就对这片新大陆深感失望和愤怒，因为他看到美国各色书店以极低的价格出售他和同时代英国畅销作家的各种盗版作品。次年狄更斯出版了《美国纪行》，描述美国整个国家就是一个大骗局。具有讽刺意味的是，《美国纪行》在英国出版面世三天后，就被美国出版商盗版，并在 48 小时内销售了 74000 册。

美国经济学作家查尔斯·莫里斯在《创新的黎明：美国第一次工业革命》中这样写道："如果 19 世纪的美国发明了可窥视英国工厂的魔术望远镜，他们肯定会使用它。"

19 世纪中叶，尽管美国工业化取得不小的进步，但各类产品质量仍旧不尽如人意，各种欺诈、伪劣现象层出不穷：牛奶掺水、咖啡掺炭、白糖和面粉掺石膏等掺杂行为司空见惯；肉类用硫酸、黄油用硼砂作防腐处理，制造商在啤酒里添加树叶提取物以模仿啤酒花的苦味，不法奸商在牛奶中加甲醛；供应商在糖果上涂上氯化铜、在腌制黄瓜的液体里面加入硫酸铜，目的都是让商品色彩更鲜艳。英国曾经发生过的各种制假售假现象，在美国不仅被一一复制，而且被"发扬光大"。药厂商从欧洲进口空药瓶，装上自己生产的假货，然后号称是欧洲的原装产品。伪造甚至发展到货币领域，1862 年，一位英国作家在考察了美国市面上流通的近6000种不同种类的假冒纸币和银行票据后写道："在美国，假币泛滥所达到的程度和规模简直令人觉得不可思议。"

1861年，南北战争爆发，在这场历时四年的战争中，林肯领导的北方军约有36万人战死沙场，其中一半人死于疾病和意外——他们穿的鞋子没有鞋底，盖的被子薄得可怜，使用的枪支在自己手里炸开。1864年美国《哈泼月刊》如此描述南北战争的状况：政府本来要的是糖，拿到的却经常是沙子；本来要的是咖啡，结果却是黑麦；要的是皮具，结果却是些比牛皮纸好不到哪儿去的东西；要的是健壮的马和骡，得到的却是患病的牲口。

19世纪80年代前后，美国成为"世界工厂"和出口大国，美国的假冒伪劣产品随之大量出口到欧洲。1879年，美国因出口感染了猪瘟病毒和霍乱的猪肉、肺部感染的牛肉，而被欧洲国家抵制。

"德国制造"曾是假冒伪劣的代名词

19世纪40年代的德国是一盘散沙。1844年，诗人海涅在《德国，一个冬天的童话》长诗中感慨："法国人和俄国人占据了陆地，海洋则属于英国人，只有在梦想的天空里，我们德意志人的威力才是无可争辩的。"在先后经历了德丹战争、普奥战争和普法战争后，1871年，"铁血宰相"俾斯麦终于实现了德国统一。

德国统一后，百废待兴、百端待举，德国人渴望经济腾飞。但此时世界市场已经被其他强国瓜分完毕，德国人在军事上的胜利无法掩盖其在经济上的虚弱，能够拿得出手的产品只有黑森林布谷鸟自鸣钟。与英法等西欧早期发达国家相比，德国科学技术几乎差了半个世纪，成为欧洲现代化的"迟到者"。在夹缝中追求强国梦的德国人不择手段，仿造英、法、美等国的产品，偷窃设计、复制产品、伪造制造厂商标识，以廉价销售冲击世界市场。

1876年，在美国费城举行的世界博览会上，当电话、双重发电机、冰库车等大量美国科技成果展现在世人面前时，德国代表团带来的却是一批仿制品，招来各国嘲笑。作为博览会的裁判，德国著名机械工程师罗勒毫不留情地对本国参展商品做出"便宜而拙劣"的评价，并悲伤地发问：

"难道我们国家就要靠这些破铜烂铁发展制造业？"世界各国报刊以通栏标题和醒目版面纷纷报道罗勒的言论，使原本就声誉不佳的德国产品雪上加霜。

对于德国人的"山寨"行为，英国谢菲尔德公司就不是嘲笑了，而是恨之入骨。早在14世纪，谢菲尔德就已经以刀具生产著称，用铸钢打造的谢菲尔德刀具，被称为最锋利又经久耐用的刀具。1624年，谢菲尔德成立了独立的质量监督机构——刀具贸易公会，为了防止劣质产品流入市场，每年举行一次隆重的销毁次品仪式。然而到了1885年，谢菲尔德刀具销售量下降，超过半数的炼钢厂和刀具车间连续12年熄火停工。销毁次品的仪式已经连续35年没再举行，因为市场上劣质产品实在太多。

这是怎么回事？谢菲尔德刀具关乎英国经济命脉，英国人怀疑自己的产品不再具有质量优势。英国首相罗伯特·塞西尔亲自组织成立皇家调查委员会，出面调查谢菲尔德刀具生产和销售情况。然而两个多月过去了，调查一筹莫展。直到1886年1月20日，在德国索林根城，调查员终于发现了秘密，这里有上百家"山寨"作坊，大肆仿造英国刀具，然后打上"谢菲尔德"或者"谢菲尔德制造"的质量检查印章。用铸铁打造

索林根位于德国西部，14世纪建市，中世纪开始制作刀剑，后来发展为驰名国际的"刀城"，古锐德、萨森豪斯、博克、三叉牌、德万、欧德罗、双立人、尼格鲁索林根等国际顶级刀具品牌均诞生于此。图为索林根市徽。

的仿制产品和谢菲尔德刀具很相似，可是，无论是锋利程度还是坚硬度都不能与之相比。为了不让人起疑，他们先将仿制货运到英国，再从英国出口到世界各地。而给索林根提供原材料的是德国"钢铁大王"克虏伯。

英国皇家调查委员会曝光了德国这一丑闻，在给维多利亚女王的报告中，委员会这样写道："谢菲尔德刀具以最高质量享誉全球，但同时也让一些卑劣下作的行径变得有利可图。我们认为，英国政府应该尽最大努力，防止这种故意写错产地的奸诈行为再次发生。"英国企业家们无法容忍德国人这种卑劣手

段，发起了抵制德国产品的运动。谢菲尔德公司要求，所有来自德国的产品必须贴上"德国制造"的标签。1887年8月23日，英国议会通过了《商品法案》，规定英国本土或者殖民地市场从德国进口的产品都须注明"德国制造"，以此将劣质的德国产品与优质的英国产品区分开来。

由此，"德国制造"在当时成为一个法律新词，即假冒伪劣的代名词。

垃圾产品"东洋货"

明治维新揭开了日本近代历史，第一次世界大战为日本提供了难得的发展机遇，其对外贸易快速增长，很快跻身国际联盟五大常任理事国。但是好景不长，在遭遇1923年关东大地震和1929年经济大危机后，日本国力衰减、外贸受阻，贸易逆差不断增长。20世纪40年代前，日本工业实力积累不够，生产管理水平和产品质量水准均落后于欧美，产品质量一直不佳，即使依靠战争倾销到东南亚的货物，也因为质量低下不受欢迎。

日本在第二次世界大战中战败，其武器质量是一个重要因素。1942年6月4日凌晨，夜色深沉，太平洋战争关键之战的中途岛海战即将拉开序幕，日军联合舰队主力战舰和战斗机进入临战状态。当日本重巡洋舰"利根"号2架侦察机准备起飞时，因为弹射器故障，起飞耽误了半个小时。1架"筑摩"号侦察机在飞行途中，引擎又发生故障，中途返航。当日本侦察机发现美国航空母舰时，由于无线电报话机发生质量故障而无法向指挥部报告。一再错失战机，最终致使联合舰队主力被歼，损失4艘大型航空母舰、1艘巡洋舰、300多架飞机，还有几百名经验丰富的飞行员和3000多名舰员。中途岛海战改变了太平洋地区日美航空母舰实力情况。第二次世界大战末期，日本武器故障率更高，海军飞机参战率仅为20%，而美军为80%。

第二次世界大战摧毁了日本工业化体系。战后，日本到处是一片废墟和焦土，工业生产能力只相当于战前的31%，农业经济程度只相当于战前的60%。

1947年，日本颁布《和平宪法》，开始战后经济改革、恢复和重建。但是由于大量熟练工人死于战争，日本工人整体技能水平明显下降，产品质量比第二次世界大战时更加糟糕。西方媒体这样报道日本的产品：玩具玩不了多久就会出现质量问题，灯具寿命短得让人无法接受。对当时的世界来说，"日本制造"意味着低廉的价格和三流的产品，是廉价劣质的代名词，被认为是垃圾产品。索尼公司创始人盛田昭夫在回忆录《日本制造》中这样描述当时的情景："我们就是仿冒和劣质的代名词，任何印有'日本制造'的商品都给人留下了质量极差的印象。在创业初期，我们总是把产品上'日本制造'这行字印得尽可能小，有一次因为太小了，美国海关逼着我们重新印大。"

为了把产品推销出去，除了把"日本制造"印小外，日本人还想出了其他招数。宇佐市是位于日本大分县北部的一座小城，第二次世界大战后，这里如雨后春笋般出现了近百家日本制造工厂，是什么吸引了这么多企业来投资？原因很简单，宇佐的英文是"USA"，凡是在宇佐制造的产品，就可以印上"Made in USA"，让人以为是"美国制造"。当然，靠这种让人啼笑皆非的方法，日本产品是不可能享誉全球的。

1949 年、1950 年美国品牌 Birds Eye 分别推出品牌形象 Merry（左上图）和 Mile（左下图），第二年即被日本食品生产商"山寨"，推出形象 peko（右上图）和 poko（右下图）。

假冒伪劣阴魂不散

进入 20 世纪下半叶，造假和售假行为非但没有绝迹，反而更加猖獗，手段更加高明，成为全球增长速度最快的经济犯罪行为之一，是仅次于贩毒的世界第二大公害，有人称其为地下的"黑色经济"、20 世纪的工业瘟疫。不论发展中国家还是发达国家，几乎无一幸免。不过发达国家由于优胜劣汰的市场竞争机制比较健全，加之政府严密监控，假冒伪劣商品虽屡禁不止，但有而不滥。而一些发展中国家、欠发达国家，假冒伪劣泛滥，这些国家的消费者也成为假冒伪劣商品最大的受害者。

在欧洲，1990年，英国的"蓝色地平线"牌洗衣粉被假冒，制假者用带有腐蚀性的工业苏打替代洗涤化合物，导致消费者手部被灼伤。苏格兰每年假熏鳟鱼的市场营收额达到5000万英镑。在英国的莫斯科农场，一个专门制造假酒的犯罪团伙隐藏于此，其用真的伏特加瓶子灌入假酒，再贴上格兰斯伏特加的标签，然后销售到各大商店。在俄罗斯，每年出售的假冒伏特加酒销售额达1000万英镑，导致上百人死亡、上千人中毒。这些假酒大多从国外走私进来，在家庭作坊用酒精和其他透明液体进行勾兑。英国《泰晤士报》曾报道，意大利假冒商品年销售额高达22亿英镑。法国每年因名牌商品被仿冒，造成的损失达50亿法郎。1983年，法国海关查处假冒商品仅有6300件，1989年增长到15.3万件，1990年高达28万件。1998年世界杯足球赛在法国举行，球场内是运动员们的战场，而球场外成了假冒商品的战场。开幕式那天，法兰西大球场外出售的假冒产品有5000多件。

在美洲，1978年，美国食品药品监督管理局发现，市面上销售的医用人工心脏瓣膜中有大量假货，涉及全美266家医院。1982年，美国联邦调查局发现，加利福尼亚州一家工厂生产假冒安眠酮。在繁华的时代广场和第五街，街边小贩堂而皇之地叫卖着"名牌"皮具，而且购销两旺。在洛杉矶一个叫桑堤巷的地方，各色各样的假货随处可见。据美国商务部统计，1994年美国工业产品因遭假冒损失76亿美元。

在亚洲，20世纪90年代的中国台湾被称为"造假者的快乐岛"，价廉质次的假冒音乐磁带、太阳镜、名牌服饰、箱包、运动鞋等在各大夜市肆意流通。韩国也成为国际假货源头之一，以生产高仿真的仿造品名声在外。1996年1月，美国海关经过两年的彻底调查，查获韩国制造的价值2700万美元的运动服装、标签、装饰品等假货，抓捕34名韩国犯罪嫌疑人。同年11月，新加坡警方发现，一家地下工厂将实际为133MHz的芯片改标成速度更快的166MHz的芯片售卖。

在非洲，1979年，肯尼亚农民因使用假冒的杀虫剂，导致咖啡豆大量死亡。1990年，在尼日利亚，一种假药中掺入致命的工业溶剂和醋氨酚，导致109名儿童患者丧生。1995年，尼日尔暴发脑膜炎，国际社会采取紧急救援行动，向其提供约8.1万份脑膜炎疫苗，但疫苗途经尼日利亚时被假货替换，导致3000名脑膜炎患者死亡。

1992年，英国《泰晤士报》的一篇报道称，假冒商品约占全球贸易额的8%。

1997年11月，在美国奥兰多召开的"国际打击假冒伪劣产品大会"公布，由于假冒商品造成的损失占全球贸易额的5%～7%，1990—1995年，全球正规贸易增长幅度为47%，同期假货贸易增长幅度却为150%，形成倒挂之势。据世界贸易组织统计，20世纪初，全球假冒和盗版商品贸易额为50万美元，到21世纪初则已突破1000亿美元，预计2022年将增长到9910亿美元。根据世界卫生组织估计，发展中国家的假药占药品市场的10%～30%。根据瑞士钟表工业联合会统计，世界各地出产的假瑞士手表已经超过正品产量。全球假货几乎覆盖了所有产业，从普通消费品到高科技产品都难以幸免，航天飞机零部件、电子计算机、卫星探测仪、赛车、食品、化妆品、服装、运动器材、鞋帽、皮革制品、药品等，高价值和热销品牌更成为主要仿制对象。

随着科技的发展，造假技术越来越专业化，高仿的冒牌手表足以假乱真，甚至与真品售价相近。全球一些地区已成为假冒伪劣产品生产和消费的集散地，如泰国曼谷的电脑城和时尚购物中心，乌克兰敖德萨的"第七公里市场"，阿根廷布宜诺斯艾利斯的萨拉达市场。此外，印度新德里的尼赫鲁广场销售大量的盗版软件、音乐和电影，西班牙旅游城市维哥的佩德拉市场以仿冒的电子和服装产品闻名。

2012年4月5日，美国斯坦福大学的大礼堂内，一场演讲座无虚席。主讲人——微软创始人比尔·盖茨在谈及创新时，介绍了中国人商建忠研发的产品——商环。作为一种用于泌尿外科手术的新技术，商环能够大大节约成本，减少病人痛苦，有效减少艾滋病传播。该产品在100多个国家取得了专利保护，通过了欧盟CE认证、ISO 13485国际质量体系认证、美国FDA认证。然而从2010年起，商环仿冒品在全球出现，依靠价格优势，抢走了正品的市场。这些仿冒品做工粗糙，卫生指标不合格，常常让消费者遭受感染、发炎、重新住院等痛苦。

假冒伪劣产品危害消费者身心、损害权利人利益、降低政府财政收入，但危害不仅于此。法国制造商联合会是一个致力于全球知识产权保护的组织，其于2016年发表了一篇题为《假冒伪劣和恐怖主义》的研究报告，指出假冒伪劣活动已经不再是小作坊的"专利"，组织性、结构性和广泛性成为其发展趋势。制售假冒伪劣产品和毒品走私的利润相当，但风险更低、盈利更快，遭到的处罚更轻。调查显示，很多恐怖组织都从盗版和假冒伪劣犯罪中获利，并将其用于恐怖活动。

暴利之下，假冒伪劣屡禁不止，成为全球性问题。网购产业的日益发达，为假货买卖开辟了新空间。

二、速度与安全

在古代，人类为了摆脱徒步行走而发明车轮和车，并开始刳木为舟，但始终以人、家畜、风等为动力。直到蒸汽机、内燃机发明后，交通工具才发生质的飞跃，一日千里不再是梦想。汽车、飞机、轮船……拉近了人与人之间的距离，促进了贸易发展。然而，高速度蕴含着高危险，一个微小的质量问题，可瞬间导致一场灾难。

车轮下的生命

1769年，法国人N.J.居纽制造了世界上第一辆蒸汽驱动的三轮汽车，尽管速度尚不及徒步，但由此拉开了以动力机械驱动的交通工具登上历史舞台的序幕。1804年，脱威迪克设计并制造了一辆蒸汽汽车。1885年10月，德国人卡尔·弗里德里希·本茨把汽油内燃机装上了三轮车，最高车速达每小时18公里，可乘坐3人。次年，德国人戈特利布·戴姆勒在一辆四轮马车上安装了汽车发动机，最高时速为14.4公里。

从一开始，汽车的安全性就备受关注。早期的蒸汽汽车像一条火龙，运行时喷吐着烟火和灰尘，声音极大。维多利亚女王的一

世界上第一辆蒸汽三轮汽车"卡布奥雷"，长7.32米，高2.2米，靠前轮控制方向，每前进12~15分钟需停车加热15分钟，运行速度3.5~3.9公里/小时。在试车中行驶了1公里，因失去控制撞到路边房屋而损坏。

位朋友在《泰晤士报》上抱怨："这些巨型怪物不断地咆哮，嘎吱嘎吱作响，扬起对健康有害的烟雾和灰尘。"蒸汽汽车性能很不可靠，故障频发，走走停停，很多人将其视为洪水猛兽。欧洲报纸曾刊登一幅汽车爆炸场面的漫画，乘客血肉横飞，场面惨不忍睹。1858年，英国道路交通法规定，蒸汽汽车在郊外限速每小时4英里以下，市内限速每小时2英里以下。1902年旧金山市规定，汽车在市内的行驶速度不得超过每小时8英里。有的城市甚至严禁汽车在大路上行驶。

尽管如此，汽车还是以不可阻挡的速度闯入了人们的日常生活，进入量产时代，成为人类的主要交通工具之一。据世界汽车组织统计，2018年全球汽车保有量达到13亿辆。虽然当年那些看起来可笑的规定被一一取消，但汽车的安全问题一刻也没有离开人们的视野。

工程师们一直希望通过技术革新让汽车变得更加安全。汽车发展早期，普遍采用后轮驱动。1928年，英国生产的阿尔维斯汽车最早采用前轮驱动，避免了后轮驱动汽车满载转弯时的打滑现象。1931年，独立式悬架诞生，改变了由一根车轴刚性连接两侧车轮的设计，让两侧车轮各自转动，避免了一侧车轮的震动影响到另一侧车轮，增强了汽车的舒适性和安全性。1959年，沃尔沃率先推出了世界上第一辆带有三点式安全带的汽车。

20世纪60年代开始，汽车产业迎来蓬勃发展期，成为重要的工业支柱之一。1966年，美国率先颁布了《国家交通及机动车安全法》，随后其他各国政府也制定了严格的汽车安全法规。随着汽车行驶速度的提高，汽车制动时的车轮抱死、车辆滑动成了重大安全问题。1978年，博世公司批量化生产的制动防抱死系统率先投放市场。尽管汽车技术不断提高，但交通事故依然频发。2018年12月7日，世界卫生组织发布报告称，全球每24秒就有人因交通事故丧命，每年因交通事故丧命的人数达到135万人。其中，既有司机错误驾驶造成的，也有汽车本身质量安全问题引起的。

1980年，福特公司发现，1966—1980年间制造的部分车辆存在驻车后无故倒溜的问题。与之同时，美国国家公路交通安全管理局收到2.3万起相关的投诉，其中包括6000桩意外事故，导致1710人受伤、98人丧生。福特发出了其历史上规模最大的一次召回，共召回2100万辆汽车，付出了17亿美元的代价。1988—1993年，福特生产的皮卡和SUV车型，点火开关存在短路隐患，在美国和加拿大引发了超过1100起汽车火灾，造成30人死亡。1996年，福特因此召回了870万辆汽车，损失2亿美元。同年，因巡航控制开关存在缺陷，可能造成汽车短路引发火灾，福特宣布召回1490万辆汽车，又付出了2.8亿美元的代价。

全球汽车大规模的召回动则百万辆，多者高达上千万辆。1971年，通用公司因为汽车发动机悬置不稳固容易移位，召回670万辆汽车。1972年，大众公司因为雨刷臂螺钉松动隐患，召回370万辆汽车。1981年，通用公司因为后悬架下摆臂的固定螺丝可能会产生松动，召回582万辆汽车。自2009年开始，丰田公司陷入多款车型突然非正常加速的丑闻之中，最终在全球召回900万辆丰田及雷克萨斯汽车，金额高达50亿美元。2003—2007年，雪佛兰公司制造的部分车型，由于点火钥匙的挂件碰到司机膝盖引起发动机突然熄火，造成至少32起事故和13人死亡，雪佛兰公司召回1300万辆汽车。

"永不沉没"的巨轮沉没了

1997年，由著名导演詹姆斯·卡梅隆执导的灾难大片《泰坦尼克号》在全球上映，精美的制作、逼真的场景、动听的主题曲……让该剧获得11项奥斯卡奖，一举打破影史票房纪录。该片描述了一场震撼世界的真实大灾难。

1912年4月10日，当时世界上最大、最奢华的巨轮"泰坦尼克"号，缓缓离开南安普顿港的海洋码头，启程驶往纽约，开始了它的处女航。4月14日晚上，海上风平浪静，"泰坦尼克"号以22.3节速度航行。23时40分左右，轮船撞上冰山。仅仅2小时40分钟后完全沉没，1500多人死亡，场面惨不忍睹。而此前它的所有者白星航运公司大肆鼓吹其安全性，号称其"永不沉没"。

是什么导致这艘巨轮结束了短暂的一生？一百多年来众说纷纭，甚至有人说是因为船上装着的一具木乃伊的诅咒。

1996年，一支探险队潜入海底，对"泰坦尼克"号残骸进行考察。他们发现在浑浊的泥浆下，船首钢板并不是人们想象那样被撞成巨大的口子，而是裂开了六条狭窄的缝。探险队从深海打捞上来部分船体和48枚铆钉，运往美国国家标准与技术研究院。作为金属断裂方面的专家，1997年，提默里·佛艾克博士采用最新的技术对残骸进行了分析，认为钢板品质没有任何问题。他进一步分析铆钉后吃惊地发现，其矿渣含量是现代锻铁的三倍。这样的铆钉，只有合格品一半的承压能力。

两年之后，佛艾克博士圆满完成"泰坦尼克"号残骸的检验报告，但他并没有就此罢手。小铆钉真能造成巨轮覆灭吗？这些劣质的铆钉又从何而来？佛艾克和他的团队决定继续深入调查，对铆钉质量进行溯源。从北美洲到欧洲，从实验室到工厂，再到博物馆、档案馆，沉睡百年的历史被一页一页唤醒，真相一点一点地显露出来。

"泰坦尼克"号排水量46000吨，船长269.06米，宽28.19米，吃水10.54米，1909年3月31日动工建造，1911年5月31日下水，1912年4月2日完工试航。上图为1912年起航，下图为2010年海底残骸俯视图。

全焊接的船舶迟至第一次世界大战才出现，而之前造船就像用布缝制成衣一样，主要采用铆钉连接一块块钢板。从1901年起，英国贸易局放弃了对船舶建造用铁的质量检测，因为他们认为"和刚刚萌芽的冶钢工业不同，冶铁工业已经成熟"。1908年，"泰坦尼克"号建造船厂哈兰德·沃尔夫公司的竞争对手冠达海运公司已经开始使用更为坚固的钢制铆钉代替铁质铆钉。2003年，珍妮弗·库珀·麦卡锡博士前往英格兰，查阅存档文件资料发现，哈兰德·沃尔夫公司在建造"泰坦尼克"号的同时建造其他两艘巨轮，铆钉需求量巨大，单"泰坦尼克"号就需要300万个铆钉，于是向一些小工厂购买了铆钉。在"泰坦尼克"号承受压力最大的中心船体，哈兰德·沃尔夫公司使用了钢制铆钉，但在船首和船尾使用的是三号铁料制成的铁质铆钉，而不是质量更好的四号铆钉。三号铁料含有很高的矿渣成分，制成的铆钉非常脆弱而且容易断裂，仅能承受4000公斤的压力，而四号铆钉的承受力为9000公斤。

冰山撞击的部位恰恰是船首，巨大的冲击力造成脆弱不合格的铆钉纷纷断裂，船首裂开六条缝，钢板分离，海水无情地灌入船舱和机房，导致"永不沉没"的巨轮倾覆，一千多条鲜活的生命消逝。2008年年初，麦卡锡博士与佛艾克博士合著的《到底是什么让泰坦尼克号沉没？》一书在全球热销，再现当年悲惨的一幕，也让近百年的谜案大白于天下。

"泰坦尼克"号灾难仿佛成为制造业的寓言,看似偶然的事故,原来是早已注定的悲剧。当质量缺失时,一座看上去牢不可破的海上城堡一触即溃;当质量被忽视时,"木乃伊"将发出诅咒。

"航母终结者"自己被终结

1992年,在俄罗斯北德文斯克造船厂,"库尔斯克"号核潜艇开工建造。其于1994年5月下水,1995年1月正式列入海军北方舰队。该核潜艇装备2座核反应堆,艇长150米,造价10亿美元,是世界上最大的战术核潜艇之一,专门用来攻击航空母舰,被俄罗斯媒体誉为"航母终结者"。该核潜艇有双壳艇身和9个防水隔舱,即使被鱼雷直接击中也不会沉没。然而,2000年8月12日上午,在巴伦支海演习时,该核潜艇猛烈爆炸后沉没,118名艇员全部遇难……

是什么原因造成这起俄罗斯历史上伤亡最惨重的潜艇事故?一时间众说纷纭——潜艇相撞、"彼得大帝"号巡洋舰误击、鱼雷爆炸、触水雷、触礁、遭人破坏、水下交战——各种各样的猜想,几乎穷尽了人类的想象力。车臣一家通讯社甚至宣称,是他们炸毁了"库尔斯克"号。

在经历了漫长的14个月的等待之后,2001年10月29日,俄政府调查委员会终于公开事故原因。全世界为之大跌眼镜,罪魁祸首竟然是没有弹头的练习鱼雷上小小的焊缝。

"库尔斯克"号核潜艇所携带的是口径为650毫米的65-76型鱼雷。这种被称为"胖姑娘"的鱼

"库尔斯克"号核潜艇残骸。

雷，以煤油为燃料，靠高浓度过氧化氢提供的氧气燃烧。1955年，英国"西顿"号潜艇上一枚过氧化氢鱼雷在发射管中爆炸，导致13人丧生，使得世界各国逐步淘汰过氧化氢鱼雷。1990年，俄罗斯军方验收同批生产的10枚"胖姑娘"时，发现6枚均不合格，存在焊接质量问题，但居然全部通过验收。在鱼雷装艇前，潜艇上的军官曾发现鱼雷有渗漏，按规定不应接收，但是其认为这只不过是一次演习任务，出海时间不长，到靶区把鱼雷发射出去就没事了。

事后推断，在灾难发生前135秒，不良焊接导致过氧化氢外泄，在和一小块铁锈接触后，瞬间体积增加5000倍。巨大的压力炸碎了鱼雷外壳，引燃了煤油，艇内一片火海。大火又引爆了其他7枚鱼雷，最终炸沉了"库尔斯克"号。灾难过后，俄罗斯拆除了潜艇上的所有过氧化氢鱼雷。"胖姑娘"鱼雷项目的负责人、军代表、工厂负责人、焊接工人受到了法律的严惩。

1900年以后，全世界在非战争状况下，先后发生重大潜艇事故超过170起。2007年3月21日，英国"不懈"号核潜艇的备用空气净化系统爆炸，造成2死1伤。2008年11月8日，俄罗斯一艘编号为K-152的核潜艇在太平洋海域试航时灭火系统故障，造成20多人死亡、21人受伤……

深蓝的海底，那些年轻的水兵们在失去生命前，一定无比愤怒地问一个问题：是什么夺取了我们的生命？

飞翔的噩梦

人类自古以来就梦想着能像鸟一样在天空中自由飞翔。直到20世纪，飞机的诞生才让人类梦想成真。目前，飞机是世界上最安全的交通工具，一架飞机发生重大事故的概率约为三百万分之一。航空事故的发生除了天气、飞行员技术、暴恐等因素外，常常与飞机的设计和制造质量有关。

1966年，麦道公司开始研制三发动机中远程宽机身客机DC-10。1970年8月29日首次试飞，1971年8月5日首航投入运营。然而DC-10投入运营不久，就被发现货舱舱门设计存在缺陷。飞机舱门通常往内打开，但是为了增加载货量，DC-10货舱门采取往外打开。这种关门方式十分困难，需要花上九牛二虎之力才能将压力栓压紧。而且后舱门即使没有锁紧，驾驶室的舱门显示灯却依然会熄灭，示意舱门已关上。

1972年6月12日傍晚，机型为DC-10广体客机的美国航空96号班机由底特律飞往水牛城。在飞到加拿大安大略省的温莎上空时，左后方的货舱门突然脱落，机舱和货舱内的可移动物品几乎都被吸出机外，飞机随即完全失控。经过机长麦康明的努力，96号班机最终安全折返降落到底特律。美国国家运输安全委员会在调查后，要求麦道公司改善货舱门设计。然而，麦道公司并没有做任何修改，继续生产了两架DC-10，其中一架成为土耳其航空公司KT 981航班。

1974年3月3日11时，KT 981航班抵达巴黎奥利机场。在部分旅客换乘后，12时30分，又载着335名旅客、11名机组人员和大量行李，起飞前往希斯罗机场。当升入4000米高空时，飞机飞过莫特丰丹镇（Meaux，又名莫城），货舱的舱门闸线路发生爆炸减压，破坏了机舵和电梯的电缆。飞机稍微向上升起后，随即下降并左转。机长拼命地想控制住飞机，可是由于升降舵和方向舵没有液压，飞机完全失去控制，以近乎垂直的姿态、时速800公里的高速撞向巴黎东北的埃默农维尔一处森林，机上人员全部遇难，造成当时有史以来死亡人数最多的一次空难。

这次事故后，麦道公司才改良了舱门，DC-10再没有发生过类似空难，但其他设计问题带来的空难接踵而来。1979年5月25日15时零2分，同为DC-10的美国航空191号班机从芝加哥奥黑尔国际机场起飞，飞往洛杉矶国际机场。然而，班机左边引擎因安装不够牢固而突然脱落，导致襟翼失控和主仪表断电，飞机爬升至距地面大约350英尺后失速，15时零4分撞击地面，机上271人和地面2人罹难。这次事件成为美国本土史上伤亡人数最多的空难。

1989年7月19日，DC-10型号的联合航空232号班机由丹佛飞往芝加哥，在飞过苏城时，二号引擎扇叶叶片脱离，损坏了机上所有的三套液压系统。在无舵面工作的情况下，机组人员控制仅存的2具引擎紧急迫降苏城，不幸发生机身翻覆，造成285名乘客中110人、11名乘务人员中1人丧生。

飞机上一个部件出现问题，造成的后果都不可想象，如果出现假冒伪劣零件，那简直就是灾难。1979年11月4日10时30分，3000名伊朗武装学生袭击了位于德黑兰的美国大使馆，劫持馆内66人作为人质，要求美国遣返穆罕默德·礼萨·巴列维以接受审判。起初，卡特总统尝试通过协商讨回人质，但是谈判破裂。1980年4月24日，美军展开了代号为"鹰爪行动"的援救行动，8架直升机从阿曼的集结待命区起飞。飞行不到两个小时，就有1架直升机因为设备问题而迫降。在沙尘暴的猛烈袭击下，又有2架直升机出现高度指示器等故障。任务不可能继续执行，直升机开始返航。其中1架直升机又撞上一架C-130运输机，造成8名美国人罹难。"鹰爪行动"以失败而告终，事后在直升机上居然发现了假冒伪劣零件。

事实上，在美国飞机上发现假零件并非仅此一次。1976年，美国航天飞机上发现假晶体管。1977年美国联邦航空管理局发现，100余架波音737飞机机舱中安装了假冒的火焰探测和控制系统。1987年美国调查员发现，在北约执行任务的600余架直升机上安装了假冒零件。1997年1月，加利福尼亚怀特航空公司承认，在1992年1月到1993年10月间销售假冒的军用和商用飞机零件。该公司以每个轴承40美元的价格买入，重新贴上商标后，再以每个200美元的价格卖给政府和商业公司。这种零件装配在直升机机尾水平旋翼上，事关飞机安全。

美国上尉工程师墨菲认为，只要存在发生事故的原因，事故就一定会发生，不管其可能性多么小，但总会发生，并造成最大可能的损失，这就是后来的"墨菲定律"。美国"挑战者"号和"哥伦比亚"号航天飞机两次事故均印证了"墨菲定律"。1986年1月28日，美国"挑战者"号航天飞机升空发生爆炸，造成悲剧的原因是火箭推进器上一个小小的密封圈不能适应低温环境，老化并出现裂纹，导致密封不好，燃料外泄，引起爆炸。2003年2月1日，"哥伦比亚"号航天飞机在返航时解体，原因是燃料箱外泡沫材料脱落，击中航天飞机，造成裂缝，使机翼熔化。两起事故均造成机上宇航员全部遇难、几十亿美元的经济损失，全世界为之震惊。令人惋惜的是，在发射前，均有工程师对存在的质量安全隐患发出警告，但未能引起重视。

不管时间长短，埋下的隐患终究会以血的代价呈现。1978年6月2日，日本航空123号航班在大阪机场损伤机尾。在替换损伤的压力隔板时，本应当用两排铆钉固定，但波音公司维修人员只使用了一排铆钉，对金属疲劳

图为日本航空123号航班空难事故现场。事后，日航董事长引咎辞职，一名资深维修经理自杀。

抵抗力为此下降了70%之多，这样修补的飞机只能耐受10000次左右的飞行。七年后的1985年8月12日18时12分，123号航班从东京飞往大阪，开始了维修后的第12319次飞行。起飞12分钟后，飞机爬升至7000米左右的高空。突然，一声巨响，压力壁面板因无法承受气压差而破裂，高压空气猛然冲进机尾，吹落了垂直尾翼，扯断了主要的液压管线。123号航班紧急返航。18时56分，坠毁在高天原山，仅4名女性奇迹般生还，其他520人遇难。此次空难成为航空史上单架客机失去生命人数最多的一次空难。

美丽的蓝天下，又是什么让人类飞翔的梦想变成了噩梦？

三、安得广厦千万间

公元761年，诗圣杜甫栖居成都浣花溪边，面对茅屋为秋风所破，发出"安得广厦千万间，大庇天下寒士俱欢颜！"的感叹。近代以来，茅屋逐渐淡出人们的视野，在钢铁混凝土构建的世界里，大厦越建越高，桥梁越来越长，功能性和艺术性显著增强。然而，质量安全依然是工程建筑必须首要考虑的问题，设计质量、施工质量和保养质量等一旦发生问题，就不只是茅屋为秋风所破那么简单，而是付出生命的代价。

狂舞的大桥

19世纪以后，工程建筑越来越大型化，一个新的问题随之出现，这就是共振。1849年，法国西部昂热市的曼恩河上，一列士兵以整齐的步伐通过102米长的桥梁，桥身突然发生断裂，200多名年轻的士兵落水，死于非命。这座桥承重、施工等均无问题，事故原因是军队整齐的步伐造成的共振。之后工程师进行建筑设计时都会专门考虑共振问题。

2010年5月19日晚，俄罗斯刚建成7个多月的伏尔加河大桥，在强风波动和数十辆车辆共同作用下，突然产生"蛇形共振"，桥面呈浪型翻滚，最大晃动幅度达1.5米，所幸没有造成人员伤亡。风停后振动止，桥梁完好无损，没有发现裂纹和损伤。

2011年7月5日，韩国首尔一座39层的电子产品购物大楼突然摇摆起来，持续了10分钟。原来12层的一些人正在练习跆搏健身操，其动作频率恰好与这栋建筑的固有频率一致，从而产生共振。数百人惊慌失措地从楼中逃离，大楼停止摇摆后安然无恙。

但1940年建成的塔科马海峡大桥就没有这么幸运了。

塔科马位于西雅图以南，清澈湛蓝的太平洋海水从普吉特海湾流入塔科马海峡，将塔科马市一分为二。1889年，有人提议在塔科马海峡上建造一座栈桥，但因资金问题而搁置。1937年，建桥计划重启，华盛顿州工程师克拉克·艾尔德里奇认为建桥需要1100万美元的预算。但是纽约工程师莱昂·莫伊塞夫上书联邦政府公共工程管理处：他有更省钱的办法！

莫伊塞夫毕业于哥伦比亚大学，参与设计过曼哈顿大桥、金门大桥等众多大型悬索桥，在工程界负有盛名。他计划采用2.4米的钢梁代替原计划7.6米的桁架梁，这不仅将建造成本大幅降低，还使悬索桥更加纤细优雅，更具观赏性。1938年6月23日，联邦政府公共工程管理处批准了莫伊塞夫的设计方案。大桥设计抗风能力为每小时120英里，但在建造过程中，当每小时4英里的小风轻轻吹过，大桥主跨就开始上下起伏，工人只好咀嚼着柠檬，抵御上下颠簸带来的眩晕，战战兢兢地施工。

1940年7月1日，塔科马海峡大桥如期建成通车。桥全长1810.56米，主跨长853.4米，桥宽11.9米，成为当时美国第三大悬索桥。建成后的大桥，每当微风吹过，桥面起起伏伏，远处的汽车忽隐忽现，当地人称桥为"舞动的格蒂"。

11月7日7点半，当地风速为每小时38英里，两小时后增加到每小时42英里，数千吨重的钢铁大桥像一条发怒的巨蟒，以数米的振幅起伏歪扭、翻腾，振幅达到8.5米，倾斜45度左右。大桥随即被紧急关闭。11时10分，钢索猝然而断，一瞬间，大桥主体从天而降，坠落万丈深渊。记者里奥纳德·科茨沃斯刚好驾车经过塔科马大桥，车上还有他的宠物狗——一只三条腿的黑色卡宾犬。他拼命钻出汽车，成功地逃离危险，而卡宾犬成为事故唯一牺牲的生命。当地报纸以简洁的标题报道这场事故："损失：一座桥、一辆汽车、一条狗。"

死里逃生的科茨沃斯这样描写他死里逃生的经历："当我刚驾车驶过塔桥时，大桥开始来回剧烈晃动。当我意识到时，大桥已经严重倾斜，我失去了对车的控制。此时我马上刹车并弃车逃离。我耳边充斥着混凝土撕裂的声音。而汽车在路面上来回滑动。大部分的时候我靠手和膝盖爬行，爬到500码外的大桥塔楼，我呼吸急促，膝盖都磨破流血了，双手满是瘀伤。我使出最后的力气跳到了安全地带，在收费口

塔科马海峡大桥坍塌场景。

回头望去，我看到大桥彻底被摧毁的一幕，我的车也随着大桥一起坠入了海峡。"另外一位见证者——摄影师巴尼·埃利奥特拍摄下坍塌全过程。

事故后，美国组建了一个事故调查委员会，其中成员之一就是空气动力学家、钱学森的导师冯·卡门。调查发现，大桥设计存在不可忽视的缺陷：2.4米的钢梁刚度不足，当风吹过，桥面板上下方产生的涡流和压力差引起共振、屈曲失稳。塔科马海峡大桥坍塌后，空气动力学和共振实验成为建筑工程学的必修课，严格的数学分析和风洞测试成为保障桥梁质量安全的重要手段。

1950年10月14日，塔科马海峡大桥重建通车。新桥采用开放的桁架和加固的支柱，并开设通风孔让风通过，因此变得结实而平稳，被称为"强健的格蒂"。2007年，该桥旁边又建成一座平行的东行桥。

新加坡新世界酒店坍塌事故同样是因为设计缺陷。新世界酒店建成于1971年，高六层，地下是停车场，一楼是工商银行，二楼是海神环球夜总会，三到六层是酒店。酒店坐落在新加坡中南部的实龙岗路，因为这个地区集居了许多印度人，被称为"小印度"。周一到周五"小印度"比较清静，一到周末就热闹非凡，人们来到这个具有印度风情的地方吃饭购物。1986年3月15日，星期六，上午，街头慢慢热闹起来。10时10分，一位女顾客气喘吁吁地从地下停车场跑到一层银行，说楼下有碎石头往下掉。银行员工跑下去，看到两名工人正在修补一根裂开的柱子，地上掉了一堆碎渣，于是放心地回去继续工作。过了不久，三楼宾馆接待处的员工们发现，墙壁上出现了裂缝，并迅速蔓延到整面墙壁，承重墙和柱子也出现破裂。11时28分，大楼像一个醉汉开始失控

地摇晃。接着，柱子断裂，墙体坍塌。短短一分钟，新世界酒店轰然倒塌，50人被埋在碎石下，最后33人遇难。这起第二次世界大战后新加坡发生的最严重事故，震动了整个新加坡。

是什么原因造成这起灾难？事故调查组先后对建筑材料、地基等的质量进行了勘探，均不存在问题。调查组再次拿出15年前的设计图纸，这才发现，设计人员当初居然没有计算大楼自身负重。重新核算显示，大楼的柱子根本无法承受大楼自重，新世界酒店从设计之初就注定了悲剧命运。

如果说，塔科马海峡大桥和新世界酒店坍塌源于整个设计，那么，一些设计细节问题也同样会造成桥毁人亡。1928年，俄亥俄河上一座新的悬索钢桥建成，其连接西弗吉尼亚和俄亥俄两州，贯通美国35号国道，全长681米，因全桥涂成银色，被称作银桥。银桥为"眼杆"型，即主缆采用链条样式，以"眼杆"连接。1967年12月15日傍晚，圣诞购物和下班回家的人们挤满了银桥。突然，大桥坍塌。短短一分钟，50余辆汽车坠入俄亥俄河，46人丧生。事后经过对残骸分析发现，该桥只有两根"眼杆"组成一组的链条设计，一旦出现接合处断裂或螺栓滑脱，将导致整座大桥崩塌。在俄亥俄河的上游有一座圣玛丽桥，和银桥采用了同样的设计、同样的材料。银桥事故后，为了避免重蹈覆辙，美国人赶紧拆除了圣玛丽桥。

关于银桥坍塌的原因，也有人宣称，桥塌时看见桥上方一道光划过天际，于是一种不明的奇异生物"天蛾人"造成桥塌的传说不胫而走，美国人还因此在2002年拍摄了一部恐怖片《天蛾人的凶兆》。天蛾人当然是不存在的，但对于人类来说，丢掉质量，失去安全，将会上演恐怖片。

不能承受之重

建筑工程和力学专家布莱恩·麦克唐纳曾说过这样一句话："任何时候如果让一个设计越来越接近材料承受的极限系数，任何时候如果你让安全因素缩水，那么你离悬崖将越来越近，你的每一步都要非常地小心翼翼。"然而一些人并没有听进去这句话，无视安全，随意改变设计，偷工减料，结果大祸临头。

汉江是朝鲜半岛上第四长的河流，起源于太白山和金刚山，流入黄海，总长约514公里。1979年，韩国在流经首尔的汉江上建成一座圣水大桥，全长1160米，宽19.4米。通车15年后，1994年10月21日早上7时许，正是车流高峰时刻，随着一声巨响，圣水大桥第五根与第六根桥柱间的48米长混凝土桥板整体塌落入水，6辆汽车跌进汉江，导致32人死亡、17人受伤。韩国民众非常愤慨，总统金泳三称这是一场灾难，解除了当时汉城市市长李元钟的职务，任职不到8个月的总理李荣德因此递交了辞呈。

经过长达5个多月的调查，1980年4月2日调查团提交了事故报告，指出大桥坍塌的直接原因：承建大桥工程的东亚建设公司没有按设计图纸施工，使用了疲劳性能差的劣质钢材。大桥建成后，又管理不善，大桥设计负载本为32吨，随着交通流量逐年增加，倒塌时负载达到43.2吨。

圣水大桥事件的伤口还没愈合，韩国首尔又发生了一起更加恶性的建筑事故。1995年6月29日傍晚，在首尔副都心的黄金地段，三丰百货商场突然整体坍塌，造成502人死亡、937人受伤，死亡人数是圣水大桥事故的15倍。是什么原因造成这起韩国和平时期伤亡最严重的事故呢？祸根同样从建造之初就已经埋下。

1987年，韩国三丰集团开始兴建一栋四层办公楼。地基灌浆不久，三丰集团会长李鐏要求将其改建成百货大楼。也就是说，整栋建筑将改成平板结构，取消很多承重柱。建筑承包商认为很危险，拒绝施工，李鐏索性让自己的建筑公司接手工程。随之而来的是各种偷工减料，根据安全标准计算，大楼立柱截面直径应为80厘米，而实际仅为60厘米；施工图标注立柱中的钢筋应为16根，实际为8根。大楼承重能力为此减少了近半。

三丰集团的任性并没有就此结束。施工中，三丰集团又将大楼增加了一层，准备将第五层用作滑冰场。后来觉得美食店更赚钱，又将滑冰场改成传统的韩国餐厅，增设了热水管、加热设备、大型厨房设备。在楼顶上还安装了整幢大楼的空调设备，3台大型冷气机重29吨，注满水后总重量高达87吨。

1989年下半年，外观漂亮高档的三丰百货商场竣工。次年7月7日正式开始营业，日均接待顾客4万人次，每天营业额超过50万美元，李鐏对自己的"杰作"洋洋得意，然而灾难的恶魔在黑暗处发出无声的冷笑。1993年，由于周围居民对冷气机噪音的抱怨，三丰集团又将大楼后部所有的冷气机全部移至前部。

1995年4月，三丰百货商场五楼天花板出现裂痕，三丰集团只是将顶层的货物移至地下室。6月29日上午，顶楼裂痕变大，三丰集团只是关闭顶层和空调设备。尽管土木工程专家认为整栋建筑存在垮塌的危险，但三丰集团看到当天的客流量非常大，不想损失巨大收益而拒绝关闭大楼。14时，李鐏召集会议，商讨裂缝和莫名声响问题。结构工程师李鹤洙无视楼顶的裂缝已经横跨整栋建筑，表示建筑物还安全，待打烊后再修补。17时30分，五楼突然传出巨响。17分钟后，巨响再次传出，顿时警报大作，灯光熄灭，空调设备掉到第五层地板，承重柱一个接一个倒下，瞬间整栋建筑一大半垮塌到地下室，呼救声、嚎叫声大作，场面惨不忍睹。

三丰百货商场坍塌救援现场。

1995年12月27日，首尔地方法院根据《特定犯罪加重处罚法》，以业务过失致死罪，判处李鐏有期徒刑10年6个月、其子李汉祥有期徒刑7年。12名贪污的官员也被判刑，三丰百货、韩国政府和首尔市共同赔偿3758亿韩元。现在，韩国的大型建筑旁边都会树立一个石碑，上面刻下设计者和建筑者的姓名，以此告诫他们：质量安全是终身的责任。

就在首尔市历经18年即将还清赔偿贷款时，2013年4月24日，孟加拉国首都达卡郊区，一座八层建筑物又发生了一起更为惨烈的倒塌，取代了三丰百货倒塌事故，成为世界上建筑物倒塌罹难人数最多的灾难事件。事故的原因同样是随意改变大楼承重。

这栋楼始建于2006年，设计用作商场，当时只获准建造四层。后来大厦改用作制衣厂，先后有5家企业进驻，各种重型设备陆陆续续搬进厂房，承重早已超过设计标准。与三丰集团加盖一层相比，孟加拉国的业主更贪婪、更加无所顾忌，从2008年到2012年先后违章加盖了四层，而且没有承重墙。2013年3月23日晚，萨瓦尔镇的官员发现该建筑出现裂缝，要求业主关闭制衣厂。但业主向5家制衣厂表示，缝隙不会造成危险。4月24日，工人们正来回忙碌着，大厦突然倒塌，造成1127人死亡、2500多人受伤。4月25日，孟加拉国全国降半旗，为罹难者哀悼一天。当天孟加拉国全国各地数十万制衣厂工人举行罢工，抗议恶劣和不安全的工作环境。

在世界各地，类似的悲剧此起彼伏。

1973年3月2日，美国弗吉尼亚州地平线广场，一座公寓尚未竣工，施工方过早地拆除混凝土支柱的模板，尚未完全硬化的水泥无法支撑楼层的重量，导致整座大楼完全坍塌，造成14名建筑工人死亡、34人受伤。

1993年8月13日，泰国呵叻府六层高的皇家广场酒店在不到10秒内轰然倒地，造成137人死亡、227人受伤。事故原因在于3年前业主未进行评估就加盖三层楼，为了应对供水短缺问题，酒店又在屋顶储存了大量水，导致大楼承重严重超标。

2007年8月1日18时余，正值下班高峰时段，美国I-35W密西西比河大桥突然坍塌。这座桥于1967年11月建成通车，由于第二次世界大战后钢铁价格昂贵，该桥建造时尽可能地节约钢材，结构的承重能力达到极限状态，没有"冗余"保护，由此埋下重大隐患。到2007年，大桥日通车量已是40年前的2倍，结构性缺陷最终带来一场悲剧。美国有这种缺陷的桥多达756座，绝大多数建造于二十世纪五六十年代。事故发生后，美国交通部彻底地检查了类似大桥，并全面进行补救。事故4年后的2011年8月1日，纪念倒塌事故的公园落成，座落在公园中的纪念碑上这样写道："我们的生命不仅被所发生的定义，也被我们面对所发生的行为所定义，不仅被生命带给我们的所定义，也被我们带给生命的所定义。悲剧事件内无私的行为和悲悯创造长远的社区。"

生命有不能承受之重，建筑亦有不能承受之重。敬畏生命，保障建筑安全，人才能安全。

"豆腐渣工程"

如果说设计问题还可能是因为知识匮乏或疏忽大意带来的无心之举，那么偷工减料建造出来的"豆腐渣工程"，则是百分之百的明知故犯，百分之百的谋财害命，百分之百的丧尽天良。偷工减料，偷去了良知，威胁了生命。

韩国在1994年圣水大桥坍塌后曾经大力治理过建筑行业，建筑质量一度好转。然而过了20年，又连续发生两起"豆腐渣工程"事故，让人们放松的神经又紧绷起来。

2014年2月17日，一场暴雪袭击了韩国庆州地区，降雪量超过50厘米。但暴雪无法阻挡釜山外国语大学欢迎新生的热情，在毛纳海洋度假村体育馆内，500多名学生举行了热烈的欢迎仪式。晚上9点多，体育馆出口反方向的舞台一侧的顶棚突然塌落，紧接着，不到10秒钟，整个顶部像多米诺骨牌般——倒下，造成10人死亡、100多人受伤。事后有人认为是积雪压塌房顶，但调查发现，体育馆建造质量十分糟糕：偷工减料，使用劣质建材，主房梁部分材料不符合政府标准，细房梁与屋顶间没有足够多的螺钉连接固定。

8个月后的10月17日下午17时，作为"2014年第一届板桥科技谷庆典"活动的一环，韩国4minute女子流行演唱组合在京畿道城南市盆唐区拉开户外演出的序幕，吸引了700多名粉丝观看。为了更清楚地看到舞台，部分观众站到地铁的通风口。17时53分许，通风口突然断裂，近30名观众随之坠入10多米深的地下空间，造成16死11伤。调查结果发现，该通风口为"豆腐渣工程"，存在焊接不良、锚固螺栓未固定好等问题。

作为新兴经济体，2010年后印度GDP的增长速度达到年均7.3%，成为全球经济增长最快的主要经济体之一，然而这些年印度也盛产"豆腐渣工程"。

印度首都新德里约有100万外地民工，他们艰难为生，希望房租越便宜越好。许多黑心开发商为此建造了一批粗制滥造、偷工减料的"经济适用性公寓"。尽管新德里政府不断发出禁止违章建筑的通知，大规模开展拆除行动，但违章建筑依然层出不穷。2010年11月15日，新德里的雨下个不停，建筑工人冒着雨，在一座建成15年的四层居民楼上加盖第五层，而楼下的地基在水中已经浸泡了两个月。这栋楼的一、二层是一家纺织厂，三、四层是200多户工人的宿舍，每个月50美元的房租吸引了更多的住户，于是业主决定加盖一层。突然，大楼摇晃一下，紧接着在短短几秒钟内，像沙一样塌了下来，一时间喊叫声、哭声、救命声在雨中混杂一片。事后发现这栋大楼没有一根像样的立柱，主要靠墙支撑，而承重墙只有一面，建筑材料惊人的劣质。事故后，印度官员照例表示将开展楼房质量大检查。

运动式的大检查从来收效甚微。2013年4月4日傍晚，印度孟买郊区一栋正在兴建的七层大楼出现倾斜，不到4秒钟就像一叠纸牌一样垮塌。尽管未取得使用许可，已有部分住户、公司和店家进驻该楼。事故造成包括25名儿童在内的72人丧生、62人受伤。

2014年6月28日，印度发生两起楼房倒塌事件，一起在印度南部港口城市金奈，夺去了47人的生命。另一起在新德里，一座四层建筑倒塌，10人死亡。近几年，印度每年都要发生二三十起建筑坍塌事故。

在许多国家的发展历程中，常常出现发展速度和发展质量之间的矛盾，尤其是高速发展之时，质量问题就格外凸显，各种安全事故频频出现，正所谓"萝卜快了不洗泥"。

四、绿水青山今何在

工业革命以来，化学领域取得突飞猛进的发展。目前，人类发现和合成的物质已超过 3700 万种，而且每年新发现或合成的物质以十几万种的速度增加。这在造福人类的同时，也带来各种副产品、副作用——影响了环境质量，污染了空气、水源、土壤和我们的家园。我们只有一个地球，如果地球被破坏了，我们又去哪里生活？

请你吸口毒气

远古时代，人类以火堆和火把照明，后来采用油灯和蜡烛。18 世纪后期，英国人发明了煤气灯，人类照明方法向前迈进了一大步。煤气是混合气体，既含有乙烷、甲烷和氢气等可燃成分，又含有二氧化硫、硫化氢和二硫化碳等有毒、不可燃成分。由于当时净化不完全，再加上煤气灯装配粗劣、接头渗漏，若长时间使用，人会感到严重不适，天花板也会被熏黑。

1808 年，工程师克莱格发明了用石灰水净化煤气的方法，有效吸收了二氧化硫、硫化氢和二氧化碳等杂质，显著提高了煤气清洁度和安全性。1825 年，英国工厂、公共建筑和商店几乎都采用了煤气照明。19 世纪中叶，煤气照明遍及欧美。19 世纪 70 年代后期，更安全、更方便、更低成本的电力照明兴起，逐步取代了煤气的烟熏火燎。

从煤气到电力，人类用了近百年的时间。然而，有些污染根本没有给人类留下更正的时间，就造成致命的伤害。

比利时马斯河谷是位于马斯河旁的一段狭长盆地，两侧近百米高的群山对峙。在这段 24 千米长的河谷上，密密麻麻建了一批重污染工厂：4 个玻璃厂、3 个炼油厂、3 个金属冶炼厂、3 个炼锌厂，还有电厂、硫酸厂、化肥厂、石灰厂。1930年12月1日星期一，初冬的比利时微风不起、大雾笼罩。在马斯河谷，工厂排放的大量烟雾弥漫上空，有害气体在大气层中越积越厚。12月3日，在二氧化硫和其他有害气体、粉尘的综合作用下，河谷工业区上千人发生呼吸道疾病，出现胸疼、咳嗽、流泪、咽痛、声嘶、恶心、呕吐、呼吸困难等症状。一周内，63人死亡，大多死于心脏病和肺病。家畜、鸟和田鼠也未能幸免于难，纷纷死去。这起事故成为20世纪最早记录下的大气污染惨案。事后，比利时政府和多个研究机构对惨案进行研究，工业污染开始引起人们注意，正如1931年2月14日的《英国医学杂志》所言：可以相信，马斯河谷死亡的教训具有比较广泛的意义。当时有人假设，如果在伦敦发生这一现象，可能会造成3200人死亡。

教训没有被吸取，后果倒被不幸言中。22年后，伦敦发生了严重烟雾污染事件，只是死亡人数远远不止3200人。

每当北大西洋暖流与大不列颠群岛冷流汇合时，伦敦上空就笼罩着浓浓的雾。1838年，英国作家狄更斯出版以伦敦为背景的写实小说《雾都孤儿》，伦敦的别名"雾都"不胫而走。英国一度牢牢占据"世界工厂"的地位，工厂众多、烟囱林立，"雾都"成为伦敦长达一个多世纪的无奈。1952年12月上旬，无奈变成了一场灾难。

12月4日开始，一股强高压气旋中心稳定在伦敦上空。一连几日，伦敦风速表读数为零。又值冬季大量燃煤取暖，排出的废气蓄积不散，黑暗的烟雾越积越重，大街上的电灯若明若暗，犹如黑暗中的点点星光。飞机被迫停航，马路上几乎没有车，少量的汽车即便白天行驶也须打开车灯，行人小心翼翼地沿着人行道摸索前进。

随着空气中的污染物浓度不断上升，许多人出现胸闷、窒息等症状，眼睛刺痛，流泪不止。在大雾持续的6天时间里，据英国官方统计，丧生者达5000多人，45岁以上死亡的人数约为平时的3倍，1岁以下死亡的婴儿约为平时的2倍，因支气管炎死亡是一周前同类人数的93倍。直至12月10日，强劲的西风吹散了笼罩在伦敦上空的恐怖烟雾。然而在大雾过去的两个月内，又有8000多人相继死亡。

这场灾难终于让英国政府警醒，开始铁腕治雾。1954年制定了《伦敦市法》，1956年颁布了《清洁空气法案》；把发电厂和重工业迁到郊区，大规模改造传统炉灶，减少煤炭用量。1968年以后，英国又出台了一系列的空气污染防控法案。20世纪80年代后，交通污染取代工业污染，成为伦敦空气质量的首要威胁，英国政府又采取了一系列措施，规定汽车全部使用无铅汽油，优先发展公共交通网络，抑制私家车增长。经过50多年的治理，伦敦赶走了污染源，摘掉了"雾都"的帽子，绝迹多年的上百种小鸟重新在蓝天白云下翱翔，鱼儿又回到清澈的泰晤士河。

美国也曾发生过严重的烟雾污染事件。自20世纪40年代初起，每年夏季至初秋的晴天，洛杉矶上空就弥漫着浅蓝色烟雾，整座城市浑浊不清，使人眼睛发红、咽喉疼痛、呼吸憋闷、头昏脑痛。1943年以后，烟雾更加肆虐，城市一公里外的大片松林枯死，柑橘减产。美国宾夕法尼亚州多诺拉镇地处河谷，1948年10月26~31日，该镇大部分地区受反气旋和逆温控制，加上持续浓雾，二氧化硫与大气尘粒在近地层积累，造成全镇43%的人出现眼痛、喉痛、流鼻涕、干咳、头痛、肢体酸乏、呕吐、腹泻等症状，5911人发病，17人死亡。

日本在工业革命中同样经受过污染的"洗礼"。四日市位于日本东部海湾，从1955年开始相继兴建了十多家石油化工厂，终日排放的重金属微粒与二氧化硫形成硫酸烟雾，昔日晴朗的天空变得污浊不堪。1961年，该市呼吸系统疾病迅速蔓延，患者中慢性支气管炎占25%，哮喘病占30%，肺气肿等占15%。1964年曾有三天烟雾不散，不少哮喘病患者因此死去。1967年，一些患者因不堪忍受折磨而自杀。1970年，患者达500多人。1972年，全市哮喘病患者871人，死亡11人。

人类历史上最严重的工业化学事故发生在印度，罪魁祸首却是美国的一家公司。

1969年，美国联合碳化物公司在印度博帕尔市建起一家农药厂，生产西维因、涕灭威等农药。1980年，为了节约成本，博帕尔农药厂开始自行生产一种叫作异氰酸甲酯的化学原料。这种原料是剧毒液体，沸点为39.6℃，极易挥发。极少量散发到空气里，很快就会使人眼睛疼痛。若浓度稍大一点，就会使人窒息。第二次世界大战期间，德国法西斯用这种毒气杀害过大批关在集中营的犹太人。在博帕尔农药厂，这种剧毒化合物被冷贮存在一个地下不锈钢储藏罐里。

1984年12月2日，女总理英迪拉·甘地被暗杀一个月后，印度人民还沉浸在悲痛之中，反锡克教徒的暴动在全国此起彼伏，印度政局动荡、社会混乱。而在博帕尔农药厂，一场灾难悄然来临。当天下午，一位工人在冲洗设备管道时，不慎将凉水流入装有异氰酸甲酯的储藏罐，罐内迅速发生强烈的化学反应，储气罐内压力急剧上升。12月3日零时56分，储气罐阀门失灵，30吨异氰酸甲酯毒气从阀门中溢出，以每小时5千米的速度迅速四处弥漫，很快笼罩了25平方千米的地区。当毒气泄漏的消息传开后，农药厂附近的人们纷纷逃离家园。很多人被毒气弄瞎了眼睛，只能一路摸索着前行，许多人死在逃命的途中。博帕尔市大街上约1万人倒下去，再也没有起来，人和牲畜的尸体随处可见。医院里挤满了中毒患者，但医生对泄漏气体的成分一无所知，根本无法采取针对性的治疗。而美国联合碳化物公司却以"商业秘密"为由，拒绝公开泄漏气体的化学资料。

事故导致2.5万人直接死亡，55万人间接死亡，20多万人永久残废，余生苦日无尽。泄漏事件发生5周年后，美国联合碳化物公司才向印度政府支付了4.7亿美元的赔偿金，这还不够受害人10年的治疗费用。泄漏事件发生25周年后，印度中央邦博帕尔市法院才对8名公司高管做出最高两年监禁的判决。而当年环境检测显示，在泄漏工厂的周围依然有明显的化学残留物，这些有毒物质污染了地下水和土壤，导致当地很多人生病。在这一年纪念活动上，印度总理辛格说，这起悲剧"一直折磨着所有印度人的良心"。

在震惊世界的印度博帕尔毒气泄漏惨案中死去的人们。

如果请那些空气污染的制造者深深吸一口毒气，他们会不会感同身受，从此良心发现？

哭泣的江海湖泊

水是生命之源，人不吃食物可以存活七天以上，人不喝水只能活三天。如果生命依赖的水发生污染会怎么样？

1892年，美国富商威廉·洛夫在加利福尼亚州修建洛夫运河，后因资金问题，中断运河建设。后来，西方石油公司的子公司胡克化学公司以低价从政府手中买下这条运河，向河中排放美国明令禁止的杀虫剂、复合溶剂等有毒工业废水，以及电路板和重金属等化工垃圾。1953年，在2.18万吨左右的垃圾填满运河后，胡克化学公司平整了土地，以1美元的价格将这块地卖给了尼加拉大瀑布教育董事会，并附上一份关于有毒物质的警告说明。次年，教育董事会在这块土地上修建了一座小学。之后搞起房地产开发，兴建第99街幼儿园。20世纪60年代，这个区域出现孕妇流产率较高、幼儿易发皮疹等现象。

吉布斯，一位年轻的母亲，她的儿子麦可在第99街幼儿园上学，患上了肝病、癫痫、哮喘和免疫系统紊乱症。她不明白为什么儿子小小年纪竟会患上这么多奇怪的病。1978年年初的一天，吉布斯偶然从报纸上得知，这片土地曾经是堆满化学废物的大垃圾场，开始怀疑儿子的病与此有关。她走访了社区的其他家庭，才发现很多人得了各种怪病，癌症、流产、死胎、儿童夭折、婴儿畸形、生育缺陷、泌尿系统疾病、癫痫、直肠出血，屡见不鲜。事实的揭露让人们惊恐万分、愤怒不已，他们走上大街游行示威，要求政府详细调查，采取相应措施。

1978年8月2日，纽约卫生局宣布洛夫运河处于紧急状态，命令关闭第99街幼儿园和学校，建议孕妇和两岁以下的孩子撤离。1978年10月，政府开始清理垃圾场。1979年2月8日，纽约卫生部发布第二道疏散命令。1980年10月1日，卡特总统到访，创立用于清理化学物质和有毒垃圾场的"超级备用金"。

洛夫运河还有一个好听的名字，叫"爱之河"，但因为污染，运河带给人们的不是爱，而是病痛与死亡。

20世纪上半叶，日本为了获得经济高速发展，曾不惜牺牲环境，"水俣病"就是当时的"杰作"。

日本九州熊本县水俣镇是一个位于水俣湾东部的小镇，镇上居住着4万多人，周围的村庄有1万多农民和渔民，世世代代过着祥和宁静的生活。1925年，轰隆隆的机器声打破了宁静，日本最大的化工企业日本氮肥公司在此建厂，生产当时属于化工业尖端产品的氮，后又开设了合成醋酸厂。1949年后，公司又开始生产氯乙烯，年产量不断提高。在人们以为氮肥公司将带来富裕生活的时候，工厂却把没有经过任何处理的废水直接排放到水俣湾中。

1952年，水俣镇发生了奇怪的事情，这里的猫举止非常怪异，走起路来

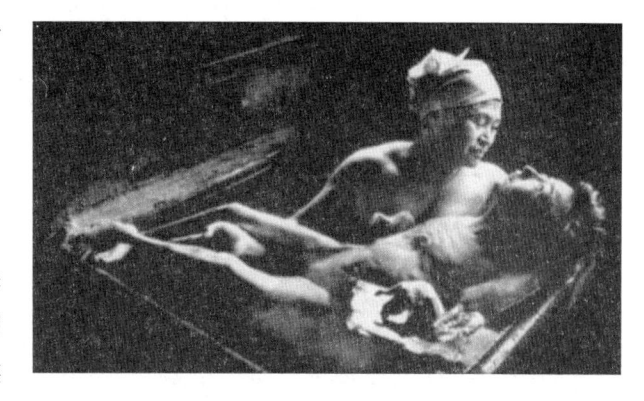

东倒西歪、表情狰狞，时而摔倒，好像喝醉了酒，时而发疯似的一路狂奔，甚至跳海而死。1953年，有5万多只猫跳海自杀。这一年，渔民还发现水俣湾水面时常漂浮着大量的鱼，任人捕捞，很多贝类离奇死亡。不久，人开始患病，轻者口齿不清、步履蹒跚、面部痴呆、手足麻痹、感觉障碍、视觉丧失、震颤、手足变形；重者神经错乱，或酣睡，或兴奋，身体弯成弓，直至死亡。由于医生从来没有见过这种病症，就用地名水俣命名，这就是后来轰动世界的"水俣病"。

1971年，已隐居的美国知名摄影师尤金·史密斯受《生活》杂志编辑委托，再次拿起相机前往日本记录水俣病人，拍摄期间他曾被工厂雇佣的打手殴打，一度失明。图为他的作品之一《智子出浴》，智子的母亲怀孕时吃了水俣湾鱼虾，智子出生后得了先天性水俣病，没有生活自理能力，洗澡也离不开母亲。

经过近十年的调查研究，日本于1962年确认，水俣湾的水里含有大量的汞，人和动物长期食用被汞污染的鱼和贝类，会引起甲基汞慢性中毒。日本政府害怕"水俣病"继续蔓延，下令当地不准捕鱼、不准吃鱼。1968年，化工厂关闭。但是"水俣病"阴魂不散，1973年有明町等地又发生同样病况，报道称780多人患病、200多人死亡，实际上受害人数远远超过这个数字。

无独有偶，"痛痛病"是日本当时闻名世界的另一个"杰作"。

在日本中部富饶的富山平原，有一条贯穿整个平原的河流叫神通川。这条美丽的河为两岸民众提供饮水，灌溉着平原的土地。19世纪80年代，在神通川上游发现矿资源，神冈矿山应运而生。20世纪初期开始，人们发现富山平原的水稻普遍生长不良。1931年起，富山平原的民众出现一种腰、手和脚关节疼痛不已的怪病，后来患者骨骼软化萎缩，四肢弯曲，骨质疏松，重者全身多处骨折，在痛苦中死亡。由于患者整天忍不住喊"痛、痛、痛"，因此，这个病被称为"痛痛病"，也叫骨痛病。1931年到1968年，神通川平原地区计258人患此病，其中死亡128人。

日本医学界经过长期分析发现，在采矿过程中和堆积的矿渣中产生的含有镉等重金属的废水直接流入神通川，民众长期用神通川的水浇灌农作物，镉等重金属又沉淀到土壤，然后通过水和稻米进入人体，引起肾脏障碍，导致软骨症。1967年7月，日本政府制定了《公害基本法》，相继把噪音、震动、地震、恶臭，以及大气、水源和土壤污染确立为公害。1971年，日本法院最终审理富山"痛痛病"案，判决矿业公司赔偿1.5亿日元。

1977年召开的联合国水事会议，向全世界发出严重警告：水将成为一个深刻的社会危机。1993年1月18日，第四十七届联合国大会做出决议，把每年的3月22日确定为"世界水日"。然而，目前全世界每年仍约有4200亿立方米的污水排入蔚蓝的大海，排入秀丽的湖泊，排入那些被各民族称为"母亲河"的大江大河，排入儿时记忆的门前小溪。如果江海湖泊有灵性，定会无比愤怒又无比悲伤地哭泣。

核污染的三次警钟

1942年12月，世界上第一座核反应堆在美国芝加哥大学建成。1951年12月，美国实验增殖堆1号首次利用核能发电。1954年6月，苏联建成世界第一座核电站——奥布灵斯克核电站。1957年，美国建成发电功率为9万千瓦的码头市原型核电站，开始和平利用核能。目前全球在运行的核电站有400多座，为全世界提供约16%的电能，其中美国是世界上核电站最多的国家，法国是核发电量占全国总电力比率最高的国家。核能发电成本较低，不会造成空气污染，不会产生加重温室效应的二氧化碳，但核反应器内储存着大量的放射性物质，一旦释放出来，将如打开潘多拉魔盒，引发巨大灾难。

在美国核电发展历程中，三里岛核电站事故为人类敲响了第一次警钟。

三里岛位于美国宾夕法尼亚州道芬县萨斯奎哈纳河中间，因其长3英里而得名。1974年，巴布科克和威尔科克斯公司在这座小岛上建成了功率为90万千瓦的核电站。1978年，2号设备启动。1979年3月28日凌晨4时，操作人员在疏通三里岛核电站第二组反应堆树脂过滤器时，意外造成给水泵、冷凝水泵和冷凝增压泵关闭，堆芯压力和温度骤然升高。一时间，操作室里红灯闪亮，汽笛报警，涡轮机停转；蒸汽压力过高，造成钢管破裂；温度攀升，致使原子炉被熔化。两小时后，大量放射性物质溢出，填满了机壳容器。厚达1米多的机壳容器起到了关键作用，放射性物质没有对周围造成过多的影响。6天以后，堆芯温度开始下降，引起氢爆炸的威胁解除。100吨铀燃料虽然没有熔化，但60%的铀棒受到损坏，反应堆最终陷于瘫痪。

事故发生后，核电站附近的居民惊恐不安，约20万人撤出这一地区。全美闻之震惊，纽约爆发了20万人参加的反对建设核电站抗议活动。迫于压力，卡特总统宣布"美国不会再建设核电站"。1979年8月起，美国开始三里岛核电站环境清理，到1993年11月结束，耗时14年，耗资10亿美元。

如果说三里岛核电站事故让美国人惊恐不已，那么切尔诺贝利核电站爆炸则让整个世界惊恐万分，又一次敲响了警钟。

切尔诺贝利是乌克兰北部基辅州的一座城市，靠近白俄罗斯边境。切尔诺贝利核电站由四个反应堆组成，1983年全面启用，曾经是苏联最大的核电站。1985年10月，有专家写信给国家核能监督委员会，指出切尔诺贝利核电站反应堆存在结构性设计缺陷，应该像美国三里岛核电站那样增加一个"安全壳"。但是，国家核能监督委员会置之不理。

1986年4月25日，工作人员按计划对第4机组进行定期停机检查，由于多次违反操作规程，犯下了一连串致命错误，导致反应堆能量增加。次日凌晨1时23分，4号机组反应堆熔化燃烧，引起爆炸，核燃料冲出保护壳，升到高空。辐射尘随着大气飘散到苏联西部地区、东欧地区、北欧斯堪

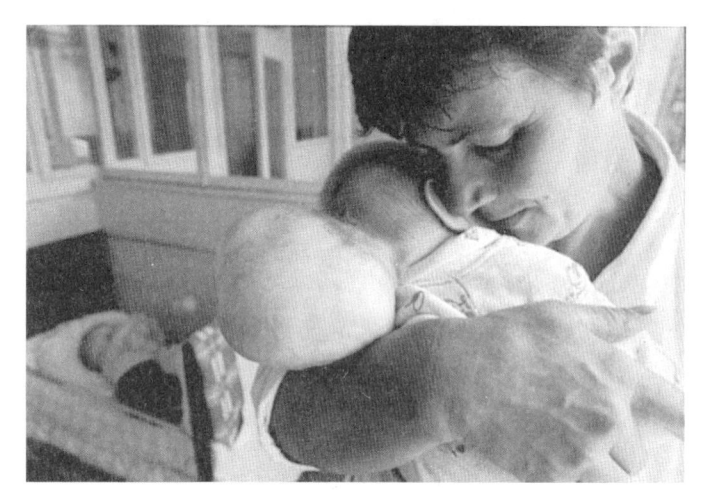

受切尔诺贝利核电站核辐射身体产生变异的婴儿。

的纳维亚半岛，在事件发生后36小时，住在切尔诺贝利核电站周围的居民被疏散，数十万人被迫背井离乡。

1992年，乌克兰官方公布，7000多人死于核污染。世界卫生组织指出，大约60万人受到严重辐射。25年后的2011年，核电站周边30公里半径区域内仍然是"无人区"。也就在这一年，世界上又发生了一次严重的核泄露事故，

这次是日本福岛核电站。

福岛核电站是世界上最大的核电站之一，由福岛一站、福岛二站组成，共10台机组。1971年3月，一站1号机组投入商业运行。1982年4月，二站1号机组投入运行。2011年3月11日14时46分，日本东北部发生里氏9.0级大地震，这是近百年来人类遭遇的第五大地震。继而发生海啸，导致福岛核电站两座反应堆故障，其中一站中一座反应堆发生异常，放射性物质泄漏。大量含有放射性物质的烟尘直冲云霄，随风向东飘落。还有一些放射性物质释入大海，核电站附近的海鱼身上被检测出超高浓度放射性物质铯。福岛核电站周围17万人居民被转移。2018年3月，日本会计审计署公布：截至2017年年底，东京电力公司因福岛核事故赔偿总额达76821亿日元。

三次警钟，让人类在和平利用核能面前犹豫不决、徘徊不前。不管未来何去何从，人类一定要把一切能源利用控制在安全范围内。

五、良知与责任在鲜血中醒来

维护质量安全靠什么？消费者常常把希望寄托于企业的良知和责任。但在一次又一次被欺骗后，才发现一切并没有想象中的可靠，诚信的底线经常被利益击穿。

成本暗算

二十世纪五六十年代，美国通用公司如日中天，美国本土每出售两辆车中就有一辆是通用，通用公司成为当时全球最大的汽车制造商，其随之将竞争对象瞄准大众汽车。1949年，大众汽车大批量生产的甲壳虫汽车外观可爱独特，线条流畅，内饰精细，配置丰富，风靡全球，尤受女性消费者的青睐。1959年，通用汽车向大众的甲壳虫发出挑战，推出了美国最早的引擎后置汽车——科威尔。不久，科威尔登上《时代》杂志封面，并获得《Motor Trend》杂志1960年"年度车"的称号。不过通用汽车很快发现，此款车存在后悬挂系统的设计缺陷，容易打滑和翻车，此外还存在严重的漏油问题，加热系统可能会把有害气体带入车内。经过评估，如果对这些缺陷进行改进，每辆车要花费15美元！高层领导认为"太贵了"，否决了改进提议。1964年，通用公司的利润达到17亿美元，但用于对车祸原因的研究经费仅为100万美元。

1965年，通用公司因为设计缺陷，收到100多件诉讼，但其依然无动于衷。就在这一年11月，律师拉尔夫·纳德出版著作《任何车速都不安全：美国汽车设计埋下的危险》，其中第一章就指出科威尔车存在多种缺陷，通用公司的行为是"20世纪工业最严重的不负责行为"。但是通用公司依然毫无悔意，甚至采取卑鄙的手段威胁和陷害纳德。事件曝光后，通用公司受到广泛指责。1969年，通用公司不得不宣布停产科威尔车型。

第二年，31岁的美国经济学家、加州大学柏克莱分校教授乔治·阿克罗夫发表了一篇论文《柠檬市场：质量不确定性和市场机制》，分析了在市场中信息不对称造成的不良产品供应问题。他用不同的水果表示不同特性的二手车，香甜的樱桃与水蜜桃表示车况优良，而酸涩的柠檬表示状况不佳。他发现，由于卖方掌握更多的信息，就可能掩盖产品的真相，提供不真实的资讯，以次充好伤害买方的利益。许多厂商和经销商不是想方设法提高汽车质量和售后服务，而是依靠雄厚的经济实力雇用了众多律师，专门应付消费者关于汽车质量问题的索赔官司。而当消费者无法掌握产品的全部信息来判断产品的优劣时，最终会做出"逆向选择"，选择支付比优质产品成本低、比劣质产品成本高的中间价格购买产品，导致优质产品最后被劣质产品驱逐出市场，形成信息经济学中著名的"柠檬市场"。

1970年9月11日，美国汽车行业的另一家大鳄福特汽车公司，推出了平托车型，很快成为美国销售最好的超小型车之一，1974年卖了54万辆。1978年8月10日，在印第安纳州公路上，一辆平托车车尾被撞，油箱发生剧烈爆炸，车上三名少女当场死亡。

碰撞后燃烧的平托车。

截至 1977 年，平托车发生了将近 50 辆车尾碰撞爆炸事件，原因在于这款车油箱设计有瑕疵。在平托车爆炸案件审理中，令法官更惊讶的是，福特其实早已经知道这一问题，但是他们严密地分析了会计成本效益：油箱瑕疵可能造成死亡和烧伤各 180 人，赔偿费加上车辆维修费最大开支约需要 4950 万美元，而给 1250 万辆车逐一增加一个价值 11 美元的装置，将花费 1.375 亿美元。两个成本一对比，公司决定维持现状。

看到福特的这份会计成本效益分析备忘录时，陪审团震惊了，最终法院对福特公司做出 350 万美元的巨额赔偿决定。尽管福特召回了 150 万辆平托车，但其声誉已经彻底败坏，1981 年，平托车永远退出市场。

就在 20 世纪 80 年代初期，美国市场上低能耗的日本汽车蜂拥而至，于是美国消费者很少购买本土汽车。底特律三巨头通用、福特和克莱斯勒亏损，汽车工人大量失业，美国车企终于尝到苦果。每一家企业都应该记住，保障质量安全是企业不可推卸的社会责任，不能把责任放在经济的天平上，暗算消费者，来日一定会受到市场的惩罚。

被市场惩罚的美国人这才理解了阿克罗夫教授柠檬论的含义。美国商务部破釜沉舟，推出了旨在提高美国国产车质量的汽车消费者权益保护法。从 1982 年起，美国各州陆续制定了保护汽车消费者权益的法律，并用"柠檬法"冠以总称，明确规定了什么样的车属于"柠檬车"。"柠檬法"要求汽车生产厂家对车辆缺陷负责，而不是经销商。各州出现专门打"柠檬车"官司的律师事务所。如果被认定是"柠檬车"，消费者不必上法庭，只要将历次的汽车修理收据寄给州消费者协会，就可以要求车企换车或退款。车企收回的"柠檬车"在整修之后再次出售，必须贴上"柠檬"标识。凡是"柠檬法回购车"，保质期至少 1 年。厂商一旦违法，就会受到严格的调查和严厉的惩罚，罚款可以高达上千亿美元。

纽约州"柠檬法"自 1983 年实施，到 1990 年，12 家汽车制造商向购买其新车的车主退款 1 亿美元。同一时期，美国三大公司在全国退款达 10 亿美元。"柠檬法"实施后的最初几年，各种汽车纠纷数不胜数，美国汽车公司遭受巨大损失，强烈抵制该法。但是美国消费者和政府坚决不退让，迫使美国汽车厂商不断提升产品质量，终将美国汽车工业引向了健康的竞争和发展轨道。可以说，没有"柠檬法"，就没有通用和福特后来的进一步发展。

而今天，"柠檬法"的适用范围已从保障汽车消费者权益渐渐地扩展到电器与电脑等多个商品领域。

2018年10月29日，印度尼西亚狮航一架波音737 MAX 8起飞13分钟后坠海，机上189人无一生还。2019年3月10日，埃塞俄比亚航空一架同款飞机起飞6分钟后坠毁，机上157人全部罹难，其中包括美国著名的消费者保护斗士拉尔夫·纳德的孙女。不到五个月，两架飞机失事，2019年3月13日15时，美国联邦航空管理局不得不要求暂时停飞波音737 MAX机型。

2019年7月29日，曾在波音工作了30年的前高级工程师亚当·迪克森表示，自己参与了737 MAX系列客机的设计，但他的家人不会乘坐这一备受争议的机型。波音非常注重控制成本，737 MAX客机设计曾面临"资金不足"的问题，设计人员不得不把设计上的"大变化"描述为"小变化"，以躲过美国联邦航空局复杂的检测程序和严格的审查。

2019年11月6日，英国广播公司又报道，在波音工作了32年的前质量管理工程师约翰·巴内特爆料，2016年他检测波音787"梦幻客机"300个全新的氧气瓶时，发现其中25%无效，如果飞行中机舱突然减压，乘客可能因此缺氧。当时他上报了这一问题，然而波音公司视而不见，美国联邦航空管理局没有采取任何行动。最终他"因身体原因"被迫离开了波音公司。巴内特还声称，因波音公司急于生产，组装过程很匆忙，一些质量不合格的零件也被安装上飞机。无独有偶，波音公司前工程师约翰·伍兹曾被波音要求修改手册，降低标准以提高交付率。他按照程序向波音公司人事部门投诉这一事件，结果被离职了。

马克思在《资本论》中曾引用了托·约·邓宁的一句话："一旦有适当利润，资本家就大胆起来。如果有10%的利润，他就保证到处使用；有20%的利润，他就活跃起来；有50%的利润，他就敢铤而走险；为了100%的利润，他就敢践踏一切人间法律；如果有300%的利润，他就敢犯任何罪行，甚至冒着被绞首的危险。"这句话至今依然提醒人们，必须对资本的贪婪始终保持警惕，为了获得高利润，一些企业会不惜一切手段降低成本，甚至放弃质量安全。

安全气囊变成"死亡气囊"

1902年5月20日，美国纽约，一场赛车比赛正在激情举行，汽车的轰鸣声让观众欢呼雀跃。突然，一辆赛车冲出跑道，飞到半空中，又坠入观众席，当场撞死两名观众、撞伤十几人，现场一阵混乱。出乎意料的是，赛车手死里逃生。原来车手沃尔特·贝克在汽车座椅上钉上了几根皮带，这救了他的命。这是汽车安全带第一次出现在大众的视野中。1922年，安全带开始普遍用于赛车。但随后几十年，安全带并没有用于私人汽车，原因在于其始终未能摆脱设计缺陷，操作不仅烦琐、效果不佳，紧急情况下，反倒更容易伤害人体的软组织。

瑞典人尼尔斯·博林原本是一位战斗机工程师，研究如何将飞行员从座椅上弹射出去。1958年，他跳槽到沃尔沃汽车公司，将飞行员安全带移植到汽车上，三点式汽车安全带由此诞生。沃尔沃公司随后在汽车上配置了安全带，但是此时安全带会勒死人的谣言依然到处传播。1967年，尼尔斯·博林在美国发表了《28000宗意外报告》，详细记录了在1966年瑞典所有沃尔沃汽车的交通事故中，安全带把乘客受伤率降低了50%。在就职于美国国家公路交通安全管理局威廉·赫顿的努力下，1968年，美国首先出台法律，正式规定轿车前排座椅必须加装安全带。

日本高田公司从1952年也开始研发安全带，1960年研发出了日本首个两点式安全带。1969年，日本修订后的《道路运输车辆保证安全基本法》规定，日本国产普通轿车驾驶席位必须安装安全带。随后世界各国的道路交通安全法规相继做出类似要求，安全带的发展迎来了千年难逢的契机。1973年，美国国家公路交通安全管理局组织了真人志愿者碰撞测试，结果只有高田安全带成功承受时速56公里的碰撞。一时间，高田安全带如日中天。

高田安全带的辉煌持续了很长时间。1995年，美国国家公路交通安全管理局发现，从20世纪80年代中期起，高田安全带的插扣采用ABS塑料制成，这种塑料经过紫外线照射后，会变脆，以致成碎片脱落，导致带扣不能锁死或释放。1995年5月，美国宣布召回1986—1991年期间使用高田安全带的842万辆车。存在技术性安全隐患本属正常，令人吃惊的是，在1990年高田公司已经知道这一问题，但是他们既没有上报管理局，也没有自愿召回，而是选择了隐瞒。美国国家公路交通安全管理局为此对高田公司处以5万美元的罚款。

5万美元罚款对于高田公司来说，微不足道。高田公司不仅没有从中吸取教训，反而变本加厉欺骗客户，直到危机全面爆发，涉及的产品是其生产的安全气囊。

20世纪50年代，一个新的汽车安全装置被发明，这就是安全气囊。当汽车发生正面碰撞时，安全气囊可将乘客受伤的程度降低64%。1974年，通用汽车开始装备安全气囊。1984年，美国汽车标准要求安装安全气囊。

高田公司的商业嗅觉极其灵敏，1980年着手研发安全气囊，1987年开始生产销售。2000年，高田公司成为全球第二大安全气囊生产厂商。安全气囊原理并不复杂，当汽车发生碰撞时，引起安全气囊内部的化学物质发生一次受控的爆炸，产生的气体膨胀后填充气囊。其余厂商通常使用价格相对更高的硝酸胍，而高田公司使用的是硝酸铵。这种被高田公司认为是防止安全气囊打不开的划时代材料，久置后会老化成粉末，一旦触发，将使原本受控爆炸变成一场不可控的大爆炸。在2000年到来之时，高田公司在内部测试中已经发现，气囊没有正常工作，部分气囊发生了危险的大爆炸。但这一次，高田公司继续选择了隐瞒。相对极其敏感的商业嗅觉，高田对安全责任麻木不仁。

然而，这种麻木不仁终有一天会反蚀其自身。2004年，美国亚拉巴马州一辆2001年款本田雅阁轿车安全气囊的气体发生器发生破裂，内部金属片炸出，刺伤了驾驶员，其使用的就是高田公司生产的安全气囊。此时，高田公司的生产线已遍布17个国家，拥有46座工厂。面对事故，其没有悬崖勒马、迷途知返。2008年11月，作为高田气囊的第一大客户兼股东，本田汽车公司召回使用高田安全气囊的4000辆汽车。此时，高田公司依然无动于衷。

2009年5月16日，一名18岁的美国少女开车接弟弟放学，途中与另外一辆车相撞，高田安全气囊内的金属片炸出，一下子划破少女的颈动脉，少女因大量失血而死亡，惨剧引起全球关注。此后，美国国家公路交通安全管理局陆续收到多起关于高田安全气囊迸发金属碎片的举报。据统计，高田气囊已导致17人死亡、1000多人受伤。同年，本田汽车公司宣布因高田安全气囊召回50万辆汽车。然而，高田仍持一副毫不在乎、毫不配合的态度，认为召回是"汽车生产商自己的举动"。

事件没有因为高田公司的隐瞒和傲慢而停止。到2014年，本田、日产和马自达等公司因高田安全气囊问题在全球召回1050万辆汽车。同年10月21日，美国国家公路交通安全管理局宣布，因高田气囊可能存在缺陷，将对610万辆汽车展开调查。此时，美国洛杉矶法院收到有关高田气囊的集体诉讼越来越多，美国国会敦促司法部对高田公司进行刑事犯罪调查。

2015年5月，高田公司首次公开承认安全气囊存在缺陷，并宣布召回3380万辆汽车，这个数据一举刷新了美国的召回汽车纪录，成为全美最大规模的召回事件。但是，高田公司以"商业机密"为由，拒绝公开问题细节。随着调查的深入，美国国家公路交通安全管理局发现，高田公司于 2000 年发现产品存在严重问题时，销毁了样品和数据记录，伪造了一份安全的数据。此后 10 多年，高田公司罔顾消费者安全，持续系统性地篡改与产品安全相关的关键检测数据。2015 年 11 月 3 日，美国国家公路交通安全管理局决定，对高田公司处以 2 亿美元的罚款。次日，高田公司在高压之下终于向公众道歉。

但是一切太迟了，继本田公司之后，丰田、日产、马自达和福特四家公司相继宣布不再使用高田气囊。而全球因高田气囊召回的汽车已高达 5000 万台，美国国家公路交通安全管理局表示，这个数据将增长到 7000 万。根据推算，召回费用预计共需 1.31 万亿日元。2017 年 6 月 26 日，高田公司正式申请破产保护，创下日本第二次世界大战后最大规模的制造业破产纪录。

如果企业始终以自身利益优先，不再尊重生命，无视消费者安全，那么，企业的良知何在？

如果道德的力量不足以让企业在一己私利和社会责任之间做出正确的选择，那么，消费者还能相信什么？

如果制度都不能控制人性的贪婪，那么，又有什么可以束缚住"贪婪"这只被放出牢笼的魔鬼？

世界上最昂贵的戒指

每年三月是加拿大的工程师之月，加拿大几所工程学院都会举行一场神圣的仪式，为毕业生佩戴一种特殊的戒指。这种戒指既不是钻戒，也不是金戒银戒，而是铁质戒指，造型也算不上好看，却被誉为"世界上最昂贵的戒指"。这是因为这些戒指来源于 100 多年前的一场重大事故，里面流淌着 88 条生命的鲜血。

美丽的圣劳伦斯河，加拿大的母亲河，从安大略湖起源，经过 3260 公里的长途奔腾，最后从圣劳伦斯湾入海。魁北克城就高高地矗立在圣劳伦斯河边，最早，欧洲探险者和商人从这里出发，前往五大湖区和加拿大腹地。当冬季来临时，圣劳伦斯河因为结冰而暂时中断行人的脚步。1850 年，当地居民就想建一座桥。1854 年，距离魁北克城 250 公里的蒙特利尔，在圣劳伦斯河上建成了维多利亚桥，并因此迅速确立了其加拿大东部主要港口的地位。这无疑让魁北克人建桥的渴望变得更加迫切。但是谈何容易，圣劳伦斯河水深流急浪高，水深58米，流速达每小时14千米，浪高可达5米，冬季冰凌高达15米。

事情直到1887年才出现转机，加拿大国会通过一项提案，提供100万美元的建桥资金，并允许魁北克桥梁公司发行债券，魁北克大桥建造计划终于上马。又经过多年研讨，魁北克大桥最终选址首迪埃尔，由凤凰城桥梁公司负责建造，由当时美国最出色的桥梁工程师之一西奥多·库珀出任监督设计和施工工程师。

魁北克大桥主跨净距原本设计为487.7米，但是1900年5月，库珀决定将其延伸到548.6米，目的是使其超过长519米的苏格兰福斯桥，成为当时世界上最长的悬臂桥。库珀给出的另一个理由是避免深水墩和冰凌撞击，并能缩短桥墩施工时间、节省费用。同年10月2日，魁北克大桥正式开工，一切进展顺利，到1903年已经完成引桥施工。凤凰城桥梁公司为此信心满满地许诺，1908年年底全桥竣工，否则按月支付违约金。

1907年，工程建设进入关键时刻，但是工人们发现部分受压较大的杆件出现了弯曲，而且变形不断增大，已打好的铆钉孔不再重合，只能强行铆接。作为监督设计和施工工程师，库珀因健康问题，自大桥建造以来，一直无法在现场监督和指挥，远在纽约遥控进程。1907年6月中旬，库珀收到现场巡视员发来的变形报告，他认为一切正常。两个月后，库珀再次收到变形加剧的报告，这次他感到不安。凤凰城桥梁公司总设计工程师彼得·兹拉普卡并没有亲眼见过这些钢材，他却宽慰库珀：钢材在工厂制造时就存在变形。

变形在不断增加，情况在不断恶化。8月27日，施工工头决定暂停施工，而公司担心延误工期，一而再，再而三地向工人们保证大桥安全系数很高，绝对不会有问题。施工再度恢复。8月29日，现场工程师马可鲁尔赶到纽约，向库珀当面汇报变形问题。此时库珀才真正意识到情况十分糟糕，他给凤凰城桥梁公司发电报，要求立刻停止增加桥梁负荷，并请马可鲁尔向施工现场下达相同的指令，并请他赶赴凤凰城商讨有关事宜。马可鲁尔在赶赴凤凰城途中并没有发送停工的指令。13时15分，库珀的电报到达凤凰城桥梁公司。15时左右，回到办公室的总工程师彼得·兹拉普卡才看到电报，他马上召开会议，决定第二天再采取措施。

就在会议结束后不久，17点半，魁北克大桥施工现场，一声清脆的收工哨响过，86名工人带着疲倦向岸边走去。突然一声震天巨响——远在10公里外的魁北克市民都能听见的巨响，大桥南端和中间 1.9 万吨钢材突然垮塌，15 秒内全部坠入河中。有 75 名工人或被钢筋压死，或落水淹死，现场惨不忍睹。

加拿大总督成立了事故调查委员会，调查认为根本性错误在于设计不合理，当大桥跨度从 487.7 米增加到 548.6 米后，桥梁自重从 2760 吨变成 3250 吨，增加了 18%，造成杆件受力过大。而且由于库珀、兹拉普卡的名气很大，基本没有人对施工进行监督。

1913 年，大桥重新开工，新桥设计很保守，主要受压构件的截面积比原设计增加了一倍以上。1916 年 9 月 11 日，当大桥中跨进行合龙时，悲剧再次发生。由于设计存在缺陷，桥体实际承载量远低于设计承载量，一个支点突然断裂，造成桥梁中部最长的桥身塌陷，落入圣劳伦斯河中，导致 13 名工人丧生。1917 年，历经两次惨痛悲剧的魁北克大桥终于竣工通车，自重超过旧桥 2.5 倍。

那些倒塌的残骸一直扔在大桥的旁边，直到 1922 年，凤凰城桥梁公司才开始处理这些钢材。加拿大七所工程学院做出了一个不可思议的决定，共同出资全部买下残骸。七所工程学院将这些经历事故的钢材打造成一枚枚戒指，戒指被设计成扭曲的钢条形状，用来纪念两起事故和在事故中被夺去的生命。

在每年工程系学生毕业仪式上，学院将这些戒指发给毕业生，提醒所有未来的工程师永远不要忘记历史的教训与耻辱。佩戴上戒指的毕业生庄严宣誓：承担工程师的无上责任，心怀工程师的谦逊之心。他们踏上工作岗位后，将这些戒指一直佩戴在小拇指上，当绘图或者计算时，手指上的"受硌"感无时无刻地提醒他们：慎重再慎重！这一枚枚戒指后来成为工程界闻名的"工程师之戒"。

工程师之戒。

这种仪式传到美国，1970 年 6 月 4 日克里夫兰州立大学举行了美国第一次"工程师之戒"授予仪式，之后很多工程学院都引用了这个仪式。

不让耻辱轻易离开

南非人同样经历过质量之痛，同样以不加掩饰的勇气直面质量耻辱。

南非开普敦地处印度洋和大西洋交界处，市内的建筑布局和谐、相得益彰。人们漫步在这里，常常不由自主地从心底惊叹它的美丽。然而市西的一座断桥，让人怎么看都觉得和这座美丽的城市不相协调。

这本该是一座立交桥，桥面在即将达到最高点时戛然而止，腕粗的钢筋张牙舞爪地伸在外面，大大小小的混凝土块七零八落地挂在钢筋上或横躺在路面上，仿佛这里刚刚经历过一场地震。看看这座断桥，再环视开普敦的美景，一种落差刺激着视觉，就像看见一块可口的奶油大蛋糕上落着一只黑苍蝇。

这是一个"豆腐渣工程"的遗留物。因为计算错误，桥建到快一半时轰然倒塌，3名建筑工人当场身亡。这场事故，导致建设局局长被判了3年徒刑。随后，开普敦打算尽快清理掉这堆建筑垃圾。在狱中的建设局局长得知这个消息，写信恳求市长留下这座断桥。但大多数市民不同意这么做，认为每年有上百万的外国游客来开普敦，这种丑陋的建筑垃圾，简直是全体开普敦人莫大的耻辱。

就在准备拆除断桥的前一天晚上，开普敦电台广播了3名身亡的建筑工人家属致全体市民的一封信："……断桥是刻在每个市民心头的耻辱，对于我们还要再加上一份痛苦。早一点让它消失，也许会平息我们的思念。但是，流过血的伤口会永远留下个疤，不承认有疤的城市是虚弱的。我们这座城市需要的不仅仅是美丽，更需要一种勇敢的品质。不要让耻辱轻易地离开，即使耻辱里包含着痛苦。让断桥时刻地警示我们吧，这样我们未来才能做得更好。"

断桥保留了下来。开普敦议会专门做出规定，任何人不得拆除断桥。后来的每一任建设局局长就职宣誓时都选择在断桥前，保证用责任来修补曾经的耻辱。市长会把一个小盒子交到建设局局长手中，盒子里是桥上的一小块混凝土。

大西洋的风轻拂着这座城市。布莱克、3名建筑工人的家属和全体开普敦人是勇敢的，他们把断桥当作耻辱之碑、责任之碑。

断桥的右边,一座新的立交桥已建成通车,挺拔而牢固地屹立着。

也许只有付出血的代价,人们才能记住耻辱、铭记责任,才能真正认识到质量的重要。

悲哀的消费者

消费者购买假冒伪劣产品通常有三种情况:第一种是在毫不知情下上当受骗,假冒伪劣商品具有价格欺诈性,欺骗、诱导消费者购买;第二种是明知道是假冒伪劣产品,但限于自己的消费能力而购买;第三种是明知道是假冒伪劣产品,但为了满足虚荣心,出于攀比炫耀的心理,对假冒伪劣产品尤其是假冒奢侈品趋之若鹜。令人感到更为痛心的是,许多假货的消费者并不是单纯的受害者,知假买假现象在世界各地同样普遍。

安永会计师事务所与德国品牌协会曾经联合对2500位欧洲消费者进行过一项调查,结果显示超过25%的消费者不定期购买假货。有调查显示,75%的英国受访者称将假货当成正品购买,有超过一半的英国人认为购买假货是错误行为,42%的英国人表示曾经买过或愿意购买假货,"因为真货的价格实在让人无法承受"。

日本人崇尚名牌商品,许多人用其显示身份、挣足面子,有人更以收藏、拥有多个名牌商品作为炫耀的资本。但近年来,一些日本人也购买仿冒的名牌。日本媒体报道,大阪等地发现商店出售仿冒国际著名品牌的皮包。这些假名牌一般做工比较精良,从用料、颜色到缝制工艺都与真名牌十分相近,外观设计模仿得惟妙惟肖,一般消费者根本无法辨别真伪。但是价格只有其他商场名牌商品的十分之一,是不是真品,消费者大多心知肚明。

美国历来严打侵犯知识产权行为,生产、批发、销售假冒商品均属有罪,一旦确定假冒责任者,判罚极其严厉。美国联邦法律规定,贩卖假货是犯罪行为,初犯者将面临最高10年的监禁,并被罚款200万美元;再犯者将面临20年的监禁,并被处以500万美元的罚款。美国媒体调查显示,超过一半的美国人知假买假,近70%的人认为这样做没有错误。从纽约到华盛顿,从洛杉矶到芝加哥,街头巷尾、地铁和公共汽车站旁,常见一些小贩兜售着小到指甲油、香水，大到 Coach 背包、Burberry 钱夹、LV 包等知名品牌仿冒品，盗版电影院刚上映的最新影片售价不到 10 美元。

大多数国家认为，购买什么样的消费品是个人的权利。法律规定都是针对假货和盗版制品的生产厂家和销售商，而没有规定禁止消费者购买假货。世界上只有少数几个国家打击买假行为，法国是其中之一，购买假货、携带假货入境，轻则没收、罚款，重则送法庭审理，最高处罚与制裁制假售假相同。法国人认为，销售一件假冒商品，企业就少生产一件真品。对待查获的假冒商品，法国只考虑社会效果，不考虑使用价值，所以一律销毁，设有专门的销毁地点，不能拿去救济穷人。正因如此，法国打击假货工作卓有成效。

如果市场上假冒伪劣商品大行其道，必然导致劣币驱逐良币。一则动物保护的公益广告有这样一句台词："没有买卖，就没有伤害。"同样的道理，没有交易，假冒伪劣商品就没有生存的空间。消费者自觉抵制假货是打击假冒伪劣商品最大的力量，抵制假货要从我们自身做起。

第二章
国运因质量改变

第一次工业革命,英国和法国率先崛起。第二次工业革命,美国和德国后来者居上。第三次工业革命,日本在废墟上重建。时至今日,美国、日本、德国、英国和法国毫无疑问依然是世界强国。五国的发展有不同的机遇,走过不同的道路,但无一例外地站在质量的基石之上,在众多行业集聚形成强大的国际竞争力。世界上还有一些国家,如韩国、瑞士、卢森堡等,国土面积不大、人口不多,但是依靠质量发展而独树一帜。当21世纪的大门打开后,中国、印度、俄罗斯、巴西等新兴经济体在推进经济总量快速增长的同时,无比重视质的提升。质量越来越成为全球竞争的焦点,一国要成为世界强国,必须占领质量的制高点。

一、纺织质量成就大英帝国

英国圈地运动牺牲了农民的利益,为英国新兴工业的发展提供了廉价劳动力和原始资本积累。从英国发起的第一次工业革命首先出现在棉纺织业,棉纺织业逐渐以机器生产取代手工操作。从毛纺到棉纺,英国正是依靠优质的纺织品,实现了从欧洲二流国家向世界头号强国的崛起。

从毛纺织起步

英国的养羊业一直很发达,英国是欧洲重要的羊毛产地。适宜的气候和优质的土壤,造就了英国羊毛无与伦比的洁白与柔软。1300年,英国对外贸易出口总额为30万英镑,其中羊毛出口总值占出口总额的93%,达28万英镑。英国羊毛销售到佛兰德斯,再在这里纺成面料卖给欧洲大陆。佛兰德斯逐渐成为欧洲的羊毛贸易和加工中心,英国和法国为此长期争夺该地。1328年,法国占领佛兰德斯,英国于是禁止向该地出口羊毛。

1337年11月,英王爱德华三世率军进攻法国,人类历史上耗时最长的战争拉开帷幕。116年后的1453年7月17日,法国军队依靠加农炮和火绳枪打败了手持弓箭的英国人,取得卡斯蒂永战役的胜利。1453年10月19日,法国大军抵达波尔多,英国守军已经无力抵抗,只能投降。百年战争结束了,英国退守回大不列颠岛,沦为欧洲二流国家,实力位居西班牙、葡萄牙、法国等国之下。

战败的英国人卧薪尝胆,重新把目光聚焦到羊毛上,只不过他们不再单一出口羊毛,而是出台政策,大力支持毛纺织业及其贸易发展。一是采取税收等产业扶持政策,为毛纺织品出口提供十分有利的环境。二是通过移民政策,从佛兰德斯秘密引进纺织工人,提高工人的纺织技能。三是大力加强台式梳毛机、纺纱机等技术的革新。四是实行规模化生产。水力漂布机的推广应用,不仅使得呢绒宽幅变大、产量显著提高、质量明显改进,而且使呢绒生产的中心逐渐脱离城市,向靠近水源的农村转移,出现许多纺织生产中心,形成三个新的主要呢绒生产区。规模较大的手工工场使得纺织分工越来越细，更有利于质量控制。

英国呢绒不仅满足了国内市场的需要，而且大量出口，1470—1510年的40年间出口量年增长率达30%。英国非常重视出口呢绒质量，专门设立了鉴定员，负责检验呢绒质量。符合法定标准的，加盖印章允许出口；不符合标准的，没收。每年鉴定员向财政署提交检验报告和账册。英国呢绒质量不断提升，逐渐享誉欧洲，连意大利米兰织工都纷纷仿制。荷兰中世纪哲学家伊拉斯谟在《愚人颂》中记载，英国布匹质量优于其他任何地方。毛纺织业成为英国的民族工业，英国羊毛和呢绒成为欧洲国际贸易中的一宗主要货品，垄断了整个欧洲市场，保障着皇家国库正常运转，支撑起英国的经济命脉。

15世纪末，在英国发生了一场被马克思称为"羊吃人"的"圈地运动"，无数农民倾家荡产，流离失所。

16世纪，英国资产阶级通过圈地运动，扩大了牧羊场，增加了羊毛产量，为呢绒的生产获得了充足的原料和廉价劳动力。英国毛纺织业逐步脱离旧的生产方式，手工工场更加扩大，生产规模极大扩展，生产效率和产品质量持续提高。此时，欧洲直通印度的新航线开通，美洲大陆被发现，环球航行取得成功，英国优质的呢绒有了更为广阔的国际市场。1565年，英国呢绒出口额占全部出口商品总额的78%。1588年，在格拉沃利讷海战中，英国打败了当时世界头号强国西班牙的无敌舰队，在欧洲崭露头角，继而成为国际舞台上不可小觑的力量。

直面印度挑战

然而，此时一个新的挑战降临在英国面前，对手不是传统的欧洲大陆国家，而是远在亚洲的印度，挑战的不是军事，而是棉纺织业。

棉花原产于印度，种植历史可追溯到四五千年前。希腊时期，印度棉织品制造业已经很普及，从精良的平纹细布到色泽多样的印花棉布应有尽有，样式众多，并且质量很高。印度很多地区以生产棉织品而著名，孟加拉棉花质量优良，纺织出的平纹细布十分紧俏；旁遮普和克什米尔等地生产的棉制品做工精美。14世纪，印度古吉拉特邦生产的鹅类图案棉织品远销非洲。在马六甲，印度棉织品可以用来换取胡椒、樟脑、檀香木、中国瓷器、丝绸和金属；在斯里兰卡和马尔代夫，织物被作为主要的"货币"，可用来购买肉桂、胡椒、子安贝壳和槟榔等物品。

与棉织品在亚洲的热销不同，15世纪前欧洲人仅把棉织品用作装饰品、桌布等，棉织品在欧洲的需求量很少，棉织品贸易很有限。1498年，葡萄牙探险家达·伽马绕过好望角，成功到达印度。从此，欧洲人通往神秘东方的大门被打开。

欧洲人原本为了香料而来，当踏上印度的土地时，色彩丰富和质量优良的棉织品让他们震惊，精良的平纹细布、色泽多样的印花棉布令他们眼花缭乱。1598年，在《航行去东印度》中，荷兰旅游者兼商人范·林斯科顿这样描述："在印度的圣托马斯等地区的棉织品颜色齐全，本地人多数都穿着棉织品，其得到的赞颂比丝绸织品还要高。"

17世纪晚期，欧洲经济不断繁荣，人们生活水平持续提高，社会时尚随之改变。印度棉布的舒适、色彩斑斓和浓厚的异国情调，让英国消费者为之倾倒。上至王后，下到普通商人，越来越青睐轻便又实用的棉布，以用印花布和白洋布做窗帘、垫子、卧具等为时尚。欧洲人打通了航线，结果让印度高质量的棉织品源源不断地走出国门，1684年，印度就出口了上百万件棉布服装。印度莫卧儿帝国控制了全世界四分之一的纺织品贸易，每年税收达到1亿两白银，是同时期明朝的十几倍。莫卧儿帝国获得流水一样的财富，成为当时世界上最富有的国家。

英国人对棉布的热衷有增无减。1719年，有人这样描述当时英国人的着装："所有卑微的人，包括女仆和不起眼的穷人，都按照自己的意愿着装……他们都穿上了棉布和亚麻布服装。因为这类服装价格低廉、质地轻薄，而且色彩明快……"印度棉织品不仅在英国大受欢迎，而且深受欧洲其他国家、非洲和拉丁美洲民众的追捧，横扫整个国际市场，成为当时世界上最畅销、利润最丰厚的商品。

英国毛纺织品受到了严峻的挑战，经济遭到致命的冲击。

与毛纺织业相比，棉纺织业在英国制造工业中的地位十分渺小。曼彻斯特，英国最早生产棉布的地方，17世纪初，从塞浦路斯进口棉花生产粗棉布，不仅其数量不多，而且其品质中等偏下。兰开夏拥有得天独厚的湿度和温差，尽管用东印度群岛、西印度群岛和巴西的棉花仿造印度棉布，纺出来的棉纱异常纤细，但是由于工具和技术的差距，生产出来的棉布是棉麻混合织品，远不如印度棉布柔软和漂亮。1640年前后，英国棉纺织业的生产组织和工具设备均仿照毛纺织业，棉织品的数量和质量远落后于印度棉织品。由于质地低劣，基本无人问津。

面对印度优质棉布的竞争，英国人毫无还手之力。为了保护本国纺织工业，1662年，英国政府再次采取产业保护政策：禁止在本国销售印度棉布，向进口的印度商品征收高额的歧视性关税。1690年到1721年间，英国国会又相继颁布了一系列法令，禁止进口印花棉布。但是单纯的抵制、封闭措施，从来都不可能解决问题。

棉纺质量超越

英国政府痛定思痛，最终决定提升自身实力，鼓励和支持本国工厂建立棉织业与印染业，学习印度以提高棉布质量。英国不断发明和普及新技术，大力推进产业机械化和工业化，全面提升质量。一场英国与印度棉织品抢夺市场的"百年战争"就此展开。

1733年，英国棉织机械师约翰·凯伊发明了新的织布工具——飞梭。织工拉动一条特制的绳索，使飞梭来回飞越于梭道织布，比起手掷梭子法，工效提高一倍多，织出的布面更宽。1760年，他的儿子罗伯特·凯伊改进了飞梭，发明了上下自动的杼箱，操作更方便。1771年，罗伯特·凯伊在曼彻斯特建立了英国第一家水力纺纱厂，被认为是近代机器大工厂诞生的标志。

飞梭被广泛应用后，织布效率提高了，但带来另一个问题——棉纱供不应求。在很长时间内，纺与织之间的矛盾没有得到解决，棉纱价格猛烈上涨，出现了极其严重的纱荒，有些棉布工厂因缺纱而停产，研制新的纺机变得非常迫切。1761年，英国艺术与工业奖励协会两次悬赏，寻求新式纺纱机的发明。

1764年的一天晚上，英国兰开夏郡兼做木工的纺织工詹姆斯·哈格里夫斯回家时，不小心踢翻了妻子正在使用的纺纱机。当他弯下腰准备扶正纺纱机时，发现纺纱机还在转动，只是原先横着的纱锭变成直立的。他猛然想到：如果竖着多排列几个纱锭，用一个纺轮带动，不就能纺出更多的纱了吗？哈格里夫斯非常兴奋，马上着手研制。第二天，他就造出用一个纺轮带动八个竖直纱锭的新纺纱机，功效一下子提高了八倍。哈格里夫斯以女儿珍妮的名字为这种新纺机命名，这就是工业革命中闻名的珍妮纺纱机。后来，珍妮纺纱机的纱锭由八个增加到十几个，纺纱工效随之提高到十几倍，而且纱线变细了，只不过很容易断。

珍妮纺纱机。

1768年，哈格里夫斯在诺丁汉与别人合资开办一家纺纱作坊，此时珍妮纺纱机不但效率提高，而且纺出的纱质量越来越好。一天，哈格里夫斯夫妇刚用完晚餐，门突然被粗暴地撞开，一群怒气冲冲的男男女女冲了进来，捣毁了珍妮纺纱机，点燃了他们的房屋。冲进屋的是纺纱工人，珍妮机的发明让市场上棉纱的价格不断降低，这些还在使用手工纺纱的工人收入减少，于是迁怒哈格里夫斯。

哈格里夫斯夫妇被赶出了兰开郡的小镇，流落诺丁汉街头。但是谁能阻止科技前进的步伐？在这个世界上又有谁会拒绝价廉物美呢？1784年，珍妮纺纱机已增加到八十个纱锭。四年后，英国已有两万多台珍妮纺纱机。

最初的珍妮纺机以人力为动力。1769年，钟表匠阿克莱发明了一种以水力为动力的纺纱机，纱线变得结实了，但比较粗。1779年，工人塞缪尔·克伦普顿发明了骡机，纱线变得柔软、精细又结实，棉纺织品的"质"和"量"均实现了革命性的提升。

1785年，传教士卡特莱特在访问阿克莱水力棉纺厂时受到启发，发明了水力织布机，织布效率又提高40倍。但这种织机异常笨重，不甚完善。其后20多年，经约翰逊、拉德克利夫、霍洛克斯等人不断改进，才大量推广。

英国人不断改进印花、漂白、染色等技术，净棉机、梳棉机、卷线机、整染机等机械发明比比皆是，科技推动着英国棉纺织业的效率和质量交替上升。

为了推动棉纺织的技术进步和质量发展，英国政府推出了多项优惠和奖励政策，对发明创造者发奖、封爵。1786年，英国国王封卡特莱特为爵士，一年后任命他为德比郡郡长。1812年，国王奖励综合纺纱机发明者克隆普顿5000英镑，在当时这是一笔巨大财富，当时科学家法拉第在皇家研究所的年薪只有100英镑。

随着机器生产的增多，畜力、水力和风力等原有的动力已经无法满足需要，急需一种新的动力。1765年，苏格兰格拉斯哥大学教具修理师詹姆斯·瓦特吸取前人科研成果，制成了第一台单动式发动机——矿井抽水用的蒸汽机。1784年，他又成功研制出万能蒸汽机，将人类带入蒸汽时代、机械化时代。

蒸汽机很快取代水车，驱动着纺纱机和织布机运转，英国棉纺织业如虎添翼。18世纪末期，英国棉纺织业率先在全球实现机械化生产。1806年，英国使用蒸汽发动机的织布工厂不断增加，基本完成了棉纺织业机械动力化，棉布产量和质量随之大为提高，棉纺服装不但舒适暖和、价格低廉，而且图案美丽、色泽亮丽、外观精致，成为欧洲上流社会竞相追逐的对象。1800年，英国棉织品出口额占出口总值的25%，1828年达到出口总值的一半。棉布成为人类史上第一个全球化商品，棉纺织业成为英国工业的中流砥柱，推动着工业革命的发生与发展。史学家几乎一致认为，棉纺织业是英国乃至世界工业革命的起点和先导。

作为棉纺织品的原料，棉花同样影响着棉纺织品的质量。棉花是一年生草本植物，适合生长在干燥和多沙的土壤，分为长纤维棉花和短纤维棉花，长纤维棉花有着又细又长的丝状纤维，适合作为经纱，短纤维棉花则多作为纬纱。

英国人以挑剔的眼光在国际市场挑选最好的棉花作为原料，出现了专门的经纪人，负责到仓库对一捆捆不同质量和产地的原棉进行检查，为经销商和纺纱厂挑选出优质的棉花。初期，英格兰通过地中海地区国家和黎凡特公司获得原棉。18世纪之后，西印度群岛成为英国最重要的原棉供应地。1781年，巴西第一次向英国输入马兰汉棉花，但因为质量低劣、弹性不足、承受力太小、难以清洗，很快被质量广受好评的巴西伯南布哥棉花所替代。1784年，美国棉花输往英国，适宜的气候条件和优良的种植水平使美国逐渐取代西印度群岛，成为英国原棉供应的最重要来源地。1830年，西印度群岛棉花占英国进口份额不到3%。

早期，印度本土精细加工的高端棉布尚能保持一定优势。随着英国棉布质量的不断提高，到18世纪后半叶，英国不仅不再从印度进口棉布，而且把印度作为制成品倾销地，在高端市场上彻底打败印度棉布。1774 年，英国毫不犹豫地废除那些禁止从印度进口棉布的法案。从 1814 年到 1835 年，英国输往印度的棉布增加了 62 倍，同期印度输往英国的棉布减少了四分之三。印度纺织业迅速崩溃，1827 年著名的纺织业城市达卡有人口 15 万人，8 年后只剩下 3 万人。

19 世纪英国纺织工厂。

历经百年抗争后，印度彻底从棉布出口国变成进口国，为了生存，印度商人不得不引进英国技术和织布机，按照英国标准生产。而英国成为世界棉纺织工业头等强国，纺织出口额占世界纺织贸易总额的 58% 以上，为英国提供了 10% 以上的收入。在巨额的资金支撑下，经过四次英荷战争，英国终结了荷兰"海上马车夫"的黄金时代，成为新的海上霸主。1815 年，"第二次百年战争"结束，英国彻底打败法国，新的世界霸主诞生。

19 世纪 30 年代至 40 年代，大机器生产成为英国纺织业的主导。工业革命前后 80 年，英国工人的劳动生产率提高 20 倍，而棉纺厂工人的生产率高于手纺工人的 266 倍。1850 年，英国加工了全世界 46% 的棉花。英国纺织业的繁荣一直持续到第一次世界大战。战后的 1924 年，英国棉纺锭数量达到创纪录的 6330 万锭，织机为 79.2 万台。

工业退潮

19 世纪上半期，英国率先完成工业革命，成为世界头号强国、头号制造大国，进入最强盛的"日不落帝国"时期，史称"维多利亚时代"。1854—1856 年间，英国出口贸易中，原材料占 7%，食品占 8%，工业制造品占 85%。同期的进口贸易中，原材料占 61%，食品占 33%，工业制造品仅占 6%。

然而繁荣之中蕴藏着危机，19世纪末期，英国设备已经显得陈旧。作为最大的殖民帝国，英国掌握了广阔的销售市场、原料产地和廉价的劳动力，即使在技术和质量水平较低的情况下，英国资本家仍能从殖民地获得巨额利润。资本家宁愿把大量资本输往国外，也不愿用于更新国内的生产设备和采用新技术。但是在世界竞争格局中，质量和技术发展一旦停滞，就意味着被超越和淘汰。

就在英国棉纺织业的技术和质量停步不前时，其他国家却加快了追赶的步伐，德国、美国、日本等新兴资本主义国家迅速崛起。

在美洲，1790年，美国纺织工业从南、北卡罗来纳州起步时，还显得微不足道。但是随着大批英、法等国移民进入北美大陆，先进科学、技术和工艺也随之而来。美国西部大开发和淘金热又吸引了大量资金和人力涌入，美国经济快速增长。当美国人发明了环锭纺纱机和自动织布机后，生产效率和质量大幅度提高，美国遂成为英国棉布的主要竞争对手。美国很快完成了工业化，基础工业和制造业迅速赶上并超过英国。20世纪50年代，美国纺织技术、质量水平和纺织机械水平占据了世界领先地位，并开启了化纤工业化生产的先河。1990年10月20日，庆祝美国纺织工业200周年大会隆重举行，时任美国总统乔治·赫伯特·沃克·布什指出，纺织质量发展奠定了今天美国经济增长和竞争力的基础。

在亚洲，日本花费了大量的资金从国外引进纺机先进技术，投入巨资研究开发，大幅提高了纺织机械水平和质量水平。1894—1937年，日英棉纺织实力对比发生了颠覆性改变，从英盛日起到英消日长，再到英衰日兴，在远东和印度洋地区，日本成为英国最强劲的竞争对手。1956年，日本纺织工业产值占到国内工业生产总值的一半以上，出口额占全国出口总额的34.4%。

在欧洲，德国和意大利如法炮制，大力发展纺织工业。依靠发达的机械加工业和化学工业，德国更新纺织生产设备，很快成为纺织品和纺织机械出口大国。而意大利把重点放在发展毛纺、棉纺、服装工业，从20世纪70年代起成为欧洲的纺织和服装工业中心。

英国因棉纺织技术和质量的发展，开启了工业革命的先河，成就了"日不落帝国"的霸业，又伴随着棉纺织技术和质量发展的停滞而衰退。1990年后，英国工业增加值占GDP的比重却一路走低。

二、"德国制造"凤凰涅槃

1871年,随着普法战争落下帷幕,"铁血宰相"俾斯麦终于实现德国的统一。法国50亿法郎的赔款,以及来自法国阿尔萨斯和洛林的矿藏,为德国带来了资金和重要资源。如果仅仅依靠这些资金和资源,德国早已坐吃山空。统一后的150年间,德国能够数度崛起为世界强国,今天依然是国际社会不可忽视的力量,其中关键原因之一则是其坚持以高质量制造业为本的发展道路。

在耻辱中奋起

作为资本主义国家的迟到者,德国统一后,一开始大量仿制英法等国产品,"德国制造"成为假冒伪劣的代名词,甚至遭到英国的"封杀"。在一片歧视、白眼和嘲讽中,莱茵河畔,索林根很多企业倒下了。德国人没有辩解,没有对英国采取报复性的制裁措施,而是彻底反省:占领全球市场靠的不是廉价的产品,而是好质量!

他们不再盲目扩大生产,不再以低价冲击世界市场,而是卧薪尝胆,专注于生产高质量、经久耐用的产品。大多数德国公司对产品进行创新设计,严格质量把关,展开了一场为质量而战的战役,奋力提升本国工业制造能力和质量水平。

很多德国企业又重新站了起来,产品逐渐多样化,产品质量不断提高。作为后起的资本主义国家,德国更乐于采用新技术和新设备,技术逐渐达到世界领先水平,诞生了包括至今耳熟能详的西门子、博世和拜耳等一批德国品牌。

德国产品不仅威胁了英国海外市场,而且打入英国国内市场。1893年德国销往英国的货物比1883年增加了30%,德国贝希斯坦钢琴和普法夫缝纫机等制造商纷纷到伦敦开设分公司。英国人惊奇地发现:"身上的衣服是德国缝制的,少女们周末穿的漂亮披风与上衣来自德国。更让人吃惊的是生活中有许多东西都产自德国,玩具、厨房用品、排水管、收音机、纸张、铅笔。"阿司匹林、科隆香水、奥多尔洁牙水、法贝尔—卡斯特尔铅笔、梅克林火车模型、斯泰福绒毛玩具、朗格钟表等商品更是家喻户晓。1896年，英国罗斯伯里伯爵惊呼："德国让我感到恐惧，德国人把所有的一切做成绝对的完美。我们超过德国了吗？刚好相反，我们落后了。"

1897年，英国殖民地事务部大臣约瑟夫·张伯伦考察德国，将德英两国产品进行了对比，在报告中他一一加以详细描述：服装价格更便宜而实用，武器和子弹价格便宜而美观，啤酒明亮而好喝，水泥价格更便宜、质量上乘，化学产品科研出色、质量上乘，钟表价格更便宜且充满艺术品位，棉布价格更便宜、外观好看，家具价格更便宜、轻巧、供货及时，玻璃制品价格更便宜、质量更好，钢铁制品价格更便宜、更实用，铁器产品价格更便宜、质量不相上下或者更优良，羊毛产品款式更时尚。

此时，德国作为商业秘密窃贼和产品模仿者的名声已被彻底扭转。

20世纪初，德国酸、碱等基本化学品产量居世界第一，为世界提供了五分之四的染料，机械产品、电气产品、厨房用具、体育用品均已成为世界上质量最过硬的产品，"德国制造"成了人见人爱的金字招牌和终身可用的质量代名词。在以电气化为代表的第二次工业革命中，德国不是起跑最早的，但后来者居上，在与英法的激烈竞争中，工业品质量不断提升，成为第二次工业革命的领头羊。1913年，德国经济总量超过英国，成为仅次于美国的世界第二经济大国。

第二次世界大战后的坚守

当第二次世界大战硝烟散去时，德国许多城市变成了一片废墟，国土面积锐减近四分之一，国外资产和国外市场被完全剥夺，工业几乎被摧残。1938年德国实物资本约为4150亿帝国马克，而第二次世界大战结束时只剩下1900亿。失去了经济的支撑，德国又开始制作低价劣质的产品，让德国人引以为傲的"made in Germany"被戏称为"bad in Germany"，德国产品回到了粗制滥造的时代。只是这样一个糟糕的时期持续时间很短。

1948年3月2日，路德维希·艾哈德出任美英法联合占领区所组成的联合经济区的经济管理部门的部长，放松配给制，推行"社会市场经济"，提出国家不但不应干涉竞争，还应该阻止出现垄断。新经济政策实施之初，失业人数增加，加剧了工人们的不满情绪。1948年11月12日，鲁尔区工人举行总罢工，要求艾哈德下台。艾哈德顶住了压力，在自由竞争体制下，德国经济很快焕发了生机。

20世纪50年代，联邦德国实施"以质量推动品牌建设，以品牌助推产品出口"的国家质量政策，坚持科技创新，大力推进质量和品牌提升，制造业在战后迅速崛起，进入"经济奇迹"时

1945年4月30日，苏军占领德国议会大厦，柏林满目疮痍。

代。1955年，联邦德国工业总产值超过英法，重新跃居资本主义世界第二工业大国的位置。在经济复兴阶段，特别是在"经济奇迹"中期，德国凭着严谨的态度、先进的技术和严格的管理，源源不断地出口汽车、机床和其他高质量产品。"德国制造"这四个字在很多领域成为高质量的保证，在全球确立了"德国品牌，质量一流"的国家形象。

20世纪80年代，德国和日本同样经历了货币大幅升值，这对以出口为导向的德国来说，经济面临巨大压力。再加上全球经济危机的冲击，联邦德国经济雪上加霜，工业生产连续三年下降，就业人数连续三年减少，对外贸易连续三年逆差。从1981年起，国民生产总值连续两年下降，财政赤字居高不下，国际社会对马克的信心下滑。

1982年10月1日，赫尔穆特·科尔临危受命，出任联邦德国总理。科尔在《施政纲领》中宣称："不要僵硬的结构，而要更多的灵活性，更多自身的主动性和加强竞争能力。"艰难时刻，德国人依然坚守在实体经济中，紧紧盯住质量发展，不断挖掘潜力、自我改造，推进产业结构升级，收缩国家长期补贴的行业，保存有战略需求的部门，对电子、核电站、航空航天等新兴工业进行"有远见的塑形"。德国十分重视制造业的科研创新和成果转化，对研发的投入毫不吝啬，研发经费约占国民生产总值的3%，位居世界前列。科研经费由企业承担三分之二，联邦政府和地方政府为剩下的三分之一买单。经过长达7年的结构性调整，德国制造业浴火重生，产能利用率从1982年的75%左右提高到了1989年的近90%，挺过了难关。1990年，哈佛商学院教授、"竞争战略之父"迈克尔·波特在《国家竞争优势》中谈论到德国制造业时，这样写道："在这

个世界上没有一个国家（包括日本）能够在如此牢固的国际地位中展示其工业的广度和深度。"

德国格外注重完善制度体系，先后制定了《设备安全法》《产品安全法》等法律，单食品安全就构建了《食品和日用品管理法》《食品卫生管理条例》《HACCP（危害分析和关键控制点）方案》《指导性政策》四大支柱。德国标准化学会每年发布上千个行业标准，完善、统一的行业标准成为德国质量的支撑。2004年年初，欧盟国际贸易委员拉米建议，欧盟成员国产品一律不分国别，统统使用"欧盟制造"标识，以便欧盟各国企业公平竞争。德国企业家和政治家断然拒绝了这个建议，时任德国工业委员会主席若戈夫斯基说："我们对我们的质量印章感到自豪，我们拒绝使用统一的欧盟生产标识。"2005年，德国制定颁布了首部标准化战略，重新定位本国标准和未来方向。严格完善的认证制度是质量的另一个保障，德国有专门对食品的LFGB（又称《食品、烟草制品、化妆品和其他日用品管理法》）认证，对元器件产品的TÜV认证，对电器的GS认证，对质量协会的RAL认证，这些认证得到世界消费者的广泛认可。

2007年，美国次贷危机爆发，股市大跌，金融机构纷纷破产。这场金融海啸进而袭击全球——英国经济萎缩超过7%，GDP转向负增长；法国公共债务总额接近1.3万亿欧元，相当于国民生产总值的三分之二；冰岛国家破产；西班牙失业率攀升至25%。在这场金融危机中，德国率先复苏，无论是住房价格指数还是经济增速，不但没有下滑，反而明显上扬，成为欧洲经济的火车头和中流砥柱。

全世界关注的目光再次落向德国，人们意外地发现，德国幸免的秘诀竟然是曾经被各国相继放弃的制造业。时任英国首相布莱尔曾向德国总理默克尔询问经济成功的秘诀，默克尔回答说："我们至少还在做东西，布莱尔先生。"

精神不朽

今天，人们谈论起德国质量辉煌成就时，常常将其归功于德意志民族精神。

德意志民族的祖先是古日耳曼人，大约3000年前，他们居住在斯堪的纳维亚半岛南部、日德兰半岛、威悉河和奥德河之间的平原、波罗的海海滨和沿岸岛屿上。很长时间，古日耳曼人处于原始的蒙昧时期。在艰苦的生活中，组织性和纪律性慢慢浸入古日耳曼人的血液，成为今天德意志民族精神中重要组成部分。公元前6世纪开始，古日耳曼人南迁，经历了长时间的战争，逐渐形成忠诚的精神。在长期生产生活实践中，德国人养成了特殊的精神品质：理性、自强不息、开拓进取、崇拜和服从权威、严谨认真、一丝不苟。凭借这种精神，普鲁士人结束了德意志民族近千年的分裂局面，也培育了难能可贵的德国工匠精神。

19世纪80年代前后，德国人进一步认识到人在质量中的重要性，认为"任何产品都是由人生产出来的，因此人的质量是一切产品质量的基础"，"产品质量所涉及的问题，往往不是技术问题，而是责任心的问题"。德国没有把弘扬工匠精神停留在口头说教，而是采取有力制度加以激发，其中有两项措施影响深远。

1826年，阿尔弗雷德·克虏伯接手克虏伯铸钢厂，开始发展军工产品，该工厂生产的克虏伯大炮帮助俾斯麦取得德国独立。图为第一次世界大战时的克虏伯工厂。

一是保障产业工人待遇，让工人安心于质量。19世纪80年代前，为了使本国产品打进世界市场，德国企业想方设法控制成本，降低工人工资，延长工作时间，毫不顾忌工人的工作环境。当时，克虏伯公司的工人有惨死于炼钢的炉火中，后来"钢铁大王"克虏伯多次去英国考察，不仅引进技术，而且学习英国企业的管理方法。他认识到，要提高产品质量，必须让工人和企业目标一致，在对工人实施严格管理和对产品实施严格检查的同时，必须大幅提高工人福利。这个时期，德国工人收入和待遇普遍提高，工资除了用于房租、吃饭等日常消费外，大约近一半被节余下来。直到今天，德国"蓝领"和"白领"收入仍然不相上下，这是德国工匠精神能够始终保持的一个重要原因。

1950年，德国出口在世界的占比为3.21%，1960年达到8.78%，1970年达10.80%，2003年之后德国商品出口额连续多年保持世界第一。2016年，德国出口额达12075亿欧元，占本国GDP将近一半的份额，贸易顺差高达2529

亿欧元，创下第二次世界大战后德国最高贸易顺差纪录。这背后靠的是什么？彼得·冯·西门子给出了确切的答案："靠的是工作态度，是对每一细节的重视。这是一个价值观的体系——承担要生产一流质量的产品的义务，要提供良好的售后服务的义务，在某种意义上说，这是普鲁士价值观的更新，以适应当今时代的要求。普鲁士的价值观已经变成德国的价值观。这就是说要服务于公司，在某种意义上说，献身于公司。"

二是大力发展教育，为德国质量提供大量人才。1806年在拿破仑战争战败后，德国认识到教育的重要性，开始实施"国兴科教"战略。1810年9月29日柏林大学建立，标志着世界上第一所现代化大学的诞生。1880年德国开始采取学校和企业联合培养、理论与实践紧密结合的"双轨制职业教育"体制，每名学生要经过三年学徒工式的教育培养训练。其中，两年在学校学习，培养费用由州政府财政出资；一年在企业实习，费用由相关企业出资。时至今日，德国教育收费仍然处于世界低水平，70%的德国中学生会选择就读职业高校，这为"德国制造"提供了大量高技能的人才。

1896年，英国记者恩斯特·威廉姆斯出版了《德国制造》一书，指出"德国制造"成功的三个奥秘：一是高度重视研发，一个位于埃尔博菲尔德的小企业居然雇用了60名化学家，日复一日进行实验和分析，直到发明新工艺或从所谓"废料"中提炼到有用物质；二是政府大力扶持，德国驻美国使团专门派外交官研究棉花的培育过程，到芝加哥参加博览会的德国厂商的路费由政府报销；三是注重教育，德国的技术学校培养出了大批顶尖的手工艺人和工程师，而不是英国的营业员或家庭教师。"可以说，任何一门关于工业、科学和商业的培训在德国都有讲授，而且教得很好。这种培训建立在良好基础之上。九年制义务教育是免费的，高等教育享有各种补助，实际上也是免费的"。

1986年，哈佛商学院教授西多尔·利维特在杜塞尔多夫遇见德国教授赫尔曼·西蒙就问："有没有考虑过为什么联邦德国的经济总量不过美国的四分之一，但是出口额雄踞世界第一？哪些企业对此所作的贡献最大？"他的问题促进赫尔曼·西蒙开始认真思考德国经济的支柱问题。在调研了400多家中小企业后，赫尔曼·西蒙提出了一个新的概念——"隐形冠军"。

除了世界知名的大品牌外，"德国制造"还有一个重要的支柱，那就是大量不知名的中小企业。成立于1945年的德国伍尔特公司始终如一地生产"螺丝"这一单一产品，其产品覆盖DIN德标、ISO国际标准、EN欧洲标准、GB国标及各种非标定制产品，在全球80多个国家和地区有294个销售网点。德国有一大批这样的中小企业，它们历史悠久，员工流动率非常低，往往几十年甚至几百年只专注生产某单一专业化产品；不断加强研发投入，极具发展活力和市场应变能力，产品不是靠价格，而是依靠专、精、尖、特的特点和更高价值，成为所在领域的全球领袖。全世界有3000多家"隐形冠军"企业，其中德国占比超过50%，它们的产品以独一无二的技术和高水平的质量，成为无可替代之品，占据全球同类产品市场份额的60%~80%。

《南德意志报》曾称，"德国制造"125年的历史就像一个童话，它是德国在第二次世界大战后崛起的密码，欧债危机中仍一枝独秀的答案。注重质量已经成为德国国民的基本特征，德国人没能用战争占领世界，但是用质量征服了世界，创造了奇迹。

三、第二次世界大战后日本崛起秘诀

19世纪60年代末，日本开始改变命运的明治维新，建立君主立宪制，大力发展教育，学习欧美技术，成为亚洲第一个走上工业化道路的国家，逐渐跻身世界强国之列。在此期间，日本近代史上著名的启蒙思想家、哲学家西周翻译了很多术语，"哲学""科学""理性"等日式词语均出自他之手。1870年，西周第一次把"Quality"翻译成"品质"，"品质"来到了日本，但真正扎下根却是80年后的事。

唤醒沉睡的意识

1945年8月15日，日本宣布无条件投降，麦克阿瑟被杜鲁门总统任命为驻日盟军最高司令，其任务不仅仅是解散日本的军政，建立实政体制，而且负责协助日本重新恢复经济。为了恢复经济，1946年，日本成立科学家与工程师联合会。但是第二次世界大战后，日本一片废墟，产品质量极其低劣。

日本政府意识到，只有提升质量水平，才能支撑起战后重建。1949年7月1日，日本颁布实施《工业标准化法》，成立日本工业标准调查会，负责组织制定和审议日本工业标准，对符合标准的产品加贴质量标识 JIS。同年 9 月 13 日，日本内阁通过《关于产业合理化》的决议，决定由政府主导引进和推广技术，把质量提升摆到与产业结构调整并重的位置，要求制定质量标准、严格监管工业品的规格，实行"质量强企"政策，推动企业依靠创新和技术进步保证和提升产品质量，促进产品开发和品牌建设。也是这一年的 10 月 31 日，日本工业标准调查会制定发布了日本第一个工业标准《电机防爆结构》。次年，日本又颁布《农产品标准化和正确标签法》。

然而，大多数日本企业依然对质量发展信心不足，只有少数企业开始意识到低劣产品、恶劣口碑严重阻碍了日本产品进军国际市场，但问题是如何改进？

美国是当时日本经济发展的榜样和老师。1949 年，日本科学家与工程师联合会设立由企业、大学和政府人员构成的质量管理研究小组，定期开设"质量管理基础课程"，引进美国军方在 1940 年制定的战时生产标准纲领手册，以及休哈特撰写的《产品制造质量的经济控制》一书，作为质量管理的教材，希望从中抓到拯救日本经济的"救命稻草"。但休哈特书中漫天的理论让日本人摸不着头脑。如果有一个货真价实的美国专家来当面指导多好呀？他们想起了一个人，两年前曾接受盟军最高指挥部指派，来日本参与全国普查准备工作的爱德华兹·戴明博士，他渊博的知识和亲切的态度给日本人留下了深刻的印象。1950 年 3 月，日本科学家与工程师联合会常务理事小柳贤一写信给戴明，邀请他来日本，为研究人员、工厂经理及质量管理工程师上一课。

戴明于 1900 年 10 月 14 日出生在美国艾奥瓦州一家小农场主家庭，自幼家境贫穷，少年时代一直打工以补家计。1914 年，美国和墨西哥边境紧张，戴明搭车报名志愿兵赶赴战场，后被发现只有 14 岁而被遣返。1921 年戴明从怀俄明大学毕业后，前往科罗拉多大学进修，于 1925 年修得数学与物理硕士，1928 年又取得耶鲁大学博士学位。毕业后戴明婉拒西方电气公司，受聘到美国政府部门，开始统计质量

爱德华兹·戴明（1900—1993 年），世界著名质量管理专家，1951 年用稿费捐赠日本设立"戴明质量奖"，图为该奖奖牌。

管理研究。戴明在美国积极推广统计质量管理方法，与其他专家联合训练了 3.1 万多人，但是曲高和寡，培训效果甚微。那个时代的美国，最流行的话是"时间就是金钱"，市场一片繁荣，企业订单应接不暇，质量管理作为一门新兴的学问，并没有成为社会主流。

1950 年，戴明收到小柳贤一的信，几乎不假思索地飞往太平洋彼岸。他的到来给日本带来了谁都没有想到的质量飞跃。

1950 年 6 月 24 日，日本隆重举行了一场欢迎戴明博士的宴会，控制了日本 80% 资本的 21 位企业家出席。有人向戴明提问："日本企业应该如何向美国企业学习质量管理？"没想到戴明却直言不讳地说："不要复制美国模式，只要运用统计分析，建立质量管理机制。5 年之后，你们的产品质量将超过美国！"

5 年之后超过美国？对于当时的日本人来说，这是一个美好而又遥不可及的梦，他们最大的愿望只不过是恢复到战争前的生产水平。戴明接着说："你们可以创造质量，这么做是有方法的。你们既然已经知道什么叫作质量，就必须开始研究消费者，弄清楚他们真正需要什么，要放眼未来，生产出能在未来具有市场价值、占一席之地的产品。"后来，这场宴会被称为日本质量史上的一次盛宴。

半个月后的 7 月 10 日，在位于东京的日本医药协会大礼堂，戴明开始了为期八天的质量管理讲座。听众包括松下电器社长松下幸之助、索尼公司创始人盛田昭夫、丰田汽车总裁丰田喜一郎，还有许多政府高级官员。之后他又来到日本本州岛东南部的箱根镇，为企业高级主管讲授了一天课。戴明用通俗易懂的语言完整地向日本人传授两个方面的质量管理。一个是统计质量管理的基础知识，统计学虽然不能由此生产更多的产品，但能为工业生产找出最优化方案，提高产品质量、降低返修率、节约成本。另一个是"戴明环"，又称为 PDCA 循环，即任何一项活动按照"计划 P—执行 D—检查 C—行动 A"工作程序进行，四个步骤并非运行一次就终结，而是周而复始地循环推进，使得产品质量阶梯式上升。

日本最大的广播电视台 NHK 将戴明的讲座录音制作成广播节目，数百万日本民众通过无线电波收听了讲座。日本人将课程的速记、笔录汇总整理后出版了一本书——《戴明博士论质量的统计控制》，读者竞相传播。日本人的质量意识被唤醒了，展开了一场声势浩大的质量改革运动。戴明给日本带来了质量发展的"金钥匙"，开启了日本经济腾飞之门。

质量发展热潮

戴明打破日本人两个误区，带来两个重要的质量思想影响。第一，日本人一直认为，高质量意味着高成本。而戴明认为，如果一开始就把事情做对，不造成浪费，质量提高，成本反而降低。戴明为日本工业振兴提出了以较低的价格和较好的质量占领市场的战略思想，价廉物美成为后来日本产品的重要特征。第二，日本人一直觉得，质量是工人的问题。日本很多企业曾设立专门负责质量检查的质检部门，但是检查、修理次品不仅需要众多技术人员，而且待修产品长时间堆积在操作间，给生产带来极大不便。但戴明认为，大多数质量问题不是工人的问题，而是管理者的责任。日本全面质量管理由此萌芽。

1951年，戴明再次来到日本，举办为期2个月的统计质量管理讲座，给当时还处在幼年期的日本工业质量控制发展又加了一把火。这年夏天，《伦敦快讯》头版刊登了一条不为人注意的消息："日本尼龙上市，质优价廉。"一切变化在悄然发生着。

日本掀起了质量管理的热潮，1955年，日本工矿业生产水平比战前水平高出90%，农业生产也高出战前水平。也是在这一年，丰田公司推出的皇冠RS车型，首度打入美国市场，后来在70年代石油危机中，该车凭借耗油量低、外观精巧、价格实惠的优点，在美国市场取得巨大成功。戴明曾追忆说："我告诉他们，可以在5年内席卷全球。结果比我预测的还快。不到4年，来自全球各地的买主就为日本产品疯狂不已。"

1950年后，戴明持续近40年到日本指导质量管理，前二三十年几乎每年都去。日本早期的经营者几乎都受教于戴明，并实践他的品质经营理念，由此奠定了日本质量管理的基础。在东京丰田汽车总部大楼大厅最显眼的地方挂着三幅肖像画，第一幅是公司创始人，第二幅是公司现任总裁，第三幅就是戴明。丰田汽车创始人丰田喜一郎曾感激涕零地说："没有一天我不想到戴明博士对于丰田的意义。戴明是我们管理的核心。日本欠他很多！"

戴明改变了日本质量，为日本战后经济恢复、质量提升做出了卓越贡献，在日本获得如日中天的声誉，被称为日本"质量管理之父"。1960年，裕仁天皇授予他二等珍宝勋章。也是这一年，日本通过广播电台举行面向班、组长的质量管理教育讲座，一开播就受到广泛欢迎，首批 11 万册教材刚面市就销售一空。

也是在 1956 年，日本经济结束战后恢复期，开始进入高速增长期。人们的生活水平不断改善，商品需求向多样化方向发展，商品的设计质量和服务质量越来越受到企业重视。

占据质量巅峰

在经历了 20 世纪 50 年代质量管理引进时期后，20 世纪 60 年代，日本进入质量管理独创时期。日本企业发现，质量提升不能只对产品进行最终检查，而需要全员参与，需要从市场调查、开发、设计直到售后服务的全过程管理。企业为工人主动参与生产管理制定了各种制度，积极倡导"在各道工序中生产优质品"的理念，要求每一道工序必须自我检验，确保向下一道工序输送的产品百分之百合格。这一举措不仅缩减了庞大的质管部门开支，并且使员工清醒认识到自身工作岗位的重要性和职责。日本提出不是舍弃现有工艺方法重起炉灶，而是全体人员自发开展持续性、渐进性的"改善"。"改善"后来成为全世界管理学的通用名词。

自 1960 年起，日本把每年的 11 月定为"质量管理月"，推进"全面品质管理"和"消费者品质管理"活动。1960 年，内阁池田勇人宣布实施"国民收入倍增计划"，"将质量救国"战略作为其中一项重要内容，要求从国民经济全局出发，在全国范围推广和加强质量管理。

为了发挥一线工人的作用，1962 年 5 月，日本成立第一个质量管理（QC）小组。小组由工人自发组成，通过全体合作、集思广益，开展减少缺陷、提高生产率、降低制造和检验成本等活动。后来，日本几百万工人参加了各种质量管理小组。在日本精工企业集团，每 8 个人组成一个质量管理小组，小组有好建议，随时填写卡片上报，一经采纳，公司就根据经济效益给予一定奖励。1969 年 12 月 25 日，精工企业正式上市了世界第一款指针式石英腕表，颠覆了世界计时历史，彻底改变了制表业格局。1963 年，盛田昭夫把索尼总部搬到了纽约，谁会想到，几年前索尼因制造的彩色电视品控不理想，导致巨额亏损，公司曾濒临倒闭。

除首创质量管理小组质量改进方法外，20世纪60年代，日本创新发展了美国质量管理方法，提出了全公司质量管理、田口质量工程学、5S现场管理、适时生产、看板管理、改善、品质功能展开、企业范围品质保证等富有日本特色的品质管理理论和方法。这些理论和方法享誉世界。石川馨、田口玄一、狩野纪昭等一批专家名噪一时，成为世界级的质量管理大师。

1968年，日本成为资本主义世界第二大经济体。1969年10月，首届质量管理国际大会在东京召开，世界著名质量管理大师朱兰博士对日本质量管理特征做了归纳，认为日本将源于美国的统计质量管理发展为全面质量管理，全过程管理质量，其具有预防性和科学性。之后，欧美和许多亚洲国家开始引进日本质量管理方法，时至今日，全面质量管理依然是世界主流的质量管理方法。

1976年，日本科学家与工程师联合会、韩国标准化协会、中国台湾先锋集团在汉城共同发起了"东亚QC小组交流会"。发源于日本的QC小组活动赢得了世界广泛的认同，被各国和地区推广，一直沿用至今。翌年，新加坡、马来西亚、菲律宾开始派代表出席，由此将会议名称正式确定为"国际质量管理小组大会"，后来被誉为"质量奥林匹克"。

20世纪60年代末，日本政府开始构建严格保护消费者权益的制度体系，采取集团诉讼、具有震慑力的惩罚性赔款、生产方举证责任、严格追究刑事责任等措施，倒逼企业持续提升产品质量。这个时期，日本集成电路缺陷率仅为千分之一，而美国约为百分之一，这个巨大差距使得美国在日美半导体之战中败北。随着质量不断攀升，日本外贸额急剧增加，经济高速增长。而20世纪70年代的两次石油危机，又为日本低成本高质量的产品拓宽世界市场提供了机遇。从此，日本企业广告充斥世界各个角落，日本产品从家用电器到小汽车遍及世界各地，"日本制造"变成国际市场上高质量的代名词。

1980年，美国质量专家哈勒德发表了一篇报道：分别检测3家日本公司和美国公司的30万个16k存储器，日本产品出错率为0，美国为1.1%～1.9%。使用1000小时后，美国存储器出错率上升到27倍。在质量的推动下，日本重新走在亚洲国家的前列，成为世界技术强国，进入了世界经济强国之列。"日本制造"高质量产品充斥全球，三菱集团买下纽约的地标建筑洛克菲勒中心，索尼以34亿美元并购了哥伦比亚影业影片公司。美国人惊呼："日本将和平占领美国！"

然而，一场危机即将来临。

坚守与迷茫

1985年9月22日美国、日本、联邦德国、法国、英国五国财政部长和中央银行行长在纽约广场饭店签订《广场协议》，达成五国政府联合干预外汇市场，诱导美元对主要货币的汇率有秩序贬值，以解决美国巨额贸易赤字问题的协议。其后近5年时间里，日元急速升值，日本资本疯狂扩张，国内投机气氛十分热烈，股价每年以30%幅度增长，在"土地不会贬值"

洛克菲勒中心位于美国纽约曼哈顿，1930年开始破土开工，由19栋大楼组成。

的神话诱惑下，地价每年以15%的幅度飙升，日本经济泡沫越吹越大，到1989年到达最高峰。20世纪90年代，日本经济泡沫破裂，成百上千亿美元的财富化为乌有，经济增长速度开始下滑，陷入长期的经济低迷期。

面对《广场协议》带来的负面影响，日本人并非被动挨打，而是积极应对。一方面，日本企业发展对外投资，在国外并购企业，这不仅有助于化解贸易战风险，也增加了美国消费者对日本品牌的认同度。单丰田汽车公司就累计在美投资220亿美元，雇用13.6万员工。另一方面，日本企业加快转型升级和技术创新，"日本制造"加速从一般加工制造向高科技、高附加值制造业转型。1995年，日本议会通过了第一部关于科学技术的根本大法——《科学技术基本法》，规定了日本"科学技术创造立国"的发展战略，强调必须发展具有强大竞争力的制造业，因为这是日本唯一的生存之道。1999年，日本政府颁布《制造基础技术振兴基本法》，明确规定了国家、公共团体、生产经营者在促进生产基础技术方面的职责，提出要保持质量优势。

在此期间，日本企业并非一味降价扩大市场份额，而是有意识控制产品销路，将更多精力放到提高质量和压缩成本上，大大提高了利润率。许多日本企业提出了持续改善效率和质量的经营理念、管理思想和具体做法，产业专家、管理研究者、企业家、管理者、各阶层员工都积极参加到持续改善效率和质量的活动中，再加上拥有一支技能高度熟练的劳动力队伍，日本基础设施和产品质量依然处于世界领先水平，日本企业降低成本、提高效率的"精益生产"成为全球学习的楷模。虽然日本经济陷入零增长陷阱，但在泡沫破裂的20世纪90年代和21世纪初，大到汽车小到随身听，日本商品依然风靡全球，全球竞争力不降反升。正因为如此，日本一直保持着世界上第二大经济体的地位。

进入21世纪，部分日本企业特别是海外投资企业在质量理念上悄然发生变化，以"过得去的质量""达到顾客能接受的质量门槛即可"为标准组织生产。随后，包括许多著名企业在内的日本企业相继发生质量问题，丰田公司、铃木公司大面积召回问题汽车曾经轰动一时，三菱、神户制钢等企业甚至发生质量造假、数据造假丑闻。日本质量走下了神坛，"日本制造"这个国家品牌蒙上了阴影，其中原因纷繁复杂：既有经济下滑造成的压力，也有世界制造格局的变化；既有质量管理的放松，也有企业文化的变迁。

在所谓"失去的二十年"中，无论是知名还是不知名的日本企业，都努力从泥淖中爬起，重新选择突破口。或许此时此刻，日本又到了需要重新思考质量的时候。

四、美国何以强大

1783年9月3日，经过8年独立战争和1年艰辛谈判，在法国凡尔赛宫，美英代表签订《巴黎条约》，英国承认美国独立。从那时起，美国开始工业化道路，但起码比英国晚了40年，工艺与技术水平远远落后欧洲国家。经过100多年的发展，美国成为世界头号强国，除了历史机遇外，质量起着重要的支撑作用。

从模仿到领先

第一次工业革命时期，美国一直想方设法引进欧洲先进技术，不择手段地"山寨"英法等国产品。在这段不齿的历史中，美国没有被短期的利益冲昏头脑，而是边引进边创新，边"山寨"边创造。

18世纪末期，美国引进欧洲技术的同时，不断创新技术。美国人的创新非常注重实用性。法国著名政治学家托克维尔在访问美国后，在他的经典著作《美国的民主》中由衷地赞叹道：在美国，人们对科学中纯粹实用部分的理解令人钦佩，同时又对那些在应用中直接需要的理论部分给予认真的关注，在这方面，美国总是展现出一种自由的、原创的和富于发明的心智力量。

19世纪中期，美国基本完成第一次工业革命，但并没有停止引进的步伐。19世纪60年代后期，第二次工业革命大幕徐徐拉开，人类开始迈向"电气时代"。这一次，美国超过了英国和法国。

美国继续保持着实用主义。欧洲人发明了电的理论，而美国的爱迪生和贝尔等人将其转化为实际运用，美国的电力电气工业从一开始就走在世界前列。1884年，美国工业生产比重超过农业，占到51.95%。10年后，美国工业产值已居世界第一，成为世界第一大工业化强国。20世纪初，电报、电话、电灯、电力传输系统等现代的很多发明都来自美国。1903年12月17日，美国莱特兄弟制造的飞机试飞成功，拉开了人类航空航天的大幕。美国钢铁、石油、电气、化工、航空等一系列新兴工业迅速发展起来，但此时的美国还只能是一个大国，只有攀登上质量这座高峰，美国才成为真正意义上的强国。

作为质量的直接获利者，企业的敏感性更加强烈。1887年10月，宝洁公司创始人威廉·波克特告诫员工："我们首先要生产出高质量的产品，消费者才会不断地购买，如果我们的产品既好又经济，我们将赢利。"19世纪90年代，美国产业逐步引入质量管理，并在电话系统首先运用，西部电子公司专门成立了电子检测部门。

20世纪初，美国人在总结质量管理经验的基础上，开始研究质量管理理论。泰勒首先提出检验与生产分离的泰勒制。到20世纪20年代，在大规模批量生产过程中，美国企业进一步探索质量管理新思想，开始摆脱主要依靠操作者技术和事后检验的质量管理方法，运用统计质量控制，以实现预防为主。美国在军需物资中采用统计质量控制技术，对军备供应产品强制使用统计学抽样程序标准。

第二次世界大战结束后，美国拥有西方世界黄金储备的四分之三，成为世界最大的资本输出国和债权国，在全世界范围内建立了以美元为中心的国际金融体系。美国工业总产量占西方世界的60%，对外贸易则占三分之一。统计质量控制在美国迅速普及，推动了产品质量水平的提升。回顾来路，此时的美国倍感质量的重要。1947年，首届世界质量与改进大会在美国召开。之后，每年举办一届。经过 70 多年的发展，该大会已成为有着广泛影响的世界性质量大会，每届都吸引来自 50 多个国家和地区的数千名质量专业人士出席。

20 世纪 60 年代，美国又抓住第三次工业革命的机遇，迎来了"黄金时代"。美国领导了世界信息革命和生物革命，高科技产品销往全世界，国民生产总值从 1961 年的 5633 亿美元增长到 1971 年的 11648.5 亿美元。

1973 年 10 月，第四次中东战争爆发，引发了石油危机，进而引发经济危机。此时日本和欧洲的产业技术取得长足进步，美国技术优势丧失，1973 年工业生产下降了 15.3%，下降持续 18 个月之久。大量的生产停滞，造成了通货膨胀、失业严重、物价上涨等一系列不良后果，给经济造成了严重的冲击。美国企业的质量管理处于一种自发状态，不同的企业对质量做出不同的选择，危机面前，很大一部分企业更加关注财务状况，结果各行各业的质量发展参差不齐，一方面很多产品和行业取得很大的进步，另一方面一些质量安全事故屡见不鲜。1979 年 1 月，美国公布了《统一产品责任示范法》，希望更有效地解决产品缺陷问题。然而 1978 年爆发第二次石油危机再次引发经济危机，美国工业生产下降了 11.8%，下降持续约 44 个月。

就在美国深陷经济泥潭不能自拔时，日本又给美国头上加上一块重重的石头。

梦中惊醒

20 世纪 80 年代初，日本产品凭借卓越的质量大量进入美国市场。日本汽车工业起步比美国晚 30 年，20 世纪 60 年代开始飞速发展，尤其是 20 世纪 70 年代丰田汽车借石油危机重返美国。1980 年，日本汽车产量超过 1104 万台，一举击败美国，成为世界第一大汽车生产国，日系车占世界市场的 30%，美国年轻人以开丰田车为荣。

美国人没有想到，这个昔日的战败国，竟成了仅次于自己的世界第二大经济国，美利坚民族的自信心被击溃。当时的美国总统尼克松说："与第二次世界大战结束的时候相比，美国遇到了甚至连做梦也想不到的那种挑战。"

美国为什么衰弱？日本凭什么崛起？

美国国家广播公司决定制作一档节目，探讨美国企业日渐衰落的原因，资深记者克莱尔·克劳福德·马森是节目负责人之一。马森采访了许多美国经济学家，可是令她十分失望，这些经济学家既不能深入剖析美国经济现状，更不能找到具体的解决方法。这让她十分苦恼。这时，有人建议她去采访一位80岁高龄的纽约大学学者。老学者拿出一沓发黄的日文剪报，向她说起日本质量的故事，马森目瞪口呆。她事后对朋友说："这里有个人掌握我们所需要的答案，并且距白宫仅五英里之遥，却不为人知。"

这位老人正是戴明。从日本回到美国，戴明在华盛顿特区找了一间地下室作为办公室，这里阴冷、潮湿，一如他在美国的遭遇。

1980年6月24日，美国全国广播公司（NBC）电视台选择在电视剧黄金时段，播出马森制作的一部长达90分钟的纪录片《日本能，我们为什么不能？》。在片中，戴明就质量管理的基础知识给美国商业人士做了一次演讲，他说："我觉得美国人在期待一个奇迹，美国企业家总觉得他们能直接复制日本模式——但是他们根本不知道他们要复制什么！"

1980年美国NBC向全体美国人发出"质量之问"：if Japan Can, Why Can't We？图为该片剧照。

戴明的一番话惊醒了骄傲自大又迟钝的美国人，使他们认识到：正是他们对日本的漠视，对质量的漠视，才导致日本产品悄然占领了美国的市场。《日本能，我们为什么不能？》录像带的发行量超过4000万盘，创造了当时美国影视界的最高纪录。从百姓到企业家、从议员到总统受到深深的震动，美国人的质量意识从那一刻起慢慢觉醒。

1980年，美国颁布《史蒂文森—怀勒技术创新法》，将技术创新和质量提升更加紧密结合。1982年10月，美国总统罗纳德·里根签署的一份生产力文件认为，美国的生产力在下降，其结果是美国产品在国际市场上价格昂贵，缺乏竞争力。美国企业界和政府领导人认识到，面对更广阔、更苛刻、更激烈的全球一体化市场竞争，美国企业不了解质量管理，不知道如何入手提升产品质量，美国企业发展质量已迫在眉睫。

戴明在美国一夜成名，成了美国企业的救星。人们急切地寻找一切有关他的资料，重新研究他的品质管理经营理念，向他请教有关质量管理的问题。戴明的秘书后来回忆说："电话多得接不完，许多来电的人，都显得十分焦急，好像如果不马上见到戴明博士，整个公司就会垮了似的。"

戴明将质量管理思想和方法引入美国产业界，并再次总结归纳，提出14个管理原则，又称为戴明质量十四法，其核心为目标不变、持续改善和创新，内容包括：最高管理层必须从短期目标的迷途中转到长远建设上来，绝对不容忍粗劣的原料、不良的操作、有瑕疵的产品和松散的服务，停止依靠大量检验来达到质量标准，废除"价低者得"的做法，永不间断地改进生产和服务系统，建立更全面、更有效的岗位培训方法和现代的督导方法，所有员工敢于发问和表达意见，打破部门间的围墙等。

20世纪80年代初，福特汽车公司因受到平托事件和日本汽车的冲击，正焦头烂额。福特有一款汽车所用的变速箱，有的是日本产的，有的是美国产的。福特公司发现消费者点名要装有日本变速箱的车，甚至愿意多等些日子提货。福特公司开始不明白其中缘由，直到工程师们把两种变速箱拆开来，才发现尽管两款变速箱按照相同的生产规格制造，但是日本人竟然将3毫米的设计误差控制在1.5毫米内。由于日制变速箱的精密度更高，因此汽车运转更平滑，故障也更少。福特公司看到质量的魅力，其首席执行官唐纳德·彼得森邀请戴明来底特律。戴明提出的长期的生产程序改进方案、严格的生产纪律和体制改革让福特如获至宝。1987年福特公司生产的100辆汽车在行驶60～90天间出问题的次数为170次，1991年则降到136次。

1983年9月，首届美国生产力会议在白宫召开，出席会议的包括美国总统里根、副总统乔治·布什、美国生产力与质量协会会长格雷森、质量管理专家朱兰、商务部部长马尔科姆·波多里奇。会议探讨的议题只有一个：美国政府能主动为全国质量振兴做些什么？美国政府认为，质量发展不仅仅是企业的事，而且是政府的事、全社会的事。会议呼吁在全国公立和私营部门开展质量意识运动。

美国人准备利用各种质量管理理念和方法提升产品竞争力，捍卫其强国地位。美国新一轮质量变革的大幕拉开，这轮大幕的名字叫全面质量管理。

全面发展质量

在研究日本质量发展规律时，美国人发现日本已经率先实践全面质量管理。美国人进而发现，早在1961年，就有一个美国人出版过一本书——《全面质量管理：工程与管理》。

这个人叫阿曼德·费根堡姆，美国通用电气公司全球生产运作和质量控制主管。1942年他进入通用电气公司时，这家制造公司正因为第二次世界大战而实现产量和利润额急剧增长，并以各种形式吞并了许多国内外公司。1958年，费根堡姆担任通用电气公司质量控制主管，此时通用电气公司已经拥有上百家工厂，他努力地用质量让这个快速成长的巨人变得更加结实。他摈弃当时最受关注的质量控制的技术方法，认为统计和预防维护等一些特殊的方法只是质量控制程序的一部分，质量控制是一种管理方法，在产品形成的早期就应建立，而不是在既成事实后再做质量的检验和控制。

1961年，阿曼德·费根堡姆将他的思考写成一本专著《全面质量管理：工程与管理》，由此揭开了全面质量管理的序幕。他在书中强调质量是公司全体人员的责任，指出："全面质量管理是为了能够在最高经济的水平上考虑到充分满足用户要求的条件下进行市场研究、设计、生产和服务，把企业各部门的研制质量、维持质量和提高质量的活动构成一体的有效体系。"费根堡姆后来被称为"全面质量控制之父"，1988年被美国商务部长任命为马尔康姆·鲍德里奇国家质量奖项目的首届理事会成员，1992年当选为美国国家工程院院士。他还曾担任美国质量管理学会两任主席和一任董事会主席，成为国际质量研究院的创立主席。

《全面质量管理：工程与管理》出版20多年后，全面质量管理思想才在美国真正流传开来。通用、摩托罗拉、宝洁等著名公司开始全面质量管理的实践，越来越多的美国企业意识到生存和发展取决于质量，高层领导人亲自抓质量，加强对各级员工的培训。

美国政府机关和军事部门纷纷引用全面质量管理思想。1985年，美国海空系统指挥部首先将全面质量管理运用到飞机维修中，以求提高品质和降低费用。1988年，美国政府管理与预算局和9个机构联合推动全面质量管理，并采取了9项具体措施。1989年9月，美国国防部颁布《全面质量管理指引》，成为美国工业界实施全面质量管理作业的参考。美国政府还注重在法律和战略层面推动质量发展，1987年颁布《质量促进法案》，1988年颁布《铅污染控制法案》，1990年颁布《消费品安全改进法》，1994年颁布《儿童安全保护法》，1995年发布《国家技术转让与推动法案》。

在一系列提升质量水平、加强质量创新措施的作用下，美国在多个产业领域重夺世界第一，产业结构进一步优化，特别是在以信息和生物技术为代表的新兴产业中确立了全球霸主地位。千禧之年，美国人均国民生产总值达到36334美元，超过日本。回顾这段历史时，阿曼德·费根堡姆说："以全面质量为基础的管理创新得到了广泛而有力的关注，它使当今美国经济复苏，回复到强势增长的中心。"而此时，《全面质量管理：工程与管理》一书已风靡全球，被译成20多种语言出版。

美国人在质量发展的道路上没有停步。2008年8月14日，布什总统签署生效《2008消费品安全改进法案》，同年发布《美国标准战略》。今天，美国依然是全球集质量于大成者，2021全球品牌价值500强排行榜上，美国占据197席，继续稳居第一，品牌总价值达到32807亿美元。源源不断的创新能力和坚实的质量基础有力地支撑着世界第一强国。

五、法国品位

自486年法兰克王国建立后，法国一直是欧洲的重要力量，17世纪、18世纪处于欧洲霸主地位。之后的发展虽然磕磕绊绊，但是依靠卓越的质量，法国始终是国际社会一支重要的力量，而品位更是成为法国醒目的符号。

一往情深手工业

在经历了对外的法英百年战争、意大利战争和内部的胡格诺战争后，16

世纪末的法国已经十分羸弱。1589年，亨利四世即位时感叹道："交到我手中的法兰西已近乎毁灭，对法国人而言，法兰西可以说已不复存在。"为了恢复元气，亨利四世重点发展工商业。

1661年3月，路易十四亲政，在吉恩·柯尔伯辅佐下，在将重商主义发挥到极致的同时，大力发展手工业，扶植规模化的民营手工工场，兴建了上百个王家手工工场，涉及冶金、军火、造船、肥皂、印刷、造纸、制镜、制玻璃、制革和纺织等各个行业。一些手工工场的规模已相当可观，驰名国内外的高伯林地毯工场拥有8000多名雇工，生产各种豪华的地毯和挂毯。工场手工业的发展，使得劳动分工越来越细，专业化程度进一步提高，宝石匠、刺绣工、花边制作工、皮革镶金工、流苏制作工和木雕工等高度专业化，有效地提升了质量水平。

柯尔伯先后颁发190项手工业生产法令，其中很大一部分用于规范产品质量。纺织业是法国手工业的重中之重，法令不仅规定了纺、织、染等行业的标准工序，而且规定了各种布料的长度、宽度和厚度。为了提高技术和质量，法国严格禁止本国工匠外流，而鼓励外国工匠移居法国，吸引了大批英国、瑞典和德国高水平的手工业者来法，生产威尼斯式镜子和花边、英国式长袜、荷兰式呢绒、德国式铜器。

文艺复兴改变了人们生活习俗和审美意识，一股高端消费之风从意大利吹向法国并席卷欧洲，在17世纪和18世纪达到高峰，为法国手工业特别是高端手工业生产提供了消费环境。市场对高雅物品日益增长的需求，使得匠人高度重视工艺技术，不断提高工艺水平和质量水平。18世纪上半叶，法国高端消费品不仅迎合了国内需求，而且饮誉全欧乃至世界，手工业水平居于欧洲大陆的巅峰，成为当时欧洲各国高级消费品的最大供应者。如果宴会上"一条裙子不是里昂制造的，一颗钻石不是巴黎镶上的，一把扇子不是法国制造的，那么在旁人看来，一切都是不值一提的"。

1787年，法国工业品输出额增加至15850万里弗尔。巴黎不仅成为金融巨子汇聚之地，而且成为各种奢侈品和艺术品的生产中心。纺织中心里昂生产的天鹅绒、绸缎远销加拿大、美国、土耳其和印度，法国的化妆品、高级服装、家具、鞋和工艺品等占据国际市场首位。整个18世纪，法国经济发展速度和对外贸易增长速度均高于英国，延续着欧洲霸主的地位。

当工业革命的浪潮来临时，法国依然对手工业情有独钟。19世纪60年代后期，第二次工业革命兴起，人类进入电气时代。此时，法国纺织、服装、食品、制革、木材和家具等传统行业不仅发展缓慢，而且大多处于分散的手工劳动状态，1866年，平均每个业主仅雇用工人2.17名。随着普法战争结束，法国在欧洲的霸主地位被德国取代。

到19世纪末，法国分散的小企业、小手工业仍居多，94%的工厂雇工少于10人，时装、化妆品、丝织品和葡萄酒的生产占世界第一位，但生铁产量不到美国的六分之一，钢产量不到美国的十分之一。1894年，法国工业生产总值仅有29亿美元，而德国为33.57亿美元，英国为42.63亿美元，美国高达94.98亿美元。1895年，消费品在法国工业中的比重仍为43.1%，其中纺织工业占28.3%。法国纺织工业，尤其是高档的丝织工业和制麻工业在国际市场上向来以做工精细、工艺复杂、质量考究、款式新颖、设计独特、豪华奢侈而闻名，但大多数产品都是在家庭式手工工场内精工细作，很难用近代大生产方法生产。这限制了法国生产规模的进一步扩大，延缓了法国工业化大生产的进程。

到20世纪初，法国年工业产量增长率为1.4%，而英国为2.5%。1870年到1913年40多年的时间，法国工业生产翻了一番，而同期德国增长了4.6倍，美国增长了8.1倍。1913年，第一次世界大战前夕，美国工业占世界的比重达35.8%，德国为15.7%，英国为14%，而法国仅为6%。

法国对手工业情有独钟，或许与法国人骨子里的文化气息和浪漫情怀有关。1913年，法国记者和艺术评论家鲁希昂·克鲁兹有感于一些手工业后继无人，手工艺文化与技术逐渐流失，倡议举办"全国劳动技能展示"大赛。1924年，阿尔贝·勒布伦成立了一个组织委员会，创办"全国工艺博览会"，在巴黎市政厅展出手工艺品，举办了第一届最佳手工艺人大赛，邀请各地工艺者一较高下，评选出"法国最佳手工业者奖"（MOF）。比赛四年举办一次，目的是倡导精益求精理念、保护各传统行业。赛事评选非常严苛，参赛者必须在规定时间内向评委呈现一份近乎完美的手工作品。1932年，阿尔贝·勒布伦担任法国总统，开始邀请佩戴上釉青铜奖章、身着领口为法国国旗红白蓝三色衣服的获奖者到总统府接受庆祝，进一步推高了该奖的荣誉。

MOF被誉为"手工业界的诺贝尔奖"，成为法国乃至整个西方手工业届最杰出的的奖项。获得MOF头衔的匠人，等同于获得法国国家教育部承认的"荣誉大专学位"，凡是穿着红白蓝三色领子制服的匠人都代表着行业冠军，凡是挂有MOF名号的商店都代表着最高殊荣和信誉。后来，比赛改为每年一次，大赛项目不断增加，涵盖的职业项目包括厨师、蛋糕师、巧克力师、面包师、服装设计师、皮革制造师、玻璃艺术师、理发师、园艺师、建筑师、陶艺师、雕塑家、陶瓷修复师等上百种，并逐渐加入一些现代高科技项目。

1985年，为了激励新人，MOF大赛协会开始举办"法国最佳学徒奖"的比赛，设立金、银、铜奖。1994年，又进一步将稀缺且具有高水平的手工艺传承人命名为"手工艺大师"，并给予资助，用来发展手艺、传承技艺。

手工业培育了独特的奢侈品。法国奢侈品工业有着悠久的历史，高级服装、装饰品、手工艺品、地毯、壁挂、手套、帽子、瓷器、珍宝、葡萄酒和白兰地等在欧洲上流社会享有盛誉。法国奢侈品占据着全球奢侈品市场份额榜首，创造了很多世界知名品牌。品牌源于声誉而存于质量，每一个奢侈品品牌都有一个关于专注于质量的故事。

创立于1837年的爱马仕，以生产马鞍和马具起家，匠人们像艺术家一样精雕细刻每件产品，高级马具成为奢华消费的典型代表。20世纪20年代，爱马仕的产品种类有了新扩展，成为覆盖全方位生活的品位代表。爱马仕的"凯利包"，每一块皮革都经过多重繁复的步骤处理，均有制造匠师的标记，不论维修或保养都由同一匠师负责。

创立于1854年的路易·威登以卓越品质、杰出创意和精湛工艺成为时尚旅行艺术的象征，诞生于1858年的宝诗龙始终保持精湛的制作工艺，成立于1906年的梵克雅宝以独树一帜的设计理念和精湛的工艺赢得世界的赞誉，创立于1913年的香奈尔香水与时装闻名遐迩……法国以注重完美、细节、传统向世界展示着法国品位的独特魅力。法国鬼才设计师菲利普·斯塔克曾说："我们（法国人）是世界理念的守护者。创造者必须要保持极度的警惕，才能够在同行的注视之下保持他们的地位。因此，法国是一个品质之都。"

然而，能够保持着强劲的市场和利润额增长的毕竟只有少数世界性品牌。2019年，法国对外出口商品的企业有12万多家，出口规模超过5000亿欧元，其中近三成是手工业企业，而手工业出口额占出口总额却不到1%。近年来，全球百强奢侈品企业销售总额基本上零增长。在全球奢侈品企业百强的企业中，意大利数量最多，但意大利却迎来了手工业企业的倒闭潮，每年多达十万余家手工业企业倒闭。

1911年，英国作家、诺贝尔文学奖获得者约翰·高尔斯华绥在短篇小说《品质》中，描写了一个一直恪守职业道德的鞋匠格斯拉，他做的鞋子结实精美，"只有亲眼看过靴子灵魂的人才能做出那样的靴子"，然而当机器大生产的大潮来临时，格斯拉凄凉地饿死了。小说深刻揭示了在工业革命冲击之下，手工业者的生存噩梦和悲惨命运。

"法国制造"在给消费者留下质量高和设计佳印象的同时，其过于昂贵的价格也令人咋舌。消费者始终在价格和质量之间进行选择，大多数消费者更倾向于价廉物美。工业革命和科技发展带来效率大幅提升和成本大幅下降，大批量标准化生产使得产品质量更加可控，工业品的整体质量水平越来越高。未来，手工业品竞争优势越来越小，但从手工业发展历程中培育起来的工匠精神永远不死。

小说《品质》插图。

励精图治工业质量

其实，法国的工业革命起步不仅不晚，而且一度领先世界。

第一次工业革命的浪潮从英国掀起，法国紧随其后，18世纪40年代已开始使用纺纱机。里昂建立起欧洲最大的纺织业，有6.5万名工人。法国派出一批学者、工程专家和企业家悄到英国学习纺织技术，而一些英国工程技术人员因宗教等原因来到法国定居。1745年，来自棉纺业之乡兰开夏的英国人约翰·霍尔格来到法国，于1751年在鲁昂办起棉绒厂，不久又秘密回到英国，再将一些新的机器设计图纸和数十名技术工人带到法国。1756年，法国北部城市亚眠已开始应用印染机。在冶金行业，法国众多炼铁厂采用英国高炉，1782年建立的勒克勒佐冶金工厂以设备先进、管理有序名闻遐迩，到1789年，法国拥有高炉358座。其他一些行业也逐渐使用机器，法国向机器工业迈进。

18世纪末19世纪初，法国人更是前所未有地钟情于新技术。拿破仑说："证明有必要采用机器，就如同证明太阳比蜡烛照得更亮一样。"法国政府用巨额津贴补助新型企业，大力鼓励竞争、技术革新和新机器创造发明，拿破仑亲自视察工厂的技术革新，巨额奖励各种机器发明人。一方面，采取特优照顾，鼓励引进国外科技人才；另一方面，实行发明专利权，监督工厂严守技术秘密。1798年，法国在巴黎举办了第一次国内工业展览会，专门展出了工业革命以来的新产品，政府重奖胜过英国的发明者。内务大臣奴夏多非常高兴地致函各部大臣：这是对英国工艺的第一次战争，是对英国工业一次最大打击。1801年，法国成立奖励民族工业协会，各郡、县、市镇纷纷成立商会，协助政府推动工商业发展。法国经济因此快速发展，从1789年大革命开始到1815年滑铁卢战败，法国对机器的使用大大增加，生产效率显著提高，各种工业品产量成倍增长，生铁增产1倍多，毛织品增产3倍。

毫无疑问，法国工业革命开局良好。然而在1815年以后，法国的工业却诡异地踩下刹车，工业化发展速度大大减缓。即使1825年英国解除了机器出口禁令，但法国引进的先进机器设备也不多，蒸汽机数量增加幅度不大，除纺织业大量运用机器外，其他工业部门用得很少，使用农业机械更加罕见。烧木柴的高炉依然是主流，1839年烧木柴的高炉有445座，而烧焦炭的高炉仅33座。1848年，法国的铁路只有1320公里。金融资产阶级更热衷于放债和股市交易，坐食利息，而不愿直接投资于工业。至19世纪中叶，法国艰难地维持着欧洲第二大经济强国的地位。

第二帝国时期，法国经济出现了短暂的狂飙。拿破仑三世废除了关税保护政策，实施自由贸易，大量原煤和纺织品因此源源不断进入法国市场，刺激了法国技术革新，科技发明成果累累，机器使用已十分普遍，提高了法国工业的国际竞争力。1869年，法国铁路线总长度增加到16465公里，铁路网络基本建成，法国进入"铁轨时代"；运河长度达4700公里，汽船总吨位比1847年增加9倍多，船队总吨位居世界第二。水陆交通的发展，加速了商品流通和贸易发展，推动了其他工业部门的进步，尤其是冶金、采矿、机械、化工和建筑等重工业部门发展较快。1861—1869年间，法国冶金业总产量增长2.8倍，机械工业增长2.4倍，采矿业增长2.26倍。1870年，法国工业总产值增加到120亿法郎，工业生产水平仅次于英国，位居世界第二。

但是，其他国家发展速度更快，法国工业生产和出口贸易在世界中所占的比重均呈下滑趋势，1860年占比为16%，1870年占比为10%，19世纪80年代上半期占9%，90年代后期仅占7%。1860年左右，法国的出口几乎占欧洲出口份额的60%，占世界出口的12.8%，到1913年则分别下降为12.6%和7.2%。与此相反，进口增长迅速，自1876年起贸易逆差司空见惯，只是由于资本输出的收益和对外服务性的收益才维持收支平衡。为了获取高额利润，法国资本家宁愿把大量资本向外输出，也不愿投资本国工业，更换陈旧的设备机器。19世纪90年代，法国资本输出达到200亿法郎，3倍于投在本国的资本，

1902年则增加至370亿法郎。在世界范围内，法国资本输出居第二位，仅次于英国。大量的资本输出，延缓了国内工业的发展速度。

法国工业革命尽管起步很早，但是走走停停、进进退退，年均增长速度低于美国、德国和英国，从17世纪和18世纪的霸主沦落为20世纪初的二等国家。英国现代经济学家、史学家克拉潘指出："在19世纪中，大多数法国工业经过了改造，但是可以说，法国从来没有经过一场工业革命。"

进入20世纪，法国才彻底认识到依靠卓越的手工业不可能成为强国，开始在工业方面发力，工业规模明显扩大，一些大企业开始引入泰勒制、福特制管理，从1903年到1913年，弗雷德里克·温斯洛·泰勒的著作《工厂管理》法文版发行了6版。法国在人造纤维、电力和摩托制造等行业实行标准操作方法，逐步改变了其工业陈旧落后的状态。同时，重视科技的运用和推广，科技发明明显增多，也更加注重科学研究与生产实践相结合，授予的专利权从1880年的6000件上升到1907年的12600件，一些领域出现了许多具有世界先进水平的发明创造。到1913年，法国汽车年产量达45000辆，其中一半远销国外，铝年产量达13500吨，均仅次于美国，居世界第二位；化工产品的产量仅次于德国和美国，名列世界第三。但法国重工业总水平远不及美、德、英诸强。

第一次世界大战结束后，法国重点发展重工业，再次出现短暂的工业高潮。1924—1929年，法国工业发展速度每年达5%，而战前15年的最高速度仅为3.4%。企业规模不断扩大，在10人以下企业劳动的工人，1906年占工业就业居民的58%，1931年减为34%；而在500人以上企业劳动的工人，则由1906年的29%提高到1931年的33%。

1930年的经济危机再次令法国经济倒退，第二次世界大战使法国经济损失高达1.4万多亿法郎，100多万公顷的耕地因战火而荒芜，五分之一的房屋被毁坏，直接或间接损失了145万人口，牲畜减少了一半，大批工厂被摧毁，铁路桥几乎全部被毁，铁路线近一半不能使用。

第二次世界大战后，法国实施现代化建设，开始"辉煌的三十年"。1945年法兰西第四共和国成立，1946年让·莫内组织编制《现代化与装备计划》（1947—1953年），该计划以发展煤、电力、钢、水泥、运输、农机、石油和化肥等基础部门为重点。至1953年，法国煤炭生产从原来的4700万吨增加到5800万吨，发电量从210亿千瓦时增加到400亿千瓦时，钢产量从600万吨增加到1000万吨，遭受战火破坏的交通运输设施得到修复和改善。

自1954年起，莫内的后任者伊尔斯开始实行为期4年的第二计划（1954—

1957年），又称伊尔斯计划。该计划规定了工业、农业和建筑业等部门的全面发展指标，要求外贸平衡，注重产品质量，提高劳动生产率，加强科学技术研究。1958年，法国国民生产总值增至2603亿法郎，工业生产指数为1939年指数的两倍，电力、煤炭、石油、汽车、飞机、制铝等产业更是飞速发展。随着工业生产的发展，法国的工业结构发生显著变化，生产专业化不断提高，集中程度进一步加强，这种现象在重工业和化学工业部门尤为突出，法国与其他工业发达国家的差距缩小。同时，农业生产进一步专业化、机械化，法国成为仅次于美国的世界第二大农产品出口国。

继"临时计划"和"第四计划"（1962—1965年）后，法国于1966年开始执行第五计划（1966—1970年）。该计划继续强调加强国际竞争能力，特别是尖端工业产品的竞争力。1958—1970年，法国工业生产平均每年递增5.9%，仅低于日本而高于西欧和北美诸国，许多新兴工业部门发展更快，航空、宇航、核电和军事工业仅次于苏联和美国，居世界第三位。这一时期，法国政府极为注重科学技术的研究和引进，1959—1969年政府拨出的科研与发展经费从30亿法郎增加到138.6亿法郎，1958年法国国家科研机构的研究人员为12000人，1968年增加到4万多人，多位法国科学家获得诺贝尔奖。在工农业生产中，法国大量采用新设备、新技术和新工艺，大大提高了劳动生产效率，有力地促进了经济快速发展。

高端装备异军突起

从"光荣三十年"开始，法国大力发展一批高端装备产业，以质量高享誉全球，其中高铁产业更为瞩目。

20世纪20年代以后，民用航空和汽车产业快速发展，航空的速度优势和私家车的便捷优势，使得铁路沦为"夕阳产业"，从1920年到1950年，美国拆除9万多公里铁路。法国国家铁路局认识到，要与飞机和汽车竞争，必须坚持提高速度和提升质量安全同步而行。1955年年底，"密斯脱拉风"号列车开始在巴黎—马赛的铁路线上运行，平均时速达到108公里，成为当时法国最快的列车。

20世纪50年代末,法国和日本几乎同时想到建设高速铁路。1959年,日本新干线开始动工,1964年10月1日,东京奥运会前夕,日本第一条新干线通车。然而法国行动迟缓,尽管早在1955年法国列车在波尔多—巴约讷的试验段上就创下每小时331公里的速度,但迟至1971年第一条法国高速铁路——从巴黎到里昂的东南线才立项,又过了5年在法国政府资助下开始正式建造,到1983年才全线贯通。

法国高铁建设速度如此缓慢,一个重要原因是其对待质量安全慎之又慎。法国第一款电力机车"泽比灵斯"单集电弓、悬挂和刹车等的测试达100万公里。在列车批量生产前,整车又经过4年80万公里以上的测试和修改,直到1980年4月25日第一辆列车才交货,1981年2月试车时,以380公里的时速打破世界纪录。1981年9月27日,东南线第一部分投入运营,时任法国总统密特朗亲自主持开通典礼。东南线允许最高时速为270公里,超过当时日本东海道新干线220公里的最高时速;旅行速度为213公里/小时,从巴黎到里昂417公里的距离,2小时之内即可到达,而原来坐特快火车耗时则近4小时。法国高铁最初的客户定位于商务人士,但很快越来越多的人喜欢乘坐这种安全、快速、便捷、舒适的交通工具。在与航空运输业的竞争中,高铁占据了上风。

高铁以速度取胜,而质量恰恰需要慢工出细活。东南线的贯通,可谓12年磨一剑,12年的认真和谨慎为法国高铁的发展累积了丰富的经验,打下了扎实的基础。1989年9月,巴黎至勒芒的高铁线开通。1990年10月,法国大西洋线——巴黎至图尔的高铁线投入使用,行车时速达到300公里,并创下时速515.3公里的世界纪录,全世界为之震惊。1993年,北线开通,由巴黎经里尔、穿过英吉利海峡隧道抵达伦敦,北部与比利时的布鲁塞尔、德国的科隆、荷兰的阿姆斯特丹相连,形成一条重要的国际通道。1996年,法国双层高速列车投入运行。

2007年4月3日,法国高速试验列车V150以574.8公里的时速再次刷新了钢轨铁路的速度记录,V150的意思就是行驶速度每秒超过150米。而在这一年,采用法国高铁技术的"欧洲之星"完工,从伦敦到巴黎和布鲁塞尔的时间分别减至2小时15分钟和1小时51分钟。2017年,法国高铁线路达到2647公里,高铁成为法国的高技术象征和法国人的骄傲。

以时速300公里左右飞驰的高铁,任何一点点安全问题都可能造成车毁人亡。1998年6月3日,德国高铁由于车轮设计不良,在下萨克森州策勒区艾雪德村落附近发生事故，造成101人死亡、88人重伤。2005年4月25日，日本JR福知山线高铁出轨，冲入一座住宅大厦，造成107人死亡、555人受伤。

法国始终把高铁安全放在第一位，尽管法国高铁也发生过事故，但相比较而言，总体安全性能更好。1992年12月、1993年12月和2000年6月，法国高铁曾先后发生三次脱轨，但未造成一名人员死亡。2015年11月14日，法国一列高铁再次发生脱轨，造成至少10人死亡、32人受伤，而这次事故发生在沿非营利性高速测试线路试验列车中。法国铁路管理体系是法国高铁高安全性的一个重要因素，法国专门设立了公共铁路安全局和交通事故调查署，尽管其隶属于法国交通运输部，但财政、人事和管理体系不受交通运输部的直接领导，拥有高度自主权和独立执法权，确保监管铁路安全和事故调查不受干扰。2004年，欧盟借鉴法国经验，要求各成员国成立公共铁路安全监管局。

2015年11月14日，法国一列高铁在测试时，因车速过快，脱轨坠毁在埃克韦尔桑一条约40米宽的运河内。（图片来自新浪网）

持续推进标准化建设，是法国高铁保持竞争力和高安全性的另一个重要因素。现在铁路国际标准轨距的宽度为1435毫米，由斯蒂芬森提出，据说沿用了马车的轮距。1937年，国际铁路协会将其确定为国际标准轨距，被大多数国家沿用至今。但也有一些国家不采用这个标准，或宽或窄，给国际列车运行带来麻烦。例如，由于哈萨克斯坦、俄罗斯、波兰采用的是1524毫米宽轨，中欧班列进出这些国家时就需要换轨。当然，高铁涉及的各种标准内容众多，远非轨距这么简单，而谁占据了标准的制高点谁就占据了市场，正所谓三流企业做产品，二流企业做品牌，一流企业做标准。

早在1926年，法国就成立了国家标准协会，并专门成立了铁路标准协会，负责制定和维护法国铁路行业标准，并代表法国利益，参与欧盟及世界范围内铁路标准的制定。在欧洲高铁行业，法国最大的竞争对手无疑是德国。德国高铁虽然在全面掌握高速铁路技术方面晚于日本和法国，但是其独特的技术可以与日法两国相媲美，1988年曾创下了时速406.9公里的世界纪录，1991年正式商业运营时速在280公里以上。1996年，欧洲标准化委员会在研究制定全欧高速列车技术标准时，发生了激烈讨论，是选择法国标准还是德国标准？最终法国铁路标准体系胜出，因为其更具系统性、逻辑性、先进性和实用性等优势。至此，法国高速列车得到欧盟的正式认可，受到世界其他国家和地区的青睐，出口到韩国和澳大利亚，在中东和非洲建造，海外市场不断拓展。

在高端装备制造产业领域，法国核电技术和安全性也处于世界领先地位。

法国核电产业起步很早，1956年第一个核电站并网发电。在吸取了核电站运行30多年经验的基础上，1993年5月，法国法马通和西门子公司开始联合开发先进的三代核反应堆——EPR，其安全性大大增强，使用寿命延长到60年，即使发生概率极低的熔堆事故——压力壳被熔穿、熔化的堆芯逸出压力壳，熔融物仍被封隔在专门的区域内冷却。核电安全是核能发展的关键，法国政府成立了专门的管理部门。20世纪60年代初期，法国成立了核管理局，监督核设施运行安全。随着核电工业的发展、放射性废料增多，1991年，法国组建了放射性废弃物管理局，负责管理放射性废物。2002年，重新组建了法国核安全与辐射防护总局，负责政策法规的制定和具体实施。

法国还拥有多家世界知名高端装备制造公司，包括全球能效管理领域的领导者施耐德电气，全欧洲第二大汽车制造商标致雪铁龙集团，法国第二大汽车制造商雷诺公司，世界领先的汽车零部件供应商法雷奥集团，全球轨道交通、电力设备和电力传输基础设施领域的领先企业阿尔斯通公司等。

今天，"法国制造"涵盖的已经不仅仅是奢侈品和手工产品，而且扩大到法国整体现代化工业，别有一番独特的法国品味。

六、因质量而精致的国家

世界有一些国家面积不大、人口不多，但靠着独有的资源，人均收入却很高。例如，2016年只有800人的梵蒂冈靠着旅游和信徒捐赠，人均GDP就能达到8万美元；3.8万人的摩纳哥靠赌场发家致富；睡在石油上的文莱和卡塔尔想不富裕都难。然而，也有一些国家并无独特的资源，却在国际社会赢得一席之地。

"亚洲四小龙"之首韩国

韩国，国土面积约10万平方公里，而且山多、自然资源贫乏。历经近代持续上百年的政局动荡和日本殖民统治，第二次世界大战结束时韩国经济几乎到了崩溃边缘。在经历了朝鲜战争后，韩国大片土地荒芜。今天韩国发生翻天覆地的变化，而其背后始终有质量的支撑。

20世纪50年代，李承晚铁腕治国，鼓吹南北统一，韩国经济基本停滞不前。1961年5月，朴正熙发动军事政变，推翻了上台仅一年的尹潽善，开始实施出口主导型经济发展战略，大量引进外资和技术。此时，韩国人均GDP仅有100美元，国家标准不到300项。在朴正熙担任议长两个月后，为了给出口主导型经济铺平与世界对接的轨道，韩国制定了《产业标准法》。第二年，成立了标准规格协会，标准化步伐明显加快。1967年，韩国制定《产品质量管理法》，实施提高品质的计划。也是在这个时候，韩国经济开始进入被称为"汉江奇迹"的高速增长期。

1970年，韩国实施第一个《工业标准化10年计划》。1973年，韩国又推出了《重化工业发展计划》，引入日本的先进技术和全面质量管理方法。1975年，韩国举办首届国家质量管理大会，评选"韩国质量管理奖"，该奖项分为团体奖和个人奖，嘉奖与鼓励取得卓越成果的优秀企业、企业家和工人，在全社会弘扬质量文化。之后每年举办一届，每年11月，韩国总统或总理亲自颁发此奖。1975年，韩国举办了首届全国质量管理小组竞赛，之后每年举办一届，选拔和评选出"为质量的改善和生产力的提高做出了贡献"的质量管理小组和"质量名匠"。1976年、1977年和1978年，韩国政府品质管理力度进一步加大，分别把当年命名为"品质管理扩大年""品质管理扎根年"和"品质管理深化年"。

1979年10月26日晚，朴正熙遇刺身亡。曾担任朴正熙警卫的全斗焕、卢泰愚先后担任总统，继续执行朴正熙的经济发展路线，丝毫没有放松质量发展。1980年，品质管理中央推进本部成立，并实施第二个《工业标准化10年计划》。20世纪80年代前，韩国市场机制尚未成熟，主要通过国家制订技标准促进企业成长；1987年之后，主要依靠社会团体制订技术标准。正是在质量推动下，韩国经济开始腾飞。1980年，韩国人均GDP达到1700美元，1987年超过3500美元。

1988年9月17日，当汉城奥运会火炬点燃时，韩国人骄傲的是，不仅这场盛会在自己的祖国举办，而且在27个比赛项目所使用的896种体育用品用具中有647种是韩国生产的，这表明韩国体育用品不仅在价格上占有优势，而且在质量上已经不亚于外国著名品牌。通过奥运会，韩国还向世界展示其电子产品、汽车等产品的质量。

自1995年开始，韩国实施质量革新计划运动，提出将成品不合格率减少至万分之一，区域索赔的交货不合格率减少至十万分之一。达到这一目标的企业，将获得S-PPM认证。1993年，韩国发布《产业标准先进化5年计划》，标准规格协会更名为韩国标准协会。1999年2月8日，韩国通过《国家标准基本法》，将提升国家竞争力和国民福利作为该法的目的。韩国标准协会将其工作宗旨确定为使韩国成为21世纪的"质量国家"并为其奉献全部精力。2016年韩国国家标准达到25000个左右，国家标准协会拥有包括LG、三星、现代集团在内的近4000家会员单位、14家分支机构，共300名专职工作人员，其下辖的六西格玛研究院拥有近500名质量咨询师。

1994年，韩国人均GDP超过1万美元，韩国已经从世界上贫穷落后的国家之一，一跃成为亚洲为数不多的发达国家之一，跃居"亚洲四小龙"首位。就在韩国经济高速发展时，1997年亚洲金融风暴爆发，韩元汇率急剧下跌，国民经济几乎完全瘫痪，韩宝钢铁、起亚汽车等大企业相继破产。1998年，韩国人均GDP大幅降低至6年前的水平。然而，韩国依然坚定走质量发展之路，就在最艰难的1998年，韩国提出了《21世纪质量赶超计划》，提出了创21世纪质量第一国家，希望通过全社会的质量提升，实现国际竞争力的持续提高和国民收入的持续增长。1998年7月，韩国组建了由学界、司法界、企业、消费者、财政经济部和消费者保护院等组成的《产品责任法》制定实务委员会，并于2000年1月12日公布《产品责任法》。

通过质量创新和赶超，韩国很快走出亚洲金融风暴的影响，经济持续增长，2004年人均GDP已超过15000美元。2005年，韩国又出台了《质量管理基础计划》。2007年，韩国第10次全面修订《消费者保护法》，并将法律名称改为《消费者基本法》，规定了国家和地方政府有义务引导消费者正当行使权利，帮助消费者提高对商品的自主判断能力。2009年1月，由时任总统李明博提议并直接领导的韩国国家品牌委员会成立,制定了中长期国际品牌战略,为韩国民族品牌的国际化推广打造平台。凡是产品被评选为"大韩民国名品"的企业,均在其产品外包装粘贴统一的国家认证标识,以此提升产品的信誉度。韩国特殊的民族文化和品牌推广政策,造就其国内国产品牌使用量高达 90% 之多,国外产品不到 10%。

2014 年 11 月 19 日,韩国第 40 届国家质量管理大会召开,韩国国务总理郑洪原出席并发表贺词:"我们在 40 年前为实现'质量强国梦'开始举办国家质量管理大会。此后通过韩国认证制度和国家质量名匠、质量管理小组等不断加强产品和企业的竞争力……现在开始要将质量管理推向更高层次,使它成为经济创新的基础。"他强调要通过持续性的质量管理,实现降低成本并提高生产效率,不断创造新的就业,各企业要对质量创新感到骄傲,努力致力于生产最好的产品、打造最好的企业。

2014 年 11 月 19 日,第 40 届国家质量管理大会召开,对提高产业竞争力的组织和个人进行嘉奖。(图片来自《中国质量》)

"欧洲屋脊"瑞士

从人口和面积来看,瑞士是一个小国,但其人均 GDP 和人均收入分别超过 8 万美元和 5 万美元,位居世界前三位,又可谓一个富国。在世界经济论坛发布的《2017—2018 年全球竞争力报告》中,瑞士连续 9 年位居世界竞争力最强的国家,如此来看,瑞士也是一个强国。瑞士何以富与强呢?高度重视质量是其中重要原因。

从 1618 年到 1648 年,第一次全欧洲大战烽火连天,史称"三十年战争",

在这场战争中,瑞士幸免于战火。1648年10月,《威斯特伐利亚和约》签订,瑞士真正独立,进入和平与自治时期。资源的匮乏让瑞士只能选择一条发展道路:用少许热力和少许原料,通过精加工制造出可供出口的商品。

14世纪前,瑞士就已经有纺织业,但到17世纪时仍毫无建树。在法国流亡者带来细纺和平纹纺等新工艺后,苏黎世湖畔一个个毛纺、棉纺作坊开始兴起。瑞士东北部边城圣加仑生产的亚麻布比较粗糙,但耐磨,在法国、奥地利和德国一直销路不错。到18世纪,欧洲已经对精细和雅致的纺织品情有独钟。圣加仑顺应风尚,制成了一种精巧优质的混纺棉布"摩苏绫"和美丽的刺绣。法国大革命前,棉布一直是瑞士东部最重要的工业。

在瑞士西部,钟表是另一个重要的工业。16世纪中叶,法国卡尔文宗教改革演变成一场长期内战和大屠杀,胡格诺派教徒带着制造钟表的技术纷纷逃亡到瑞士日内瓦。当时,意大利许多艺术家遭受教会迫害,也逃到日内瓦。当技术和艺术在日内瓦相遇时,几乎注定了瑞士钟表的辉煌前景。17世纪初,日内瓦已有500多家钟表厂。城市空间越来越拥挤,竞争越来越激烈,一些制表手工艺人被迫迁移到人口较为稀少的周边地区。随着行业规模的扩大,日内瓦制表艺人决定成立组织,以规范他们的行业。1601年,日内瓦制表协会创建,成为世界首家钟表行业协会。工匠的聚集促进制表工艺的不断改进,钟表准确度持续提高。1675年,科学家惠更斯发明了"平衡"弹簧代替钟摆调速,不仅为制造便于携带的怀表提供了条件,而且提高了精度。17世纪末,160万瑞士人中有四分之一从事纺织业和钟表业。1800年,瑞士钟表产量已经占了世界总产量的三分之二。

1884年,世界被划分为24个标准时区。随着生活节奏日益加快,时间概念愈发重要,人们需要更加准确计时的钟表。钟表生产方式从手工劳动迅速向机器生产转变,生产模式向着规模化发展。这个时期,钟表行业出现了各种仿品甚至伪品,很多零件并非产自瑞士。1886年,为了保证钟表的原产地与工匠的技艺水平,瑞士立法颁布了"日内瓦印记"12项准则,规定了一整套非常严格细致的标准,确保

日内瓦印记。

机芯的精准性和可靠性,以及完美无瑕的表面加工、抛光处置和整体外观。只

有完全符合这些标准的机芯，才能获得一种"鹰与钥匙"印记，该印记不仅是瑞士原产地的地理戳记，也是卓越品质的优质戳记。同年 11 月 6 日，日内瓦腕表检测机构设立，负责将"日内瓦印记"颁发给那些通过一系列严格测试的计时作品。

瑞士人因中立国地位，在两次世界大战中幸免于战乱，其专心于手表改进，把怀表的计时、日历等功能和陀飞轮、自动发条等装置全部移植到腕表上。靠精湛的技艺和过硬的质量，瑞士手表在世界钟表行业中独占鳌头。然而，当瑞士人沉迷在机械表一统天下的美梦中时，一场新的挑战来临。

1967 年，日本精工发布了世界上第一款量产的石英手表，其以走时精准、价格低廉、不易损坏等特点迅速风靡世界。20 世纪 70 年代，瑞士手表市场占有率由 43% 急剧下降到 15%，上千家企业破产或倒闭，6 万多名表匠失业，瑞士制表业陷入空前危机。就在很多人认为这个古老的产业即将销声匿迹的时候，瑞士制表业采取了三招：第一招，继续保持精工细作、一丝不苟的品质，萧邦、帕玛强尼和百达翡丽品牌甚至制定了比"日内瓦印记"更加苛刻的标准；第二招，大力保护瑞士品牌，1971 年，瑞士公布了《表类"Swiss"标识使用条例》，规定只有在瑞士境内的生产工序满足一定比例，才能使用"Swiss"标识；第三招，通过不断技术革新，取长补短，推出一系列技术新品。瑞士制表业逆势突围，守住了其无法取代的地位，1989 年产量和出口量分别占据全世界的 40% 和 70%。

瑞士军刀享誉世界。然而从中世纪到 19 世纪 90 年代，瑞士军队用刀大多从以制刀剑著称的德国索林根购买。1884 年，24 岁的卡尔·埃尔森纳在德国图特林根当了几年工人后，回到家乡瑞士施夫州宜溪镇开了一家刀具工厂。1891 年，埃尔森纳创建了瑞士刀匠大师协会。同年 10 月，该协会为瑞士军队制造了第一批军刀。此后，埃尔森纳开始设计制造精巧的多功能袖珍刀，很快就极受欢迎，国外购买者上门求货络绎不绝。1897 年，埃尔森纳发明了新的弹簧，使瑞士军刀能够装进更多的工具。1909 年，埃尔森纳的母亲去世。为纪念母亲，他用母亲的名字维多利亚作为产品的商标，并开始在瑞士军刀的红色握把上刻上白色十字盾牌作为标识。1921 年，随着不锈钢生产技术日趋成熟，维氏开始采用不锈钢这种新材料生产刀具。20 世纪 40 年代初，瑞士军刀深受驻欧洲美军的喜爱。等到第二次世界大战结束，军刀大量销往美国军队，从此瑞士军刀享誉世界。

一百多年来，瑞士军刀的生产者始终追求尽善尽美，从选材到外形设计，从每道工序到整体组合,从传承传统工艺到应用先进技术等,都精益求精。一把普通的瑞士军刀制作工序在200道以上,而具有31种功能的"旗舰"刀仅重185克,由64个独立零件构成,历经450多道工序制造而成。为了控制质量,工匠严格检验每一种单独刀片、每一片外壳,淘汰有任何瑕疵的残次品,组装完成的每一把军刀还需要经过一道测试关,保证每一个零件安装正确、稳固、无缺失。因此,瑞士军刀一直保持着锋利、结实、耐用的品质,成为瑞士外交官和军方高级官员外交时常用的礼品,成为美国"哥伦比亚"号航天飞机上的标准装备。2008年2月,瑞士军备局对7家国内外厂商提供的新军刀进行了5个月的质量、技术性能分析后,认为维氏军刀性价比最佳。

瑞士具有世界独一无二的质量环境,日内瓦是国际标准化组织、国际电工委员会、国际电信联盟三大国际标准化组织所在地,成为国际标准的发祥地。1878年,世界上最大的检验、测试和质量认证服务公司之一——瑞士通用公证行创立于此。此外,职业培训也成为瑞士质量的重要保障,高中毕业生大多选择职业教育,企业大多有职工培训学校。有经验的工程人员和熟练工人在65岁退休后,被企业看作宝贵财富,继续留在工厂把守质量关。

除了钟表、军刀,瑞士中小型精密机床的质量也无可挑剔,2016年出口额位居世界第三,其精密零件加工、装配、试验等均在恒温室内进行,严格防尘,精度保持在20年以上不变。瑞士奶酪、巧克力、速溶咖啡等食品以高品质和特殊风味闻名全球,2015年雀巢咖啡的品牌价值达106亿瑞士法郎;瑞士的纺织、运输、农业、化工、印刷机械和发电设备等同样具有世界一流的质量。

瑞士因全境以高原和山地为主,有"欧洲屋脊"之称,就质量而言,瑞士同样是"欧洲屋脊"。

"钢铁王国"卢森堡

卢森堡因国土小、古堡多,有着"袖珍王国""千堡之国"的称号。卢森堡是一个内陆国家,夹在比利时、德国和法国之间,19世纪前半叶一直在强国的夹缝中求生存。其自然资源比较贫乏,境内唯有铁矿资源丰富,特别是南部古特兰平原的土质呈褐红色,含铁量高。但是卢森堡没有像一些卖石油的国家那样，单纯靠出卖铁矿致富，而是大力发展钢铁制造业。依靠高质量的钢铁，卢森堡人均国内生产总值连续多年位居世界第一，因此又有着"钢铁王国"的称号。

在西班牙王国统治期间，卢森堡开始发展钢铁冶炼，1858年建成第一座用焦炭炼钢的高炉，但却缺乏焦煤。1860年通往德国特里尔的铁路线建成，卢森堡交通与其接轨，比利时列日等地的焦煤源源不断运来，卢森堡不再使用木材炼钢。1867年，根据《伦敦条约》，卢森堡成为中立国。阿尔泽特河岸的厄什因为贫瘠的红土，曾被称为"坏城市"，1870年这里建成梅斯厂和布拉瑟厂两座钢厂。然而，卢森堡经济刚起步，又遭遇了1881年的经济危机，制糖业遭到毁灭，一些冶金企业也倒闭了。

恰在此时，英国冶金学家托马斯发明了碱性转炉炼钢法，有效地解决了炼钢中的脱磷问题，这对于含磷量很高的卢森堡铁矿石而言，无疑是一个福音。在欧洲大陆上，卢森堡冶铁巨头艾米尔·梅茨第一个获得碱性转炉炼钢法专利许可证。当1890年卢森堡彻底摆脱荷兰王的统治而独立时，其冶金工业已经能够和德国、英国、比利时等国一比高下。1900年，卢森堡钢铁产量增加到100万吨。钢铁业的发展带动了卢森堡机器制造、皮革、手套、啤酒、陶器等工业的发展。

20世纪初，卢森堡经济迅速发展，成为发达的工业国家，冶铁炼钢业成为其主要工业。1907年，卢森堡冶铁工业招雇的外国人比本地人多两倍。1911年，卢森堡三家钢铁企业合并成立了阿尔贝德钢铁公司，成为卢森堡第一大钢铁公司。1904年到1913年之间，卢森堡钢铁产量由120万吨增加到250万吨，其中半数已经炼成质量更高的钢。

第一次世界大战中，德国军队占领卢森堡，卢森堡的中立地位受到破坏。第一次世界大战后，卢森堡寻找新的合作伙伴，经过长时间争论，1922年，卢森堡同比利时签订了条约。但是，卢森堡钢铁生产基地一直靠近法国，这意味着卢森堡获得外部资源和钢铁出口的成本将大幅上升。面对这个难题，卢森堡决定提高冶金的附加值，拼命发展用生铁炼钢。1927年，钢产量达到270万吨，成为世界上第七大产钢国家，发达资本主义国家钢铁工业的国际垄断组织——国际钢铁卡特尔为此把总部设在了卢森堡。

1940年5月9日，德国铁蹄再次踏入卢森堡。战后，卢森堡人开始医治战争创伤。在国际社会援助下，卢森堡钢铁产业又繁荣昌盛起来，逐渐建立起世界上最发达和完善的钢铁工业体系。1951年，其钢产量超过300万吨，次年被选为"欧洲煤钢联营"总部。1960年,卢森堡钢铁业占到GDP的31.1%。1965年,阿尔贝德钢铁公司与卢森堡第二大钢铁公司合并,成为欧洲最大的钢铁企业之一。1970年,卢森堡钢产量高达546万吨,90%以上的钢出口。

然而到了1975年,由石油危机引发了全球性钢铁危机,欧共体决定对成员国钢铁实行限产,卢森堡钢铁业遭受沉重打击,10年间约1.5万人离开该产业。此后,卢森堡钢铁业经历了一系列艰难的改造重组,努力开发新技术,最终成功转型,从单纯的钢铁生产发展成为以整体设计制造炼钢设备、开发生产技术程序软件见长。2001年,阿尔贝德钢铁公司与法国北方和西班牙阿塞拉利亚合并,成立钢铁巨鳄阿塞洛尔集团。2006年7月,阿塞洛尔又与世界第一钢铁巨人米塔尔合并,成立阿塞洛尔·米塔尔集团,总部就设在卢森堡。

在经历了钢铁危机后,卢森堡发现了经济结构单一的弊端,把经济多元化提上了日程。其首先大力发展金融业,以良好的服务质量发展成为"金融之都"。1985年欧洲卫星公司成立,总部设在卢森堡,该公司拥有卫星数量40颗,居欧洲首位、世界第二。如今,金融、广播电视、钢铁成为卢森堡经济的三大支柱产业。

七、新兴经济体的追赶

2006年英国《经济学家》将中国、巴西、印度、俄罗斯和南非列为新兴经济体的第一梯队,又称为"金砖国家"。新兴经济体,一方面意味着经济蓬勃发展,另一方面意味着经济基础薄弱、质量基石不牢。当经济提速时,新兴经济体无一例外地一步步夯实质量的基石。

俄罗斯的探索路

1991年苏联解体,经济如退潮般急速衰退。俄罗斯从历史中吸取教训,从政府到民间开始奋力探索质量发展之路,掀起了一场俄罗斯质量革命。

俄罗斯人首先做的是大力激励质量改进，以期唤醒人们心中的质量意识，扭转全社会不注重质量的风气。俄罗斯社会团体率先行动起来。1992年5月，圣彼得堡质量管理者俱乐部、《标准与质量》杂志社等单位联合发起"优秀质量管理者"称号竞赛，以激励企业保证质量的积极性。此后该奖项每年举办一次。1995年之后，俄罗斯消费者协会、圣彼得堡行政当局、圣彼得堡检测与认证中心、国际职业质量工作者相继成为该奖项的协办单位。

俄罗斯人追求质量的热情被点燃，各种质量社会组织相继成立。1993年12月，俄罗斯质量问题研究院成立，团结和组织全国从事质量工作的学者和专家开展质量科研工作，探索质量改进的途径。1996年4月12日，俄罗斯联邦政府发布第423号政府令，决定设立国家质量最高奖项——"俄罗斯联邦政府质量奖"，激励企业和劳动者提高产品质量和服务质量。俄罗斯联邦政府第一副总理担任"俄罗斯联邦政府质量奖"评选委员会理事长，总理亲自签发质量奖的政府令，国家财政提供评选资金和质量奖奖金。1996年11月评奖活动正式启动，1997年11月17日首届质量奖颁发，以后每年评选一次。俄罗斯政府非常重视质量奖评选，每次都有政府要员出席颁奖仪式。1999年，柯列巴耶夫副总理在开幕词中指出："政府质量奖不仅是俄罗斯诸多企业在质量领域取得最高成就的明证，而且也是一项最有说明力的指标，表明俄罗斯经济不但富有活力，而且在向前发展。当前，俄罗斯企业面对的是全世界具有宝贵传统和雄厚财力的公司。因此，产品质量问题就成为俄罗斯头等重要的问题。我们高兴地看到，这里聚集着许多企业家，在这个对俄罗斯非常重要的时期，开始向质量进军，向市场进军。"获得质量奖不仅是一种荣誉，而且有助于企业提高知名度和产品的竞争力。获奖企业有权将质量奖标识用于公司表格、展台、广告说明书、产品标签和商标等上面，无声地向顾客展示着企业的质量形象。

1998年1月1日，俄罗斯国家标委会、质量问题研究院和《标准与质量》杂志社联合推出了《俄罗斯100种名优产品计划》。该计划规定，先由国家标委会和质量问题研究院的地方机构会同各州行政当局，从本州评选出若干种产品，再由名优产品协调委员会从中评选出本年度100种名优产品。

进入21世纪，当俄罗斯经济慢慢复苏时，其毫不犹豫地把质量发展上升为国家战略。受俄罗斯联邦总统和政府委托，俄罗斯国家标委会会同经济发展部和工业科学部，在24个部委、4个地方行政当局及众多社团组织和企业参与下，联合推出了《国家产品与服务质量政策构想方案》，并于2000年12月呈报俄罗斯政府批准，2003年5月开始实施。该方案分析了产品与服务质量在俄罗斯经济、社会、军事、外交、信息、生态等领域的作用，明确指出"质量将成为 21 世纪产品竞争力的决定性因素"，提高产品与服务质量是保证俄罗斯经济独立和社会发展的基础性措施，并确定了俄罗斯产品与服务质量政策目标和基本方针。

2001 年 2 月 12 日，在莫斯科，质量问题研究院、计量科学研究院和国际社会组织共同发起的全俄质量组织召开成立大会，吸引企业、服务机构、学术团体、大专院校和各类社团组织共同开展俄罗斯质量运动。

2002 年 12 月 26 日，在克里姆林宫会议厅举行了一场隆重的授勋仪式，俄罗斯总统普京向国家标委前任主席、全俄质量组织现任主席、莫斯科检测认证中心总经理格·彼·沃洛宁博士授予四级祖国功勋勋章。

质量安全底线离不开法律的保障。1992 年，为了保护消费者利益，俄罗斯联邦通过《消费者权益保护法》，该法成为俄罗斯议会批准的第一批法案之一。之后俄罗斯议会又多次对《消费者权益保护法》进行修改，其他独联体国家按照该法的模式，制定了本国的法规。

俄罗斯食品安全保障工作过去一直由国家卫生防疫部门、兽医部门、质检部门和消费权益保护机构共同负责。为理顺食品安全管理机制，2004 年 3 月，俄罗斯总统普京命令，改革行政管理机构，在俄罗斯卫生和社会发展部下设立联邦消费者权益及公民平安保护监督局，负责统一管理俄罗斯境内食品贸易、质量监督和消费者权益保护工作。该局在全俄各联邦主体设有分局，负责当地的食品安全检查和监控工作。

计量、标准和合格评定作为国家质量技术的基础，作用重要，俄罗斯同样高度重视。1992 年 3 月，独联体国家签署协议，成立跨国标准化、计量和认证委员会，以便相互协调。1992 年 5 月，俄罗斯计量学专家自发组织成立俄罗斯计量学会。1993 年 6 月 10 日，叶利钦签署总统令，俄罗斯第一部标准化法《俄罗斯联邦标准化法》通过，标志着俄罗斯标准化工作正式步入法制化轨道。1995 年，俄罗斯《产品及认证服务法》颁布，开始实行产品强制认证制度。该法规定，在俄罗斯销售的商品如果属于强制认证范围，不论是在俄罗斯生产的还是进口的，都必须通过认证，并领取俄罗斯国家标准合格证书。为了加入世界贸易组织（WTO），俄罗斯逐渐与国际接轨，开始根本性改革标准化体系，2002 年 12 月 18 日，废止了《俄罗斯联邦标准化法》，通过了《俄罗斯联邦技术调节法》。

2006 年，俄罗斯联邦政府发布了标准化体系发展的战略性文件——《国家标准化体系发展构想》，提出发展全国标准化体制的战略目标和基本原则，将提升俄罗斯产品、工程与服务的质量和国际竞争力及保持俄罗斯经济强国地位作为战略的重要目标。2012年9月24日，俄罗斯总理梅德韦杰夫签发政府令，批准通过《俄罗斯联邦国家标准化体系发展构想2020》，提出"促进俄罗斯联邦全球经济一体化，成为国际标准化体系平等伙伴；减少贸易中的不正当技术壁垒；改善国家居民生活质量"的战略目标，从国家标准化体系发展和法律基础完善、标准化发展的优先方向、标准体系建设等11个方面提出了战略措施。根据该战略部署，俄罗斯于2015年又制定了《俄罗斯联邦标准化法》，为俄罗斯标准化体系的完善提供了法律支撑。

2014年，俄罗斯联邦工业和贸易部正式批准了国家质量标识"俄罗斯制造"，将其作为国家优质产品的象征。2015年5月，一款名为Yotaphone 2的俄罗斯品牌手机在世界范围内上市。

有人想起了俄罗斯曾经最为经典的相机品牌——泽尼特。泽尼特相机曾是俄罗斯民族的骄傲，也是苏联时期重工业实力的缩影。泽尼特自1953年面世后，凭借强大的光学基础和制造能力，成为社会主义阵营最流行的

国家质量标识"俄罗斯制造"，"K"是俄语"质量"的首写字母。

相机品牌，并成功打入欧洲和美国市场。著名的泽尼特-E型相机，曾创下超过1200万台销量的傲人业绩。然而，当电子化、数码化席卷全球的时候，泽尼特公司黯然破产了。

2014年，俄罗斯总理梅德韦杰夫希望复活这个俄罗斯民族曾为之骄傲的品牌。次年9月24日，梅德韦杰夫在俄罗斯政府机关报《俄罗斯报》发表了一篇文章《俄罗斯的新常态与全球挑战》，其中袒露了他的心声："当今时代，俄罗斯和世界各国都面临层出不穷的新挑战和新应对。但是，危机，总是'危'与'机'并存。从'第三世界到第一世界'的飞跃通常是在结构性危机期间通过勇于创新实现的，而新涌现的工业技术和工业行业更依赖高品质的研发和近便的消费群体。"

2016年2月15日，俄罗斯最大的科技公司罗斯塔克举行了新闻发布会，总裁瓦西里·布罗夫科自豪地宣布，泽尼特即将回归市场。第二天，莫斯科郊外，几近废弃的泽尼特相机工厂亮起了灯，设计师和工程师们着手设计新一代

泽尼特数码相机,并把目标瞄准为高性能、高科技与高质量,希望与代表着相机界最高质量的德国徕卡公司同台竞技。

除了泽尼特相机,俄罗斯还准备在很多领域以质量的实力与世界各国一比高低。

印度人的补课

作为四大文明古国之一的印度,因受到雅利安人、塞种人、鲜卑人、贵霜人、土耳其人、匈奴人、蒙古人和英国人等的入侵,历史变得支离破碎。1853年7月22日,马克思在伦敦写的一篇通讯稿《不列颠在印度统治的未来结果》中谈道:"印度过去的全部历史,如果还算得上历史的话,就是一次次被异族征服的历史。印度的社会根本没有历史,至少是没有为人所知的历史。而我们通常说的印度的历史,不过是一个接着一个入侵印度的侵略者的历史,印度就在这个一无抵抗、二无变化的社会消极基础上建立了他们的庞大帝国。"

1947年,随着英国对印度近200年殖民统治的结束,印巴分治,印度才真正独立。当时印度技术水平很低,工业十分落后,手工业在工业生产中的比重高达74%,重工业比重不到10%。也正是在1947年,印度正式成立了标准学会,希望为独立后的经济提供一根重要支柱。1950年,印度引进《工匠训练计划》,力图培训一代优秀工匠,提高生产效益和产品质量。1954年,印度颁布《防止假冒伪劣食品法案》。1956年,印度在"一五"计划结束后,进一步把主要精力放在构建工业体系上,在相配套的国家质量技术设施方面加大投入。印度标准学会正式开始实施产品认证标识管理,向符合印度标准的制造商授予ISI标识,ISI标识成为印度优质产品的象征。次年,印度成为米制公约组织成员国。1958年,印度制定的《贸易及商标法》规定,对制假者处以两年监禁,外加罚款,在1993年又将监禁提高到三年,罚款提高到100万卢比。

1975年以后,印度把质量发展的着力点转向构建法制体系。首先,还是在计量、标准、合格评定上发力。1976年和1977年,相继颁布了《度量衡标准法案》和《包装商品度量衡使用标准规定》两部法规。1986年12月,颁布了第63号法令《印度标准局法》,该法成为印度管理标准和认证的基本法律。

1987年，印度标准局作为一个政府机构成立，接管原属于民间机构的印度标准学会的职员、资产、负债和职能，并扩大了管理范围与权力。

随着印度经济的增长，民众对高质量产品的需求也增多。自20世纪80年代中期起，印度法律法规的着力点转向消费者保护。1986年，印度政府颁布《消费者保护法》，规定设立国家级、邦级和县市级消费者保护委员会和国家消费者争端赔偿委员会，负责处理消费者对厂商的投诉，对消费者进行"消费权利"教育。此后，印度制定了《消费者保护法解释》《消费者保护规则》《消费者福利基金规则》等一系列法律法规，作为实施《消费者保护法》的补充和保证。

印度标准局隶属于消费者事务及公共分配部，下设5个地区局和19个分局，301个技术委员会和125个分技术委员会，参与标准制定和修订的专业人员达1.2万人。

1991年5月21日晚，印度总理、国大党主席拉吉夫·甘地遇刺身亡，全国悲伤、世界震惊。在哀悼声中，印度决定专门设立特别奖项——"印度拉吉夫·甘地国家质量奖"，以一种奖励卓越质量企业的方式纪念拉吉夫·甘地，表达印度人在经济自由化进程中不畏艰难追求质量的决心。正是从这一刻起，印度开始实施环保标识认证和质量管理体系认证，企业逐步引进TQM、ISO、六西格玛等管理方法，印度质量发展进一步发力。

1992年，印度质量委员会成立，下设多个委员会。其中，国家认证认可委员会为印度唯一的国家合格评定服务机构；国家教育和培训认证委员会引进美国质量教育体系，对职业教育机构进行认证认可，保证全国范围内培训的一致性，以防止出现假冒伪劣的培训机构。从2005年起，印度质量委员会开始主办每年一届的国家质量大会，每一届大会召开两天，1600多位来自工业、医疗保健、教育和政府等各行各业的代表集聚一堂，国内外质量专家发表演讲、参与讨论。自2007年起，印度质量委员会又增设另一个质量奖——QCI-D.L.Shah质量奖。该奖分为白金奖、金奖和银奖，以单个项目或案例为评选对象，以是否具有质量理念、基础实施技术或者最新的质量工具和战略为评选标准。

2014年8月15日，印度在首都新德里，隆重举办第68届独立日盛大庆典，总理莫迪在庆典上呼吁，印度要制造出没有缺陷、对环境没有负面影响的产品。4个月后，在新德里科学宫，印度政府高层领导用了整整一天时间讨论"印度制造"议题。在会上，总理莫迪再次强调：把"印度制造"打造为"零缺陷、零影响"的全球知名品牌，也就是没有制造缺陷，不会对环境产生负面影响的印度品牌。

为了实现"零缺陷、零影响"的目标，2015年，印度质量委员会推行"零缺陷、零影响"计划，将质量从一种管理工具转变为一种竞争力资源，将减少缺陷产品依赖于最终检验转变为依赖流程改善，通过成熟度评定和整体集成认证，提升中小微型企业的质量发展水平和竞争力。在推进"零缺陷、零影响"计划中，印度政府给予大量资金支持，不仅直接对参与"零缺陷、零影响"认证计划的中小微企业给予财政支持，而且为他们提供获得银行贷款、密切合作等机会，极大调动了中小微企业参与"零缺陷、零影响"计划的积极性。

印度自实施改革开放以来，经济迅猛发展，年均GDP增速达到5.5%，其中2000—2010年年均增长率为6.75%，2011—2019年年均增长率达7.13%，成为全球经济增长最快的主要经济体之一。与此同时，印度是除日本以外，获得"戴明质量奖"最多的国家。2016年，在全球制造业竞争力排名榜上，印度位居第11位，逐步实现了质量和效益的协同发展。

尽管如此，并不代表印度质量已经达到较高水平。与强烈的质量意识相比，印度的质量实施力度偏弱，产品还显得太粗糙，还处于质量安全事故高发期。在食品安全领域，尽管印度已经逐步建立食品安全法制体系，但食品市场掺假和污染牛奶、毒苹果、假酒、鼠药蔬菜、国际等全国普遍性食品质量问题没有得到有效治理。此外，火车脱轨、桥梁坍塌、缆车坠落、毒气泄漏等事件层出不穷。

今天，印度一方面奋力地追赶世界发展的步伐，希望在这一轮的国际竞争中不掉队；另一方面又要努力补上历史上缺下的质量安全课。

巴西人的摸索

1500年4月22日，葡萄牙航海家佩德罗·卡布拉尔从南美洲东海岸一登陆，就开始砍伐掠夺这里的红木，于是用"红木"（Brasil）一词命名了该地，

Brasil 中文音译即为"巴西"。1822年9月7日，巴西宣布脱离葡萄牙独立，建立巴西帝国。1889年11月15日，丰塞卡将军发动政变，推翻帝制，成立巴西合众国。然后直到20个世纪30年代，巴西仍然是一个主要种植咖啡和橡胶的单一农业经济国家。

自20世纪30年代起，巴西开始发展工业，但速度缓慢。1940年10月，巴西成立技术标准协会，研究制定巴西标准，希望为提高工业化发展提供重要支撑。1964年，巴西再次发生政变，新上台的军政府实施《进口替代战略》，对外建立高关税壁垒，对内大力扶持工业发展，创造了前所未有的经济增长速度，年均增长率最高达到11.2%，被誉为"巴西奇迹"。在此期间，巴西建成比较完整的工业体系，主要产业有钢铁、汽车、造船、石油、水泥、化工、冶金、电力、建筑、纺织、制鞋、造纸和食品等。

1973年，巴西根据第5966号法令，成立国家工业计量、标准化和质量局，隶属于巴西发展工商部，旨在组织各种认证机构、检测检验网络、培训组织、科技职业实验组织、检查监督组织，对产品质量、生产程序和服务进行评估和认证，以满足巴西工业、商业贸易、政府和消费者的需要。至此，巴西形成四级计量标准化体系。最高一级为巴西国家计量、标准化和质量委员会，委员包括巴西发展工商部、环保部、劳动就业部、卫生部、科技部、外交部、司法部、农牧渔业和供给部、国防部等各部的部长，以及巴西国家工业计量、标准化和质量局局长，巴西技术标准协会、巴西工业联合会和保护消费者协会等组织的主席，巴西国家工业计量、标准化和质量局为委员会的常设秘书处。第二级为国家计量、标准化和工业质量协会，为技术支持和国家政策执行机构。第三级包括巴西技术标准协会、国家计量研究所和巴西质量管理协会，分别负责标准化、法定计量、质量控制及产品认证3个分体系。第四级是工业、贸易和消费领域的广大用户。巴西逐渐构建起比较完整的质量技术基础体系，有力地推动了巴西经济快速发展。

进入20世纪80年代，国际环境发生了重大变化，加上高居不下的通货膨胀率，巴西经济陷入停滞不前的泥潭之中。巴西修订了《刑事程序法典》，对制假贩假进行处罚。自1985年以来，巴西曾推行过6个以消除通胀为目的的经济调整计划，但收效甚微。20世纪80年代末，巴西军政府还政于民，但经济一度陷入衰退。1993年，巴西通胀率达到创纪录的2567%。

1994年10月，费尔南多·恩里克·卡多佐当选巴西总统，大力推进经济改革，推出了一套在短期内遏制通胀、恢复国家货币信誉的经济稳定计划——"雷亚尔计划"，给巴西经济带来了转机。与此同时，巴西制定了有关工农业现代化的《新巴西计划》，并配套制定了《工业产品质量计划》《巴西质量和生产力计划》《农产品质量计划》，强调产品的技术、质量、价格的竞争性，以市场调节为主、政府干预为辅为原则，以国际水平为标准，以科技水平提高为动力，以促进质量的整体发展为目标，加强对选定的发展领域的产品质量效益、水平的监督和评价，将质量发展与社会经济整体发展相结合。巴西在放宽外资限制的同时，进一步放宽技术引进的限制，积极调整出口产品结构，引进竞争机制，使得很多巴西企业逐步走向国际市场。这些质量措施推动了巴西产品国际竞争力的提升，药品、食品、塑料、电器、通信设备和交通器材等行业的生产较快增长。

自20世纪90年代起，巴西开始注重质量法治建设。1990年，巴西政府推出质量发展战略《巴西质量和生产力计划》，强调产品的技术、质量和竞争力。为激发全民族对产品质量与生产效率的重视，将1991年定为"质量年"，设立"巴西国家质量奖"，鼓励公司有效实施全面质量管理。1991年3月12日，巴西第8078号法律《消费者权益保护法》通过，由司法部经济法律秘书处负责消费者权益保护执法工作。该部门在各市、州设有300多个地方机构，负责调查处理消费者投诉和案件。为完善消费者保护体系，巴西开始创建全国数据库，以推动全国消费者权益保护案件的信息化管理，实现案件处理的统一及规范化。1995年，巴西通过《生物安全法》；1996年，修改了《工业产权法》，在工商贸易发展部下设立巴西国家知识产权局；1998年，颁发了《著作权法》和《计算机程序著作权保护法》。这些措施为巴西经济的发展奠定了基础。

进入21世纪，巴西步入经济发展"快车道"，出口贸易显著增长，2001年实现贸易顺差。2003年左翼总统卢拉上台时，巴西已是经济增速仅次于中国的"第二梯队国家"。2006年，巴西国内生产总值约1万亿美元，成为世界第十大经济体。

2008年金融危机爆发后，巴西果断实施《2009—2014年巴西标准化战略》和《2009—2014年巴西标准化行动计划》，大力提升巴西产业在国际市场上的竞争力。2010年，巴西经济实现了7.5%的增长，国内生产总值首次超过2万亿美元，人均GDP首次超过1万美元。巴西成为世界上咖啡、牛肉、玉米、大豆、棉花的生产和出口大国，钢产量居世界第六，汽车生产量为世界第十，核电、通讯、电子、飞机制造、信息、燃料乙醇行业等跨入世界先进行列。日本《经济学人》周刊评价：这位曾经的"发展中国家的落榜生"，如今正成为拉动世界经济的火车头的一部分。

与过去比较，巴西质量已经取得很大进步，而与世界质量强国相比，巴西质量总体水平依然较低，质量技术基础还不牢固，质量法治体系还不够健全，教育水平低下造成巴西质量人才严重不足。巴西虽拥有种类非常丰富的天然健康产品，是全球最大食品净出口国，畜产品出口190多个国家和地区，但是工业加工食品质量并不高。2017年3月，21家企业售卖过期变质肉类食品的违法行为被曝光，巴西两大知名肉企BRF和JBS卷入其中，多地农业部门官员收受贿赂，放行变质肉产品不仅进入国内市场，而且远销到全球近150个国家和地区，包括欧盟、韩国和中国在内的主要进口国家和地区均宣布暂时中止进口巴西牛肉产品。又如，2012年1月26日，巴西里约热内卢的一座20层办公楼由于施工质量问题，突然倒塌，并殃及附近两座较矮的办公楼，至少造成17人死亡。再如，在2014年世界杯前，巴西发生了包括圣保罗体育场在内的多起建筑物安全事故，原因大多是建筑结构或是工程质量问题，一度引发外界对于世界杯能否按期、安全举行的担忧。

2011年，巴西GDP占全世界的3.56%，人均GDP达1.32万美元。之后经济开始衰退，到2020年，巴西GDP仅占全世界的1.71%，人均GDP降至6796美元，双双降低到10年前的一半左右。在施以各种经济措施的同时，巴西或许应该考虑第二个质量发展战略了。

八、中华民族复兴和质量振兴

质量贯穿于人类的所有活动，中华民族追求质量的历史源远流长、波澜壮阔。一部波澜壮阔的中华文明史，也是一部励精图治的质量发展史。在农业手工业时期，中国质量领先世界，成就了中华民族的绚烂与辉煌。而近代以来，中华民族遭受了前所未有的劫难，原因诸多，其中与质量衰弱不无关系。仁人志士奔走呐喊，中华民族痛定思痛，开始了鸦片战争以后的探寻。在中国共产党的领导下，尤其是改革开放后，中国大踏步迈开质量追赶的步伐，向着高质量发展的目标前行。

洋务运动和实业救国的曲折发展

第一次鸦片战争后，中国国力羸弱，商品质量水平总体落后。

第二次鸦片战争的失败促成了洋务运动，有识之士打出"自强"和"求富"的旗帜，提出"师夷长技以制夷"的口号，引进西方军事装备、机器生产和科学技术。肇始于19世纪60年代的洋务运动，引进西方铸铁、炼钢和轮船、火车、机器、枪炮建造等先进科学技术。1861年，曾国藩创建安庆内军械所，集合一批当时著名的科技专家，主造子弹、火药、炮弹等武器，制造出我国第一台蒸汽机和第一艘轮船。1865年，李鸿章创办江南制造局，模仿世界先进技术，成功研制中国第一门钢炮、第一支后装线膛步枪，其成为近代中国最大的军火工厂。技术可以通过仿制迅速提高，质量则需日积月累。江南制造局军备的品质并不好，且成本高。连李鸿章都拒绝用国产林明敦枪列装淮军，而继续进口价廉物美的洋枪洋炮。

1866年，左宗棠创办福州船政局，它是清政府创办的规模最大的船舶修造厂。最初只能制造150马力以下的木壳船，1887年制成第一艘铁甲船。1880年，左宗棠筹设的兰州机器织呢局开工，它是中国最早一家机器毛纺织厂。因所购机器性能与当地原料不合，以致产品质量差、成本高、销路不畅。清末，中国对钢铁的需求激增，但主要依赖进口。1890年张之洞创建汉阳铁厂，1894年6月开炉炼铁，然而所炼钢料不符合铁路钢轨的要求。1896年，改造全厂冶炼设备，并生产火炮、步枪、火药等，比较注重质量，"汉阳造"成为响当当的品牌。1898年7月12日，清廷颁布《振兴工艺给奖章程》，奖励工艺创新和质量改进。清光绪三十年（1904年），我国历史上第一部正式商标法规《商标注册试办章程》诞生。1910年，颁布《大清著作权律》，从法律上提倡、保护和嘉奖从事科技、兴办实业和提高质量的人员。

纺织成为轻工业首选发展产业。1878年，李鸿章又主持筹建上海机器织布局，著名学者、实业家郑观应拟定《招商集股章程》。从弹花、纺纱到织布，上海机器织布局全部用机器，其所纺的纱和织的布在质量上大体与进口纱布的差不多。1893年，上海机器织布局毁于一场大火，发展受挫。19世纪60年代，上海和广州就尝试建立蒸汽缫丝厂，但因遭遇到传统利益者的反对而失败。人才是基础，中国有识之士开始兴办培训学校。1897年杭州知府林迪臣委托青年才俊邵章在西子湖畔金沙港关帝庙和怡贤王祠附近建立中国第一所蚕业学校——蚕学馆，1909年蚕学馆改组更名为浙江省立蚕桑学校。1904年蚕学馆第一批学员中的史量才创办私立上海女子蚕业学堂，1911年学堂改为公立，迁址苏州，更名为江苏省立女子蚕业学。1918年金陵大学成立蚕桑系。这些学校不仅为中国培养了第一批蚕桑专业人才，并积极改良和发放蚕种，成为江浙良种的主要提供方，真正走的是产学研相结合的道路。20世纪20年代，浙江、江苏等地建立蚕种试验站和蚕业改良场，积极推进以"改良"蚕种代替"土"种。在浙江嘉兴，1928年使用"改良"蚕种的比率只有5%，7年后上升到50%。

1898年4月1日蚕学馆开学，办学宗旨为："除微粒子病，制造佳种，精求饲育，改良土丝，传授学生，推广民间"。图为1898年11月邵章（前排右三）与来访的日本东京西原蚕业传习所所长本多岩次郎清等及蚕学馆师生的合影。

随着清末中国工业化大门缓慢打开，中国在民国时期艰难地步入工业质量时代。在爱国救亡洪流中，一批有识之士倡导和开展实业救国，推动质量进步，启蒙国家质量管理。1913年，张謇出任北洋政府农商总长，增设多个专职机构：巴拿马赛会事务局和驻美赛会监督处，保证优质产品参展；棉、糖、林、牧试验场，采集、培育和推广良种，评定品质；工业品化验处，鉴定产品质量，指导产品改良；商品陈列所，比较物品优劣；权度委员会，制定权度法规。之后他在实施棉铁主义时，不遗余力地招良工、育良种、产良品。在法律层面，1923年颁布《商标法》，1929年制定《度量衡法》。1930年10月，设立全国度量衡局，化学家吴承洛任局长，监督执行新度量衡法，统一管理全国的度量衡工作，局内设立度量衡检定人员养成所和度量衡制造所，各省也相继成立度量衡检定所。1934年，在《特种工业奖励法》《奖励特种工业审查标准》基础上，修订《工业奖励法》，鼓励生产优质产品。1935年，民国经济部成立标准检验局。1936年，颁布《小工业及手工业奖励规则》，奖励产品优良者。1946年9月，国民党政府公布了《标准法》，规定国家标准必须"全国共同遵守"，实行合格产品的标志制度。同年10月，派代表参加ISO成立大会并成为理事国。1947年，全国度量衡局与工业标准委员会合并，成立中央标准局。

民国时期，中国加快商品检验检测的发展。1914年，张謇提出："在汉口、上海、福州等销茶地点，设立茶叶检查所，遴派富于茶叶学术经验之员，督同中西技师，前往办理。凡出口茶之色泽、形状、香气、质味，均须由检查所查验。纯净者，盖用合格印证；有前项伪情弊者，盖用不合格印证，禁止其买卖。"次年，设立永嘉茶叶检验处，查温州茶叶，禁假茶出口。成立于1922年的万国生丝检验所按纽约所的检验方法承接业务，出具质量证书，后因遭洋行反对而关闭。1928年，民国政府收购万国生丝检验所设备，成立生丝检验处，颁布《商品检验法》。

吴觉农（1897—1989年），中国现代茶叶事业复兴和发展的奠基人，1918年留学日本，1931—1933年在上海商品检验局任技正、茶叶检验处处长。图为吴觉农在上海商品检验局工作。

1928年，民国《工商行政纲要》提出："于全国重要通商口岸设立商品检验局，举各种重要商品加以检验，一方面限制窳劣商品不得输出，使我国商人于世界增进其贡献；另一方面证明我国输出商品其优良已合于文明各国需要，而不得再事借口禁止输入。"次年3月，上海商品检验局成立，对棉花、生丝、豆类、桐油和牲畜正副产品等中国重要输出商品实施检验，颇具效果。1931年中国著名农学家、被誉为"当代茶圣"的吴觉农任职上海商品检验局，制定一整套出口茶叶检验标准、细则与实施办法，首创茶叶出口口岸和产地检验制度。茶叶检验制度的建立和机构的设立，对出口华茶的质量起到明显的监督作用，有效地防范了茶叶掺假作伪现象的发生。

党领导下的质量振兴

中国共产党一直高度重视质量发展，早在井冈山斗争时期，党就对武器质量等工作提出过具体要求。1934年4月10日，中共中央政治局发布《苏维埃国家工厂支部工作条例》，要求党的基层组织参与生产管理和质量改进，支部在保证生产数量的同时，要注重提高产品质量，领导组织向技术熟练的工人学习，提倡技术竞赛。

抗战后期，在产品数量得到一定的满足后，开始逐步注重质量的提升。中国共产党一直注重动员群众广泛参与质量改进。1944年7月，《中共中央西北局关于争取工业品全部自给的决定》中对提高质量提出要求，强调工厂的领导干部及党员应依靠职工群众力量，改善工厂生产和管理，开展为提高质量、发展产量而斗争的群众运动。1944年11月，在陕甘宁边区政府第二届参议会第二次大会上，对"偏重数量（如开荒、锄草等）不讲求精耕细作的倾向"作了批评，要求"今后必须努力纠正这种倾向，普遍倡行精耕细作，以提高质量""工业方面也存在着重量不重质的倾向，必须加以纠正，从精通业务、加强管理与提高技术等方面，给以有效的改进。"解放战争时期，中国共产党继续重视质量发展。1948年，党中央提出，兵工生产必须"生产品数量众多，生产品质量优良"，还特别强调，"生产品的数量多、质量好、成本低"是总任务与最高任务，这是人民的最大利益，也是工人阶级的最大利益。

1949年中华人民共和国成立后，在一穷二白基础上，我国开始社会主义建设事业，质量发展掀开新篇章。在集中力量办大事思路之下，创业者们以无比严谨的态度高度重视重大工业、工程和国防项目的建设质量。二十世纪五六十年代，广大劳动者创造了许多宝贵的质量管理经验，这些经验被广泛推广，其核心在于注重发挥人在质量管理中的积极性和主动性。新中国成立初期，由于操作不合理，纺织行业产品质量问题多，原料浪费严重。1950年，青岛纺织工人郝建秀创造了"郝建秀工作法"，工作主动、生产合理、抓住主要环节，提高了生产效率，降低了差错率，"郝建秀工作法"在全国纺织系统被大力推广。1955年，张秉贵到北京百货大楼当售货员，在平凡岗位上发挥"一团火"的服务精神，练就令人称奇的"一抓准""一口清"技艺，成为全国推广服务质量的典型。20世纪50年代后期，鞍钢创造了以"两参一改三结合"为核心内容的"鞍钢宪法"，倡导工人积极参与工厂建设和质量管理。"鞍钢宪法"是全面质量和团队合作理论的精髓，美国麻省理工学院管理学教授L·托马斯如此认为。1962年，大庆石油职工在会战中创造了"三老四严"作风——"当老实人，说老实话，办老实事；对待工作，要有严格的要求，严密的组织，严肃的态度，严明的纪律"，有效地推动石油系统消除事故隐患、确保安全生产、加强质量管理。

一些重要领域的质量率先得到发展。1956年7月，长春第一汽车制造厂，欢声笑语、掌声雷动，新中国首批12辆"解放"牌汽车下线。这种汽车发动机的均匀性好、刹车系统安全可靠、结构坚固、使用寿命长，它更加适合我国大规模建设、公路和桥梁负荷等条件。1958年，第一台东方红大功率履带拖拉机诞生。在缺衣少食的年代，全国机耕地的60%以上耕作任务是由东方红拖拉机完成的。建设者们坚持"生存勿忘质量，发展必须创新"的理念，东方红拖拉机至今依然是我国最具影响力的拖拉机品牌之一。机床是制造机器的机器，机床质量的优劣直接影响其所造机器的质量。1952年，我国改造和新建18家机床厂，走出了一条从仿制到研发的道路。到1965年年底，高精度精密机床品种达26种。

改革开放40多年来，我国生产力大幅提升，质量水平不断提升，质量成为一个发展战略问题，走出了一条阶梯式进步的道路。

从20世纪70年代末到90年代初期，我国现代质量管理思想和方法开始萌芽、发展。改革开放之初，人民群众物质需求快速增长，各类生活用品供不应求，"有没有"的问题成为主要矛盾。我国质量管理水平与发达国家相比明显落后，老百姓质量意识严重不足，提升质量水平、加强质量管理迫在眉睫。

首先，我国从工业领域入手，解决严重的质量问题。1978年4月20日，"工业三十条"发布，即《中共中央关于加快工业发展若干问题的决定（草案）》，其中第十九条为"把质量、品种、规格放在第一位"，明确规定，"凡是质量、品种、规格不合标准和合同要求的产品，一律不能列入计划完成数，不计产值，不准出厂。"同年12月17日，国务院发出通知，再次强调不合格品不得计算产量产值，提出"没有高质量就没有高速度"，要求把"工业生产转到质量第一的轨道上来"。1985年，《关于扭转部分工业产品质量下降状况的报告》提出9项措施，其中之一是实行产品质量国家监督抽查制度，之后此项制度延续至今。1986年4月5日，国务院颁布《工业产品质量责任制条例》，明确了产品生产企业、储运企业、经销企业的质量责任。之后有关部门又相继出台了提升产品质量、工程质量和服务质量的政策，政府不断扩大了质量管理的领域。

其次，以推广全面质量管理为突破口，提高企业质量管理水平。改革开放伊始，我国开始引进世界先进质量管理方法。1978年7月，国家经济委员会确定北京内燃机总厂、北京清河毛纺织厂为全面质量管理试点企业。同年8月25日，日本质量管理访华团应邀抵达北京，著名质量管理专家石川馨向我国政府管理部门和企业介绍了全面质量管理模式和质量控制（QC）小组活动情况，并对我国质量工作提出了14条建议。这个8月的最后一天，全国第一次"质量月"广播电视大会隆重召开，除了1985年至1992年因故停办之外，全国质量月活动一直持续至今。1978年9月，北京内燃机总厂"曲拐轴QC小组"发布成果，它被认定为我国第一个QC小组成果。从1979年起，国家经济委员会连续出台多项措施，推动全面质量管理：1979年5月，举办首次全国质量管理培训班；同年6月，颁布《中华人民共和国优质产品奖励条例》；同年8月24日，组织召开全国第一次质量管理小组代表会议；1980年3月10日，颁布《工业企业全面质量管理暂行办法》；1981年，颁布《质量管理小组注册登记暂行办法》；1983年1月4日，召开全国第一次企业管理现代化工作座谈会；同年年底，出台《质量管理小组暂行条例》，对质量管理小组的组织和管理、活动和教育、交流和发表、评选和奖励做出了规定，强调"把质量（包括品种规格）摆在第一位是我们党和国家的一项长远方针"；1987年8月1日，联合财政部、全国总工会、共青团中央、中国科协联合颁布《质量管理小组活动管理办法》。此外，1982年3月，国务院同意设立国家质量管理奖；1987年5月，国务院批准颁布实施《国家优质产品评选条例》。质量管理制度逐步建立健全。

再次，以群众性质量活动为载体，启蒙全社会质量教育。1985年，海尔张瑞敏"砸冰箱"的故事传遍大江南北；1987年8月8日，杭州武林广场，愤怒的杭州人烧掉了5000多双劣质鞋，这成为当年热点新闻。这些事件反映了中国人的质量觉醒、质量意识开始形成，质量工作逐步深入人心。1992年2月，首都新闻界主要新闻单位主办的中国质量万里行采访报道活动正式启动，当第一批质量报道发出后，引起广泛的社会反响。

从20世纪90年代初到21世纪的头10年，为我国质量振兴时期。特别是，

2001年我国加入世界贸易组织（WTO）后，面对国外优质产品的竞争，全国上下看到了差距，认识到要在国际市场竞争中确立中国的地位，关键在于质量。

我国加强质量发展规划。1996年12月，国务院印发了中国第一份质量发展中长期规划——《质量振兴纲要（1996—2010年）》，提出经过5到15年的努力，我国产品质量、工程质量和服务质量跃上一个新台阶。2012年1月，国务院印发《质量发展纲要（2011—2020年）》，再次对未来质量发展做出全面规划，提出到2020年，产品质量、工程质量和服务质量接近或达到国际先进水平。

进一步加强国家质量管理。1991年2月1日，国务院发布《关于开展"质量、品种、效益年"活动的通知》，指出我国工业产品质量和品种问题严重，号召企业"走上投入少、产出多、质量好、消耗低、效益高的发展道路。"次年7月25日，《国务院关于进一步加强质量工作的决定》发布，提出要使我国质量工作尽快取得明显进步。1993年2月22日，第七届全国人大常委会第三十次会议审议通过了我国质量领域第一部法律——《中华人民共和国产品质量法》，标志我国质量法制体系初步构建，后于2000年、2009年、2018年三次修正。1999年12月5日，《国务院关于进一步加强产品质量工作若干问题的决定》印发，要求"以市场为导向，加强质量管理""遵循市场经济规则，切实加强质量监管"。2003年8月20日，国务院第18次常委会通过《认证认可条例》。这一时期，企业以质取胜的意识不断提高，海尔的日清日高、武汉钢铁公司的质量效益管理、邯郸钢铁公司的质量成本双否决等质量管理方法相继形成。

进一步加大打击假冒伪劣行为力度。20世纪90年代，总需求大于总供给，假冒伪劣产品时常泛滥。1989年9月，《国务院关于严厉打击在商品中掺杂使假的通知》印发，指出"目前，掺假商品之多，手段之恶劣，已到了令人发指的地步"。国务院领导为此提出要"铁腕抓质量"。1992年7月，国务院又发出《关于严厉打击生产和经销假冒伪劣商品违法行为的通知》，决定进一步打击生产和经销假冒伪劣商品的违法行为。1993年7月，中华人民共和国第七号主席令《关于惩治生产、销售伪劣商品犯罪的决定》发布，提出严厉打击掺杂掺假、以假充真等行为。2010年10月至2011年3月，国务院在全国统一开展打击侵犯知识产权和制售假冒伪劣商品行为专项行动，查办了一批大案要案，活动结束后国务院又出台了《关于进一步做好打击侵犯知识产权和制售假冒伪劣商品工作的意见》。

走进中国特色社会主义新时代，我国进入高质量发展时期。随着经济全球化深入发展，以质量为核心要素的标准、人才、技术、市场、资源等竞争日趋激烈，我国社会主要矛盾转化为人民日益增长的美好生活需要和不平衡、不充分的发展之间的矛盾，质量发展的不平衡、不充分同样影响着人民对美好生活的追求，全面提升质量势在必行。

党的十八大以来，以习近平同志为核心的党中央把质量工作放在更加突出的位置。党的十八大提出把推动发展的立足点转到提高质量和效益上来，阐明了我国发展正处于从"有没有"到"好不好"的历史性转变阶段，质量成为发展的核心要素。2016年，中央经济工作会议进一步明确，供给侧结构性改革，最终目的是满足需求，主攻方向是提高供给质量，根本途径是深化改革。树立质量第一的强烈意识，成为各行各业发展规划的重要指导思想，"质量为先"作为基本方针写入《中国制造2025》，"质量至上"作为基本原则写入《服务业创新发展大纲》，"质量强国"逐步成为全社会的共识，被写入"十三五"规划纲要。党的十九大报告中16处提到质量，"质量强国""质量第一"首次写入党代会报告，从而将质量发展和国家前途命运紧密联系起来，质量发展既是重要内容，又是根本要求。2017年，中央经济工作会议明确提出，"推动高质量发展，是当前和今后一个时期，我国确定发展思路、制定经济政策、实施宏观调控的根本要求"。高质量发展作为根本要求确定下来。2017年9月，《中共中央国务院关于开展质量提升行动的指导意见》印发，第一次提出实施质量强国战略。

我国质量发展规划更加细化。2013年和2015年，国务院分别印发了《计量发展规划（2013—2020年）》和《深化标准化工作改革方案》。2015年和2016年，国办分别印发了《国家标准化体系建设发展规划（2016—2020年）》和《消费品标准和质量提升规划（2016—2020年）》。面向第一个百年目标，我国质量发展的共识已经形成，并迈出坚定而有力的步伐。

第三章
科技的力量

第一次工业革命以棉纺织业的技术革新为始,以瓦特蒸汽机的发明和广泛使用为枢纽,以制造业机械化的实现为基本完成的标志。第二次工业革命以电力广泛应用为显著特点,科学技术发展突飞猛进,电力工业、电器制造、化学工业等行业诞生并发展起来。二十世纪四五十年代,以原子能、电子计算机、空间技术、生物工程的发明和应用为主要标志的第三次工业革命来临,极大地推动了人类社会经济、政治、文化领域的变革。科技是第一生产力,也是质量发展的第一动力。第一次工业革命以来,质量发展突飞猛进,质量水平日新月异,质量保证更有把握,质量管理更加科学,质量不再局限于生产者的经验或者消费者内心的感受,而慢慢演变成一门可以量化的科学。

一、工业质量革命

蒸汽机不仅为整个工业革命提供了强劲动力，而且其自身质量也不断提高，效能越来越好；钢铁质量的提升，为经济社会发展提供越来越强的支撑力；机床作为"工业母机"，替代了传统手持工具，使得加工更加精准；交通运输工具的发展，有力地促进了经贸往来——工业革命创造了许多前所未有的新产品，也带来各种产品的颠覆性质量革命。

动力变革

17世纪，欧洲动乱不止。1618年起，11个国家卷入因宗教纠纷而起的"三十年战争"，大批技术熟练、经验丰富的能工巧匠从欧洲大陆逃亡到英国。然而自1640年起，英国新兴的资产阶级和皇权之间开始了长达近50年的英国资产阶级革命。

即便如此，在欧洲，科技却以不可抑制的力量快速成长。1614年，英国约翰·纳皮尔创立对数理论；1621年，荷兰威里布里德·斯涅尔发现光的折射定律；1642年，法国布莱士·帕斯卡发明利用齿轮转动进行加减法的计算器；1643年，意大利埃万杰利斯塔·托里拆利和温琴佐·维维亚尼发明了水银气压计；1656年，荷兰克里斯蒂安·惠更斯创制单摆机械钟；1661年，英国罗伯特·波义耳提出化学元素的科学定义；1662年，欧洲第一个皇家学会英国皇家学会成立；1666年，牛顿提出力学三定律；1684年，德国戈特弗里德·威廉·莱布尼兹创立微积分。

1689年，英国颁布《权利法案》，标志着君主立宪制的确立，资产阶级开始掌握权力。此时，英国手工工场里分工越来越细，生产操作日益专业化，劳动工具日益专门化，工人的技术日益定向而纯熟。科技发展、政治制度、生产协作等都为动力机械的发明做好了准备。

1671年，24岁的法国青年丹尼斯·帕潘在获得医学学位后，没有从事医学工作，而是选择了给惠更斯当助手，从事物理研究。四年后，他又跑到伦敦，给波义耳当助手。1679年，帕潘研制成了高压锅，并用高压锅为查理二世做了一餐可口的饭菜。但帕潘没有陶醉于权贵的赞赏，而是开始思考利用蒸汽做功。1690年，他制造出汽缸、活塞装置，完成了蒸汽机的基本构造。

17世纪末，英国采矿业已发展到相当的规模，单靠人力、畜力排除矿井地下水成本很高。1698年，英国托马斯·塞维利根据帕潘模型，制成第一台应用于矿井抽水的蒸汽机，取得标名为"矿工之友"的英国专利，人类首次把蒸汽作为一种动力。1705年，仅受过初等教育的托马斯·纽科门发明了大气式蒸汽机，在欧洲大陆迅速推广，但是这种蒸汽机的热效率很低。

蒸汽机是将蒸汽的能量转换为机械功的往复式动力机械，被恩格斯评价为从18世纪中叶起工业用来摇撼旧世界基础的三个伟大的杠杆之一。图为瓦特（1736—1819年）发明的万能蒸汽机模型。

1764年，仪器修理工詹姆斯·瓦特为格拉斯哥大学修理纽科门蒸汽机的展览模型时，发现其很不完备，于是辞职改造蒸汽机，并于次年发明了一种单动式蒸汽机。之后瓦特不断改进，进行了一系列发明，包括分离式冷凝器、汽缸外设置绝热层、用油润滑的活塞、行星式齿轮、平行运动连杆机构、离心式调速器、节气阀、压力计等。1782年，瓦特发明了可以带动各种机器的复动式蒸汽机——万能蒸汽机，热效率提高到纽科门蒸汽机的3倍多。

自18世纪晚期起，蒸汽机不仅广泛应用于采矿业，而且可以驱动轮船、牵引火车、带动各种机器，逐步扩散到冶炼、纺织、机器制造等国民经济各个部门。整个社会为此运转起来，由此拉开了产业革命的序幕。在《英国工人阶级状况》一书中，恩格斯指出："新生的工业能够这样成长起来，只是因为它用机器代替了手工工具，用工厂代替了手工作坊。"

蒸汽机作为工业社会的第一个原动机，从18世纪末期至20世纪中期历时近200年，对科技进步和社会发展起到了极其重要的作用。蒸汽机只是机械动力的起步，1860年，法国发明家莱诺制成了第一台以煤气为燃料的二冲程内燃机。1862年，法国工程师德罗沙提出了著名的四冲程循环。煤气机虽然比蒸汽机具有很大的优越性，仍不能满足交通运输业所要求的高速、轻便等性能要求。19世纪下半叶，随着石油工业的兴起，用石油产品取代煤气作燃料已成为必然趋势。

1876年，德国发明家罗斯·奥古斯特·奥托制造出第一台四冲程内燃机，其热效率相当于当时蒸汽机的两倍，具有效率高、体积小、质量轻和功率大等一系列优点。在1878年巴黎万国博览会上，四冲程内燃机被誉为"瓦特以来动力机方面最大的成就"，之后10年销售了3万多台。1897年，德国人鲁道夫·狄赛尔发明了柴油内燃机，其油耗低、功率大，远远超过当时的蒸汽机和奥托汽油机。随后内燃机技术、性能不断进步，加上新技术、新材料、新工艺的采用，其经济性和动力性不断提高，寿命和可靠性持续增加，表现出无可比拟的优越性，逐渐取代了蒸汽机。

20世纪最初20年，内燃机技术的发展侧重于通过提高转速、增加缸数和改进相应辅助装置，以提高功率和比功率。1905年，瑞士苏尔寿公司选用了二冲程循环方式，大大提高了内燃机的输出功率，简化了内燃机结构。1906年，米兰世界博览会展出首台二冲程柴油机。1910年二冲程柴油机开始采用气口扫气技术，创立了简化的无气门柴油机设计概念。1912年8月，第一艘装有两台二冲程柴油机的远洋货轮下水。1924年，世界上第一艘由柴油机推进的1.749万吨大型客轮Aoragi号投入运营，实现了柴油机用于大型船舶。1926年，瑞士人A·J·伯玉希设计了第一台带废气涡轮增压器的增压发动机，由于当时技术水平和工艺、材料的限制，还难以制造出性能良好的涡轮增压器。

20世纪40年代初开始，全面进入内燃机时代，美国、苏联等国家投入巨资全面开展内燃机研制。20世纪50年代，内燃机车已占统治地位，结构越来越紧凑，转速越来越高，经济性、动力性和可靠性等诸多方面取得了新进步。废气涡轮增压可使气压增至1.4～1.6个大气压，为提高汽油机功率和热效率开辟了新途径。1957年，联邦德国汪克尔研制成旋转活塞式发动机。70年代开始，电子技术、计算机、微机控制、自诊断系统等新技术应用于发动机。80年代，电子控制技术趋于成熟，出现了高增压、超高增压，发动机性能提高到一个崭新的水平。90年代，内燃机车技术越来越成熟。

100多年以来，内燃机经久不衰。现代内燃机车广泛应用于国民经济和国防建设的各个领域，成为当今用量最大、用途最广的最重要的热能机械。现代高性能车用柴油机的循环热效率已达40%以上，超长行程二冲程船用柴油机的循环热效率甚至可高达50%以上。

钢浇铁铸

人类使用铁的历史较早，最初使用的是陨铁。公元前2000年，人类已经能够从铁矿石中提炼铁。公元前1400年开始，人类逐渐掌握渗碳、淬火、回火等技术。公元前800年起，铁越来越广泛地被用于制作武器和工具，在欧洲，奥地利成为冶铁中心。公元前400年左右，欧洲制铁业中心转移到凯尔特人的领地和西班牙。

17世纪前，英国冶铁主要以木炭为燃料，大量森林遭到砍伐。到17世纪，改用水力鼓风炉，虽然效率提高5～10倍，但始终无法扩大产业规模。人们试图用煤代替木材，但煤含硫较高，造成铁脆而不适合锻造。1701年，赖特发明了冲天炉。1709年，英国工场主亚伯拉罕·达比在科尔布鲁克代尔租赁了一座废弃多年的熔炉，试验将煤转化为含硫较低的焦炭作为原料。他改进了高炉的内径，安装了一套新的鼓风设施，最终发明了焦炭炼铁法，冶炼出了硬度较高的"达比铁"和设计更精巧的铸件。冲天炉和焦炭的结合，极大地提高铸铁的质量和产量。焦炭炼铁法使炼铁摆脱了对木材的依赖，科尔布鲁克代尔因此成为18世纪英国重要的炼铁中心，达比公司成为英国各种大型铸铁件的主要供应商。但是当时的焦炭含有磷，生产的生铁冷而脆。

钢铁是现代工业的脊柱，从工业革命开始，蒸汽机、织布机、铁轨、火车、轮船、汽车等已经无法离开钢铁，并且需求与日俱增。英国凭借最先进的技术和高质量的产品，一度占据全球钢铁最大的市场份额，为英国成为"世界工厂"提供坚实的支柱。1755年，英国人摸索出有效除磷的方法，生产出高质量的焦炭生铁。1750—1771年，英国至少有27座焦炭炉投入生产，大约有25座木炭炉倒闭。瓦特设计的现代蒸汽机问世，提升了鼓风炉的风力，使能源使用更加充分，使生铁的均质性和纯净度大为改进。1775年，法国海军准将乌利耶在参观了英国威廉·威尔金森工厂后，在向法国政府提交的报告中指出，在过去的20年间，由于采用了铸造炉，英国没有一门海军大炮发生爆炸，而在法国海军中爆炸事故却很普遍，使得水兵"惧怕他们所使用的大炮超过了敌人的大炮"。后来，法国邀请威廉·威尔金森担任设在南特附近安德雷特岛上的国有炼铁厂和大炮铸造厂厂长。

1779年，亚伯拉罕·达比三世在科尔布鲁克代尔的塞文河上，完全用铁浇铸了一座长30.6米的拱桥，重达384公吨，成为世界上第一座铸铁拱桥。1790年，英国焦炭生铁的产量达到8万吨，而木炭炉的产量仅占全国总产量的10%。1795年，塞文河爆发了一场大洪水，河上其他石桥都遭破坏，唯有铁桥毫无损伤。1802年，达比铁工厂造出世界上第一台蒸汽火车头。而碎锅法和搅炼法的先后发明，使得锻铁产量和质量得到提高，1806年，英国生铁产量达到26万吨。1843年，英国制造出世界上第一艘铁制远洋轮"大不列颠"号压制船体钢板。1851年，达比工厂为伦敦第一届世界博览会建造了富丽堂皇的钢制大门。从1830到1870年，英国生铁出口上升了20倍之多。

钢含碳量低于2.11%，比铁更硬，更具韧性、锻造性等质量优势，制成的机器或者器具耐磨损、承受力强。英国于17世纪引进渗碳法炼钢，但仍有1.5%的碳被吸收，造成钢的表面充满泡孔，这种钢被称为泡钢，需要经过费时费力的锻造才能成为品级更高的钢。

钟表等行业对钢质量的要求非常高。1740年，一位名叫本杰明·亨茨曼的年轻英国钟表匠因为买不到好钢做弹簧和钟摆，便自己研究制造更加均质的钢的方法。10年后，他终于制造出一种高质量的坩埚钢，这种钢比以前任何一种方法生产的钢成分更均匀、杂质更少，被瑞士钟表匠称为"市场上最美妙的钢"。

1784年，工程师科尔特发明了搅炼和碾压法，采用焦炭炼出熟铁和钢，具有生产效率高和成本低廉的特点。这一技术进步使得英国冶金业在数量和质量两个方面都实现飞跃，一下子把英国推到世界的最前列。1830年，英国煤产量增加到3000万吨，铁产量增加到130万吨，钢铁、机械、无机化工产量达到世界总产量的50%以上，造船业居世界第一位，贸易额相当于欧洲其他国家和美国的总和。1850年，英国是当时世界上钢产量最多的国家，但此时钢的价格昂贵，用途局限于工具和仪表，年产量不过6万吨，而同年铁产量为250万吨。

德国和美国也看到钢的重要性。1811年，阿弗瑞德·克虏伯在埃森建立了德国历史上第一家铸钢厂，随后鲁尔区各类炼钢厂纷纷建立。1847年，美国匹兹堡糖锅制造者凯利发明了空气沸腾炼钢法，通过向钢炉中的铁水吹入空气，不仅可以除去铸铁中所含的碳，并且由于炭快速燃烧而获得高温，把杂质较多的铸铁炼成钢。19世纪中叶以后，美国先后引进贝西默炼钢法和平炉炼钢法,不仅降低了成本,而且钢材质量不断提高,有力地促进了美国铁路发展。

发明家贝塞麦堪称天才,20岁的时候曾发明邮票印刷新方法。尽管他没有多少冶金知识,但他决定寻找一种比铸铁强度更高、比坩埚钢成本更低的炼钢方法。他发明了一种转炉,吹入高压空气,燃烧掉生铁所含的硅、锰、磷、碳而炼成钢。1856年8月11日,在英国科学促进协会切尔滕纳姆会议上,贝塞麦发表了论文《论不用燃料生产锻铁和钢》,受到工业界的广泛关注。不过大多数人怀疑其方法的可行性,没有一家炼钢厂愿意用贝塞麦的炼钢法,于是贝塞麦决定自己开厂,地点就放在谢菲尔德和罗瑟汉姆之间的新兴工业区。1859年6月18日,钢厂第一次浇铸,经过水淬和坩埚重熔,品质得到大大提高,生产出每吨售价20英镑的钢,这个价格低于同等质量的坩埚钢。均质的软钢因为收益较高,很快成为钢厂的主要产品。1882年,贝塞麦钢产量达到157万吨。酸性转炉炼钢法使大规模生产低成本钢成为现实,人类历史进入了"钢时代"。受益于此,英国粗钢产量一度占据世界总产量的一半。

贝塞麦炼钢法从"风箱"把高压空气吹进炼钢炉,把铁中的大部分碳烧掉,然后倾斜转炉,将铁水从炉口倒出。

贝塞麦炼钢法很快传到美洲。1867年,美国"钢铁大王"安德鲁·卡内基在匹兹堡建立了一座庞大的一体化的埃德加·汤姆森炼钢厂。1879年,英国托马斯用碱性耐火材料做炉衬,建成碱性转炉,解决了贝塞麦转炉无法处理磷铁矿的炼钢问题,使富有磷铁矿的欧洲大陆炼钢工业迅速发展。

与之同时,另一位天才发明家维尔纳·冯·西门子也对炼钢产生了浓厚兴趣。西门子是德裔英国人,先后发明了指南针式电报机、电梯、电力机车、有轨电车、无轨电车等。1856年,西门子的兴趣转向炼钢,1861年发明煤气发生炉,用煤气代替焦炭作燃料。经过不断改造,1866年,西门子宣布找到一种"与贝塞麦相比,可以用更少的钱生产一吨具有更好质量的钢"的方法。1864年,法国工程师马丁同样用平炉生产出质地优良的钢。经过短暂的法庭对峙后,西门子与马丁达成和解,相互承认对方的成就,平炉炼钢法也因此被称为西门子—马丁平炉炼钢法。

对待新技术，人们总是很谨慎。与贝塞麦经历相同，没有任何工厂愿意与西门子合作生产，于是他在伯明翰开设了自己的工厂。虽然平炉炼钢法熔炼时间长一些，但有效地节省了矿料，钢的质量更好，具有明显的效率和质量优势，逐渐被广泛运用。之后平炉和转炉炼钢法并驾齐驱，为钢产量大幅度提高做出了很大的贡献。

由于钢比铁具有更大的优越性，钢产量的大大增长和质量提升，为其他工业部门提供了高质材料和支撑。需求促进质量发展，其他产业的发展又对钢质量的提升产生了引导作用。钢逐渐代替铁，成为机械制造、铁路建设、桥梁建筑和军事武器制造等方面的新材料。随着钢铁工业的发展，重工业在工业中所占的比重直线上升。

1861—1900年，炼钢技术的完善使世界钢产量增加了约70倍，各种优质钢相继问世。

转炉钢虽然低廉，但质量相对较低，适用于钢轨。而平炉钢质量均匀，适合于对生产规格要求较高的工业部门。19世纪最后10年，采用平炉炼钢法生产的钢的产量增加了92%，而贝塞麦转炉炼钢法的产量缓慢下降。19世纪末20世纪初，随着造船业的发展和新型工业的出现，市场需求大量优质钢，平炉钢和合金钢成为市场的宠儿，英国造船业吸收了30%的钢产量。此时，英国贝塞麦转炉钢产量为182.5万吨，而质量更高的平炉钢则达300万吨以上。

19世纪初，工程和制造行业对钢质量的要求相对较低，普通的钢就足以满足需求。19世纪中叶，随着工业的发展，对钢质量的要求越来越高，人们尝试在钢中加入适量的稀有金属，形成高质量的合金钢。1868年，英国人穆舍特制成含钨的合金工具钢。1871年，布朗公司生产出高强度和高硬度的铬钢，用于生产钻机、刀具、保险箱等产品。1882年，哈德菲尔德生产出一种成本低廉、高强度、高韧度和高耐磨性的锰钢，广泛应用于铸造成形和锻造成形的工艺上，1899年他生产的硅钢被用于弹簧和船板。1889年，赖利将具有良好的延展性、强度和抗腐蚀性镍钢用于装甲板、锅炉壳体和枪炮锻件。此后，汽车、飞机、切削工具等新产业的发展，又进一步促进了合金钢的发展。1899年，法国人埃鲁发明电弧炉炼钢法，生产出更高质量的钢。1912年，英国人布里尔利和德国人施特劳斯等分别制成铬不锈钢和铬镍不锈钢。1923年，德国人施勒特尔又发明硬质合金，其硬度仅次于金刚石。

随着钢产量的剧增，钢的价格猛跌，迅速在很多部门和领域代替了铁，应用范围不断扩大。钢产量成为衡量一个国家经济发展的主要指标。1900年，英、美、德、法四国工业产量占全世界工业产值的72%。德国发展颇为惊人，1914年钢产量达到1760万吨，比英、法、俄三国的总量还多，代替英国成为欧洲第一工业强国。1974年，联邦德国的钢产量达到历史最高纪录的5300万吨，成为德国经济复兴的重要标志之一。

1868年，美国钢铁工业开始了现代化进程，1868—1880年，美国钢铁产量以年均40%左右的速度增长，并且品种齐全、产品质量好，生产技术先进。1900年，美国钢产量达到1020万吨，跃居世界第一位，比英国多一倍以上。1920—1955年，美国钢铁产量以年均7%的速度增长。1935年，美国至少有44家钢铁厂的生产能力超过40万吨，18家企业的钢铁生产能力超过100万吨，而当时英国最大的钢铁企业斯图尔特—劳埃德公司的生产能力仅为20万吨。1953年，美国年产钢突破亿吨大关，在世界范围内长期处于遥遥领先的地位。1956—1975年，美国钢铁产量以年均0.5%的速度微幅增长。1973年，美国年产钢创造了历史上最高纪录，达到13680万吨。

机床雕刻世界

钢铁质量发展了，如何把钢铁加工成高质量的零部件，离不开加工工具。从石器到金属，人类相继发明了斧、凿、锯、锤、钻、锉等简单的手持工具，但这些工具的稳定性、准确性都比较差，远远不能满足人类对更高质量的追求。于是，人们开始探索机械带动工具加工产品的方法，工业文明的另一个基础——机床最终被设计出来。

中世纪的欧洲，已经设计出一种用脚踏板旋转曲轴并带动飞轮，再传动到主轴使其旋转的"脚踏车床"。16世纪中叶，法国设计师贝松设计了一种使刀具滑动的车床，但没能推广使用。1671年，英国发明家罗伯特·胡克发明了一种车制钟轮的装置，用旋转的锉刀和铣削头来切削轮齿。1774年，英国人约翰·威尔金森在贝舍姆改进加农炮时，研制了一种新的精密镗孔加工技术，发明了世界上第一台真正意义上的镗床，其通过镗刀的旋转能够精准地对孔加工。约翰·威尔金森成功地运用镗床来加工汽缸体，镗出有足够精度的大型缸体，解决了新型蒸汽机活塞与大型气缸密合不好的问题，使得第一批新型蒸汽机成功应用于实际生产。他因此获得了瓦特蒸汽机汽缸20年的独家供应权。次年，他又制造了一台水轮驱动的气缸镗床，促进了蒸汽机的发展。1776年，瓦特的合伙人博尔顿这样写道："威尔金森曾为我们镗削过几个几乎没有缺陷的缸体，他为本特利公司加工的直径50英寸的缸体，其误差不到旧英币1先令的厚度。"从此，机床和蒸汽机互相促进、共同发展，推动了工业革命轰轰烈烈地向前发展。

1784年，英国发明家约瑟夫·布拉默用发明的机床制造了一把锁，然后放在伦敦皮卡迪利大街的商店橱窗内展览，并贴出告示："如果能拆开或打开这具锁，就可获得200金币。"这把锁由精心设计的机床生产，性能优良、结构复杂。许多人都做过尝试，然而直到1851年，一名技工花了51个小时才成功打开这具锁。

愿意掏200金币悬赏的布拉默其实生性吝啬，他有一个徒弟叫亨利·莫兹利，从18岁就跟随他。1797年，26岁的莫兹利犹豫了很长时间，还是向布拉默提出能否把工资增加到每周30先令，结果遭到布拉默粗暴拒绝，于是他决定离开，自己开办工厂。就在这一年，莫兹利制成了世界上第一台螺纹车床，这台全金属车床沿着两根平行导轨移动刀具座和尾座，可以车制任意节距的精密金属螺丝。此后，

上图为莫兹利（1771—1831年）研制的世界上第一台螺纹车床，右上图为他研制的刀架车床。

莫兹利又不断地改进车床。1800年，他制造了一台更加完善的车床，齿轮可以互相更换，可改变进给速度和被加工螺纹的螺距。这是现代车床的原型，对英国工业革命具有重要意义，莫兹利因此被称为"英国机床工业之父"。

莫兹利的手下聚集了罗伯茨、内史密斯、约瑟夫·惠特沃斯等一批著名的工程师，均为机床发展做出过贡献。1817年，罗伯茨创制了龙门刨床，其采用四级带轮和背轮结构来改变主轴转速。内史密斯发明了蒸汽锤，惠特沃斯发明了滚齿机，他还成为英国第一个标准螺纹标准的创造者。

1818年，美国人惠特尼创制了卧式铣床。不久，更大型的车床问世，各种锻压设备和金属加工机床被陆续发明出来，推动了蒸汽机和其他机械的发展。19世纪20年代后，英国用机器生产的机器越来越多，诞生了用机器制造机器

的新工业部门，被誉为"工业母机"的机床正式登上历史舞台。1820年前后，英国人怀特制成第一台既能加工圆柱齿轮又能加工圆锥齿轮的机床。1834年，美国人佩奇和费伊分别发明榫槽机和开榫机。

当第一次工业革命进入尾声时，各种工件更加复杂和精细，各种专用车床应运而生。1845年，美国人菲奇发明了转塔式六角车床，这种车床上装有一个绞盘，绞盘上安装了各种刀具，通过旋转转塔，就可以把工具转到所需的位置上。1848年，当德国发明了万能式轧机时，在大西洋彼岸的美国出现了回轮车床。1867年，在巴黎博览会上，疲劳极限作为一个全新的概念被提出，德国人沃勒展出车轴疲劳试验结果，奠定了疲劳强度设计的基础。1873年，美国人斯潘塞制成一台单轴自动车床，不久他又制成三轴自动车床。1876年，美国制成万能外圆磨床，现代磨床呼之欲出。1898年，美国人拉普安特创制了卧式内拉床。同年，美国人泰勒和怀特发明了高速工具钢，其发明和电动机的应用使得车床更加完善，进一步满足了高速度和高精度的要求。

20世纪初，出现了由单独电机驱动的带有齿轮变速箱的车床，铣床、刨床、磨床、钻床等已经基本定型。1900年，美国人诺顿用金刚砂和刚玉石制成直径大而宽的砂轮，以及刚度大而牢固的重型磨床，使得机械制造技术进入精密化的新阶段。1911年，美国格林里公司创制组合机床。第一次世界大战后，由于汽车、飞机等发动机需要大批加工形状复杂、高精度、高光洁度的零件，迫切需要更加精密、自动的铣床和磨床，推动各种高效自动车床和专门化车床迅速发展。多螺旋刀刃铣刀的问世，基本上解决了单刃铣刀所产生的振动和光洁度不高问题，使得铣床成为加工复杂零件的重要设备。

1920年，机械制造技术进入半自动化时期，液压和电气元件逐渐应用到机床和其他机械上。1938年，液压系统和电磁控制的运用促使发明了新型铣床，在龙门刨床等机床上，液压系统和电磁拉制也得到推广使用。20世纪30年代以后，行程开关——电磁阀系统几乎用到各种机床的自动控制上。20世纪40年代末，带液压仿形装置的车床得到推广，多刀车床得到发展，提高了小批量工件的生产率。

1948年，美国工程师帕森斯突发奇想：能否在一张硬纸卡上设计出需要加工的零件几何形状，然后再利用这张硬卡来控制机床的动作？帕森斯向美国空军表达了他的想法，此时美国空军正在寻找一种先进的加工方法，希望能够解决飞机外形样板的加工问题，这种样板形状复杂，精度要求高。美国空军立即委托和赞助美国麻省理工学院研究开发这种硬卡纸控制的机床。1952年，在美国马萨求塞兹工业大厅，麻省理工学院和帕森斯公司展示了他们研制的第一代平面数控铣床。该铣床运用数字控制原理，将加工程序、要求和更换工具的操作数码和文字码作为信息进行存贮，然后发出指令控制机床。

虽然当时还是采用电子管元件，控制装置比机床本身还要大，但数控机床一出现，就显示了强大的生命力。1958年，美国研制成功能自动更换刀具的数控机床，可以进行多工序加工。1960年开始，各国陆续开发、生产和使用数控机床，数控原理从铣床扩展到铣镗床、钻床和车床等，从电子管向晶体管、集成电路方向发展。1961年，日本庄田铁工株式会社着手研究数控机床，7年后在大阪国际展示会上展出了世界第一台数控镂铣机床。

随着数控技术的发展，人们已经不再满足利用数控机床进行单一加工，而思考如何把数控机床连接起来，形成一条自动化生产线。美国通用电气公司敏锐地提出："工厂自动化的先决条件是零件加工过程的数控和生产过程的程控。"而把梦想变成现实的是英国毛林斯机械公司，1968年，该公司研制成了第一条数控机床组成的自动线。70年代后，小型计算机的广泛应用，使得数控技术从硬件数控向软件控制发展。1976年，日本发那科公司把数控机床和工业机器人连接起来，研制出由4台加工中心和1台工业机器人组成的柔性制造单元。

数控技术的应用给传统制造业带来了革命性的变化，对IT、汽车、轻工、医疗等行业的发展起着越来越重要的作用。进入21世纪，智能机床横空出世。2003年，在米兰举办的欧洲机床博览会上，瑞士米克朗公司首次推出智能机床的概念。2006年，在第26届芝加哥国际机床制造技术展览会上，日本Mazak公司以"智能机床"的名称，展出了具有四大智能的数控机床。德国、日本、美国等国在高端智能数控机床的发明、发展上都铆足了劲，谁也不甘示弱。数控机床也随之更加高速、更加精密，性能更加可靠，功能更加复合。

连接世界的运输工具

交通是国民经济的命脉，没有发达的交通运输，就没有通畅的物资流通和广泛的文化、科技交流。新石器时期，人类就发明了独木舟。公元前3500年，古巴比伦的苏美尔诞生了带轮的车。公元前2500年，埃及出现了115英尺长的帆船，欧亚之间的地区曾使用两轮和四轮的木质马车。然而直到工业革命时期蒸汽机出现，人类才摆脱依靠自然力量作为运输动力。机械、钢铁、煤炭等科技的发展，推动了交通运输工具发生了日新月异的变革。

工业革命前，西班牙、荷兰、英国等欧洲国家的舰队航行于三大洋，保护和维持其与殖民地的通商往来和运输联系。随着航程越来越远，依靠风力作为动力的航行越来越无法满足需要。1690年，法国德尼·巴班提出能否用蒸汽机作为船舶动力的设想。1769年，瓦特蒸汽机问世9年，法国发明家乔弗莱把既简陋又笨重的蒸汽机装上了船，带动一组普通木桨，航速很慢。14年后，乔弗莱又建成一艘蒸汽轮船"波罗斯卡菲"号，航行30分钟后，蒸汽锅炉发生爆炸，蒸汽动力船再次夭折。1790年，美国钟表匠约翰·菲奇用蒸汽机带动桨划水，在特拉华河上试航成功，但效率同样极低。

1802年，英国人威廉·西明顿制造出世界上第一艘蒸汽动力明轮船"夏洛蒂·邓达斯"号。这艘30英尺长的木壳船中央装上西明顿设计的蒸汽机，推动一个尾部明轮，在苏格兰的福斯—克莱德运河试航成功，标志着蒸汽动力明轮船的诞生。轮船的出现对拖船业主们是一个打击，他们以汽轮船产生较大的波浪为由，拼命反对，第一艘汽轮船被扼杀在摇篮里。

罗伯特·富尔顿原本是一个美国画家，1786年，他来到英国，师从本杰明·韦斯特学习画画，正好赶上瓦特过50岁大寿，富尔顿有幸为瓦特画画，瓦特随口鼓励了这位年轻人。这一鼓励不得了，富尔顿从此改学工程。1792年他又来到法国，遇到美国驻法国大使、《独立宣言》起草人之一罗伯特·利文斯顿。1802年，在利文斯顿和拿破仑的支持下，他终于建成一艘蒸汽机轮船，不料在塞纳河试航前一天的晚上，狂风暴雨把他的船吹翻在河中。富尔顿大失所望，又跑到了英国。不久他回到美国，又遇到利文斯顿。

1804年，美国人约翰·史蒂芬森建成世界上最早有螺旋桨的轮船。由于推动螺旋桨的蒸汽机转速太低，所以史蒂芬森认为推进器还是轮桨较好。1807年，他建造了带轮桨的"菲尼克斯"号轮船，从纽约沿海岸驶向费城进行试航，同样由于风暴，试航被迫中断。同年，

"克莱蒙特"号汽轮船，采用舷侧明轮。

在利文斯顿的支持下，富尔顿设计出排水量为100吨、长45.72米、宽9.14米的汽轮船"克莱蒙特"号。1807年8月17日，这艘载有40名乘客的轮船以每小时6.4公里速度从纽约出发，沿哈德逊河航行，把一艘艘帆船抛在后头，河边观众发出了一片欢呼声。经过32小时240公里的航行，"克莱蒙特"号成功抵达奥尔伯尼，宣告了蒸汽船的诞生。

"克莱蒙特"号的成功让英国人看到自己的狭隘。1811年英国成功仿制蒸汽船，开始用于内河和沿海航运。1838年，英国"南阿斯"号轮船横渡大西洋成功。两年后，在英国利物浦和美国波士顿之间出现了定期轮船航班。19世纪中期，英国成为"海上霸王"和"海上马车夫"，运输船队遍布天下，皇家海军舰队在国际商运航道上横冲直撞。1877年，英国皇家海军舰艇"彩虹女神"号在彭布罗克造船厂下水，这标志着钢船时代开始。19世纪下半叶，英国商船舰队占世界数量的1/3，建立了遍布世界各地的殖民地，成为空前绝后的"日不落帝国"。

1884年，英国发明家查理斯·帕森斯设计出以燃油为燃料的汽轮机，提高了发动机的效率，缩小了动力装置占用的空间。进入20世纪后，又出现了船用柴油机。随着船用发动机和推进器的进步，建造船舶的材料由木材向钢铁演变，轮船向着现代化迈进，油轮、集装箱船、豪华邮轮、滚装船以及各种特种船舶相继出现。

在海上运输发展的同时，人们没有停止发展陆地运输。利用轨道进行运输，最迟在中世纪已经发明。然而直到蒸汽机车的出现，真正意义上的火车才出现。1810年，英国工程师乔治·斯蒂芬森开始研究制造蒸汽机车。四年后，斯蒂芬森成功地将蒸汽机安置在运行的车辆上，诞生了世界上第一台真正意义上的蒸汽机车。因其运行时烟囱里不断冒火，而被称为"火车"。

1825年9月27日，世界上第一条铁路线英国斯托克顿—达灵顿铁路举行盛况空前的通车典礼。当日上午9时，斯蒂芬森亲自驾驶重约90吨的"旅行者"号列车，带着32辆货车和450名乘客从伊库拉因出发，当日15时47分抵达斯托克顿，运行31.8公里。此举开拓了陆上交通运输的新纪元，人类生活、工作和发展步伐随之越来越快。1829年，乔治·斯蒂芬森的儿子R.斯蒂芬森改进机车，创造的"火箭"号蒸汽机车拖带载有30位乘客的车厢，参加蒸汽机车比赛，以运行可靠、速度最快得奖，比赛时最高时速达到47公里。1830年，利物浦—曼彻斯特铁路通车，这标志着公共铁路线的诞生。到19世纪40年代，英国的主要铁路干线基本建成，总长度达6000公里，陆上交通进入了

"铁路时代"。1838年运行铁路还不足500英里，到1850年已建成6000英里，12年增长了12倍，发展之迅速可见一斑。

1830年，纽约人彼得·古柏制造了第一辆蒸汽机车，运行于巴尔的摩—俄亥俄铁路上，美国铁路运输也开始起步。到1890年，美国形成了全国性铁路网，总长达到16.6万英里，货物运输量达792亿吨，客运量达120亿人次，比30年前分别增加了6倍、8倍和30倍。

法国步其后尘，1832年建成第一条铁路，到1869年全国铁路网络基本建成，总长度达16465公里。其后近百年来，铁路飞速发展，成为世界各国主要的交通干线，承担着大量的运输。之后钢轨代替了铁轨，1913年第一台柴油机火车制成，到20世纪50年代内燃机取代了蒸汽机。

二、建筑质量发展

建筑质量离不开材料、设计和监管，从古至今，材料越来越好，设计越来越科学，监管越来越严密，推进着建筑质量不断提高。

三次材料飞跃

在建筑工程发展历程中，材料经历了三次飞跃，第一次为砖瓦的使用，第二次为钢材的使用，第三次为混凝土的使用。三次材料的变迁，带来建筑结构的巨变和质量的大幅提升。

公元前5000多年，古人开始用芦苇与泥土混合构成的建筑来抵御风吹日晒。后来逐步发展到用晒干的黏土建造房屋，出现了手工加工成型砖胚。距今5000年左右，人们发现黏土经过烧制将变得更加坚硬、使用更持久，在美索不达米亚文明中出现了烧结的砖。在尼罗河畔，建筑常使用石料，世界七大奇迹之一的金字塔便是石料建筑的杰出代表，高达146.5米的胡夫金字塔保持世界第一建筑高度的记录长达4500多年。公元前4世纪中叶，希腊建筑偶尔使用烧制的砖，并从半木构发展到更为坚固的石灰石建筑，所有重要的建筑都用陶瓦或大理石瓦铺屋顶。罗马时期，普遍使用烧制砖，建筑师们已经注意到不同树种的材质各不相同，发现冬天伐下的木材质地更坚实，用明矾浸泡过的木头能够防火。

在漫长的中世纪，与罗马式建筑相比，哥特式建筑切石技艺要高超很多，始建于1122年的英国卡莱尔大教堂所有的石头都经过精心雕塑，巧妙地连接起来，每一块石头都能单独取下来进行维修或替换，而不会影响整体结构的稳固性。西方砖构建筑的中心主要在意大利北部、日耳曼北部、佛兰德斯、荷兰、西班牙的部分地区和法国西南部。13世纪，英格兰砖构建筑复兴，不过砖大多从佛兰德斯进口。到1434年，英国人修建林肯郡的塔特舍尔城堡所使用的砖已在本地烧制。16至17世纪，英格兰建筑越来越流行用砖。1571年英国宪章规定，砖的尺寸为9英寸×4.25英寸×2.25英寸，此时灰浆接缝很宽。1625—1650年，英国从荷兰引进规准的砖砌、磨砖和细白接头，这时切割砖和模制砖开始流行。

直到十八九世纪，砖瓦一直是土木工程的重要建筑材料。工业革命使得红砖变得价廉物美，欧洲建筑普遍采用红砖。1821年英国砖块生产年产量9亿块，到1825年增至19.5亿块。1875年，美国新泽西州开始使用黏土空心砖楼板组件。空心砖的材性与实砖的相当，但其重要轻，可使建筑物自重减轻达10%～20%，高层建筑可达28%，大大降低了建筑成本，其自诞生后，被日益广泛运用。

古代主要使用黏土黏合建筑材料，2000年多前，沥青开始被用于防水防侵蚀。罗马时期，人们将火山土与石灰混合形成一种混凝土，这种混凝土见水后凝固得非常结实，并具有防火的功效，使得罗马人能够建造大型建筑。

1756年，英国英吉利海峡南端的第三座埃迪斯通灯塔失火烧毁，影响通航。46岁的工程师J·史密顿受命以最快的速度重建。两周后，史密顿等到石灰石，却发现石灰石中混有太多的土质，不得已他只好用这些劣质原料烧制。可是这批石灰石烧出来的石灰性能居然好得出奇，将石块黏结得非常结实，而且具有显著的水硬性。史密顿没有轻易放过这意外惊喜，而是对这些石灰进行了检验，结果发现这些石灰含有多达20%的黏土。史密顿把黏土同石灰石以一定比例混合加以煅烧，性能果然理想。他进而发现：只有采用含有黏土的石灰石烧制，才能获得水硬性石灰；用于水下建筑的砌筑砂浆，最理想的成分是由水硬性石灰和火山灰配成。这个重要的发现为近代水泥的研制和发展奠定了基础。

1796年，英国人J·帕克用泥灰岩烧制出了一种水泥，因其外观呈棕色，很像古罗马时代的石灰和火山灰的混合物，所以被命名为罗马水泥。因为它采用天然泥灰岩作原料，不经配料直接烧制而成，故又名天然水泥。这种水泥具有良好的水硬性和快凝特性，特别适用于与水接触的工程。1813年，法国土木技师毕加发现，石灰和黏土按三比一混合制成的水泥性能最好。1820年前后，俄国建筑师契利耶夫在莫斯科就用这种方法烧石灰，修复克里姆林宫的墙垣。

1824年，英国建筑工人约瑟夫·阿斯谱丁想到古罗马人为增强石灰的黏结力，曾在石灰中加入火山灰的做法。经过反复试验，他按照一定比例混合石灰、黏土、矿渣等，在类似于烧石灰的立窑内煅烧成熟料，再经磨细制成一种新的黏合剂。阿斯谱丁为他的发明申请了专利，这项专利便是"水泥"，一种与水拌和成塑性浆体后，能胶结砂、石等材料，并能在空气中硬化的水硬性胶凝材料。由于阿斯谱丁的水泥硬结后的颜色和强度，都和当时英国波特兰岛上的石材差不多，所以又被称为"波特兰水泥"。1825年，泰晤士河隧道开建，波特兰水泥被大规模应用。

尔后，世界各地迅速生产水泥，1840年、1855年和1871年法国、德国和日本先后建设了水泥制造厂。19世纪80年代前，美国多依靠从英国进口水泥，路途遥远，水泥价格十分昂贵。1873年兰塞姆改造了克兰普顿发明的回转窑，并来到美国。1876年塞勒继续了兰塞姆的计划，在宾夕法尼亚州建立了一家波特兰水泥厂。到19世纪90年代初，美国回转窑技术已十分成熟，水泥很快摆脱了进口。

英国水泥不仅在美国受挫，连欧洲很多用户也认为英国一些水泥质量不可靠，甚至一些厂家在水泥中掺入无用的石粉。幸运的是，英国人意识到劣质水泥的危害，对设备进行了更新换代。大都会工务局在购买合同条款中对水泥质量实行了规定。从1859年到1867年，他们购买了7万吨水泥用于伦敦下水道建设，其间进行了15000次测试。为保证水泥达到大都会工务局的许可标准，一些水泥制造商在工厂里进行测试。1878年，少数工厂采用筛网检查水泥的磨研细度。1889年赫尔的G·厄尔和T·厄尔把测试波特兰水泥的物理和化学性能定为常规，并从1897年开始向顾客提供附有测试结果的证书。1900年英国很多公司联合起来，成立波特兰水泥制造商联合会，从美国人赫里和西曼手中购买了经他们改进的回转窑专利权，并在泰晤士河边的工厂里建造了回转窑。1904年第一份关于波特兰水泥的英国标准颁布，同年美国材料测试学会颁布了其标准。

1893年，日本远藤秀行和内海三贞两人发明了不怕海水的硅酸盐水泥。1907年，法国比埃利用铝矿石的铁矾土代替黏土，混合石灰岩烧制成水泥，这种水泥含有大量的氧化铝，所以叫作"矾土水泥"。20世纪，人们还成功研制了一批适用于特殊建筑工程的水泥，如高铝水泥、特种水泥等。今天，全世界水泥品种已发展到100多种，年产量超过20亿吨。

尽管公元前4世纪，希腊人在建筑中开始使用熟铁梁和其他金属连接件，但由于铁和其他金属价格昂贵，这种方法只能偶尔为之。在中世纪末和此后很长一个时期，铁在建筑上只是辅件，锻铁紧固件被用于构成或加强大型而且重要的木结构框架的接合处。17世纪70年代，开始使用生铁建造桥梁和房屋。18世纪，锻铁实用性提高，建筑师直接在建筑上使用锻铁制成的工件。1770年，隆德莱为苏夫洛设计的圣日纳维夫教堂和先贤祠使用了锻铁。一些负荷不大的屋顶也使用锻铁，如1786年维克多·路易设计的法国波尔多剧院的屋顶。

19世纪50年代左右，熟铁也越来越多地用于建筑，起初作为木构件和铸铁构件的一种补充，后来用于结构上，很多商场和办公楼用铸铁制造的立柱、横梁、窗框。抗拉和抗压强度都很高、延性好、质量均匀的建筑钢材越来越多，高强度钢丝、钢索也被用于建筑。钢结构蓬勃发展，除应用于梁、拱结构外，钢桁架、框架、网架结构、悬索结构逐渐得到推广。

1847—1849年，伦敦建筑师詹邦宁建造泰晤士大街的煤炭交易所大楼，其内部直径60英寸的圆顶就是使用的铸铁肋骨，覆盖板也是铸铁制成的。1851年，为世博会建造的"水晶宫"，是熟铁和铸铁混合使用的建筑物。1876年，鲁昂大教堂历时53年竣工，这座当时世界上最高的建筑物同样使用了铸铁。

为纪念法国大革命100周年，巴黎准备再次举办世博会，打算建造一座当时世界上最高的建筑物。这时，巴黎《时代报》刊登了一篇《反对修建埃菲尔铁塔》的抗议书，莫泊桑、小仲马、左拉等300多位著名人士的签名赫然在其中。一位法国数学教授甚至预测，当盖到229米后，这个建筑会轰然倒塌。1889年，埃菲尔铁塔落成，这座以工程师

建造中的埃菲尔铁塔。

埃菲尔名字命名的建筑，打破了西方以砖石为主的传统建筑观念，由很多分散的钢铁构件组成，用了 560 万公斤钢。钢铁构件均预先在车间里按照标准化制造，然后被送往工地安装。安装铆钉孔容差仅十分之一毫米，没有一件构件需要修改。这座经典建筑外观雄伟壮丽，总高 324 米，曾保持世界最高建筑纪录 42 年。埃菲尔铁塔成了世界著名建筑和法国文化象征，人们纷至沓来，莫泊桑也经常光顾。有人问他当年反对签名之事，他不无幽默地说：只有在铁塔里面，我才不会看见它。

19 世纪 80 年代前，钢昂贵而且量少。1885 年，贝塞麦发明了大规模生产钢的方法，钢的成本大幅下降，钢产量猛增，钢被广泛用于建筑。1885 年，使用钢骨结构与电梯、十层楼高的芝加哥家庭保险大楼落成，史称"第一座摩天大楼"。1890 年，苏格兰福斯河上的福斯铁路桥启用，这座世界上第二长的多跨悬臂桥大部分结构采用钢，至今仍通行客货火车。同年，建成的兰德—麦克纳利大厦，采用全钢骨架。1890 年完工的 14 层高的普利策大楼由于采用承重墙，外墙基部厚达 9 英尺。而同时期差不多同样高度的安妮王后大厦，由于采用钢铁结构，最厚实的墙仅 2 英尺 7.5 英寸。1892 年芝加哥落成的共济会大楼已达 20 层、92 米之高，再次刷新了最高建筑纪录。

当钢铁和水泥技术均成熟时，另一个重要建筑材料——钢筋混凝土就顺产来世了，给建筑物带来了新的经济、美观的工程结构形式，使土木工程产生了新的施工技术和工程结构设计理论。19 世纪的最后 10 年，在欧美，钢筋混凝土的地位确立，其承重能力越来越大，高层建筑也越来越广泛。20 世纪 30 年代开始，出现了预应力混凝土，这种混凝土结构的抗裂性能、刚度和承载能力大大高于钢筋混凝土结构的。

神工天巧

自 6 世纪开始，法国、英国、意大利和西班牙等国家出现一种以半圆拱为特征的罗曼式建筑，又称为罗马式建筑。罗曼式建筑以教堂为主，兼有西罗马和拜占庭建筑的特色。为了防范火灾，所有重要的大教堂都采用石构拱顶。为了支撑起很重的拱顶，采用厚实的砖石墙、坚固的墩柱，整个建筑因此显得雄浑而庄重。这又对地基提出了很高的要求。位于英格兰汉普郡的温彻斯特大教堂于 1093 年完工，但因为建造在湿软的地基上，不久大教堂上的塔就倒塌，到 1202 年又重新兴建。

1140 年，法国开始兴建圣丹尼教堂，揭开了以高直、尖拱为特征的哥特式建筑的序幕。1174 年兴建的英国坎特伯雷大教堂同样采用哥特式。与墙壁厚重的罗曼式建筑不同，哥特式建筑结构趋向轻巧，用细长的拱柱支撑起轻薄的拱顶，再辅以突出的扶墙，室内隔墙则采用嵌有巨大窗户的石隔板。这种独特的建筑风格很快在欧洲流行开来，起码盛行了三个半世纪。

哥特式教堂是文艺复兴前法国建筑艺术的最高成就，在 12 世纪至 15 世纪，法国全境建造了 60 多座大教堂，大多是哥特式建筑，包括著名的巴黎圣母院、沙特尔大教堂、兰斯大教堂和亚眠大教堂等。1163 年，巴黎大主教莫里斯·德·苏利决定兴建巴黎圣母院，4 位建筑师前赴后继 180 多年，到 1345 年才全部建成。该建筑冲破了传统的束缚，创造一种全新的轻巧的骨架券，使得拱顶变轻，空间升高，正面双塔高约 69 米，后塔尖约 90 米。巴黎圣母院以高超的建筑艺术水平享誉欧洲，成为古老巴黎的象征。2019 年 4 月 15 日傍晚，巴黎圣母院突发一场持续了 14 个小时的大火，其标志性尖顶倒塌，令全世界人扼腕叹息。1220 年，在法国索姆省亚眠市索姆河畔，亚眠大教堂开始建造。该建筑每对支墩和飞拱之间的墙体都用大面积的玻璃构成，而石料运用减少到最低程度，这种效果只有通过飞拱的应用才能实现。

1386 年，中世纪最大、现在世界第二大教堂米兰大教堂始建，历时 5 个世纪建成，教堂长 158 米，最宽处 93 米，塔尖最高处达 108.5 米。宏伟的大厅被四排柱子分开，支撑起重达 1.4 万吨重的拱形屋顶。大厅圣坛周围支撑中央塔楼的四根柱子，每根高 40 米，直径达 10 米。主教堂用白色大理石砌成，成为欧洲最大的大理石建筑。达·芬奇为这座建筑发明了电梯，1805 年拿破仑在这里举行加冕仪式。

哥特式石构建筑尽管轻巧，但总体很结实，对地基要求较高。为了加固地基，人们开始把地基挖得更深，夯打底土，铺垫石头，再混合以灰泥，有的还打上木桩。到 14 世纪，出现了早期的打桩机。

14 世纪，在复兴希腊罗马古典文化的名义下，文艺复兴在意大利佛罗伦萨肇始。文艺复兴建筑同样在意大利兴起，被视为基督教神权统治象征的哥特式建筑受到排斥，重新采用古希腊罗马时期的建筑要素。

1296 年，佛罗伦萨大教堂，又名花之圣母大教堂开始兴建，到 1418 年，建造巨大的穹顶时遇到了难题，不得不向社会公开征集方案，年轻的建筑师布鲁涅内斯基最终胜出。他模仿古罗马建筑，用一种新颖的相连的鱼骨结构和以椽固瓦的方法，从下往上逐次砌成这个高91米、最大直径45.52米穹顶，整个过程没有借助拱架。1436年3月25日主教堂建成，1469年整个工程最终完工。佛罗伦萨大教堂开启了文艺复兴建筑之始，布鲁涅内斯基被称为早期文艺复兴建筑之先锋。16世纪的传记作家、建筑师瓦萨里热情地说，这个穹顶同四郊的山峰一样高，老天爷看了嫉妒，一次又一次地用疾雷闪电轰击它，但它屹立无恙。时至今日，这座教堂安然屹立，成为世界五大教堂之一。

文艺复兴建筑继承了古典建筑的柱式系统，梁柱系统与拱券结构混合应用。大型建筑外墙用石材、内部用砖，或者下层用石、上层用砖砌筑。在方形平面上加鼓形座和圆顶，穹隆顶采用内外壳和肋骨。讲究秩序和比例，多采用3和2的倍数使用对称的形状。以尺规作图制图，具有严谨的立面和平面构图，结构和施工技术达到了新的水平。过去工程师、木匠或者石匠主要凭借经验，文艺复兴建筑对专业要求更高，出现了专门的建筑师，建筑理论、设计、文化等更加专业化，并且分工不断细化，出现了雕刻师、绘图师、画家和细木工等。一些科学家也参与其中，达·芬奇除了开展张力实验，还测试梁柱承载力，而伽利略成为现代建筑材料强度和悬臂原理的真正奠基人。

文艺复兴建筑从意大利向欧洲各国传播，形成了各具特点的各国文艺复兴建筑。有趣的是，被视为反神权的文艺复兴建筑，被广泛运用于教堂建造，穹顶成为许多教堂的显著特征。世界第一大教堂——梵蒂冈圣彼得大教堂同样采用了文艺复兴建筑。城市公共建筑物也常常使用文艺复兴建筑，如帕多瓦市政厅、维琴察市政厅等，法国和英国有钱人建造的府邸也采用这种结构。1529年，亨利八世进驻汉普顿宫，扩建了大厅。这座大厅能容纳下1000多名贵族和仆人吃饭，一直以来被认为是全英国最美丽的厅堂。弗朗西斯一世继承法国王位后，于1530年下令拆毁原卢浮宫，由建筑师皮尔·莱斯科重新建筑。此后经过9位君主不断扩建，历时300余年，形成一座呈U字形的宏伟辉煌的宫殿建筑群。

16世纪下半期，在文艺复兴建筑基础上，一种新的建筑和装饰风格——巴洛克建筑从罗马发端，又称新哥特式建筑。该建筑放荡不羁、极尽奢华。巴洛克建筑不久传遍欧洲，远达美洲，17世纪达到顶峰，18世纪逐渐衰落。伦敦圣保罗大教堂是伦敦的宗教中心，即为华丽的巴洛克风格，是世界第二大圆顶教堂，17世纪末建成。

1661年8月17日，法国财政总监大臣尼古拉斯·富凯为他富丽堂皇的沃勒维孔特宫落成大宴宾客，6000名宾客中的路易十四被触怒。三周后，以贪污营私罪判处富凯无期徒刑，查抄了沃宫的所有设计图纸、文件及大批珍贵物品。这一年，柯尔伯成为路易十四的首席大臣，没有谁比他更了解国王的心理了。柯尔伯对路易十四说："陛下知道，在没有显赫战争行动时，没有什么比建筑更能体现国王的伟大了。"于是，凡尔赛宫开始动土兴建，建造者几乎是沃宫的原班人马，其中包括建筑大师们勒沃、蒙撒特和园林造景师勒洛特。1689年，这座法国建筑史上的巅峰之作竣工。全宫占地111万平方米，其中建筑面积11万平方米，气势磅礴，布局严密、协调，宫顶摒弃了巴洛克的圆顶和法国传统的尖顶，采用了平顶，显得端正而雄浑。在历史的风雨中，凡尔赛宫见证了梯也尔政府策划镇压巴黎公社的血腥计划、1783年《巴黎和约》和1919年《凡尔赛和约》签订等重大历史事件。正是在凡尔赛宫建造的17世纪后半叶，法国出现建筑专门化趋势。1664年，柯尔伯亲任建筑业总监，组建了一支建筑师队伍。1666年他劝说国王成立皇家科学院，1671年又成立了建筑研究院。

18世纪20年代，在巴洛克建筑的基础上，洛可可式建筑从法国产生并流行于欧洲，其基本特点是纤弱娇媚、华丽精巧、甜腻温柔、纷繁琐细。从罗曼式建筑到洛可可式建筑，基本上属于砖石结构。20世纪初，预制结构的整套系统发展起来，建筑过程进一步工业化，作业从建筑工地转移到工厂。工厂作业有利于控制工艺过程和产品，还有利于大规模生产，加快施工速度。第二次世界大战之后，欧洲的一些住宅和学校整个都是在工厂制造的，建筑工序按照严格的规范设计，然后到工地上搭建而成。

当钢铁、混凝土越来越多地被使用到建筑，建筑结构发生了根本的改变，框架结构、剪力墙结构、框架剪力墙结构、筒体结构和塔楼结构等结构应运而生。建筑物跨径和高度从砖结构、石结构、木结构的几米、几十米，发展到钢结构的百米、几百米。

从1929年到1933年，美国相继建成了9幢200米以上的高层钢结构建筑。

1930年美国帝国大厦动工，以每周完成4层半的速度建造，1931年4月11日竣工，只用了410天。该建筑103层、高381米，成为当时世界最高建筑，采用框架剪力墙结构，主要由型钢和钢板等制成的钢梁、钢柱、钢桁架等构件组成。1958年12月东京电视塔建成，塔高333米，超过了法国埃菲尔铁塔，而使用的建筑材料是埃菲尔铁塔的一半，造塔费时不到埃菲尔铁塔的三分之一。其为钢筋混凝土结构，比纯钢结构节省钢材，成本低，具有坚固、耐久、防火性能好等优点。

为适应钢结构工程发展的需要，在牛顿力学的基础上，材料力学、结构力学、工程结构设计理论等应运而生，施工机械、施工技术和施工组织设计的理论也随之发展，土木工程从经验上升为科学。到1950年，材料性能试验、负荷试验越来越普遍。随着钢材焊接技术的成熟和发展，20世纪60年代美国人坎恩提出了框筒体系，为建造超高层建筑提供了理想的结构形式，将高层建筑的发展推向了第二个高潮。

1966年世界贸易中心开工，1972年417米高的北塔完工，次年415米高的南塔完工，双子塔超过帝国大厦，成为当时世界上最高的摩天大楼。双子塔采用钢框架套筒结构体系，通过水平楼层桁架，将外围支承结构与中央核心结构连接在一起，具有非凡的稳定性。2001年"9·11事件"爆发，双子塔被恐怖分子袭击倒塌，倒塌原因不在于整体设计，而是航空汽油燃烧后，钢结构变软了，最终失去了支撑能力。

哈利法塔，原名迪拜塔，整座塔楼的混凝土结构在平面上被塑造成了Y形，每个支翼自身均拥有混凝土核心筒和核环绕核心筒的支撑，这一设计使得三个支翼互相联结支撑，增强了哈利法塔的抗扭性。（图片来自搜狐网）

1974年，芝加哥西尔斯大厦落成，楼高442.3米，世界第一高楼再次易主。该大厦由建筑奇才坎恩设计，采用由钢框架构成束筒结构体系。2003年10月，台北101大楼主体完工，高508米，世界混凝土最高建筑纪录再次被刷新。2004年哈利法塔始建，2010年1月4日正式竣工，楼高828米、162层，成为当今世界第一高建筑，采用塔楼结构，共使用了33万立方米混凝土、6.2万吨强化钢筋、14.2万平方米玻璃。

人类的创造力，不断刷新梦想的高度。

缜密监管

古代，火灾是建筑物安全的主要威胁之一。11世纪前后，许多小型罗马式建筑采用木框架，并用稻草铺盖屋顶，常常引发火灾，导致许多教堂被毁。1212年起，伦敦禁止使用稻草铺盖屋顶。1666年9月2日，伦敦爆发了历史上最严重的一次火灾，由于多数房屋为木结构，大火烧了4天，约13200栋房屋被焚毁。此后伦敦禁止木建筑，要求采用不可燃的墙体和屋面覆盖层。1871年10月8日夜晚，芝加哥发生一场原因不明的大火灾，一夜之间市区木造与砖造的房屋几近全毁。大火之后，政府出台了建筑防火法，规定"市区禁止木造房屋"。

1889—1899年，伦敦发生过10次大火灾，毁掉了许多建筑。其中最严重的一次发生在1897年11月19日的伦敦北面的克里普尔盖特地区，大火从中午烧到晚上才熄灭。事后英国防火委员会建了一个检测站，开始防火材料试验，并制定了地板、天花板、隔板和门防火等级。之后，人们逐渐接受了根据防火性对建筑物分级的办法。电力取代煤气和固体燃料成为主要能源后，失火的危险性降低，但电气故障带来的火灾依然存在。20世纪初，防火试验站被用于评估新材料和建筑形式的防火性能。20世纪30年代初，美国规定了防火性能的标准等级。1932年英国颁布了《关于建筑材料和结构的耐燃性、不燃性和非易燃性的定义和试验方法》。

在欧洲，"百年老屋"随处可见，整个欧洲房屋的平均寿命超过80年。在历史的沧桑中，欧洲建筑质量经受住了考验，与其质量监管密不可分。

其中，法国建筑平均寿命高达102年。1715年，法国桥梁公路工程局成立，总管桥梁和公路质量安全。1716年桥梁公路工程局总监下设了一支工程师队伍，1744年又配备了制图员。1747年巴黎桥路学校成立，到1763年该学校已经拥有一支专业的建筑师、工程师队伍。1804年《拿破仑法典》规定，在建筑完工10年内，建筑师和设计师负有对房屋结构缺陷做维修的责任。超过10年保证期后，如果不能证明建筑师或设计师有欺诈行为，建筑工程所有者将对建筑工程负完全的责任。

1927—1928 年，法国曾连续发生多起建筑物倒塌事故，引起政府和社会关注。为了扭转此种状况，法国政府强化立法和运用经济手段来促使建筑企业加强质量管理。其中，一项重要的措施是引入建筑工程质量保险制度。法国成为世界上最早实施强制性工程质量责任保险的国家。

20 世纪 70 年代，法国房屋建筑工程的裂缝、渗漏等缺陷出现次数较多，而且存在建筑工程完工后就找不到建设单位和施工单位的现象。为了规避这种情况的发生，1978 年，法国全面修订了《拿破仑法典》，制定了《斯比那塔法》，规定建筑工程项目中的质量责任由个人承担，并且属于无限责任。为了防止由于个人无力承担质量问题的赔付，该法规定建筑工程的参建方必须向保险公司投保。1980 年颁布了《建筑师职业道德条例》，之后又制定了《建筑职责与保险》《城市规划法》《房地产法》等，法国形成了比较完整的建筑法律法规体系。

除了建筑立法外，法国还建立了完备的建筑工程质量技术标准体系，各种材料和制品都有明确的标准和规范。对政府投资建设的公共工程，这些标准和规范是强制性的；对私人投资的民间工程则是非强制性的，除非涉及公众安全。为了应对新结构、新材料、新技术的不断涌现，每隔一到两年，法国就会修订和完善一次相关标准。

比法国平均建筑寿命更长的是英国，以 132 年位居世界之首。1768 年英国皇家科学院成立，4 位建筑师成为其中成员。1771 年英国工程师协会成立，1818 年土木工程师协会成立，1834 年英国建筑师学会成立，1866 年改为英国皇家建筑师学会。

尽管 19 世纪英国的大教堂、官邸等大型建筑如雨后春笋一般，处处可见，但无法掩盖平民建筑的破旧。1844 年恩格斯在《英国工人阶级状况》中就描述了曼彻斯特工人住房的普遍情形"墙是薄到不能再薄了"。19 世纪中叶前，英国政府基本上对住房问题放任自由，不加任何干预。19 世纪中后期，随着住房质量低下、居住环境恶劣等问题愈发严重，政府开始实施一些引导性政策。1894 年英国颁布了《伦敦建筑法》，出于防火和结构安全的考虑，规定建筑的最大高度是 80 英尺，但是住房质量监督仍然形同虚设。1901 年，英国历史学家沃尔特·贝赞特为了说明监督中存在的腐败现象，引用了一位建筑学徒工的证词："像这样一所房子要塞给检查官 15 镑，相对小一点的房子要交 10 镑"。

1919 年，在首相戴维·劳合·乔治大力支持下，英国政府最终出台了《住房与城镇规划法》，标志着英国放弃一直秉持的自由主义原则，开始通过立法和监管干涉住房市场。1965年英国发布了《建筑条例》，加快引入国家建筑标准的步伐。1984年的修订《伦敦建筑法》明确了工程质量监管主体的责任和义务，引入了认可检查员的监管制度，规定了政府公立机构的监管，以及违规处罚等。经过不断完善，英国建筑质量管理形成了法律、实施条例、技术规范与标准三个层次的法律法规体系。

日本是地震多发国家。19世纪后半叶开始对地震研究，1892年日本预防震灾调查会成立。1916年，日本建筑家佐野利器提出"静力震度法"。1923年9月1日中午，在东京赤坂离宫，年仅22岁的裕仁正举行盛大国宴，招待各国使节。突然地动山摇，一幢幢房屋和

关东大地震造成14.2万人丧生或失踪，200多万人无家可归，财产损失65亿日元。

其他建筑物倒塌，到处尘土飞扬。这场关东大地震震级达里氏8.1级，东京损失了30万幢建筑，横滨倒塌6万幢建筑，造成14.2万人死亡和下落不明。次年，日本施行《都市建筑法》，规定建筑要考虑抗震系数，引入抗震设计和结构分析方法，将"静力震度法"的原则作为抗震设计的规范。日本成为世界上第一个要求结构计算需考虑地震力的国家。

第二次世界大战后，日本大面积重建基础设施，其后几年日本政府先后颁布了《建筑业法》《建筑基准法》《建筑师法》，对建设人员的行为和建设业务的开展进行了规范。1971年修正了《建筑基准法》，强化了钢筋混凝土柱的带筋间隔距离。1981年全面实行《新抗震设计法》，明确规定了与建筑安全相关的各个细节，要求建筑物在应对楼梯重要、积雪荷重、风压、水压、地震等震动和冲击方面，必须符合政令规定的各项技术标准。1995年1月17日，日本关西爆发里氏7.3级地震，造成6434人死亡。灾后统计显示，这次地震中受损建筑主要建于1971年前，1981年后建造的房屋几乎完好无损。这一年，日本再次修订了《建筑基准法》，将高层建筑抗地震的级别提高到里氏7级以上。1996年、2000年、2005年，日本又三次修改《建筑基准法》，进一步提高建筑物抗震标准，要求建筑物应经得住6至7级地震摇晃而不会坍塌，商务

楼能够经得住8级地震而不倒，使用期限能够超过100年。

在严刑峻法前，总有人铤而走险。在1986年到2005年期间，姐齿建筑事务所参与建设了208栋建筑物，遍及日本各地。2006年9月6日，日本一级建筑师姐齿秀次向法庭认罪，承认为了满足开发商降低成本的要求，伪造了63栋建筑物的抗震强度数据，这些建筑在中等强度地震中便有可能倒塌。丑闻在日本掀起轩然大波。2006年，日本又修改了《建筑基准法》，建立了建设许可审批阶段的建筑结构计算审查制度，加强建筑从业人员审计惩罚制度。对于不听从劝阻非法施工的，责任人罚款300万日元，有期徒刑由1年提高到3年，法人则罚款1亿日元；建筑设计不符合规定时，对责任人的惩罚由罚款50万日元提高为判处3年徒刑和罚款300万日元，法人罚款由50万日元提高到1亿日元。

2011年3月11日，西太平洋国际海域发生里氏9.0级地震，并带来海啸，造成1.9万人死亡或失踪，但是地震中倒塌的房屋寥寥无几。震后，日本政府进一步细化建筑结构安全和建筑疏散系统要求。

美国建筑质量管理法规体系同样比较完善。1894年美国国会通过了《赫德法案》，规定所有公共工程必须实行担保。1935年美国国会又通过《米勒法案》，规定对政府建筑工程项目进行付款保证担保，所有参与联邦工程建造的承包商都必须及时履行合同。在美国，工程质量监督管理政府部门直接参与项目质量的监督检查，一方面政府工作人员亲自检查，另一方面临时聘请专业人员进行检查。这些监督检查人员都直接参与每道重要工序和每个分部分项工程的检查验收，只有他们认定质量合格后，方可进行下一道工序。

美国建筑技术法规体系尤为完善。20世纪初，美国开始建筑技术法规制定工作。1915年成立了国际建筑官员与规范管理者联合会，1922年成立国际建筑官员联合会，1941年成立南方建筑规范国际联合会。1972年，上述三个机构的董事会又组成了美国建筑官员理事会，通过协商，强化模式规范的地位和作用。1994年，国际规范理事会成立，结束了长期三足鼎立的分割局面，开始制定全国统一的模式规范。1997年，国际规范理事会发布了《国际建筑规范》草案，经过三年不断完善，于2000年正式出版。在消防上，1896年就成立了美国国家消防协会，并于这一年形成了第一部安全文件——喷水系统安装标准。到目前为止，美国国家消防协会起码编制了300多部安全规范和标准，在世界范围内得到广泛应用。

此外，德国制定了《联邦建筑法》《建筑产品法》等一系列法律法规条例标准，1941年加拿大颁布了第一部《建筑法》，20世纪90年代欧盟标准化委员会制定了一系列关于建筑设计、土木工程和建筑产品的欧洲标准。1997年11月1日中国通过了《中华人民共和国建筑法》，2000年1月10日通过《建设工程质量管理条例》。

面对与所有人生命安全都密切相关的建筑质量，任何国家都不会掉以轻心。

第四章
质量支柱

在所有的科学技术中,有那么几种因为具有系统性、技术性、制度性、基础性和国际性等多重属性,对质量发展起着基础作用,这就是国家质量基础设施。2005年,联合国贸易发展组织和世界贸易组织在《出口战略创新》报告中,最早提出了国家质量基础设施的理念。2006年,在总结质量领域100多年实践经验的基础上,联合国工业发展组织和国际标准化组织发布研究报告,正式提出国家质量基础设施的概念,指出计量、标准化、合格评定(一般包括认证认可、检验检测)已经成为未来世界经济可持续发展的三大支柱,是政府和企业提高生产力、维护生命健康、保护消费者权利、保护环境、维护安全和提高质量的重要技术手段。2011年,世界银行发布《东欧与中亚在全球竞争中的质量治理》报告,提出建设国家质量基础设施的公共干预理论。2018年11月30日,在瑞士日内瓦,国际计量局、国际标准化组织、国际电工委员会、国际电信联盟等12个国际组织召开会议,决定成立国际质量基础设施网络。世界质量发展日新月异,标准之规范、计量之精准、合格评定之公正的作用日益凸显。

一、量天度地

人类从制造最简单的工具起，就产生了量的概念，开始测量活动。最初人类对数的概念认识是现实的、具体的量，随着生产社会化程度的提高、社会组织形式的进步和测量范围的逐步扩大，各种测量需要共同的标准，即长度、容量、重量、时间等需要专用的统一单位和统一量值的器具，中国古代将其称为度量衡。计量是度量衡发展至高级阶段的称谓，是国家统一的重要标志和象征，也是统一管理国家、维护国家秩序的重要手段。失之毫厘、谬以千里，计量已成为科技进步的重要前提、经济发展的重要技术基础、国防建设的重要技术手段，关系到国计民生。

何人认得君

1872年冬天，柏林寒风凛冽。

维尔纳·冯·西门子，这位56岁的物理学家、发明家、企业家，德国最大的电气公司掌门人，不停地向政府提议，购买一批精密的测量仪器，建立一所纯粹的学术研究机构，进行精准计量和基础科学的研究。这一年是德意志完成统一大业的第二年，政府官员们有着太多要务急需处理，忙着统一货币制度、税收制度、度量衡单位、商业法规、交通管理等，根本没有时间听取西门子"梦呓"般的建议。

此时，德国正靠着摘取英国和法国工业革命的"果子"，大规模"山寨"来获得经济发展。西门子虽然意识到问题之所在，却根本无力负担精准计量和基础科学研究所需要的巨大投入。从1872年上书文化部开始，西门子就反复强调着这一观点："一个国家如果不能走在基础科学的最前沿，那么这个国家的工业将不可能达到或者保持国际领先的地位。"

经过15年的奔走，1887年，帝国物理技术研究所正式成立。西门子提供了50万马克的启动资金，捐出了一个位于柏林郊外的私人领地，作为研究所的办公地点。研究所最早的任务之一，就是制定一个能得到国际广泛承认的亮度计量方式和标准。正是在研究这一问题的过程中，德国科学家无意间打开了量子物理学的大门。研究所通过发展各种标准和测试新产品，帮助德国站在基础科学和应用科学的最前沿，保证德国制造业的产品质量，奠定了德国富强的基石。今天，这个研究所已经更名为德国联邦物理研究院，成为全世界第一家大型国家实验室。

德国有西门子，俄国同样有一位世界闻名的人物为计量奔走。

1890年，作为政治斗争的牺牲品，年近六旬、享誉世界的化学家门捷列夫离开了工作了33年的圣彼得堡大学。两年后，俄国财政部长因为怜惜门捷列夫的才华，推举他出任国家标准度量衡贮存库库长，希望这份稳定清闲的工作，能帮门捷列夫摆脱拮据的生活，安度晚年。然而，认真的门捷列夫赴任后，马上投入工作，迅速走访考察俄国的度量衡。谁都没有想到，这次原本简单的例行考察，不仅改变了门捷列夫的人生轨迹，也改变了俄罗斯的未来。

在考察中，门捷列夫发现，虽然俄国是《国际米制公约》的缔约国，却根本没有执行，依旧使用原有的俄制。而俄制只是名义上的统一，实际上各地出入极大。大量滥用职权、玩忽职守、贪污腐败，让度量衡成了少数人谋利的玩具，以至于有些地方管理局中的标准原器本身就是假的。

门捷列夫痛心疾首，回到圣彼得堡，立即请求财政部，将标准度量衡贮存库改组为度量衡总局，在国内建立一套完整的检查系统，由总局全权管辖。在请求报告中，他没有使用太多的科学术语，只说了一条理由：统一度量衡和统一货币一样重要，能够团结各民族人民。多年的政治斗争，让门捷列夫懂得这句话足以让他争取到支持。1893年，门捷列夫的申请被批准并被任命为度量衡总局局长。

随后，门捷列夫开始重新制作俄国的计量原器。他亲自去英国，督查在那里制造的半沙绳、俄尺、俄磅等衡器，然后将样品与英国、国际公制原器精确比对，将俄制与米制挂钩。在门捷列夫近乎疯狂的努力下，仅仅6年之后，俄国度量衡的精确度就达到了先进国家需用15到20年才能达到的水平。其中称量的精确度达6位小数，而当时欧洲大部分国家只精确到4位小数。在完成了一切准备工作之后，门捷列夫终于开始迈向了他最后的目标——米制。1899年，门捷列夫开始在俄罗斯推行"米制"，并且很快落实成功。

1907年2月2日凌晨，门捷列夫因心肌梗死与世长辞，那一天距离他的73岁生日只有5天。出殡那天，寒风凛冽，街道上到处点着蒙着黑纱的灯笼，零下20摄氏度的低温没能阻挡人们送别的脚步。在通往安葬遗体的公墓两旁，几万人自动排成送葬队伍，向他做最后的告别。

1917年，十月革命爆发，苏维埃俄国成立。苏维埃俄国迅速成长为世界工业强国。1945年，为了纪念门捷列夫为俄罗斯度量衡所作出的巨大贡献，他曾经主导建设的度量衡总局，正式改名为全苏门捷列夫计量科学研究院，也就是今天的俄罗斯门捷列夫计量科学研究院。

然而并不是每个国家都拥有一位门捷列夫，美国是在一场大火后才醒悟的。

1904年2月7日，美国巴尔的摩市，一个布料仓库突然火光冲天，起火后偏偏又刮起了大风，火势迅速在整个城区蔓延。当地消防设施和人手告急，立即向邻近的城市求援。当华盛顿和纽约的消防队飞速赶到现场时，却只能眼睁睁地看着火光与浓烟将城市吞噬。因为他们带来的消防水管，全都和当地的消防栓不配套。尽管彼此仅仅相距300多公里，但这些消防队各自为政，使用着不同尺寸的装备，有的用英制，有的用米制。这些质量合格的消防器械，在一瞬间却都变成了废品。失控的大火肆虐了两天，烧毁房屋2500余座，损失超过8500万美元。

血的代价，让刚刚建立不久的美国国家标准局开始着手建立统一的计量体系。

从布手知尺到米制

最初的计量标准往往借助于人体的某一部分来实现，《孔子家语》说："布指知寸，布手知尺，舒肘知寻，斯不远之则也。"其他国家的计量也曾经历过以人体为基准的阶段。

古代埃及主要的长度单位有大掌距——从伸展的拇指尖到小指尖之的间距；小掌距——从伸展的食指尖到小指尖的间距；肘尺——自肘到中指尖的长度，约合52厘米~53厘米。古代欧洲尺度主要有脚尺、肘尺和掌尺三种体系，分别来源于古希腊和古罗马。古罗马的基准尺度是pes，pes是"脚"的意思。罗马帝国崩溃后，度量衡制度也四分五裂，英国和法国都继承了罗马体系。英尺的英语 foot 本意是"脚"，1 英尺等于 12 英寸、1/3 码、30.48 厘米，差不多是成年男子一只脚的长度。而法尺为英尺的 1.066 倍~1.068 倍，约合现在的 32.48 厘米。英寸（inch）在荷兰语中的本意是大拇指，1 英寸等于 2.54 厘米，差不多是一节大拇指的长度。德语系国家大多使用肘尺，通常在 60 厘米左右。古希腊采取掌尺，即以净手掌宽 7.71 厘米为尺度，4 掌尺约为 1 脚尺，2 个脚尺约为 1 肘尺。

12 世纪初，英王亨利一世亲自组织讨论一码到底应该定为多长，经过激烈讨论，最后确定，1 码为从亨利一世的鼻尖到食指尖的长度，相当于现在的 0.9144 米。16 世纪的一个礼拜日，德国人让从教堂里走出来的 16 个男子站在一起，然后将其左脚的长度加在一起，除以 16，得出 1 英尺的长度。

人有高低，手有长短，步有大小，以人体为基准误差较大，后来人类选用自然物作为计量基准。

地中海畔，生产着一种角豆树，每年春天，角豆树盛开淡红色的花朵。花落长出豆荚，剥开豆荚，里面是褐色的稻子豆。无论角豆树长在地中海何处，所结的稻子豆，每一颗重量几乎一致。于是，人们测量贵重又细小的物品时，在天平一端放上被称量的物品，另一端放上稻子豆。稻子豆就成了砝码，每颗重量为 1 克拉。1907 年，国际商定将克拉作为宝石计量单位，1 克拉等于 200 毫克。14 世纪时，英王爱德华二世颁布了"标准合法英寸"：从大麦穗中间选择三粒最大的麦粒依次排成一行，其长度就是 1 英寸。1842 年英国的《度量衡法案》，规定 1 磅等于 1 颗大麦重量的 7000 倍。

随着人类对质量的要求越来越高，需要更加严格的误差控制和更加精细的计量单位，以人体或者自然物为基准的计量方式显然无法满足需要。

1790 年，法国国民议会通过决议，责成法国科学院研究建立长度和质量等基本物理量的基准。此时法国科学院英才汇集，拥有启蒙思想的"擎炬人"孔多塞、著名数学家拉格朗日、"近代化学之父"拉瓦锡等杰出学者。孔多塞等人决定彻底颠覆计量历史，不再以人体部位或自然之物为计量单位，而取决于一种永恒不变的事物。

他们选择了地球！决定在经过巴黎的子午线上，取赤道到北极的一千万分之一为长度单位，选用古希腊文中"metron"一词作为这个单位的名称，后来演变为"meter"，中文译成"米突"或"米"。为了制造出精确的基准器，在法国天文学家捷梁布尔和密伸的领导下，从 1792 年开始，整整用了 7 年时间，终于测量出经过巴黎的地球子午线长度。1799 年，根据测算结果，制成了一根

3.5毫米×25毫米短形截面的铂杆，将在冰熔点温度时此杆两端间的距离确定为1米，并以此推导出面积和体积单位。1799年6月22日，法国科学院正式将铂金铸成的"米原器"，交给法国立法会，这就是最早的米定义。这支刻有"永远为人类服务"的"米原器"，后来一直保存在法国档案局。1837年7月4日，法令确定从1840年1月1日开始实行"米制"。

在米的基础上，法国又规定了质量的单位，即在标准大气压下，1立方分米纯水在4℃时（此时水的密度最大）的质量为1千克。1801年，法国根据这个定义制造了一个铂圆柱体砝码，作为质量基准器，保存在法国档案局，因而称这个标准千克器为"档案千克"。这种以"米"为基础的制度，得名"米制"。这是有史以来，人类第一次根据一种基本且普遍的事物定义计量单位。

就在"米原器"诞生的1799年，拿破仑发动雾月政变，接掌法国。之后，他不仅在法国国内极力推行米制，而且将米制带到了他剑锋所指的每一块土地上，这是米制第一次走向世界。当提及"米制"单位，拿破仑说："武功易朽，但此事功在千秋。"当然，真正让米制走向世界的，不是拿破仑的武力，而是米制的优越性，以及人类越来越迫切需要统一计量单位。

1851年，第一届万国博览会上展出了法国"米原器"，引起了围观和议论。1855年，巴黎万国工艺博览会上，审查委员会开会讨论实行米制，要求委员们"各尽心力，劝告本国政府及有识之士，推行米制，以谋公益。"1864年，英国允许米制单位与英制单位并用，德国全部采用米制。1875年3月1日，法国政府召开了"米制外交大会"，英、法、德、美、俄等20个国家政府代表参加。1875年5月20日，20国中的17个国家全权代表正式签署《国际米制公约》，同意使用十进制的米制计量单位，以简化国家间的贸易、结算和计量，标志着近代计量的开始。同时，决定在法国成立国际计量局，总部位于巴黎近郊的塞夫尔，明确其任务"为了实现世界范围内的测量一致性，建立新的米制标准，保持国际标准原器并进行必要的比对"。从此，计量成为工业时代新的发展动力，它不仅保障着国际贸易的有序进行，支撑着生产、贸易全面化，更衍生出标准和合格评定。1999年，为了纪念世界《国际米制公约》签署125周年，第二十一届国际计量大会把每年的5月20日确定为"世界计量日"。

1889年，埃菲尔铁塔建成的这一年，依据《国际米制公约》，国际计量大会和国际计量委员会设立，下设执行机构国际计量局，总部设立在法国布勒特伊宫。这座建造于17世纪的优雅建筑，坐落在圣克卢国家公园一座可以俯览塞纳河的碧绿山丘之上，此处曾一度是法国皇室狩猎保留地。国际计量委员会和法国政府签订协议，布勒特伊宫在法国领土享有治外法权和豁免权。

1889年召开的第一届国际计量大会，确定"米原器"为国际长度基准，"档案千克"为国际质量基准。国际计量局用含铂90%、铱10%的合金精心制成了30根横截面呈X型的"米原器"和3根铂铱合金圆柱体砝码，分别与巴黎档案局保存的"米原器"和"档案千克"比对，选用其中最接近的一个作为"国际米原器"和"国际千克原器"。"国际米原器"和"国际千克原器"被非常仔细地保存在国际计量局地下室的保险库里，在水平的黄铜台上放置着水晶圆板，水晶圆板上放置着原器，再罩上3层特制玻璃罩，以防止沾上哪怕极微小的灰尘。保险库有3把钥匙，分别由国际计量局长、国际计量委员会主席和法国外交部长保存。只有三人同时在场，才能进入保存"国际米原器"和"国际千克原器"的保险库。国际计量局又先后加工复制了一批副原器，发售给米制公约成员国，作为这些国家的长度和质量基准。每隔一段时间，各国都要来与国际原器之间比对一次，以确保各国原器的准确度。

国际千克原器。

让误差无限接近于零

人类追求计量精度的脚步并没有到此停步。科学家在测量中发现，1米原器并不正好等于地球子午线的四千万分之一，而是大了0.2毫米。随着科学技术的发展，科学家希望把计量不是以某一个实物的尺寸为基准，而是建立在更科学、更方便和更可靠的基础上。于是，非实物计量基准开始登上历史舞台。

19世纪末，科学家发现自然镉的红色谱线具有非常好的清晰度和复现性。国际计量大会每4到6年在法国塞夫尔召开一次会议。1927年召开的第7届国际计量大会，决定用这条谱线作为光谱学的长度标准，1米的长度为15摄氏度的干燥空气中自然镉的红色谱线波长的1553164.13倍。人们第一次找到了可用来定义米的非实物标准。

科学家继续研究，又发现氪的橙色谱线比镉红线更优越。1960 年，第 11 届国际计量大会决定，米的长度等于氪原子在真空中辐射波长的 1650763.73 倍，这个基准将 1 千米误差控制在 4 毫米之内。20 世纪 60 年代以后，科学家又找到了一种更为优越的光源——激光，测得激光在真空中速度为每秒 299792458 米。1983 年 10 月，第 17 届国际计量大会重新定义了米的基准，为光在真空中 1/299792458 秒所经路程的长度。新的米定义方法的科学意义重大，把长度单位统一到时间上，利用高度精确的时间计量长度，大大提高了精确度。

1901 年，第 3 届国际计量大会增加了时间单位秒为国际计量单位。中国远古时代就有用太阳阴影计时的日晷，公元前 1000 年左右欧洲也发明了日晷。古希腊天文学家希巴谷和托勒密，把太阳日的 1/24 定义为 1 小时，以六十进制细分时，1 秒为一太阳日的 1/86400。

日晷仪被使用了很长一段时间，但并不准确，而且晚上和阴雨天气就不好用，后来产生了漏壶计时。13 世纪，随着发条系统的使用，机械钟表被发明。1583 年伽利略发现了钟摆原理，1642 年荷兰人克里斯蒂·安惠根斯利用钟摆原理，发明了一种钟表，每天只误差 1 分钟。1960 年，第 11 届国际计量大会确认把 1 秒设定为 1900 年地球绕太阳沿轨道运动一周所需时间的 1/31556925.9747。

科学家发现原子振动频率非常稳定，第二次世界大战后美国国家物理实验室研制成功世界上第一个原子钟，1956 年发明了商用原子钟。1967 年第 13 届国际计量大会重新定义时间单位，即 1 秒为铯 –133 原子在其基态两个超精细能级间跃迁时辐射的 9192631770 个周期所持续的时间。今天，铯原子钟的精度已经达到 2000 万年才相差 1 秒。

1954 年，第 10 届国际计量大会决定增加 3 个基本单位，即，电流强度单位安培、绝对温度单位开尔文、发光强度单位坎德拉。1971 年，第 14 届国际计量大会又增补了一个基本量和单位，这就是"物质的量"及其单位——摩尔。至此，国际计量大会共定义了 7 个计量基本单位。

在 2007 年的一次检查中，工作人员发现有 118 年历史的"国际千克原器"减轻了大约 50 微克。2018 年 11 月 13 日至 16 日，第 26 届国际计量大会在法国凡尔赛举行，通过"修订国际单位制"决议，更新了国际标准质量单位千克、电流强度单位安培、温度单位开尔文和物质的量单位摩尔 4 项基本单位。其中，1 千克以量子力学中的普朗克常数为基准，其原理是将移动质量 1 千克物体所需的机械力，换算成可用普朗克常数表达的电磁力，再通过质能转换公式算出质量。人类与最后一个实物基准"国际千克原器"挥手告别。国际单位制7个基本单位全部由基本物理常数定义，稳定性和精确度再一次大大提高。

自2019年5月20日世界计量日起，新国际单位体系正式生效，计量进入了量子化时代。

统一征途漫漫

计量的精度不断提高的同时，统一征途依然漫漫。自有国家以来，各国纷纷把计量管理视为国家权力象征的一部分，谁也不肯屈从于谁。

1397年，丹麦统治了瑞典和挪威，丹麦国王成为3个王国的共主。1523年，瑞典终获独立，建立了瓦萨王朝。1555年，瑞典国王古斯塔夫一世专门发布指示，要求使用并保持同样的计量单位。当时瑞典是出口生铁和铜最多的国家，1583年又专门发布了有关金属贸易的称量制度。19世纪前丹麦一直控制着挪威。1683年，丹麦国王克里斯琴五世颁布了统一丹麦—挪威度量衡制度的法令，委派天文学家、数学家欧利罗默制造度量衡标准器，对所有盖戳印或贴标签的度量衡器进行检定和审批。1983年，为纪念这个统一度量衡制度的法令300周年，丹麦还发行一枚纪念邮票。1698年，欧利罗默拟定了详细的度量衡条例，同时制成了两套长度、重量和容量的标准器。一套由哥本哈根市政府使用，用于比对检定贸易中度量衡器；另一套保存在贸易部商学院，后移置皇家卢森博城堡。

时至今日，国际计量大会仅有55个会员国，世界各国通行计量单位种类繁多。比如，长度有英里、杆、码、海里等，质量有磅、盎司、普特、两、钱等，体积有吉耳、品脱、夸脱、加仑、桶等。杂乱无章、极不统一的计量，给生活、科研、制造和商品流通等造成许多麻烦。

即使《国际米制公约》成员国们也没有完全实行公制。美国早在1787年就在《联邦宪法》中对度量衡做出规定，但作为《国际米制公约》的缔约国之一，美国推广公制步履蹒跚。美国计量管理一直实行各州自主的分散管理体制，每个州自行立法，自行建立计量管理部门和实验室，配备商用计量器具和检定用的计量标准。1905年，在原美国标准局倡议和组织下，国家计量大会召开，提出制定统一计量法规。但是一直到 1911 年，美国才通过《典型的州计量法》，仅仅为各州政府制定计量法规和计量技术规范提供版本。到 1975 年，虽然福特总统签署《公制转换法案》，成立公制委员会，但依然是推荐公制，而不是强制。卡特接任总统后，只是做了一部卡通短片《计量奇迹》，宣传一下而已。等到里根上台，为了消减政府开支，又取消了公制委员会。1983 年通过的《美国统一计量法》，也是各州协商的结果，没有强制作用。1994 年克林顿又准备推行各种消费品使用公制单位标准，但国会毫不买账，不予通过。

1998 年 12 月 11 日，美国佛罗里达州卡纳维拉尔角空军基地，热烈的掌声持续很久，火星气候"探测者"号成功发射。这颗探测器带着人类的好奇奔向太空，向火星一步步靠近，按照计划将于 1999 年 12 月 3 日登陆。经过 10 个多月的旅程，1999 年 9 月 23 日，卫星准备进入火星轨道，此时飞船偏离预定轨道约 170 公里。对于超过 1 亿 9600 万公里的旅程，170 公里偏差本不大，通过校正完全可以让探测器回到预定轨道。地面工作人

因换算单位错误而消失在茫茫宇宙的火星气候"探测者"号。

员使用世界第一大武器生产商洛克希德·马丁空间系统公司开发的地面控制软件，输入方向校正量和推进器参数。但是"探测者"号并未能回到预定轨道，而是消失在茫茫宇宙之中，最终瓦解碎裂。美国宇航局紧急调动科学家查寻原因，结果让人啼笑皆非。"探测者"号上的飞行系统软件使用公制单位牛顿计算推进器动力，而洛克希德·马丁空间系统公司开发的地面控制软件使用英制单位磅力计算的。计量单位的不统一，造成总价 3.3 亿美元的探测器毁于一旦。

尽管付出昂贵的代价，但美国依然我行我素，特立独行。2010 年，美国《消费者世界》杂志做了一项调查，结果发现，尽管福特推广公制已经 35 年，但高达 80% 的受访者仍无法确定 1 克糖究竟是多少，大多数家庭使用"茶匙"来表述糖的使用量。2016 年，罗得岛州前州长林肯·查菲参加美国大选，提出一项毫不新鲜的主张：美国采用公制作为计量单位。查菲落选了，他的主张也落空了。

当经济全球化成为不可逆转的趋势时，世界范围内的计量单位统一终有时日。

捍卫公平公正

诚信为本、童叟无欺，历来是市场交易的基础。但是自古以来，在度量衡器具上做手脚的现象屡见不鲜。以法律确保度量衡的权威性和量值的一致性，防止利用模糊不清的度量衡欺骗顾客，历时已久。编成于公元前2世纪~公元2世纪古印度的《摩奴法典》就规定："国王应经常检查度量衡，每六个月盖一次章，并对违法行为和欺骗行为进行惩罚。"1215年6月15日，英国国王约翰签署《英国大宪章》，规定："全国应有统一之度量衡。酒类、烈性麦酒与谷物之量器，以伦敦夸尔为标准；染色布、土布，锁子甲布之宽度应以织边下之两码为标准；其他衡器亦如量器之规定。"14世纪，英国啤酒、葡萄酒、肉类、面粉和食盐的零售商使用违规量器的现象相当普遍、屡禁不止，当局为此严加管理度量衡器具。伦敦市政当局规定，私人度量衡器必须符合市政当局的标准，一旦发现使用的器具不合标准，将严厉处置。1390年，埃克塞特城市法庭起诉33人使用不达标的量器，在证实之后，不仅全部销毁他们的量器，而且处以2便士至22便士不等的罚金。此后，城市法庭每年定期公布那些情节恶劣的违规者。

18世纪，商业活动越来越频繁，计量违法现象也越来越多，各国意识到精准计量的重要性。19世纪后期起，世界各国开始加强计量的立法和组织建设，美国、德国、英国等44个国家和地区先后将计量写入宪法，以示为国家最高权力的一部分。1866年英国出台《度量衡法》，后经多次修改；1985年重新修订颁布的《度量衡法》规定了测量标准的建立、计量器具的管理等内容。1875年日本建立了度量衡制度；1891年6月制定并颁布了日本历史上第一部计量法规——《度量衡法》，次年3月实施；1951年正式制定并颁布了日本《计量法》，1992年又全面修订，共计10章179条。1937年法国颁布《计量法》，1944年又颁布了《法国计量器具监督法》。1985年，《中华人民共和国计量法》制定并颁布。

各国都严惩计量违法行为，有的处以重罚，有的没收计量器具，有的公布于众，有的停业整顿，甚至处以徒刑。在计量管理体制上，西方发达国家大多由工商业主管部门管理,如美国商务部、德国经济部、日本通产省、英国贸工部。其管理的基本任务是保证商品交换计量公正,保护公共利益不受损害,维护正常市场秩序,重点是商业,特别是零售商业,很少插手工业生产环节计量。

到20世纪中叶,国际计量法制协调越来越紧迫。1937年,同样在巴黎,37个国家代表召开了国际实用计量会议,决定成立国际法制计量临时委员会。1955年10月12日,24国代表在巴黎签订了《国际法制计量公约》,决定正式成立国际法制计量组织,最高决策和权力机构为国际法制计量大会,每4年至6年召开一次会议;领导和咨询机构为国际法制计量委员会,每两年召开一次会议;执行机构为国际法制计量局。

法治维护之外,各国还在技术保障方面发力。1834年英国下议院批准成立国家计量院,1987年建立全国最具权威的法制计量机构——国家度量衡实验室。1903年日本创建了中央度量衡检定所(东京),并先后设置了大阪、福冈、名古屋等分所,该所后来发展成为日本通商产业省工业技术院国家计量研究所,负责计量基准、计量标准的制定工作,为量值传递提供先期保障,此外,各个地区均设有技术鉴定机构。德国联邦物理技术研究院是德国最高的国家计量管理和技术机构,有员工1900余人,开展计量研发和服务,负责全国量传统一。德国计量检定由政府计量部门负责,校准由社会上各类技术机构实施。美国标准技术研究院组织协调全国计量管理,帮助制定计量基准和计量标准。美国和德国的国家计量院院长都由总统直接任命。

计量器具逐渐走出机械时代,日益电子化、智能化,诞生了集光、机、电、电脑一体化的精密高效计量仪器,减小了工作强度,提高了器具的准确性,增加了透明度。与之同时,各种违法手段更加隐蔽。

2015年一起"造假门"震惊全世界,德国大众非法为大众和奥迪等若干车型安装禁用软件,这款软件在汽车正常运行时关闭,在接受尾气检测时开启,用以减少特定废气排放,欺骗美国监管机构,而这些汽车实际排放的废气最高达到环保上限值的40倍。为此,美国政府开出180亿美元的罚单,勒令大众汽车立即召回50万辆车。大众汽车股价暴跌,市值蒸发2000多亿美元,CEO引咎辞职。

度万物、量天地、衡公平,计量从来就不是单纯的技术问题,在其计量商品、时间、电流等客观世界时,无时无刻不在计量着诚信与人心的分量。

二、规范世界

人类由自然进入社会共同生活实践历程中，逐步形成了统一规范的语言、文字、工具、货币、技术规范、生产管理等，后来人们将这些统称为标准。《孟子》载："规矩，方圆之至也""离娄之明，公输子之巧，不以规矩，不能方圆"。中国古代四大发明之一的宋代活字印刷术，就是运用标准件、互换性、分解组合、重复利用等标准化原则，成为古代标准化的里程碑。手工业时代的标准化生产方式领域和范围毕竟有限，18世纪末，机器生产、社会化大生产兴起，近代标准化正式登上历史舞台，成为一种具有明确目标和系统组织的社会性活动。一方面，科学技术为标准化提供了系统、定量实验的手段；另一方面，标准化提高了生产效率，稳定和提高了产品、工程和服务质量，技术标准成为衡量质量好坏的主要依据之一。没有先进的标准，没有严格的标准化管理，便没有高质量的生活，也不可能有现代化。在人类社会进步的轨道上，标准化推动力越来越大。

始于规模化大生产

1784年5月，托马斯·杰斐逊出使欧洲，广游各国。这位后来的美国第三任总统不仅是《美国独立宣言》的主要起草人，还是农业学、园艺学、建筑学、词源学、考古学、数学、密码学、测量学与古生物学等学科的专家，1785年担任了美国驻法国公使。杰斐逊一辈子写下大量书信文稿，约有19000封信。那个时候还没有复写纸，为了留下底稿，他发明一个特殊的复写装置，能够一次得到两份一模一样的书写稿。在法国期间，他不断搜集有关法国的情况，然后汇报给国内。

在一封信中，他谈到对一位叫勒布朗的军械工人的访问。这里对滑膛枪的结构做了一项改进，这可能会引起国会的极大兴趣。这项改进就是把滑膛枪每一个零件都做得完全一样，每一支枪的零件都可以用于库房内的任何一支滑膛枪。这里的政府已检验并批准了这个方法，并且为实施这一方法建立了一座大型制造厂。但到目前为止，发明者仅完成了该计划中滑膛枪的枪机部件。接着将立刻着手用相同的方法制造枪筒、枪托和其他部件。想来这可能对美国有用，于是他去拜访了这名技工。这名技工拿出50套零散的枪机零件，并隔开排列进行装配。他尝试着拿起手边的零件自己也装配了几个，它们配合得相当好。当武器需要修理时，这种方法的优越性就最为明显了。这名技工是用自己设计的工具来实现这种方法的。由于这种方法同时又减少了工作量，因此这名技工认为他能提供比一般价格便利2里弗的滑膛枪。

杰斐逊描述的就是一种标准化生产，尽管当时还没有定义，但工业革命开始不久，标准化生产已经在欧洲悄悄萌芽。杰斐逊的这封信并没有引起美国人的主意，甚至在欧洲也未能看到后续发展。

法国在独立战争中曾经助美国一臂之力，但到18世纪末，美法交恶，战争一触即发，美国急需一大批武器。1798年5月4日，美国国会通过决议，拨款80万美元购买大炮和轻武器。因发明的轧棉机被大量仿制而破产的伊莱·惠特尼获得其中10000支滑膛枪合同，而他没有任何制作枪械的经验，甚至没有一张设计图纸、一位枪械技工，但他决定孤注一掷，在纽黑文附近开办了一家军火武器工厂。

当时，每支枪由一名工匠负责承制、装配全过程，熟练的工匠必须花费大量时间对每一个部件进行锉磨、打光和修整，生产进度极其缓慢。惠特尼按照传统的方式生产了10个月后，收到时任美国财政部长奥利弗·沃尔科特寄来的《关于枪械生产的外国小册子》。惠特尼受此启发，将一支滑膛枪拆分为许多零部件，设计专门的模子和机器加工，由不同工种的工人熟练而高效地生产各种各样的零件，再让工人将各种零件组装成枪。由于零件尺寸统一、误差极小，因而能够相互替换，并且质量和规格保持稳定。这种"可替换零件"标准化生产方式，不仅提高了生产效率，而且"使不同武器的相同零件，例如枪机，就像铜版雕刻得到的一系列印图一样相像"。

1800年12月8日，两年的合同期即将到了，但是试验浪费了大量时间，伊莱·惠特尼在阴郁中度过35岁生日。他不得不给奥利弗·沃尔科特写信讲述他的发明："机器可以用于锻造、轧制、钻孔、磨削、抛光等，用机器生产出枪支的各个零件，再把它们组装起来，这将大大提高生产效率。我现在可能制成500套武器，每套的成本为15美元，但我不能顺利地扩大生产。我再要有6个月的时间才能制造出另外500套武器"。

1801年1月18日，惠特尼没能按期履行合同，只带着10支枪来到华盛顿。此时，托马斯·杰斐逊已经担任总统。在杰斐逊总统和其他官员面前，惠特尼将这些枪一一拆卸，再将部件堆放在一起，然后蒙上眼睛随机抓取部件重新组装成10支枪。在场的人惊讶不已，按传统方式生产的枪，由于部件相互之间存在一定差异，不可能混用。杰斐逊总统喜出望外，在他看来"只有机器，以它们不变的形状和标准的切割，才能生产可替换部件"，惠特尼"发明的不仅是机器，而且是新方法所采用的工序"。

托马斯·杰斐逊应该没有告诉惠特尼，他16年前在法国的所见所闻，因为惠特尼曾写道："这种体系开始建立起来，并已在欧洲无人知晓的计划进行着。建立这种体系的最主要的目的是，用正确有效的机械操作代替那种需要长期的实践和经验积累才能获得的机械能手的技能，而不管从哪个角度，这个国家都不具有这种技能"。惠特尼的演示获得了极大认可，他赢得了更多的时间和更多的资金。

惠特尼蒙眼安装滑膛枪，展示了标准化的魅力。

1801年9月26日，第一批500支枪顺利交货，质量之好远远超过人们的想象。1809年1月，惠特尼完成了全部定额，尽管比合同期限晚了9年，但他的滑膛枪受到广泛好评，以至于其后15年，陆军军械部把所有轻武器合约都给了他。1812年，他接受了超过15000支滑膛枪的生产合同。而惠特尼在质量追求上又进了一步，开始实施严格的质量检验。工人们把通条摔在枪管上，如果没有发出响亮的声音，就将其作为废品处理。

美国的熟练军械工人极少，而将生产过程分解成标准化操作，降低了工人的技能要求。标准化生产理念和方式很快在美国制造业内广泛流传，钟表、金属器具、缝纫机等领域竞相采用，大量的新型加工机械被研发出来，大大促进了美国制造业的发展。1814年到1818年，惠特尼又发明了铣床，进一步提高了标准化精准度。因为惠特尼第一个成功地将可替换零件的理念演绎成实用的生产方式，开辟了工厂体制生产的新时代，他被誉为美国的"标准化之父"。1900年，惠特尼的名字和事迹被选入美国名人纪念馆。

正当惠特尼紧锣密鼓地赶制剩余枪械之时，大西洋彼岸也没有停息。

1808年，J·艾伦·兰塞姆发明了一种铁制犁架，采用标准化的可替换部件，那些容易磨损与损坏的部件可以简易地拆散和替换。1828年之前，哈伯德旋转齿轮泵生产也采用可互换体系。在1851年万国博览会上，罗宾斯和劳伦斯公司展出了6种美国军用步枪，其加工制造的可互换性引起了极大关注。1853年，英国成立以工程师詹姆斯·内史密斯为主席的皇家轻武器委员会，商讨把分散的车间里加工的原始零部件集中在一起装备。他们决定把美国体系引进到英格兰，派出一些成员访问美国，重新装备了恩菲尔德皇家轻武器工厂。到1857年，用这些设备每星期可制造1000支来复枪。

伴随着工业革命的浪潮，标准化生产方式席卷全球工业国家，既提高了生产效率，又保证了产品质量。

没有停步于可替换性

1885年，被称为"汽车之父"的德国机械工程师比尔·本茨制成了第一辆汽车。这种汽车有三个轮子，时速约每小时10公里。1896年，美国人亨利·福特制造出第一辆四轮汽车。1912年，福特对发明的T型车并不满意，他相信薄利多销比厚利少销更符合市场发展，希望能够有一种生产方式进一步降低价格和提高质量。

一天，福特的工程师威廉·C·克莱恩参观芝加哥的一家屠宰场，在"拆卸线"前停下了脚步。他看到，通过空中滑轮，一头宰好的牛从很多切肉工人面前移动经过，每一个切肉工人只割下特定的某个部分，一切是多么的有序而高效。克莱恩突然意识到，如果一头牛可以被高效拆解，那么把整个流程倒转，一辆汽车也就可以被同样高效地组装出来。他将这个想法报告给主管彼得·E·马丁，虽然马丁对此抱着怀疑态度，但仍然鼓励他继续试验。

试验先从汽车底盘安装开始，经过一次次调整，当绞盘通过钢索拉动汽车底盘运行时，装配线旁边的工人有序地给底盘安装上螺栓、螺帽，一个汽车底盘的装配时间从原来的18小时28分钟缩短到1小时33分钟。当发电机装配也使用这种方式后，时间从20分钟缩短到了5分钟。1913年，福特对生产流程彻底分解和优化，创立了全世界第一条汽车流水装配线，不仅装配速度提高了8倍，而且生产过程稳定、产品结构标准规范，并能在流水线上检验质量，及时发现问题。1925年，T型福特汽车整车装配的7882道工序都在新建的流水线上完成，装配一辆车平均耗时10分钟，而在十几年前要花14个小时。在精准控制的流水线上，时间和空间组织统一起来，工人成为一个个轮齿，标准化、流水线和科学管理融为一体的现代大规模高质量生产就此开始。

1913年的福特工厂流水线。

1927年，时任美国商务部长、后来当选总统的胡佛为此感慨道："标准化对工业化极端重要"。流水线作业极大地提高了生产效率，大幅降低了价格。第一次世界大战前，一个工人买辆车要花费2年的工资，到20世纪20年代末期仅需3个月的薪水。福特汽车以低廉的价格，作为一种实用工具走入寻常百姓之家。1929年，美国私家车达2600多万辆，平均每5人一辆，几乎每个家庭都买得起车，而福特被称为"为世界装上轮子的人"。此后数十年，美国汽车工业一直遥遥领先，雄踞榜首。1950年美国的汽车产量比英、苏、法、德、意、日六国的总产量还多好几倍。

因为连续生产流水线，亨利·福特获得了名声和大量财产，美国实现了经济腾飞。这给全世界上了生动的一课，标准化有着足以改变一个国家财富的力量。标准化生产方式很快在全世界各行各业推广，扩大到技术、经济、贸易、服务、管理等各个方面，涵盖了第一产业、第二产业和第三产业。

第二次世界大战结束后，1600万美国士兵返回国内，再加上战后"婴儿潮"，住房需求突然爆发，房荒成为美国的最大社会问题。杜鲁门总统直言不讳地说："在证明我们的民主体制可以为我们的人民提供像样的住房以前，我们怎么能指望在欧洲推广民主呢？"但是，按照传统的建筑方式，短时间很难建成大批量房子。

莱维特父子在第二次世界大战前就从事住宅业，为了解决战后房荒的困境，他们提出了一个大胆的计划：用批量方式盖房。1947年5月7日，在纽约郊区的长岛，莱维特公司购买了4000英亩土地，宣布将在这里建造2000套住房。为了加快建设进度，降低建设成本，莱维特父子将房屋设计成标准间，直接从厂商手中购买完全标准化的建筑材料，运到工地以后，再由工人分工协作，完成整个装配过程。此举大大提高了建造速度，平均一天盖成 23 栋房子，而房子售价不到 1 万美金。1947 年当年，莱维特公司就完成了 2000 套住房的建设计划，创下了当时美国建房速度的最高纪录。

莱维特把住宅建造带入了工业化阶段，为此，1950 年的《时代周刊》把莱维特镇作为封面故事，称莱维特"对一个极其古老的传统行业进行了一次强有力的现代化变革"。这种变革本质上就是建筑行业的标准化生产。此后，莱维特父子从纽约转战宾夕法尼亚州。这种生产方式也被其他人效仿，大大加速了美国城市郊区化的进程。到 1970 年，美国郊区人口已经超过了市区人口。

标准化不仅提高了效率，而且具有保障质量安全的显著作用。1921 年美国飞行事故万时率为 46.8，1922 年为 50.6。之后美军实行飞行和保障工作标准化，事故万时率直线下降，1934 年降至 11.0，1943 年为 6.4，1947 年为 4.4，1950 年为 3.6，1960 年为 0.58，1970 年为 0.3，1983 年仅 0.198，20 世纪 90 年代后一直保持在 0.2 以下。

随着生产和管理越来越高度现代化、专业化、综合化，一项产品、工程和服务往往涉及众多行业、组织和学科，标准化成为各行业各学科的纽带，更加不可或缺。而随着经济全球化，信息技术高速发展，标准化的作用将更加显著。

国家力量

波尔多，法国西南部一座美丽的城市，西临大西洋，吉伦特河从境内缓缓流过，温带海洋性气候让这里的天气总是那般的温和平顺。得天独厚的气候与地理条件，造就了波尔多丰富多样、口感柔顺雅致的葡萄酒。波尔多因此被誉为世界红酒之乡，拥有 9000 多座酒园和酒堡。18 世纪和 19 世纪，随着葡萄酒贸易的发展，波尔多城市发展进入黄金时代。

1855 年，巴黎世界博览会举行，拿破仑三世非常想借此机会向全世界推广波尔多葡萄酒，于是请波尔多葡萄酒商会筹备一个展览会，让全国酒庄都来参展。波尔多酒庄何其多，如何在参展酒庄中凸显出波尔多名庄？如何让参观者在有限的时间了解到更多波尔多葡萄酒的情况呢？

波尔多商会请葡萄酒批发商的经纪人工会将所有酒庄分为5个等级，所有酒庄主个个自以为是，谁也不甘心落后。当年4月18日，经纪人工会根据葡萄品种、气候、土壤、湿度、葡萄园管理和酿酒技术，最终将59个酒庄分成六级。吕萨吕斯酒堡被评为唯一的超一级酒庄，为拉菲、拉图、玛歌、红颜容、木桐等5个酒庄被评为一级酒庄，此外，评出了11个二级、14个三级、11个四级和17个五级。评级制度极大地推动了葡萄酒的发展。

1935年，法国又制定颁布质量分级体系，将葡萄酒分为四个等级，最高等级为AOC（法定产区），表示该葡萄酒只能采用指定产区内种植的葡萄酿制，绝对不可以和其他产区的葡萄汁勾兑。其次分别为VDQS（优良地区餐酒）、VDP（地区餐酒）和VDT（日常餐酒）。发展至今，法国已形成一套严格和完善的葡萄酒分级和品质管理体系。各大酒庄严格执行标准，即使日常餐酒也不低于欧洲标准。1972年、1974年和1992年，吕萨吕斯酒堡认为当年酒的质量不合格，全年没有出产一瓶酒，也不觉得有任何可惜的。法国还实施严格的产地认证，由产地命名监督机构负责，为消费者提供可靠的质量保证。

在工业领域，标准化更加广泛。尤其随着生产能力、运输业、市场贸易等迅猛发展，交换范围日益扩大，分工越来越细，很少有企业能够独自构建完整的生产链，这就需要材料、零件和产品等方面的互换性、标准化从企业内部扩大到外部，在更大范围内开展标准化。

螺丝是日常生产生活中不可缺少的必需品，可以说无处不在，有人甚至认为按照应用领域来看，其为人类的第一大发明。公元1550年前后，欧洲就出现作为扣件的金属螺帽和螺栓。螺丝虽小，质量至关重要，小到水龙头因螺丝松动而漏水，大到飞机因螺丝断裂而起火，这样的故事不计其数。1797年，"车床之父"亨利·莫兹利发明全金属制造的精密螺丝车床。次年，威尔金逊在美国制成一种螺帽和螺栓制造机。螺丝钉作为固定用件，日益普及。

1825年，22岁的约瑟夫·惠特沃斯来到伦敦，进入莫兹利的工厂，学习制作机床的各种技术。1833年，他在曼彻斯特建立了自己的工厂。作为机械不可缺少的重要部件之一，当时各地工厂大批量制造螺纹，但是尺寸、形状等因工厂不同而不同，完全没有统一的规格。惠特沃斯大量收集了经常使用的螺纹，测量了尺寸、形状，设计了被称为"惠氏螺纹"的统一制式螺纹，并于1841年把相关报告刊登在英国土木学会杂志上，建议全部的机床生产都采用同一尺寸的标准螺纹。此建议很快被英国和欧洲部分国家采用。1904年，英国颁布"螺纹型标准"BS84。其后英国人提出统一螺钉和螺母的型式和尺寸，为进一步实现互换性创造了有利条件。

其他各国也开始统一螺纹标准。1864年，美国人威利·赛特斯参照惠氏螺纹标准体系，制定了美国国家螺纹（N），在美国工业影响的地区和行业得到广泛应用。两者相比，直径与螺距系列和公差方面很相近，但牙型不同，惠氏螺纹牙型角为55，削平高度为H/6；美国国家螺纹牙型角为60，削平高度为H/8。19世纪末，以法国为首的欧洲五国把美国国家螺纹米制化，形成了米制螺纹标准（M），两者在牙型方面保持一致。

螺纹只是成千上万物品中的一个，各种各样的产品都有着标准化的迫切需要。1889年前，英国是世界第一产钢大国，但随后被美国和德国先后超越，德国钢铁甚至占据了英国本土市场。1897年，钢铁商人亨利·斯科尔顿给《泰晤士报》写了一封公开信，无奈地控诉道："今天，英国的卷钢横梁全部都是从比利时和德国进口的。英国的工程师经常向厂商定制一些特殊且没有经济价值的型号的钢材，大规模的生产根本不可能进行下去。……为了满足建筑师和工程师不规律的要求，英国制造商必须不停地更换设备，大大增加了生产成本"。

1900年，英国钢铁贸易联盟大会召开，斯科尔顿关于钢梁生产规格化和图纸实行系列化、标准化的建议，深深打动了工程师约翰·沃尔夫·巴里爵士。6年前，巴里爵士担任总工程师，建设伦敦塔桥，该桥消耗了1.1万吨的钢材，混乱的钢材规格曾让巴里爵士饱受困扰、不堪其苦。1901年4月26日，在巴里爵士倡议和协调运作下，英国土木工程师学会、机械工程师学会、造船工程师学会与钢铁协会召开会议，联合成立了世界上第一个国家标准化机构——英国工程标准委员会，以规范英国标准。次年，电气工程师学会加入该委员会，又设立标准化总委员会及一系列专门委员会，英国政府开始给予财政支持。

1903年3月，英国制定了世界上第一个国家标准《轧钢断面》，第一次以国家标准的形式规定了产品规范。该标准将175个结构钢截面尺寸规格减至113个，将75个钢轨规格减至5个，英国每年为此节约100万英镑。到1914年，英国钢铁标准被英国海军部、劳氏船级社、印度铁路广泛采用。第一次世界大战期间，英国制定了大量材料和军需标准，其中包括一批飞机材料标准，这让时任英国军需大臣斯顿·丘吉尔十分感慨，他在一次会议上说："对飞机材料进行如此深刻的标准化，说明了这样一条真理，即它们不仅在战争年代，而且在战争结束之后，都应当予以重视"。

1931年，英国政府给工程标准委员会补颁"皇家宪章"，英国工程标准委员会更名为英国标准化协会。皇家宪章是英国政府对自愿性、公益性组织予以特殊承认并赋予特殊地位的一种古老方法。时至今日，英国标准化协会管理着 24 万个现行的英国标准、2500 个专业标准委员会，标准委员会成员达 23 万多名。英国标准化协会还是国际标准化组织、国际电工委员会、欧洲标准化委员会、欧洲电工标准化委员会、欧洲电信标准学会创始成员。凭借着世界对其历史的认同、广泛的基础、雄厚的实力和良好的信誉，目前共有 245 个国际和欧洲标准组织秘书处设在英国标准化协会，协会名副其实地成为英国通往国际标准和欧洲标准的主要通道。

20 世纪 20 年代前后，越来越多的国家认识到标准化的重要性。从 1916 年到 1926 年，德国、美国、瑞士、法国、瑞典和日本等 25 个国家相继成立了国家标准化组织。

1916 年荷兰工业与贸易协会和皇家工程师协会共同成立荷兰标准化总委员会，1959 年更名为荷兰标准化协会。

1917 年 5 月 18 日，德国工程师协会在柏林皇家制造局召开会议，决定成立通用机械制造标准委员会，其任务是制定相关规则。同年 12 月 22 日，改组为德国工业标准委员会。1918 年 3 月，德国工业标准委员会制定发布了第一个德国工业标准——《锥形销》。由于该委员会的标准化活动早已超越工业领域，1926 年 11 月 6 日改名为德国标准委员会。第二次世界大战硝烟散尽，德国分裂为民主德国与联邦德国，但德国标准委员会并未解散，依然由双方代表组成，在全德境内开展工作，直至 1968 年民主德国退出。1975 年 5 月 21 日，德国标准委员会改名为德国标准化学会。

1918 年 10 月 19 日，美国材料试验协会、美国机械工程师协会、美国矿业与冶金工程师协会、美国土木工程师协会和美国电气工程师协会等 5 个民间组织，在美国商务部、陆军部和海军部 3 个政府机构的参与下，共同发起成立了美国工程标准委员会。1928 年改组为美国标准协会，1966 年 8 月又改组为美利坚合众国标准学会，1969 年 10 月 6 日改为美国标准学会，总部设在纽约。目前，有 250 多个专业学会、协会、消费者组织以及 1000 多个公司参与该组织活动。

1921 年 4 月，日本成立工业品规格统一调查会，开始有组织、有计划地制定和发布日本国家标准。1922 年 10 月 9 日，该调查会制定发布了第一个日本标准——《金属材料抗拉试样》。1946 年 2 月改组成立工业标准调查会。1949 年 7 月 1 日，日本开始实施《工业标准化法》，设立日本工业标准委员会，总部设在首都东京。同年 10 月 31 日，该调查会制定发布了第一个工业标准——《电机防爆结构》。1950年颁布《日本农产品标准化和正确标签法》，其后成立日本农业和林产品标准委员会。日本工业标准委员会和农林产品标准委员会成为日本政府主管标准化机构，负责管理工作，具体事务由民间团体组织开展，其中最重要的团体为日本标准化协会。

1926年，根据民法，法国成立标准化工作的民间组织——法国标准化协会，总部设在巴黎。1930年，法国在工商部内成立标准化高级委员会，替代了原标准化常设委员会。1941年5月24日，法国政府颁布《法国标准化法》，确认标准化协会为全国标准化主管机构，在政府标准化管理机构——标准化专署领导下，组织和协调全国标准化工作，代表法国参加国际和区域性标准化机构的活动。标准化协会总会长同时是标准化高级委员会主席，标准化专署设在贸易与工业部内，由一名专员和若干名工作人员组成，专员同时又是政府派驻标准化协会的全权代表。

目前，世界上有100多个国家成立了标准化组织。各国根据本国国情，采取不同的标准化管理模式，主要有3种类型：非政府主导模式，政府有限主导、非政府操作模式，政府主导模式。不管什么模式，标准化组织都是世界各国不可或缺的组织。

世界通行

当生产链不再局限于一国范围时，全球分工、国际贸易和科技文化交流变得越来越频繁，迫切需要在全球范围内进行大协调、大统一，于是各类世界和地区性标准化组织应运而生。标准化活动由企业行为步入国家管理，进而成为全球事业，不断深入到各个领域。

1920年第一次世界大战刚刚结束，美、英、加等7国就在伦敦召开联席会议，达成定期交换标准的协议，拉开了世界标准化合作的序幕。1926年，7国在美国纽约召开了第三次代表联席会议，决定成立国家标准化协会国际联合会。1928年成立大会在布拉格召开，国际联合会的主要任务是协调各国标准交换情报。其后，国际联合会活动范围从机电行业扩展到各行各业，先后以公报的形式发布了有关制图、公差配合、优先系数等32个标准，这些标准被各成员国普遍采用。

第二次世界大战的炮火打乱国家标准化协会国际联合会的步伐，其于1942年最终解体。此时，美国大量援助欧洲盟国装备、军需品，但是由于规格不统一、互换性很差，致使部分援助装备无法使用，不得不从美国把许多备件运往欧洲战场，盟军供给异常紧张，造成严重的经济损失和人员伤亡。为此，军需部门再度强调标准化，制定了一批军工新标准，美国声学协会制定了军用标准制定程序。第二次世界大战结束前的1944年，美、英、中等18国发起组织联合国标准协调委员会，继续标准化国际联合工作。

第二次世界大战结束后，各个国家开始恢复重建，越来越认识到标准化对经济发展的重要作用，纷纷加大投入力度，标准化在这一时期得到迅速发展，国际联系与合作更加广泛。1945年10月24日，《联合国宪章》在美国旧金山签订生效，联合国正式成立。与之同时，联合国标准协调委员会在纽约召开全体会员大会，决定成立一个新的、永久性的国际标准化组织。

1946年10月14日至16日，来自美国、法国、苏联、印度、英国、中国等25个国家的64名代表在伦敦召开会议，同意成立新的国际标准化机构，并定名为国际标准化组织（ISO），大会讨论通过了ISO组织章程和办事细则。1947年2月23日，ISO宣告正式成立，其宗旨是在世界范围内促进标准化工作的开展，以利于国际物资交流和互助，扩大知识、科学、技术和经济方面的合作。标准化终于站在了世界舞台的中央，开始构筑和统一世界规则。从此，标准化从单纯地为了提高生产效率，变成了改进质量的科学手段，人类每一次技术革新就会转化为标准的提升，每一次标准化活动的开展就意味着更大范围内的质量提升。1969年，ISO理事会决议，每年的10月14日为"国际标准日"。

1946年，25国代表在伦敦合影。

1947年，ISO成立了第一个标准化技术委员会——螺纹委员会。1948年，颁布了统一螺纹标准，由于美国的经济实力、技术实力和军事实力雄厚，统一螺纹主要依据美国国家螺纹标准而制定，其代号"UN"中"U"表示"统一"，"N"

来源于美国国家螺纹代号，从此螺纹标准化真正进入到国际化时代。之后的岁月 ISO 又多次不断修改，螺纹标准不断完善。

ISO 是世界上最大的非政府性标准化机构，到 2020 年有 162 个成员国，总部设在日内瓦，有 5 大秘书处，分别在英国标准化协会、美国国家标准协会、日本工业标准委员会、德国标准化学会和法国标准化协会。ISO 发布了 2 万多项国际标准，各国对 ISO 标准的贡献也成为质量实力的重要标志。德国标准化学会贡献率为 19%，居世界第一位；英国标准化协会贡献率为 17%，居第二位；美国国家标准协会贡献率为 15%，居第三位。

除 ISO 之外，世界上还有许多专业领域标准化组织，其中国际电工委员会（IEC）和国际电信联盟（ITU）无疑是最为重要的，ISO、IEC 和 ITU 并称为世界上三大标准化机构。

19 世纪 70 年代，开始第二次工业革命，人类进入"电气时代"。从 1887 年到 1900 年，一共召开了 6 次国际电工会议，每次专家都认为，为了解决用电安全和电工产品标准化问题，有必要建立一个永久性的国际电工标准化机构。1904 年，在美国圣路易斯召开的国际电工会议上，通过了关于建立永久性机构的决议。1906 年 6 月，13 个国家的代表集会伦敦，起草了章程和议事规则，正式成立了国际电工委员会（IEC），其宗旨是促进电气、电子工程领域标准化及有关问题的国际合作。1957 年中国成为 IEC 成员。到目前为止，IEC 仍然是电器、机械加工、制造的主要国际性标准化组织，每年在世界各地召开 100 多次国际标准会议，近 10 万名专家参与 IEC 的标准制修订工作。

1947 年，ISO 成立后，IEC 曾作为一个电工部门并入，1976 年又分立出来。分分合合没有影响两个机构保持良好合作，它们使用共同的技术工作导则，遵循共同的工作程序。目前，85% 的国际标准是由 ISO 和 IEC 制定的，剩下的 15% 由其他国际标准机构制定。

1865 年 5 月 17 日，为了顺利实现国际电报通信，法、德、俄等 20 个国家在巴黎发起成立了国际电报联盟。1932 年，70 多个国家的代表在马德里决议，将其改名为国际电信联盟（ITU）。1947 年，经联合国同意，国际电信联盟成为联合国的一个专门机构。同年，在美国大西洋城召开国际电信联盟会议，决定将总部由瑞士伯尔尼迁至日内瓦。1972 年 12 月，国际电信联盟在日内瓦召开了全权代表大会，通过了国际电信联盟改革方案，由 3 大部门承担其实质性工作，其中之一为国际电信联盟标准化部门，主要职责是完成国际电信联盟有关电信标准化的目标，使全世界的电信标准化。

为了加强区域标准的协调，各地区也纷纷建立多种多样的标准化组织。1947年，泛美技术标准委员会成立。1967年，在开罗，阿拉伯标准化与计量组织成立。1973年2月20日至23日，在夏威夷檀香山，太平洋地区标准大会召开。1977年1月，在加纳首都阿克拉，非洲地区标准化组织成立。1957年10月，在巴黎召开的欧洲经济共同体和欧洲自由贸易联盟成员国标准化机构领导人联席会议上，法国标准化协会提议成立欧洲标准化机构。1961年3月23日，法、英、意、德等13个国家在巴黎召开会议，决定成立欧洲标准化委员会，促进成员国之间的标准化协作，制定本地区需要的欧洲标准和协调文件。1976年，欧洲电工标准化委员会在比利时布鲁塞尔成立，旨在协调各国电工标准，消除贸易中的技术壁垒。如今欧洲标准化委员会和欧洲电工标准化委员会，依然是欧洲两大标准化组织。德国对欧洲标准的贡献率为28%，居第一位，法国为22%，英国为21%，分列第二、第三位。

争夺话语权

人类社会发展和进步的历史，是不断追求高质量生活的历史。从一定意义上来说，也是不断提高标准水平和标准化管理水平的历史。各国质量水平不同，标准也不同，进入他国的商品必须符合该国的标准，就形成技术性贸易壁垒。标准是一把双刃剑，一方面可以提高产品质量，促进贸易便利，另一方面容易被用作贸易保护主义的手段。

1986年，中国在美国陶瓷市场的占有份额忽然下降到日本同类产品的1/10，因为这一年，美国颁布了铅金属的含量标准，中国陶瓷产品铅含量严重超标。1994年日本对进口大米设置的农药残留标准只有56项，在其后的短短4年内就增加到104项。欧盟指令是由欧盟标准化组织特别是技术管理机构提出、由欧盟通过的技术法规，对健康、安全、环境、贸易、产业等问题设立了非常严格而具体的条款、规范和标准，经常对进口贸易形成技术壁垒。

1995年1月1日，瑞士日内瓦，民众正沉浸在新年庆典中，他们似乎并没有察觉：一个全球贸易白热化的时代，正在家门口开启。这一天，首任世界贸易组织总干事彼得·萨瑟兰在国际会议中心敲响闭会槌，世贸组织正式取代关贸总协定。同时，《技术性贸易壁垒协议》（WTO/TBT 协议）新规实施，要求世贸组织成员制定与国际贸易相关的技术法规时，应该使用 ISO 等国际组织认定的国际标准。协议的初衷是为了消除贸易中的技术壁垒，但实际上事与愿违，TBT 反而使贸易条件变得更加苛刻，变成了技术强国手中经常使用的牌。

人类进入了历史上最大规模的全球化运动，世界规则又一次被改变。新规则推动人类文明进步，也引发了新冲突，标准的世界大战的战火被彻底点燃。国际标准是国际贸易的共同语言，用谁的语言关系到的是发言权。当技术创新转化为行业标准、国家标准乃至国际标准时，就变成质量的话语权。一个不容回避的事实：目前，在全世界大约 2.6 万项国际标准中，90% 以上由发达国家主导制定，中国主导制定的国际标准仅占 1%。

20 世纪 90 年代以后，技术标准在经济全球化浪潮中的战略地位日益明显，在新技术革命和以 WTO 为标志的经济全球化推动下，标准的国际化迅速发展，各国都积极地参与国际标准化活动，采用国际标准成为普遍现象。与之同时，各国开始制定和实施标准化战略，以健康、安全、环境、贸易、产业为重点，以标准体系为支撑，不断推出各类标准、技术报告、技术规范、公共适用规范等，世界范围内标准的争夺更加剧烈。

美国经济实力超群，创新能力一流。与大多数国家自上而下的标准体系不同，美国标准体系由民间主导，相互分散而独立，600 多家标准制定机构相互竞争，其中 20 多家在世界范围内大名鼎鼎。伴随国际标准化活动战略作用的突显，美国分散体系面临前所未有的挑战：如何协调独立的众多机构，在国际上推进美国国家利益？

1996 年 2 月美国国会批准《国家技术转让与推动法案》，同年 3 月美国总统签署发布。该法鼓励民间标准化活动，推动私有部门与联邦政府部门加强标准制定合作。1998 年 9 月，美国标准学会和美国国家标准与技术研究院共同召开了美国标准化战略研讨会，做出了制定《美国国家标准战略》的决议。经过两年的努力，2000 年 9 月 7 日《美国国家标准战略》发布，这是美国在技术标准领域的第一个纲领性文件。5 年后，又对其进行了修订。到 2008 年发布了《美国标准战略》，分国际和国内两个层面，制定了 10 项远期目标和 12 项近期目标。其宗旨是为了美国国家利益的最大化，以价值观的统一性和技术标准的统一性为根基，有效地保护国内市场，最终实现美国标准的全球化。《美国标准战略》指出：标准不仅是占领国内市场的标志，而且也是抢占国外市场、提高国家竞争力的强有力手段，是国家利益和价值观的载体。核心就是如何协同众多的民间标准化机构，强化政府对民间机构的影响力，在国际标准化活动中以一种声音代表美国，抗衡欧盟25国对国际标准化组织的超强影响力，主导国际标准化活动，确保美国的战略利益。

日本，一个经济和技术强国，学习能力一流，二次创新能力一流，但21世纪前不是标准强国，特别是在国际标准化活动的影响力方面，与欧美相比差距不小。在世界推广领先技术时，日本认为"只要技术一流、产品质量高，就不怕没人买"，但随着全球经济竞争的加剧，日本吃了不少亏，终于明白了："标准尤其是国际标准是确立产业主流技术和产业发展方向的战略问题，而非技术和战术问题"。日本重新思考，如何加强对国际标准化活动的影响力？

2000年5月，日本组织成立"面向21世纪的标准化课题研讨特别委员会"，研究讨论标准化发展方向，形成了《21世纪委员会报告》。该报告要求日本工业标准委员会的电子、信息等27个分专业委员会开展专题研究，了解本专业领域标准化的需求和发展方向，分别起草分专业标准化战略。2001年9月，日本工业标准调查会提出了日本标准化战略3大目标和12项措施，明确提出标准化活动不是仅凭描述其整体定位及重要性就能一朝一夕完成的任务，已成为建立社会柔性规则的重要手段，参与国际标准化活动已成为增强日本产业国际竞争力的重要课题。强调对国际标准化活动的控制权，实现技术标准和科技研发的协调发展，确保标准的市场适应性。

虽然英国标准和标准化一直走在世界前列，但英国政府一刻也没放松，正如《英国10年科学与创新投入框架文件》指出的那样：围绕使英国成为全球经济的关键知识枢纽、将知识转换成新产品和服务的世界领先者的总体科技战略要求，作为国家创新体系重要组成部分的标准必将起到重要作用。2003年1月，英国工商部、英国标准化协会和英国工业联盟共同完成了《英国国家标准化战略》，成为英国未来标准化行动的指南。

作为建立欧洲统一大市场的倡议国和主导国、欧洲经济的发动机，德国标准化工作基础扎实，在欧洲和国际层面的影响力巨大，德国标准化协会制定的标准80%以上上升为欧洲和国际标准，2011年德国承担的ISO/IEC秘书处数量达165个，居世界第一，占领着国际标准制定的制高点。标准化为德国带来160亿欧元的直接经济利益，约占德国民生产总值的1%，标准化对年经济增长率的贡献率为2.7%，是专利的9倍。为继续保持技术和经济的领先地位，迎接经济全球化和欧洲统一市场带来的挑战，2005年1月，德国标准化协会正式发布了《德国标准化战略》，制定了5大目标和23项具体措施，强调要充分利用欧洲标准可以直接上升为国际标准的法定渠道，借助标准化迅速将创新产品推广到国际市场；强化政府和企业决策者的标准化意识，培育并保持全社会标准文化建设，确保标准化深入人心；巩固并优化现有标准体系，以标准化提高技术创新的市场化效率，并通过推广欧洲标准化模式，继续保持德国工业的世界领先地位。

新加坡是一个城市国家，制造业为跨国公司所控制，国内市场小，经济以出口为主，标准化政策一直以直接采用国际标准为出发点。1997年新加坡启动了以实施标准提高生产力的计划。2001年10月，《新加坡标准化战略》发布，强调继续直接采纳国际标准的政策，运用标准化便利贸易，提高新加坡在国际标准化活动中的显示度，在新加坡的战略优势领域支持本土企业制定国际标准，保护本土企业的国际竞争力。考虑到社会各界对标准化认识普遍不到位的实际，强调加大宣传力度。调整国家标准机构运作模式，通过标准化促进新加坡生产力，提高产品质量，最终保护新加坡的产业优势和国际地位。

回望来路，近代世界标准化因工业化、规模化生产而诞生，并随之不断发展，近现代标准化的发展又有力地促进了工业化发展，对整个世界经济社会发展发挥了巨大作用。近现代标准化除了具有抽象性、技术性、经济性、连续性、约束性、政策性、系统性等之外，其发展还呈现以下特征：

一是运用的自觉性。古代标准化常常是人类在不自觉中发现，逐步约定俗成被继承下来，而近现代标准化多为人类为了解决指向性明确的问题，运用科学的方法主动发明、主动运用，人类不断将科技发明转化为标准，并施以严格的约束力，有效地降低成本、提高运行效率。

二是领域的广泛性。标准化不仅局限于生产领域，而且广泛覆盖于经济领域，进而延伸至社会、文化、军事、政治、网络等领域，可以说，标准化无所不在，有力地支撑着整个世界的运行。未来，基础性标准化和综合性标准化将相互作用、同步发展。

三是地域的国际性。近代标准化从产品扩大到管理，从工厂扩大到行业，从国家扩大到国际，全球合作越来越紧密。标准在成为沟通世界桥梁的同时，也有成为影响贸易流动壁垒的趋势，成为技术发达国家垄断市场的工具。桥梁和壁垒是一个事物的两面，如何防止负面影响、发挥积极影响，核心在于加强国际协调。

全球化的步伐不可阻挡，技术发展日新月异，新的世界，新的规则，谁主沉浮？尤其是智能制造、3D打印、个性化定制将对规模化生产产生颠覆性影响，由工业革命塑形而成的标准化又将何去何从？此时此刻，标准化正面临着一次从未有过的深刻变革。

三、传递信任

美国、德国、英国、法国等无疑是世界品牌大国，拥有各具特色、眼花缭乱的品牌，又共同拥有一类品牌，这就是检验检测认证，美国的UL、德国的TÜV、英国的天祥、法国的必维等均闻名遐迩。其中原因很简单，小到衣服、儿童玩具、充电器，大到冰箱、汽车、住宅，都离不开检验检测认证。检验检测认证为质量安全做出是否合格的评定，有力地支撑着质量发展。近现代以来，人类对质量安全的追求渐盛，合格评定随之发展起来，形成了一个完整的体系。

甄别优劣

古代质量检验发展之初，主要依靠工匠目测，后来借助一些简单的工具，进而采用简单的实验方法。著名艺术家达·芬奇曾运用实验测量金属丝的抗拉强度。他将一根长约3英尺的金属丝上端固定，下端系一个篮子，然后从一个漏斗细孔向篮子注入细沙，当金属丝崩断时立刻堵住漏斗细孔，记录沙子的重量。如此重复几次，检验出金属丝的抗拉强度。

如果说，人类自诞生起，就一直面临着饮食安全的考验，那么，工业革命又给人类出了一道机械化安全的题。自1765年詹姆斯·瓦特发明了世界上第一台蒸汽机后，蒸汽成为动力，推动着整个世界加快了前进的步伐，锅炉变得随处可见。到19世纪末，蒸汽锅炉和压力容器已成为经济社会发展中非常重要的器物。不幸的是，因为缺乏完善的维修和可靠的安全监督服务，高压下的锅炉时常像炸弹一样发生爆炸，造成人员和财产的巨大损失。

1866年1月6日，在德国经济中心鲁尔区，企业家们自发组织成立了全球第一个蒸汽锅炉检验协会，专门负责安全检验。随后几年，在德国巴登、巴伐利亚州、黑森州和萨克森州等各大工业中心，类似的协会不断兴起。1872年，一些协会合并，成立了首家锅炉检测协会，协会宗旨确定为"保护人类、环境和财产，防止新型或未知技术所带来的负面影响"。协会成立不久，便受其他公司的委托，派出检测员对蒸汽锅炉和压力容器进行定期监测，以便发现最小的瑕疵和不正常因素。锅炉检测协会就是TÜV集团的前身，TÜV是德语"德国技术监督协会"的简称，德国每一个州都有一个TÜV。

之后20年，尽管蒸汽锅炉和压力容器数量和使用率成倍增长，但由于实施检验检测把关，爆炸事件不断减少。进入20世纪，TÜV业务向着电梯、电力设施、起重机和升降设备等领域延伸。1900年，TÜV检测第一辆汽车并监督驾驶执照考试。1918年，拓展至矿产和能源领域。1945年后，扩展到医学、心理评估、核能、环境保护、质量和环境管理体系等。1962年，成为德国官方授权的政府监督组织。各州TÜV经过不断合并，形成TÜV集团，最大的为TÜV南德意志集团，其次为TÜV莱茵集团。

伴随着检验检测需求的增加，一些检验检测企业开始诞生并逐渐发展起来。鲁昂，法国西北部一座有着千年历史的名城，闻名世界的大作家福楼拜出生于斯、成长于斯，圣女贞德被烧死在这里。鲁昂有"诺曼底心脏"之称，交通四通八达，塞纳河穿流其中，大量的法国谷物从鲁昂港出口，至今鲁昂港仍是欧洲谷物第一出口大港。

1878年，一个年轻的拉脱维亚移民静静地坐在鲁昂港码头上，看着来来往往装着谷物的船舶，突然意识到无限商机就在眼前。当时，进口商按照到岸粮食的数量和质量支付费用，出口商在目的港又没有代表，而在装卸过程中，由于缩水和偷窃，粮食出现损失，造成出口商和进口商之间互不信任、矛盾重重。这位年轻人和一位奥地利朋友合作，1878年12月12日成立了法国谷物装运检测所，替出口商在目的港检查和核实粮食数量和质量，以此获得佣金。检测业务大受欢迎，不到一年，公司就在法国勒哈弗、敦刻尔克和马赛三个港口开设了办事处，之后逐渐将业务扩展到世界各地，成为粮食检测业务的领导者。

1915年，第一次世界大战的战火烧到法国，谷物装运检测所不得不将总部从巴黎迁到中立国瑞士日内瓦。1919年7月19日，公司在日内瓦注册，改名为瑞士通用公证行，即后来闻名遐迩的SGS。1928年，SGS在全球21个国家设有办事处或子公司。1939年，该公司通过收购欧洲的实验室，业务扩展到原材料、矿物和金属的检测和分析，并在阿根廷和巴西开展农业检验服务。1950年，该公司80%的收入仍然来自其核心农业服务业务。其后，SGS再次紧跟时代发展，在工业、矿产、石油、天然气和化学品等多个行业领域，提供检验、测试、鉴定和认证多元化服务。1955年，SGS开始工业机器检验。1962年，开始石油和石化产品测试。20世纪80年代后期，创建了生命科学服务和系统与服务认证业务线。如今SGS已经是全球最大的第三方检测企业，成为行业领导者。

19世纪末以来，各种检验测试在世界各地如雨后春笋般破土而出。1885年，在英国，卡莱布·布雷特先生成立了一家海洋测量公司，提供船舶货物的独立测试和认证。1888年，在加拿大蒙特利尔，米尔顿·赫西先生建立了一个化学测试实验室，开创了独立测试实验室的理念。1880年，因为托马斯·爱迪生发明了电灯，世界逐渐明亮起来。彼时灯泡质量很不稳定，爱迪生成立了电灯测试局。为了满足更多电器产品检验需要，1896年电灯测试局改为电器产品测试实验室。1925年，瑞典国家实验室成立，提供电气和电子产品安全测试。1927年，同样在加拿大蒙特利尔，查斯·沃诺克先生成立了一家负责检查钢铁产品的公司。这些检验检测公司如星星之火，在世界各地点燃，直到后来英之杰将这些星星之火汇聚成一个火炬，从而诞生了一个全球检验检测认证巨头。

1973年英之杰集团开始涉足检验检测，在香港建立了一家纺织品测试实验室，后来业务扩展到其他消费品。随着业务国际化发展，英之杰集团走上了兼并和收购之路，将上述这些检验检测机构一一收入囊中，并于1997年成立了总部在伦敦的天祥集团。现在天祥集团的业务扩展到全球上百个国家，旗下拥有EIT认证、SEMKO认证等核心业务。

20世纪20年代，汽车作为一门新兴行业，如火如荼地发展，其安全性也越来越受到关注。1925年6月30日，在柏林，德国机动车监控协会在当地法院注册。次年，协会成立了德凯测试机构，组织车辆检查和技术测试。1988年，德凯走出国门，车辆检查业务走向欧洲。进入21世纪，德凯在全球范围大规模扩张工业测试服务业务。1987年在法国南特，欧陆科技集团创建，主要从事食品、制药、环境等检测，后将总部搬到比利时布鲁塞尔，目前在全世界30个国家拥有150多个实验室和超过8000名员工。1996年在西班牙，艾普拉斯认证公司成立，主要从事为食品、农产品、建筑产品、零售和经销、信息和通信技术、汽车等领域的产品开发、测试及认证业务。

成立于1886年5月8日的可口可乐公司，如今是全球最大的饮料公司，在全球拥有2700万客户网点，市场占有率达48%。尽管可口可乐公司拥有一套完整的质量管理体系，并对供应商进行严格的认证，对原料进行严格的检测，但为了保证产品质量安全，还是雇用了第三方承包商，购买各个零售点的产品，从口味到标签全部进行检测。每个月可口可乐公司都要审核这些检测结果。

近年来，全球检验检测行业规模年长率保持8%左右，2017年全球业务规模达到9344亿元人民币，为质量安全和贸易发展提供了重要保障。除了商业化的检验检测公司为生产和市场提供着服务之外，全球还成立了一些面向消费者的公益组织，随时洞察这个世界的安全。

2006年1月，距离德国世界杯开幕还有不到5个月的时间，世界杯组委会主席弗朗茨·贝肯鲍尔坐在办公室正沉浸于大功即将告成的喜悦中，他随手拿出德国商品检验基金会的测试报告翻看起来，脸色变得越来越难看，最后勃然大怒。这份报告指出柏林、盖尔森基兴、凯瑟斯劳腾等多个比赛场存在重大缺陷：足球场台阶太窄，逃生通道太长。莱比锡比赛场的逃生通道甚至被硬生生阻断，逃生者必须要攀上一堵90公分高的墙，再从3米高跳下才能逃离体育馆。盛怒之下，贝肯鲍尔痛斥基金会检测人员是"一群自以为是、装腔作势的家伙"。但事实摆在面前，不容置疑，贝肯鲍尔不得不低下头，让工作人员赶紧去纠正缺陷。

德国商品检验基金会是何方神圣？居然让"足球皇帝"贝肯鲍尔低头。

20世纪60年代，联邦德国政府看到，面对眼花缭乱的众多商品，消费者常常无法正确评价每件商品的质量和价格，而假冒商品的设计、材质、包装等水平越来越高，经常真假难辨、以假乱真，仅凭外观难以鉴别，必须送到专门的实验室进行检验。1964年12月4日，联邦德国政府和消费者联合工作组成立了德国商品检验基金会。基金会为非营利组织，没有检验机构，与专家、独立的检验者和检验机构合作，检验各种耐用品和消费品。他们不直接从厂家获取商品样品，而是派专人零散地从市场上购买。综合评判后，对被检验商品评出优、良、及格、不及格、差五个等级，并公布检验结果。于是在德国商场，消费者经常可以看见一些商品带有"检验：优""检验：差"等字样的标签。

当检验结果为优时，皆大欢喜。当结果为不及格、差时，制造商自然不满意，有些人并不愿意像贝肯鲍尔那样低头，而是选择和基金会打官司。1969年11月，基金会公布了一份滑雪鞋固定器的检验报告，其中制造商Marker的3种产品被评定为"不及格"，这家制造商一路把官司打到了联邦法院。

1986年，基金会把20部堆肥粉碎机中的18部评定为"不及格"，原因是关机后粉碎机的旋转刀头仍然旋转，卡在刀头上的树枝会被甩出横飞。一家生产商对检测结果进行反驳：其安全设计符合德国工业标准。1987年联邦法院作出一项很有启迪性的判决：基金会的建议可以超越德国工业标准的要求，而且"有义务"批判性测试德国工业标准。

2004年，演员乌希·格拉斯推销的"乌希·格拉斯深度滋养面霜"，被基金会评为不及格，引起强烈反响。营销有限公司状告基金会评测结果有误，并要求赔偿损失，柏林地方法院判处其败诉。营销有限公司上诉后，又被驳回。

商业化第三方检验检测公司和公益类检验检测组织发挥着巨大的作用，但市场依然存在空白点，很多国家为此建立起国家检验检测实验室，以便填补市场空白和满足执法需要。目前，法国竞争、消费和反诈骗总署有8个产品质量检测实验室，全国合计4000人。美国消费品安全委员会内设一个中心实验室，负责抽查、验证和制标等工作，对超过15000种消费品进行安全监控和风险评估。韩国政府消费者保护院有28个检测室，每年检测大约1600个样本，费用由财政支付，消费者可以免费申请检测，并可现场观看检测结果。欧盟官方食品实验室分三级管理体系，即包括在德国、荷兰、意大利和法国的4个欧盟基准实验室，40个成员国基准实验室，以及常规检测实验室，共同构成检测和控制食品和饲料中残留物质的实验室网络。全世界有66个国家建立了海关实验室，欧盟28个成员国共有化验室86个，其中法国11个、德国5个、意大利15个、西班牙4个、波兰5个、捷克5个，其他国家（卢森堡除外）各拥有1个中心化验室。

架起信任的桥梁

现代贸易之所以存在，是因为人类达成了对货币共同的信任；而商品之所以畅销，是因为消费者对品质的信任。伴随着商品生产和交换的发展，产品的生产者和销售者总是极力宣传其产品质量，以赢得消费者青睐。而消费者选购产品时，总是希望买到货真价实的东西，但对商品的生产工序几乎一无所知，对生产者和销售者的宣传更是半信半疑。有没有谁能站在第三方的立场上，为买卖双方公正地证明产品质量？在这片看似没有一丝光芒的黑暗丛林中，哪里才是信任的安身之所？信任又该如何传递呢？人们从船舶检验认证开始发明了一种新的制度。

据联合国教科文组织统计，全世界约有300万艘船舶因种种不同的遭遇而尘封海底。波涛汹涌的大海无情地吞噬着生命和财产,那么有什么能够分担航运安全的风险呢? 1347 年 10 月 23 日,意大利热那亚港诞生了世界上第一份保险单,海船保险随之产生。但是海船保险发展非常缓慢,因为对保险商来说,他们不仅无法预知和评估天气、暗礁、海盗等不可抗力,而且无法知晓船舶质量。而船东们总喜欢天花乱坠描述自己的船坚不可摧,这样保费可以降低很多。保险商与船东谁也不相信谁,他们之间搁着一道鸿沟。

15 世纪末,人类第一次成功环球航行,迎来了大航海时代,但是众多海船的命运依然前途未卜。

1688 年,泰晤士河畔的巴伦第街 16 号咖啡馆忽然生意爆棚,因为咖啡馆老板爱德华·劳埃德宣布:如果你是一名水手,喝咖啡就可以打折;如果你是远洋船长,你可以拥有专属座位。天下没有免费的午餐,也没有免费的咖啡,这些优惠是有条件的,海员们必须凭借自己出海时的经历,提供真实的船舶质量信息。从 1691 年起,劳埃德将收集到的航运、船舶信息加以整理,命名为《劳埃德新闻》,每周刊发。劳埃德先生无意中发明了一种全新制度:一个与卖方和买方的利益都毫不相干的第三方,用独立的手段和方式评估质量,然后向市场公示。咖啡馆成为伦敦保险商获取船舶质量信息最权威的场所,生意越来越火爆。

来自世界各地的航商聚集在劳埃德咖啡馆,讨论交流海上贸易讯息和船舶质量信息。

1760 年,在劳埃德先生去世 47 年后,劳埃德咖啡馆的老客户们在馆里成立了船舶分级合作社。为了纪念劳埃德先生,成立者们将其命名为"劳氏船级社"。劳氏船级社主要从事商船检验和等级入级,不再单纯依靠船员提供的信息,而是聘请退休的船长和船上的木匠担任验船师,用字母 A、E、I、O、U 分别表示船舶状况最好、较好、中等、较坏、最坏,用 G、M、B 分别表示帆和锚的好、中、差。所有的船舶信息都载入登记簿,包括船舶所有者、经营者、吨位、修造日期、修造地和大炮数量等,当然最重要的是船舶等级信息,然后卖给保险商。在船东与保险商之间,劳氏船级社用一种方法架起了一座传递公正和信任的桥,这种方法就是质量认证制度。1768 年开始船级社用 a1 表示最高等级的船舶,1775 年改用 A1 标识,目前它已成了一个著名的品质标识。

船级社成立之初，船舶入级完全自愿。后来很多国家都做出规定，船舶必须在船级社或船舶检验机构监督之下进行建造，建造完毕，由船级社或船舶检验机构对船体、机器设备、吃水标志等项目和性能进行鉴定，发给船级证书。只有获得船级证书，才能航行。证书有效期一般为4年，期满后需重新鉴定。

1821年冬，猛烈的暴风雨席卷了整个欧洲及其周围的海洋，造成约2000艘船只遇难，约20000人丧生。保险公司又一次遭受沉重的打击，纷纷倒闭。在比利时安特卫普，两家保险商与一位保险经纪人看到了商机，于1828年成立必维公司，同样从事船舶认证和评级业务。1829年，公司更名为必维国际检验集团，用"真理"的标识作为公司标识，寓意为"公正地寻求并传递真理"。1830年必维国际检验集团在巴黎建立了分支办事处，1833年干脆总部迁到巴黎。

20世纪初，铁船越来越多，钢铁质量变得至关重要。1910年，必维国际检验集团开发了一项全新服务，从事工业设备、柴油发动机、火车机车所使用的材料检验。1932年，必维国际检验集团在巴黎附近的勒瓦卢瓦－佩雷建立了实验室，从事冶金和化学分析与建筑材料测试。必维国际检验集团的认证制度不再局限于船舶分级，不再局限于船东和保险商之间，而是借助于先进的检验检测手段和公平公正的立场，向着各行各业不断延伸，在各种产品的提供者和使用者之间架起一座座质量安全信任的桥梁。

信任是贸易的基石，英国人又为这种信任加上了一个醒目的标识符号，让人们对质量一目了然、一见如故。1903年，英国工程标准委员会使用字母BS（英国标准学会制定的英国标准为BS标准）设计了"风筝标识"，只要钢轨符合尺寸标准，就可以烙印上这个标识，世界上第一个产品认证标识诞生。这枚"风筝标识"虽然没有让英国的钢铁产量再次暴涨，却让商人们找到一条以质取胜的道路。1919年英国政府颁布《商标法》，规定经第三方检验机构检验合格的产品方可使用"风筝标识"，"风筝标识"成为受法律保护的标识。1921年，英国标志委员会成立，负责管理"风筝标识"的发放和管理。1926年，英国标志委员会向英国电气总公司颁发了第一个"风筝标识使用许可证"。随着市场上消费品的日渐增多，这

风筝标识。

枚小风筝飞出了钢铁行业,飞入各行各业。1953年,"风筝标识"被用于家具、高压锅和摩托车头盔,帮助消费者了解产品是否精心制造。1975年,"风筝标识"被使用在家用电器、安全设备和产品上。100多年来,小小的"风筝标识"一直是产品性能和安全的信任保证。几乎所有的英国人都明白,这枚小风筝意味着符合标准的优质产品。60%的英国人愿意花更高的价格,购买带有"风筝标识"的产品。

1894年,威廉斯·梅瑞尔先生在芝加哥创办了美国国家火灾电机工程局。工程局定位为独立的、非营利的、为公共安全做试验的专业机构,初始阶段主要依靠防火保险部门提供资金维持运营。同年3月24日,在一间小小实验室里,仅有3名全职员工的工程局对一根不可燃绝缘材料开始了第一次测试。到1899年,工程局完成1000份测试,产品包括弧光灯、套管、断路开关、夹具、导线管等各种电气产品。1916年,工程局更名为美国保险商实验室,完全自立,这就是后来美国在电子电工产品方面安全检查和质量认证的最高权威机构UL。

1921年UL首次认证电冰箱,1923年首次认证防盗安全设施,1930年首次认证自动洗碗机。之后,UL的安全检验和认证业务迅速发展到防盗装置、医疗设备、成套电子装备、防火设备、油气装置和建筑材料等众多领域。经过近百年的发展,UL已成为具有世界知名度的认证机构,UL标识被许多国家接受,具有UL标识产品可畅销世界。尽管UL认证在美国属于非强制性认证,但是,许多美国州政府或区域政府都要求产品必须经过认定后才允许在该地区销售,许多国家的制造厂和出口商为了在美国市场立足,不得不申请UL标识。一般来说,带UL标识的商品比不带UL标识的同样商品售价要高10%~20%。

这种以标准为基础的质量认证活动一经发明,立刻被世界各国纷纷效仿。1949年7月,日本开始实行工业产品认证制度,产品符合日本工业标准,加贴产品质量保证的JIS标识。1950年3月,水泥瓦、生铁等10种产品获得了第一批JIS标识。1966年日本又将JIS标识制度扩大到加工技术,次年1月批准"工业用镀铬"为第一个JIS指定加工技术项目。

在创造"德国制造"声誉的过程中,严格的质量认证制度功不可没。1925年3月23日,德国产品交货标准委员会成立。1980年该委员会更名为德国产品质量保证与标识研究所(RAL),由132个注册的质量协会组成。与其他认证体系不同,RAL不直接对单个企业公司进行认证,只对质量协会进行认证。凡是达到其要求的协会,就会被收纳到RAL"质量标签"认证体系中来,再由相关的协会对具体的单个企业或公司认证。

1971年12月，联邦德国商品标志协会有限公司成立，专门负责符合DIN标准的产品认证工作。德国著名的GS认证，其含义是德语"Geprufte Sicherheit"（安全性已认证），也有"Germany Safety"（德国安全）的意思。虽然这是一种自愿认证，但几乎所有的德国设备制造商都积极进行此项认证。与食品接触的日用品上，有刀叉标识的LFGB，就表示该产品已通过检测，符合众多德国和欧洲标准，符合德国LFGB法规要求，不含对人体产生危害的有毒物质，可以在德国及其他欧美市场销售。

认证，这种以质量为生的服务行业，用真实性和公正性，打破信任危机，为人类创造一个更值得信赖的世界。"能源之星"认证象征着节能，绿色食品认证意味着环保、无公害，如果拿到"米其林星级餐厅"的标识，餐厅就是达到国际一流水准。认证标识成为产品跨越国界的一张通行证，认证行业在全球市场中悄然成长，渗透到各个领域。到20世纪50年代，所有工业发达国家基本普及质量认证。20世纪60年代起，苏联和东欧国家陆续采用。20世纪70年代起，发展中国家开始实行。

但当世界各国各行业都开始建立认证制度时，上百种形形色色的认证标识在传递信任的同时，又带有新的问题，这张通行证价格不菲，成为各国市场准入的门槛。单美国就有美国保险商试验所认证、美国环境保护署认证、美国电子测试实验室、美国联邦通信委员会通讯认证/电磁兼容认证、美国机械工程师学会认证、美国"能源之星"认证、美国安全保护设备研究所认证、美国机动车工程师学会认证等将近20种认证。日本有日本产品安全认证、日本政府强制性认证、日本电气通信终端产品审查协会认证、日本志愿干扰控制委员会电磁兼容认证、日本工业标识认证、日本品质保证机构认证、日本安全认证标识、日本电气用品实验所认证等13种以上认证。澳大利亚有AS/NZS认证、DE-ESB认证、SMA认证、SAA安全认证、C-TICK电磁容认证、RCM法则符合标识认证等。

于是，跨越国界的区域认证制度和国际认证制度开始登场。1971年，国际标准化组织成立认证委员会（1985年改名为合格评定委员会），从技术角度协调各国认证制度，促进各国认证机构相互认可检验结果，消除各国由于标准、检验、认证的差异所带来的贸易困难。1976年，国际电工委员会成立认证管理委员会，制定和颁布了电子元器件国际标准认证制度的基本章程和程序规则，协调各国电子元器件认证制度。1985年5月7日，欧共体通过《技术协调与标准的新方法的决议》，规定在欧盟市场上自由流通的产品必须符合欧盟《技术协调与标准化新方法》指令的基本要求，获得 CE 认证。从此，CE 标识被视为制造商打开并进入欧盟 28 个成员国市场的"护照"。

向着事先预防挺进

认证没有停留在产品的最终检验结果上，然而向着产品生产的全过程管理延伸，从事后检验转向事前预防。

1961 年 4 月 12 日，苏联宇航员尤里·加加林搭乘"东方 1 号"飞船升空，成为第一个进入太空的人。美国人大受刺激，启动了"阿波罗"计划。在庞大的太空计划中，宇航员食品安全虽不是最重要的部分，但不可或缺。皮尔斯伯公司联合美国国家航空航天局、美国陆军 Natick 研究所承担开发宇航食品的任务，由 H.Bauman 博士牵头。按照传统做法，要明确判断一种食品是否适合空间旅行，都是对最终产品进行大量检验。如果发现抽样不合格，就要重新制造。即使抽样合格，由于检验方法本身有局限，并不意味着产品百分之百的合格。

H.Bauman 博士决定制定新的监管体系，逐渐形成了"危害分析与关键控制点"体系，即现在国际通用的 HACCP 体系。HACCP 制度最大的特点在于事先防范，生产前进行危害分析（HA），找出生产过程中可能出现的危害点，加以分析，并找出关键管制点（CCP），建立关键管制点的限值，建立监管程序，采取有效的监控方式。一旦发生关键限值偏离，立即采取矫正措施。1968 年 10 月 11 日，"阿波罗 7 号"第一次载人飞行成功。1969 年 7 月 16 日，"阿波罗 11 号"飞船从美国卡纳维拉尔角肯尼迪航天中心点火升空，尼尔·奥尔登·阿姆斯特朗、巴兹·奥尔德林、迈克尔·柯林斯承载着全人类的梦想，跨过 38 万公里的征程，代表人类首次踏上了月球。在阿波罗 11 次载人飞行中，HACCP 体系保障下的宇航食品安全可靠。

HACCP 体系并没有止步于保证宇航食品。1971 年，在美国第一次国家食品保护会议上，皮尔斯伯公司公开了 HACCP 原理，立即引起美国食品药品监督管理局（FDA）的兴趣，决定在低酸罐头食品的生产质量管理规范中采用。1972年，美国FDA组织了为期三周的食品卫生监管人员HACCP研讨会。1974年FDA正式将HACCP原理引入到低酸罐头食品的生产质量管理规范中，HACCP体系首次进入法规。

20世纪80年代初，美国食品发生了几起安全事件，引发了人们对监管体系的重新思考。1985年，美国国家科学院就食品法规中HACCP方式的有效性发表评价结果，提出所有执法机构都应采用HACCP体系，食品加工者更应强制性采用。20世纪80年代起，美国农业部食品安全检验署、美国海洋渔业局、美国食品药品监督管理局和美国陆军Natick研究所等四家政府机关及大学和民间机构的专家组成的美国食品微生物学基准咨询委员会开始HACCP研究，1992年决定采纳食品生产的HACCP七个原则。20世纪90年代，美国相继颁布水产、禽肉HACCP法规。1997年12月18日，规定所有在美国生产或进口美国的水产品必须符合HACCP法规。HACCP引入后，美国食品安全控制发生了重大变化，从强调终成品的检验和测试阶段，转换到对食品生产的全过程实施危害的预防性控制的新阶段。

随着全世界对食品安全问题的日益关注，HACCP监管体系逐渐成为各国食品企业通用的管理机制。1990年英国《食品安全法》要求采取危害分析方法实施检验。欧盟、加拿大、澳大利亚、新西兰和日本等相继引入HACCP体系，并以法律的形式强制将HACCP体系作为食品市场的准入制度。1993年6月14日，欧共体理事会发布指令，要求食品工厂建立以HACCP为基础的体系，以确保食品安全。就在这个6月底，联合国粮农组织和世界卫生组织共同成立的国际食品法典委员会在日内瓦召开第20次会议，批准了《HACCP体系应用准则》。1994年5月20日，欧共体委员会发布《应用欧共体理事会91/493/EEC指令对水产品做自我卫生检查的规定》，要求在欧洲市场上销售的水产品必须应用HACCP体系实施安全控制生产。1997年，国际食品法典委员会颁发新版法典指南《HACCP体系及其应用准则》，目前该指南已被各国广泛接受和采纳。

与之同时，食品领域之外，过程质量管理也开始探索。

武器弹药难以通过事后检验控制质量，第二次世界大战后，美国国防部吸取第二次世界大战中军品质量优劣的经验和教训，决定在军火和军需品订货中实行质量保证。1959年，美国国防部向下属生产航天器、导弹、坦克、雷达和军舰等复杂产品的军工企业，颁布了MIL-Q-8958等系列军用质量管理标准——《质量大纲要求》。这份标准文件首次提出了"质量保证"的概念，要求"承包商制定和保持一个与其经营管理、技术规程相一致的有效的和经济的质量保证体系,并且要求企业根据标准要求编制手册。"也就是说,在提交货品时,供货商不但要保证产品实物质量,而且要提交控制质量的证实文件。这一标准突出了预防为主,引入了设计质量控制的要求,将预防与把关相结合,促使承包商进行全面质量管理。1963 年修订后为 MIL-Q-8958A,被联合质量保证出版社收入。1971 年,美国国家标准学会制定发布《核电站质量保证大纲要求》,美国机械工程师协会发布《锅炉与压力容器质量保证标准》。

美国军品质量保证标准体系在西方工业社会产生了影响,逐渐被引用到民品订货。1975 年,澳大利亚发布了一套 AS1821/22/23 质量保证标准。1979 年,英国将军方质量保证方法引入市场环境,发布了制定质量体系 BS5750 前三个部分,分别为《设计、制造和安装规范》《制造和安装规范》《最终检验和试验规范》。这标志着质量保证标准不仅对军用物资装备的生产,而且对整个工业界产生影响。同年,美国和加拿大分别发布了 ANSIZ1.15 质量体系通用导则和 CSA/CAN-Z299 质量保证标准。1980 年,法国发布《企业质量管理体系指南》。1981 年,英国又发布了 BS5750 后三部分。1985 年,加拿大和澳大利亚分别修订了各自的标准。1986 年,美国发布了《质量体系审核指南》,法国发布了《质量手册编制指南》。

各国质量管理体系蓬勃兴起,但所采用的概念、术语和要求差别较大,迫切需要在世界范围内进行统一。1980 年,国际标准化组织在加拿大成立了质量保证技术委员会。1987 年,更名为质量管理和质量保证技术委员会,通过广泛协商,在采纳了英国标准 BS5750 大部分内容基础上,吸收美国军标 ANSIZ1.15 和加拿大 CSA/CAN-Z299 等国家标准的精华,正式颁布了第一代全球通用的国际质量管理和质量保证标准 ISO9000 标准。企业通过 ISO9001 认证,就证明企业已经建立了符合标准要求的质量管理体系,能够提供稳定、合格的产品,并不断提高顾客满意度,该企业的质量管理能力值得消费者信赖。该标准的诞生是世界范围质量管理和质量保证工作的一个新纪元,对推动世界各国工业企业的质量管理和供需双方的质量保证,促进国际贸易交往起到很好的作用。

1993 年 11 月 1 日,《马斯特里赫特条约》正式生效,由 12 个国家组成的欧盟诞生。这个欧洲经济政治一体化组织首先朝着市场一体化方向迈进,而市场一体化又必须建立在质量基本一致基础上。欧盟成立之初,就决定采用 ISO9000 系列标准来保证产品质量和可靠的一致性,规定凡涉及安全和卫生的产品，未经 ISO9000 系列标准认证不得进入欧盟市场，并对电子、医药、计算机、航空等一些特殊工业提出了强制性注册要求。当时欧盟区拥有 3.5 亿人，购买力达 4 兆以上美元，其他地区的产品要进入欧盟，就必须认证。很快全球又有 53 个国家采用 ISO9000 系列标准，美国国防部、美国环境保护局也在第一时间采用。

1994 年 7 月，国际标准化组织发布了第二版 ISO9000 族标准，其中有 ISO9001 设计开发、生产、安装和服务质量保证模式，ISO9002 生产和安装质量保证模式，ISO9003 最终检验和试验质量保证模式，ISO9004 质量管理和质量体系要素指南。之后，又多次对 ISO9000 族标准进行了修改。

在 ISO9000 族标准基础上，国际标准化组织还建立多个管理体系。1993 年 6 月，国际标准化组织环境管理技术委员会，开展环境管理系列标准的制定工作。1996 年，正式颁布 ISO14001 环境管理体系，支持环境保护、预防污染和持续改进。爱立信因出色的环境管理系统，获得英国标准化协会颁发的世界上第一个 ISO14001 认证。2004 年 11 月 15 日，国际标准化组织颁布了新版标准 ISO14001 环境管理体系。

随着信息化水平的不断发展，信息安全逐渐成为人们关注的焦点。1993 年，英国贸易工业部立项制定信息安全管理体系；两年后出版了《信息安全管理实施细则》；1998 年，公布了标准的第二部分《信息安全管理体系规范》；1999 年，根据网络和通信领域应用的发展，重新修订发布。2005 年 10 月，被国际标准化组织采纳，推出 ISO/IEC27001 信息安全管理体系。现在，ISO/IEC27001 标准得到了很多国家的认可，成为国际上具有代表性的信息安全管理体系标准。

1996 年，国际标准化组织发布了 ISO13485 医疗器械质量管理体系认证，2003 年 7 月 3 日修订升级。1999 年 12 月，颁布了 ISO10015 人力资源培训管理体系。2002 年 3 月，颁布了 ISO/TS16949 国际汽车工业质量管理体系。2005 年，以 HACCP 原理为方法，制定颁布了 ISO22000 食品安全管理体系。同年，颁布了 ISO/IEC20000 信息技术服务管理体系。

此外，以督促企业履行社会责任、维护职业健康安全为目的的管理体系开始兴起。1997 年，社会责任国际组织发起并联合欧美部分跨国公司和其他一些国际组织，制定了全球首个道德规范国际标准 SA8000 社会责任认证标准，旨在确保供应商所供应的产品皆符合社会责任标准，但该标准的实施，将推高劳动力成本，被认为是"蓝色壁垒"。1999 年，英国标准化协会、挪威船级社等 13 个组织联合推出了 OHSAS18001 职业健康安全管理体系，目的是通过管理，减少和防止因意外而导致生命、财产、时间的损失和环境的破坏。2011 年 12 月 22 日，国际认证联盟颁布 IQNet SR10 社会责任管理体系。

用什么保证认证的可靠

认证担负着如此重大的传递信任的任务，如果检验检测数据不准确，认证不客观公正，就可能导致质量安全被误导，人们不由地对检验检测机构和认证机构保持警惕。那么，又怎么能够证明检验检测认证机构的公正、真实性？有什么方式能够保证从事评审、审核等认证活动人员的能力和执业资格？于是，一种新的制度——认可诞生了。ISO/IEC1700 对认可这样定义：认可是正式表明合格评定机构具备实施特定合格评定工作的能力的第三方证明。

英国作为认证的起源地，率先开始认可。1966 年英国检定服务局开始从事校准实验室认可，1981 年英国国家测试实验室认可处开始测试实验室认可。1985 年这两个机构合并成立了英国国家实验室认可机构。这年 8 月 1 日，在英国政府协调下，经英国贸工部批准，英国国家实验室认可机构和英国国家认证机构认可委员会合并，正式成立英国皇家认可委员会，即 UKAS。今天 UKAS 成为英联邦及世界范围的最权威、最老牌的认可机构，经其认可的实验室和认证机构，不仅得到欧洲和英联邦国家一致承认，而且得到美国、日本等大多数国家承认。

1989 年，为了向 ISO9000 质量管理体系注册机构提供认可服务，美国质量学会设立独立法人地位的非营利组织——注册机构认可委员会。1991 年，美国国家标准学会和注册机构认可委员会共同制订《美国管理体系注册机构全国认可计划》，对质量管理体系注册机构进行认可。1996 年，在新的 ISO14000 环境管理体系标准发布后，在美国政府、工业界、质量组织、环境组织、审核人员和其他利益相关方共同参与下，美国国家标准学会和注册机构认可委员会将原来的全国认可计划，改组为包括环境管理体系注册机构认可的美国国家标准协会—美国国家注册机构认可委员会国家认可机构（ANSI-RAB NAP）。2005 年 1 月 1 日，美国国家标准协会和美国质量学会合作，成立了一个新的认可机构，美国国家标准协会—美国质量学会认证机构认可委员会（ANAB），取代 ANSI-RAB NAP。该委员会由来自不同行业的专家及其利益代表组成，属非营利性，为遍布世界各地的认证机构提供公正、独立、高效的认证认可及其认证监督管理服务。美国认可机构还有美国实验室认可协会、美国国家实验室自愿认可组织、美国国际认可服务、美国建筑官方国际会议认可组织等。

1995年，荷兰校准组织、荷兰基金会认可实验室和检验机构、荷兰认证委员会合并，成立荷兰认可理事会（RVA），主要从事实验室、检验机构、认证机构的认可，原本属于一家私人基金会。2010年，荷兰政府任命RVA为国家认证机构。从此以后，RVA成为经济事务和气候部下的一个独立的行政机构。

英国UKAS、美国ANAB和荷兰认可理事会为全球最著名的三大认可机构，其认可授权颁发的证书，具有极高的权威信誉和全球互认通行效力。其他各国也纷纷建立相应的认可机构和认可体系，如印度尼西亚国家认可委员会、奥地利认可机构、比利时实验室认可体系、丹麦认可、法国认可委员会、印度实验室国家认可委员会、芬兰计量认可服务中心、爱尔兰国家认可委员会、以色列实验室认可机构、意大利检测实验室认可体系、意大利校准实验室认可体系、日本合格评定认可委员会、日本国际认可、日本校准服务认可体系、韩国实验室认可体系、马来西亚标准部、新西兰国际认可、挪威认可、葡萄牙认可研究院、新加坡认可委员会、斯洛伐克国家认可体系、南非国家认可体系、西班牙国家认可、瑞典认可与合格评定委员会、瑞士认可服务、泰国实验室认可体系、越南实验室认可体系、中国合格评定国家认可委员会等。德国认可体系分工尤为细致，有德国检测认可体系、德国化学认可机构、德国校准认可机构、德国技术认可机构、德国矿物认可机构、德国计量院校准认可机构等。

认可区域合作和国际合作同样大势所趋。1977年，国际实验室认可大会创立，通过提高对获认可实验室出具的检测和校准结果的接受程度，以促进国际贸易国际合作。1993年1月，包括美国、中国在内的17个国家发起成立国际认可论坛，在澳大利亚常设立秘书处，原RVA总经理担任第一位主席。1994年1月，国际认可论坛正式开展工作。1995年6月，各成员国正式签署国际认可论坛谅解备忘录，该组织以实现一次认可、全球承认为宗旨。1996年在荷兰阿姆斯特丹，世界上44个实验室认可机构签署谅解备忘录，宣告国际实验室认可合作组织成立,该组织旨在建立认可机构间相互承认协议的网络。2002年在华盛顿，全球28个经济体的36个实验室认可机构的正式会员签署了多边互认协议，提倡对出口货品的技术性测试和校准数据的接受。2007年10月28日，国际认可论坛和国际实验室认可合作组织在澳大利亚悉尼联合召开的大会上确定，自2008年起，每年的6月9日为"世界认可日"。

  1975年，西欧校准合作组织成立。1989年，西欧实验室认可合作组织成立。1994年5月，这两个组织合并为欧洲实验室认可合作组织。1997年，欧洲实验室认可合作组织又与始建于1991年欧洲认证认可组织合并，组成欧洲认可合作组织，欧洲共同体各国的近20个实验室认可机构参加。1992年，亚太实验室认可合作组织成立，其成员由环太平洋国家和地区的实验室认可机构和主管部门组成，主要目标是在亚太地区内为实验室认可机构提供信息交流、能力验证、人员培训和文件互换等合作。1995年7月28日，太平洋认可合作组织成立，目前有包括中国、澳大利亚、新西兰、日本、加拿大在内的21个正式成员。

  从产品质量安全和性能检验检测到产品认证，从质量管理体系再到认可制度，犹如一道又一道保险带，维护着世界的质量安全。

第五章
质量管理思想发展

管理思想源于人类社会管理实践的思考，古代管理活动主要表现为处理事务，主要依靠主观经验，商品质量管理方法以成品检验为主。工业革命后，机器大工业代替工场手工业，开始对工厂管理的探索，产生了现代管理思想。19世纪70年代，现代质量管理方法开始萌芽。经历了一个半世纪的发展，质量管理理论取得快速发展，成为一门新的学科，涌现了一批质量管理专家和著名质量管理大师。质量管理方法和理论上的不断突破，有力地保障和推动着质量发展。

一、专职质量检验阶段

1776年3月，亚当·斯密的《国富论》第一次提出了劳动分工的观点。劳动分工导致专业化程度越来越高，劳动者更熟练地完成加工任务，不仅提高了效率，还提高了精度。在分工不断细化过程中，泰勒最终将质量检验独立出来。

泰勒制开启检验与生产分离

手工业时代，除了少数官府工场外，大多为以一家一户为单位的个体手工作坊，基本上由一个人完成生产全过程。质量如何，主要由工人凭借经验判断，依靠手摸、眼观等感官估计，或者依靠度量衡器测定。工人既是生产者，又是质量检验者，检验的"标准"是师傅言传身教的经验。这个时期可以称之为"操作者的质量管理"时期。

1840年前后，英国基本实现以机器生产为主的工厂取代了手工工场。工业革命带来了机械化、规模化批量生产，分工更为细密，协作的要求越来越高。出现了专门负责管理的工长，质量管理的责任由操作者转移给工长。这个时期可以称之为"工长的质量管理"时期。

19世纪后期开始，美国取代英国成为世界工厂。当时，工人和资本家之间关系严重激化，资本家生活奢侈，对工人态度蛮横；工人生活艰苦，不断用捣毁机器和举行大罢工来争取权利。劳资关系对立，严重影响了劳动生产率。如何发挥劳动力潜力？有技术派，主张使用优良机器替代劳动力；有分配派，主张让工人分享利润；还有管理派，主张改进生产的程序、方法和体制。可谓众说纷纭，直到泰勒的出现才让争论逐渐平息。

弗雷德里克·温斯洛·泰勒，一位年轻的工程师和管理人员，率先探索用科学知识和相应制度来规范和引导个人或团队的行为，发明了具有划时代意义的科学管理理论和方法。

1874年，泰勒考入哈佛大学法律系，这位18岁的小伙子出生于美国费城杰曼顿一个富有的律师家庭，本来准备子承父业，在法律界大展宏图。可是，一场眼疾让他不得不辍学。第二年，他进入费城恩特普里斯水压工厂，成为一名模具工和机工学徒。1878年，泰勒转入费城米德维尔钢铁公司工作，从机械工人做起，历任车间管理员、小组长、工长、技师等职。特殊的经历使泰勒直接了解工人的态度和生产中的问题，并看到提高管理水平的极大可能性。1881年，为了解决工人的怠工问题，泰勒开始进行著名的"金属切削试验"，经过26个月、超过3万次的试验，耗费了80多万吨、约15万美元钢材，制定了与各种车床、钻床、刨床相适应的转速、进刀量、切削量等标准，以及工人的工作量标准，大幅提高了切削产量。

弗雷德里克·温斯洛·泰勒（1856—1915年），美国著名管理学家、经济学家，被后世称为"科学管理之父"，其代表作为《科学管理原理》。

1883年，通过业余学习，泰勒获得新泽西州霍博肯的斯蒂文斯理工学院机械工程学位。1884年，他担任米德维尔钢铁公司总工程师。1886年，他又加入美国机械工程师协会。1887年，他结识了刚入职的助理工程师亨利·劳伦斯·甘特，两人成为挚友。1890年，泰勒离开米德维尔，先后在多家公司进行科学管理的实验。1898年，他以顾问身份进入伯利恒钢铁公司，进行了著名的"搬运生铁块试验"和"铁锹试验"，同样以标准化工序解决效率问题。1901年，他离开伯利恒钢铁公司，专门从事管理咨询、写作和演讲工作，积极推广科学管理。1903年他出版了《工场管理》，1906年出版了《论金属切削技术》。1909年冬天，受哈佛大学企业管理研究生院院长盖伊的邀请，泰勒到哈佛讲授科学管理。

1911年，泰勒正式出版了著名的《科学管理原理》，创立了"泰勒制"。泰勒认为，要达到最高的工作效率，一个重要手段是用科学化的、标准化的管理方法代替经验管理，实行工具标准化、操作标准化、劳动动作标准化、劳动环境标准化等标准化管理，使工人使用更有效的工具，采用更有效的工作方法。为此，他提出了科学管理原则、工厂作业管理、绩效工资制度和职能化原理等。

泰勒的科学管理论强调科学分工，按照职能的不同进行合理分工。首次将质量检验作为一种管理职能,从生产过程中分离出来,由以往的自产、自检改为产、检分离,建立专门质量检验制度,设立专职的检验员和独立的检验部门,逐渐形成了制定标准(管理)、实施标准(生产)、按标准检验(检验)的三权分立。这是质量管理事后检验阶段的开始,这些原理和方法构成了质量管理的基础。

泰勒的做法和主张一开始并不被人们所接受。作为助手,甘特曾追随他一起去西蒙德公司和伯利恒公司,深得泰勒制的思想精髓,但甘特认为应该更温和地对待工人,为此,两人发生了激烈的争吵和辩论。1902年以后,甘特终于离开了泰勒,独立开业当咨询工程师,并发明了控制时间计划进度的甘特图。一些工会组织抗议泰勒制,一些媒体加入批判的行列。《丛林》的作者辛克莱写信给《美国杂志》主编,指责泰勒"把工资提高了61%,而工作量却提高了362%"。泰勒所引起的争议如此之大,以至于1911年10月至1912年2月,美国国会举行关于泰勒制和其他工场管理制度的听证会。泰勒出庭捍卫自己的观点,向公众宣传了科学管理的原理、方法和技术,使得听证会戏剧性地成为一场科学管理的讲座。

泰勒所引发的争论之大,以至于引起列宁的关注。1913年3月13日,列宁在《真理报》上发表了一篇题为《榨取血汗的"科学"制度》的短文,写道:"这个'科学制度'的内容是什么呢?就是在同一个工作时内从工人身上压榨出比原先多两倍的劳动。"第二年,同样是3月13日,列宁在《真理之路报》发表文章《泰勒制是用机器奴役人的制度》,指出:"所有这一切巨大的改进都是对工人不利的,使他们受到更大的压迫和奴役,同时把适当的合理的分工限制在工厂内部。"

1917年11月7日,十月革命胜利,无产阶级掌握政权。列宁作为新国家的管理者和领导人,此时对泰勒制的看法发生了转变。1918年4月1日,列宁在讨论劳动纪律法令草案的国民经济委员会主席团会议上讲话:"在法令中,必须明确规定实行泰勒制,换句话说,就是利用这一制度所提供的一切科学的工作方法。没有这一制度,就不能提高生产率,而不能提高生产率,我们就不能实现社会主义。"27天后,他又在《真理报》发表了著名的论文《苏维埃政权的当前任务》,写道:"泰勒制也同资本主义其他一切进步的东西一样,有两个方面:一方面是资产阶级剥削的最巧妙的残酷手段;另一方面是一系列的最丰富的科学成就,即按科学来分析人在劳动操作中的机械动作,省去多余的笨拙的动作,制定最精确的工作方法,实行最完善的统计和监督制等等。苏维埃共和国在这方面无论如何都要采用科学和技术上的一切宝贵的成就,社会主义实现得如何,取决于我们苏维埃政权和苏维埃管理机构同资本主义最新的进步的东西结合得好坏。应该在俄国研究与传授泰勒制,有系统地试行这种制度,并且使它适应于我国的条件。"四次论述,列宁对泰勒制的评价从片面走向全面和客观,也说明了泰勒制内在的科学性和生命力。无产阶级只有充分采用人类一切新的科学的进步成果,才能更好地建设社会主义,彰显社会主义优越性。

1915年3月21日,泰勒因患肺炎在费城逝世,终年59岁,后来人们尊称他为"科学管理之父"。自泰勒制起,科学管理的浪潮在全球兴起,质量检验从生产中脱离出来,成为一门独立的技术,质量管理也进入"检验员的质量管理"时期。

当美国汽车大王福特将生产搬到流水线时,大规模生产和标准化生产进一步加剧,质量检验进一步从产业生产里面分离出来。此后,很多大型企业都设置了专职的质量检验部门,有的由企业高层甚至厂长直接领导。流水线上的质量检验人员根据技术标准,利用各种检测手段,检查零部件和成品,判断合格与不合格,质量检验和质量管理日益专业化。

同样是汽车公司,德国奔驰更是将检验运用到极致。为保证产品质量,公司有六分之一的生产工人从事质量控制和检验,1300多名工作人员负责检查协作厂商所提供的零配件,单一个引擎就要经过40多道检验工序。公司规定:如果一箱里有一个零件不合格就全部退货。一百多年质量检验,保证了奔驰汽车始终精美、可靠、耐用的品质,使奔驰成为世界上最成功的高档汽车品牌之一。

1925年,西方电气公司被美国电话电报公司收购。那个年代,电话机的故障率很高,西方电气公司采取了"质量检查督导"制度,由检查人员和督导人员构成检验体系。在25000余名工人中,安排了多达上千名检查人员,时刻监督生产线上的产品零件质量,把不合格品送回重修。如果检查人员发现不合格品太多,就报告给督导人员,督导人员将视情决定是否有必要停机检查。每四个星期,产品检验部门形成一份检验结果,报公司总裁。依靠周密的检验制度,西方电气公司成为美国最大的电信设备制造商之一,为11国生产电话机和电器设备。

公差制和配合制

专职质量检验离不开技术，公差制和配合制的及时出现，为检验提供了技术支持。

20世纪初，标准化已经成为热潮，越来越多的产品被标准化。但是众所皆知，产品实际尺寸永远无法和标准尺寸、设计尺寸刚好一致，于是就产生了误差。如果这种误差在允许范围内，产品就被认为合格，这就产生公差制的概念。被允许大于标准尺寸的最大值，称之为最大极限尺寸；被允许小于标准尺寸的最大值，称之为最小极限尺寸。当两个符合公差的零件相互结合时，由于存在配合关系，未必满足质量要求，于是产生了另外一个概念——配合制。

19世纪后期，一些公司和企业开始制定有关公差与配合的规定，但都极为简单，而且不统一。英国纽瓦尔公司是一家专门生产剪羊毛机器的公司，毛纺业的繁荣，让该公司生意兴隆，备件供应量非常大。为了防止出现备件到了用户手中不符合要求的现象，1902年，纽瓦尔公司制定了《极限表》，规定了公差和配合方面的公司标准，诞生了最早的公差与配合标准。1906年，英国颁布了世界上第一个国家公差标准BS27。1924年，美国颁布了第一个公差标准。

在总结和继承英、美等初期经验的基础上，20世纪20年代德国制定了公差制，明确提出了公差单位的概念，将精度与配合的标准化、精度等级与配合代号区别开来，规定了基孔制与基轴制，规定了标准参考温度为20摄氏度，成为当时公差制的代表。苏联、日本等一些国家参考德国公差制，也相继颁布了公差与配合标准。

1928年，国家标准化协会国际联合会（ISA）成立，其中第三技术委员会负责制定"公差与配合"标准，德国为秘书国。在总结德国、法国、英国、瑞士等国家公差制基础上，1932年公布了国际公差ISA制尺寸1～180mm的提案，后来范围扩大到500mm；1935年以草案的形式公布；1940年在《ISA号公报》上正式发表最后结果；1942年以英文、法文、德文、意大利文四种文字出版。ISA制考虑到各国公差制特点，对公差制的基本结构做出重大改革，比其他公差制更优越，引起许多国家重视。德国首先采用ISA，取代了国家标准。大多数欧洲国家、美国、加拿大和日本等国也先后以ISA制草案为基础，修订了本国公差制。

国际标准化组织成立后，仍由第三技术委员会负责公差与配合标准制修订，秘书国改为法国，1977年起由澳大利亚接任。1949年9月，国际标准化组织决定以ISA制为基础，修订新的国际公差制。1957年出版了草案。经过一系列国际会议讨论，1962年正式颁布了国际公差制主要标准《总论》。1971年又颁布了《一般工件的检验》，1973年颁布了《未注尺寸的允许偏差》，1975年颁布了《一般用途公差范围的选择》，至此国际公差标准形成了完整的体系。ISO制颁布后，美国、英国、联邦德国、法国、日本、匈牙利、捷克、波兰等国先后修订了本国标准，采用国际公差制。1979年中国也根据国际公差制体系，修订国家标准。到目前为止，各工业国均采用国际公差制。

二、统计质量控制阶段

专职检验经过一段时间的运行，人们发现，专职检验带来质量水平提升和安全保障的同时，也存在一些问题，主要有两个方面：一是当生产批量较少时，质量检验人员能够逐一全数检验产品，但是当大批量生产时，面对成千上万的零件和产品，全数检验几乎不可能完成；二是当事后检验发现次品时，次品已经产生，意味着存在大量的生产原料和劳动力的浪费。那么，有没有一种方法可以采取预防的措施，以便有效地减少次品、降低质量成本？于是，数理统计牵手质量管理，诞生了统计质量控制理论。

休哈特打开一扇门

1918年，27岁的沃特·阿曼德·休哈特在获得加利福尼亚大学伯克利分校的物理学博士学位后，成为西方电气公司检验工程部的一名工程师。此时，美国西方电气公司为了提高电讯系统传输的可靠性，降低产品质量特性的波动或变异，避免因产品故障造成的返修，制定了严格的产品规范与标准，推行严密的检验制度。但公司管理层发现，这种质量检验方法在提高质量水平的同时，增加了生产成本，影响着经济效益。检验工程部负责人乔治·爱德华兹希望找到一种方法，实现质量预防。于是，他牵头成立了两个质量课题小组：一个为检验理论组，休哈特被任命为这个组的学术领导人；另一个为检验方法组，学术领导人为道奇。

休哈特决心从统计学入手进行研究。统计学作为一名古老的学科，起源于古希腊亚里士多德时代。到19世纪末，进入统计分析学阶段，近现代统计学兴起。1924年5月16日，休哈特向爱德华兹提交了一份报告，绘制了一张不合格品率控制图。在报告中，

沃特·阿曼德·休哈特（1891—1967年），现代质量管理的奠基者，美国工程师、统计学家、管理咨询顾问，被人们尊称为"统计质量控制之父"。

他运用数理统计原理分析，通过对生产过程中质量特性值进行测定、记录和评估，监察质量是否处于控制状态，以消除产品质量形成过程中的异常波动。这个世界上首张工程质量控制图，将质量管理从事后检验推向了质量控制时代，被公认为质量控制基本原理的起源。

质量控制图不仅受到西方电气公司管理层的高度重视，在实践中推广应用这种方法，而且受到学界的高度评价，为后来质量研究提供了基石。戴明在评价控制图价值时说："当某个生产过程表现得像一种恒定原因系统以及产生的检验结果表现出稳定性时，人们就说这个生产过程是处于统计管理之中，控制图会告诉我们，过程是否处于统计管理之中。"朱兰在《朱兰质量手册》中充分肯定休哈特关于波动或变异的可归因和不可归因两个原因的论述。费根鲍姆在著作《全面质量管理》中专门单列第14章"控制图"。在实践中，1933年美国材料测试协会采纳休哈特的控制图。1991年12月，国际标准化组织发表了ISO8258《休哈特控制图》。

1925年1月1日，美国电话电报公司收购了西方电气公司的研究部门，成立了贝尔实验室。这个世界上著名的实验室，平均每天获得一项美国专利，发明了电气数字计算机、晶体管、激光器、通信卫星、光纤制造技术、光交

换装置等，先后有 7 位科学家荣获诺贝尔物理学奖。休哈特随之转到贝尔实验室，成为一名研究员，继续研究应用统计技术监控生产过程，完善统计过程控制理论，以减少对检验的依赖。1927 年，戴明博士曾在西方电气公司霍桑工厂短暂工作过，当得知休哈特博士同在西方电气公司，特意赶去结识，后来两人成为亦师亦友的莫逆之交。

休哈特并没有满足将研究成果仅仅留在贝尔实验室，而是努力地把统计质量控制理论分享给学界。当他第一次向爱德华兹提出这个设想时，爱德华兹非常热情地支持他的写作计划。1931 年，休哈特的《产品制造质量的经济控制》出版。书中，休哈特宣称"变异"存在于生产过程的每个方面，但是通过使用抽样和概率分析等统计工具可以了解"变异"。

1938 年，休哈特升任贝尔实验室"统计方法与消费者调查"部门主管。这年 3 月，他接受戴明的邀请，到研究生班做了 4 场学术讲座。次年，在戴明的协助下，休哈特把演讲稿汇编成《质量控制理念下的统计方法》一书。在书中，他第一次提出了"哈休特环"：计划—执行—检查—行动循环。1956 年，休哈特退休的这一年，西方电气公司编制了《统计质量控制手册》。在手册前言中这样写道："其主要特色：一是强调质量工程技术与操作，而不是检验；二是特别强调通过控制图关注过程能力的研究，判断过程是否波动或异常"。

1967 年 3 月 11 日，休哈特逝世。他把一生献给了统计质量控制，研究应用数理统计原理和抽样技术控制生产过程，以预防不良质量产品的出现，成功地将"统计、工序流程与经济理论融为一体"，把以前质量管理中的事后把关变成事先控制、预防为主、防检结合，开创了把数量统计方法应用于质量管理的新局面，奠定了现代质量管理技术的基石。因其巨大贡献，美国质量学会授予他为第一位荣誉会员，1948 年建立了以他命名的"休哈特大奖"，首届"休哈特大奖"颁给了马里兰的弹道学实验室主管莱斯利·西蒙。后来，休哈特被称为现代"统计质量控制之父"。

休哈特关于统计质量控制的理论广泛影响着后来的质量专家们。休哈特逝世的这一年，戴明在日本正如日中天，他总结了日本质量运动历史经验后，发表文章《日本发生了什么变化》，并以"献给朋友与同事休哈特，他的作品引领全世界质量运动"为副标题。文中，戴明高度评价休哈特："世界是通过控制图了解休哈特并因此获得进步，但是应该这仅是休哈特在统计领域的一个贡献，休哈特留下的丰富遗产需要我们用多年来学习与吸取。"

统计管理热潮

休哈特并不孤独，同时代还有许多同道之人与他一起探索质量控制的秘诀，包括道奇、爱德华兹、戴明等人。在贝尔实验室工作期间，道奇和他结下了深厚友谊，两人同住在"山湖"社区，做了长达40多年的好邻居，在学术上相互借鉴和支持。早在1929年，道奇和罗米格就发表了《挑选型抽样检查法》论文。与全面检验不同，挑选型抽样检验的思路是，从一批产品中随机抽取少量样品进行检验，据以判断该批产品是否合格。该方法尽管不能确保所有产品合格，但能够有效地减少总检查量。

第二次世界大战爆发后，军用产品需求激增，美国许多民品企业转为生产军用产品。但是，军用产品不仅批量大，而且多数属于破坏性检验，采用事后检验的办法来保证军用产品的质量，既不可能也不被允许。由于军用产品经常延误交货期，并且在战场上还不时发生质量事故，严重影响了军队的士气和战斗力。1940年，美国国防部要求美国标准协会制定关于质量控制标准，以应对各种战争物资制造过程的控制。道奇被任命为技术委员会主席，戴明、阿什克罗夫特、西蒙、韦勒姆等任委员。次年，技术委员会制定颁布了"美国战时质量管理标准"，即《质量控制指南》《数据分析用的控制图法》《生产中质量管理用的控制图法》，这就是美国著名的战时标准Z1.1、Z1.2、Z1.3。技术委员会赴全国各地，为军用产品生产企业举办了为期7天的质量管理讲习班，推广上述质量管理标准和质量控制方法。同时，美国国防部要求各生产军用产品的企业按照已公布的这3个标准进行生产过程的质量控制，并且严格按照这套标准验收军用产品。这样迫使企业普遍推行统计质量控制方法，美国在保证和提高军用产品质量方面取得了显著效果。

1942年，应美国军械部的要求，爱德华兹、道奇、罗米格、高斯等学者组成的小组，就验证弹药的安全与可靠，开发制定《军用检验抽样用表》。当美国直接加入第二次世界大战后，美国工业领域开始大规模推广应用过程质量控制。1944年，道奇和罗米格出版了一本关于计数抽样表和计数抽样方法的著作《抽样检查表》。道奇—罗米格表根据批容许不合格品率或检后平均不合格率上限，各设计了一次抽样检查表和二次抽样检查表。之后，一些专家还探索其他检验法，如 1949 年提出的安斯库姆挑选检验法。1950 年，美国制定美军标 MIL-STD-105A 计数调整型抽样检查方案及其用表。

统计质量控制形成一股热潮，世界各地许多专家纷纷研究把统计学应用于质量管理。1933 年，英国统计学家卡尔·皮尔逊出版了《统计方法在工业标准化和质量管理中的应用》，后来其成为英国标准 BS600。1974 年，国际标准化组织制定了 ISO2859 标准《计数抽样检查方案及其用表》。

日本古代武士出征作战，常常携带弓、枪、大刀、短刀、剑、针、剃刀等 7 种武器就可以冲锋陷阵。在质量管理的探索中，日本专家发明了层别法、检查表、柏拉图、因果图、管制图、散布图和直方图 7 大质量管理工具，因果追原因、检查集数据、柏拉抓重点、直方显分布、散布看相关、管制找异常、层别作解析，专家们认为 QC 小组掌握这 7 大工具，将和古代武士一样战无不胜。

其中因果图由年仅 28 岁的石川馨在 1943 年发明，因果图又称石川图或鱼刺图，通过该图可以查找出导致质量问题产生的真正深层原因，从而有效地解决这些问题。石川馨认为，90% 到 95% 的问题用初级统计技术就可以解决，并不需要专业知识。1947 年，石川馨进入东京大学专门从事统计技术研究工作。作为一名科学家，他意识到分析和解释离散数据非常困难，开始对统计学产生了浓厚的兴趣。两年后，应日本科学家与工程师联合会之邀，他加入质量管理研究小组，从事质量管理和统计方法应用领域的前沿工作。

田口玄一是日本另一位质量管理大师级人物。1945 年，第二次世界大战结束，田口玄一离开了日本海军水路部天文科，到公共卫生与福利部以及教育部任职，开始统计数学研究。1950 年，26 岁的田口玄一发明了被日本视为"国宝"的田口方法。该方法将质量提升从事后检验转向最初的设计，即在产品开发设计阶段，围绕所设置的目标值，优选参数组合，使所产生的全部产品具有相同的、稳定的质量，性能指标达到最优化，极大地减少损失、降低成本、提高效益。

以田口方法控制陶瓷烧制质量为例，烧制陶瓷对炉温、烧制时间等要求很高，控制精度稍有偏差，将增加陶瓷次品。通常的思维是努力将炉温、时间等控制得尽可能精准，然而这往往是难以做到的。经过多次试验，使用不同的原料、炉温等，最终发现有一种原料，在炉温、烧制时间等变化时，质量能够基本保持稳定。也就是说，从一开始设计，力求让质量保持稳定，从而降低成本。田口方法的要义在于稳健设计，将传统的质量"达到产品规格"改为"达到目标要求和尽量减少产品变异"。

每一个发明者最大的希望是，将他的理论和方法变为实践。1950 年，田口方法发明的当年，他加入日本电话与电报公司新成立的电子通信实验室。在这个实验室里，他待了超过 12 年的时间，将他的理论付之于实践，并逐渐发展他的方法。20 世纪 50 年代早期，丰田等日本公司开始大规模应用田口方法。1954 年，田口玄一作为访问教授来到印度统计研究所，在印度传播他的方法。1957—1958 年，他出版了《实验设计》一书，为普通工程师提供了教科书。1960 年，田口玄一获得戴明个人奖，年仅 36 岁，堪称罕见。更为罕见的是，田口玄一的一生曾三获"戴明质量奖"。1966 年，他出版了《统计分析》。

1962 年，田口玄一首次拜访美国，在普林斯顿担任访问教授，并拜访贝尔实验室，但是他那蹩脚的英语，美国人几乎不知道其所云。1980 年，田口玄一以日本质量研究院主任的身份，再度拜访贝尔实验室，他的英语并没有多大的提高，但这次美国人仔细聆听他的每一句话，而施乐等美国大型企业决定实施田口方法。福特公司在其传动系统装配线上应用田口方法后，产品误差大大减少，产品质量得到提高。ITT 公司依靠田口方法，在 18 个月内节省了约 6000 万美元。

田口玄一的努力和贡献，将一门新的学科推向了新的境地，这门学科就是质量工程学。质量管理走过一条从后向前推的过程，从事后的检验到制造过程的统计管理，再到一开始的设计。质量管理过程不再被单一地看待，而是形成了一个完整的链条和体系，一个系统的工程。这一切为下一次质量革命做好了准备。

三、全面质量管理阶段

20 世纪 50 年代以来，社会生产力迅速发展，科学技术日新月异，人们对产品质量已经不再满足一般性能，而更加关注产品的耐用性、可靠性、安全性、维修性和经济性等综合因素。此时，工业生产技术手段越来越现代化，工业产品更新换代日益频繁，许多大型产品和复杂的系统工程不断出现。X 理论、Y 理论、决策理论、系统理论、行为科学等各种管理理论学派相继问世，保护消费者利益运动兴起，企业不得不重视质量保证和质量责任。单靠统计质量管理已经难以满足社会和用户对产品质量的要求,广大质量管理工作者积极探索,希望建立一套更为有效的质量管理理论和方法。

费根堡姆和朱兰们的努力

1942年6月,美国陆军开始利用核裂变反应研制原子弹的"曼哈顿"计划,该计划规模大得惊人,动员了10万多人参加。20世纪50年代后期,"北极星"导弹、人造卫星等工程复杂前所未有,安全要求前所未有。"阿波罗"飞船和"水星五号"运载火箭共有560万个零件,即使完善率高达99.9%,飞行中也有5600个机件可能发生故障,后果不堪设想。产品质量标准和精度要求如此之高,单纯依靠统计质量控制,显然已无法满足需求。统计质量控制另一个致命的弱点在于忽视组织管理,工程越来越复杂,衔接配合、有序协调更为重要,急需用系统的观点来研究质量问题。

而在普通的工程师和技术人员看来,统计质量控制过分强调质量控制的统计方法,所采用的数理统计方法理论又比较深奥,让人们对质量管理不由地产生了一种高不可攀、望而生畏的感觉,以为质量管理就是统计方法,是质量管理专家的事。

此时此刻,一种崭新的质量管理思想和方法呼之欲出。

1961年,阿曼德·费根堡姆出版了专著《全面质量管理:工程与管理》,揭开了全面质量管理的序幕。与之同时,在美国,有一个人和费根堡姆思考着同样的问题,他就是约瑟夫·莫西·朱兰。

1928年,年仅24岁的朱兰进入位于芝加哥郊外的霍桑工厂检验部。当时,霍桑工厂刚开始著名的霍桑实验,这个历时8年的实验最终发现,个人态度行为对组织效率起着重要作用,这一思想后来一直影响着朱兰的质量观。也就在这一年,朱兰完成了一本《生产问题的统计方法应用》的小册子,由此开始他一辈子的质量研究生涯。1937年,朱兰成为西方电气公司总部工业工程方面的主席。

1942年,朱兰被借调到美国租借管理统计部,为战时美国政府服务。1944年,40岁的朱兰成了一个自由职业者,以统计学家的身份,在质量届已经小有名声。1947年，关贸总协定签署，各国间的距离一下子拉近了，贸易竞争跨越一国一地区的范围，变得异常激烈。在成本、技术等诸多要素中，质量的竞争更为残酷。朱兰突然变得繁忙起来，吉列剃须刀、汉密尔顿手表等国际知名企业的经理们不约而同地给他打电话，抱怨产品质量问题，请求朱兰帮助他们改进生产过程。朱兰陷入了深深的沉思，到底应该如何管理质量？

经过4年的思考，1951年朱兰首次主编完成《朱兰质量手册》。该书吸取了许多世界级管理大师的经验，被誉为"质量管理领域的圣经"，为全面质量管理奠定了理论基础和基本方法，至今仍然被珍视为质量管理领域的宝典。之后，朱兰一直致力于质量研究，笔耕不断，一生写了大量的书籍，它们都成为质量管理的通用参考书。1964年完成了《管理突破》一书，1966年写成《公司董事》，1982年、1988年、1989年、1992年分别出版《管理高层与质量》《质量计划》《质量领先战略：经理手册》《质量设计》。

约瑟夫·莫西·朱兰（1904—2008年），出生罗马尼亚，1912年移民美国，举世公认的现代质量管理领军人物。

他的"质量计划、质量控制和质量改进"，被称为"朱兰三部曲"，就是全过程质量管理。质量计划是第一步，确立质量目标，了解顾客和他们的需求，明确整个公司质量计划的构成方法。第二步是质量控制，用计划—实施—检查—评价循环监控，确保产出质量最优化。第三步是质量改进，识别并解决问题，不断地寻找优化质量的最佳方法，维持最高的质量标准，质量改进是持续发展、循环改进的过程。

朱兰的很多观点与费根堡姆不谋而合，其中最本质的相同之处在于，他们都把质量的最终落脚点放在人上，即质量既是由人创造，又最终服务于人。

之前的质量管理，一般都从技术层面思考问题，把人作为生产的一个环节，忽视了人的主观能动作用。朱兰与费根堡姆的全面质量管理思想更加重视人在质量管理中的作用，尤其是管理层的作用。朱兰最早把帕累托原理引入质量管理，认为大部分质量问题并非工作层的技巧问题，所有质量问题80%以上是由管理层控制缺陷造成的。费根堡姆认为，解决质量问题不能只局限于制造过程，因为80%的质量问题是在制造过程以外产生的。两个80%，角度不同，但阐述了同一个道理：质量问题不是单纯的生产问题。而解决质量问题的手段仅局限于统计方法是不够的，必须多种多样，所有职能部门都应该参与质量管理，而不应局限于生产部门，其中组织管理者更加应该承担责任、做出贡献。因此，需要从社会学、心理学等多角度研究和激发人的动力，调动人的积极性。

朱兰和费根堡姆不约而同地思考着一个最简单也是最根本的问题：质量到底是什么？他们又不约而同地将评价质量的视角从生产转向消费者，并得出相同的结论。朱兰指出，质量是一种合用性，产品质量是否适用，取决于消费者的判断而不是生产者，即产品在使用期间能满足使用者的要求，顾客是质量的最终裁决者。费根堡姆则认为，质量并非意味着"最佳"，而是"客户使用和售价的最佳"，全面质量管理就是用最经济的方法充分满足顾客的要求。而戴明和田口玄一同样将视角转向消费者。戴明认为，真正的质量是立足于用户需要，追求不断提高用户满意程度而形成的。田口玄一则认为，衡量制造成功产品的重要尺度是该产品在社会上所造成的总损失。

朱兰一直热衷于传播他所倡导的质量管理理念和方法，在世界各地从事讲学和咨询活动。日本科学家与工程师联合会常务理事小柳贤一看到朱兰的《质量控制手册》，十分喜欢，即刻向朱兰发出邀请函。1954年，步戴明后尘，朱兰来到日本召开中高级管理者专题研讨会。之后，他先后在世界各大洲30余个国家举办过近300期"质量控制之管理"培训班，培训的经理和专家约2万人，获得过30多个国家政府、专业协会、大学和企业所授予的100余枚勋章和会员资格、名誉会员资格等荣誉。1982年年初，他曾应邀来中国讲学。1979年，他创立了朱兰学院，更加广泛地传播他的观点。朱兰的质量管理思想，引起了人们关注质量危机，深刻影响着各国的企业界，推动着世界质量管理的发展。正因为如此，他被举世公认为现代质量管理的领军人物。1994年他在美国质量大会上振聋发聩地说："20世纪是生产率的世纪，21世纪则是质量的世纪，质量是和平占领市场最有效的武器。"世界管理学大师彼得·德鲁克曾这样评价朱兰博士："美国制造业在过去30到40年中所取得的成就与朱兰博士的贡献是分不开的。"

朱兰始终保持一贯的谦逊。日本科学家与工程师联合会曾计划设立"朱兰奖"，但被朱兰婉拒，最后这个奖命名为"日本奖"。朱兰认为，日本在20世纪50年代的成功不应归功于他和戴明博士，而应归功于所有日本人对质量工作的承诺和贡献。他说：即使他和戴明待在家里，日本一样还是会走在世界质量的前列。他们的确促成了飞跃的开始，如果没有他们的努力，日本的质量管理工作道路将更漫长，但是在质量管理发展的道路上日本仍然会超过美国。他深信，只有那些努力使管理者关心质量改进的组织，才能最终打败他们的竞争者。

在日本开花结果

的确，在那个特定的年代，日本首先使用全面质量管理理论和方法，诞生了多位世界级质量专家。

1952年的石川馨，并没有躺在因果图发明的功劳簿上，而是出任日本化学学会会长，继续从事质量管理研究。戴明和朱兰博士来日本讲学后，石川馨与他们结识，他的视野从质量统计分析扩大到全面质量管理。1954年他出版了《质量管理导言》，提出的"下道工序是顾客"的理念，深深地震撼了日本企业家。

20世纪60年代，石川馨成为日本质量管理小组运动的最重要的倡导者和奠基人之一。在日本推行全面质量管理之初，他呼吁，质量教育和培训不能仅仅局限于管理层和工程技术人员，而应推广到公司所有员工。对于他发明的石川图，他没有沾沾自喜，而是冷静地告诫企业家们，管理者不是仅仅利用石川图发现个别问题，应当通过质量循环实现全过程质量管理，并借助统计技术在全公司实现质量控制。1968年，石川馨出版了一本面向质量管理小组成员的非技术质量分析课本——《质量控制指南》，该书先后获"戴明质量奖""日本Keizai新闻奖"和"工业标准化奖"。因其卓越的贡献，石川馨被誉为日本"质量管理小组之父"。

1969年石川馨成为国际标准化组织日本分机构成员，1977年出任该机构主席，1981年成为国际标准化组织主席团成员。但他对标准始终保持一份清醒，认为"标准不是决策的最终来源，客户满意才是"。他主张在参照质量标准的同时，应该通过不断改进质量，在满足顾客需求的基础上，建立更高的标准，而不能满足于现有的质量水平。

石川馨一生奔波于旅途中，应政府、高校和产业界的邀请到处作报告、举办研究班，介绍日本管理技术。1971年，其质量控制教育项目获美国质量控制学会"格兰特奖章"。1985年出版了《什么是全面质量管理？日本的方式》一书。1989年逝世前夕，他仍不懈地为成立世界质量管理研究机构和改进日本质量管理技术而努力。他告诫世人：全面质量管理不可能像吃阿司匹林那样立竿见影，而必须假以时日，逐渐地改进公司的组织结构，就像一个漫长的中药疗法。

为了纪念石川馨的贡献，亚洲质量网组织专门设立了"石川馨—狩野奖"，表彰在推出亚洲质量管理理论和实践方面做出杰出贡献的个人。

20世纪70年代，日本轿车、家用电器、手表和电子产品等大批占领国际市场，经济极大发展。全世界惊呼的同时，发现日本经济奇迹一个重要的原因来自全面质量管理，由此在世界范围内引发了质量浪潮。日本人发明的准时化生产、看板生产、质量改进、质量功能展开、田口方法、新七种工具被世界各国企业所引用。

20世纪80年代以来，全面质量管理的重点由制造环节向设计和售后服务两侧延伸，形成了一股汹涌的浪潮，冲击和更新着工商业界对质量的记忆。全世界各地纷纷效仿采用全面质量管理理论和方法，美国经济因全面质量管理而复苏，回复到强势增长的中心。瑞典爱立信公司无疑是各大公司中的佼佼者，质量管理从产品设计、研制阶段，到生产、销售，再反馈回设计，形成闭路网络状管理。21世纪，随着知识经济的到来，质量成为一门世界语言，全面质量管理的范畴从生产、服务、环境不断扩大到所有人参与的领域，引导着人们既狂热又理性地追求，全方位满足着人们对美好生活的向往。

国际推广

在质量专家探究质量管理思想的同时，如何推广这些思想，同样非常重要。20世纪50年代，伴随着第二次世界大战后全球经济的复苏，世界各国各地区相继成立了很多政府或民间质量组织。除了计量、标准化、认证等技术类质量组织，质量管理和教育组织蓬勃发展，美国质量学会、日本科学家与工程师联合会和欧洲质量组织等世界三大质量组织均成立于这个时期。这些组织开展质量研讨，推广质量管理思想，推动质量发展。

第二次世界大战期间，美国相继成立了17个地方质量管理学会，这些学会致力于开展数理统计方法和质量控制技术培训、普及推广。1946年2月16日，17个学会合并成立了美国质量控制学会，其总部设在威斯康星州米尔沃基市，贝尔电话实验室检验工程部负责人乔治·爱德华兹当选为主席。第二年，在芝加哥，美国质量控制学会第一届年度技术大会和第二届中西部质量控制大会召开，将近2000人参加。后来技术大会改名为世界质量与改进大会，每年举办一届，成为国际上最令人瞩目的质量会议之一，每次都吸引着来自50多个国家和地区的数千名质量专业人士出席。1948年，大会建立了美国质量控制学会行为道德规范，规定了会员的责任和行为，要求会员与认证持有人诚实、公正，竭诚为雇主、客户和大众服务，用所掌握的知识和技能服务于公众，以利于社会发展。学会在全球推行质量优先的理念，把质量作为企业的规则需要和个人的道德准则。如果说，20世纪70年代末前，学会重心放在推广制造业技术规范、组织技术委员会、召开技术大会，那么，从80年代起，则在广阔范围内推广质量领导、激励和管理。1991年，美国质量控制学会45岁生日之际，其会员已经超过十万。1997年舍去"控制"二字，更名为美国质量学会。

美国质量控制学会成立的同一年，在亚洲，时任日本经济团体联合会会长、石川馨的父亲捐资设立了日本科学家与工程师联合会。联合会侧重于质量教育，致力于数理统计技术、质量控制工具方法的教育培训和研究应用，出版发行专业质量书籍上万种。联合会集结和组织了一大批专家、学者和企业家，有专兼职质量讲师、咨询师2000余人，企业会员1200余家、个人会员5000余名。联合会通过推动质量管理技术的普及与发展，推动了质量管理体系的有效运行，提高了日本企业的经营绩效，促进了日本经济高速发展。

1952年德国质量协会建立，同样为独立的、非营利性社团机构，现有83000多个会员，实行个人会员和公司会员制。协会致力于提供并传播质量管理领域的先进理念与信息，全力协助会员和顾客达到卓越水平。业务主要有三方面：一是出版发行，主编或代编70余种质量专业书刊；二是组织和主办各类专题学术研讨会；三是教育培训。另外，发起并负责组织德国质量奖的评审和颁奖工作。

1956年，欧洲31个国家的质量组织在瑞士注册了一个自治、非营利性的专业质量组织——欧洲质量组织，办公机构设在比利时布鲁塞尔，主席由各成员组织首脑轮流担任，任期两年。欧洲质量组织主要活动为组织每年一度的欧洲质量组织年会，由各成员国轮流主办，旨在通过传播质量理念，提高欧洲工商业界的综合竞争力，推动质量管理技术在各成员国企业的普及与应用。其规模与档次和美国质量学会年会相当，是欧洲乃至国际质量组织和专家交流研讨质量改进技术、信息、经验、方法的重要平台，备受全球质量界瞩目。

在大洋洲，1968年澳大利亚质量组织成立，为企业提供质量管理培训，为质量专业人员提供交流平台。每年举办一届质量大会，吸引着世界各地众多的质量专家和质量工作者参加，是世界上最高水平的质量会议之一。1977年新西兰质量组织成立，主要从事与质量相关的培训、咨询和认证工作，出版刊物，设立"经营绩效质量奖"和"新西兰银行质量改进奖"，同样每年主办一届质量年会。

1969年10月，美国质量控制学会、欧洲质量组织和日本科学家与工程师联合会三大组织，在东京联合召开了首届质量管理国际大会，质量管理思想在全球范围内交流，不断碰撞出火花。此后质量管理国际大会成为全球最重要的质量会议，由三大质量组织轮流主办，每三年举办一次。

20世纪60年代之后，加拿大质量学会成立。2009年起，加拿大质量年会举行，此后每年举办一次，成为北美地区最重要的质量会议之一。1967年，中国香港生产力促进局成立，开展专业计量测试、项目咨询指导、质量体系论证、管理方法培训，负责"香港优质管理大奖"评审和颁奖活动。1973年7月，中国台湾地区最具知名度的质量管理组织——财团法人中卫发展中心成立，致力于推动岛内企业提高质量竞争力。1979年8月31日，中国质量协会成立。

1981年，在马尼拉，菲律宾质量管理协会主办召开第一届亚太质量会议，会上有人提议，成立一个亚太质量组织。两年后，当第二届亚太质量会议在墨西哥举行时，与会人员达成一致意见。1985年10月23日，中国北京人民大会堂，美国质量控制学会、澳大利亚质量组织、加拿大质量学会、中国质量协会等国家质量组织举行了历史性签署仪式，成立了亚太质量控制组织（APQCO）。石川馨博士和詹姆斯·哈林顿博士被任命为名誉主席，密弗瑞拉·葛查莲教授被任命为第一任秘书长。1994年，在马来西亚吉隆坡，把C（控制）从APQCO中删去，更名为亚太质量组织（APQO），并将每三年一次的会议改为每两年一次。2002年，在北京举行的第八届会议上，又改为每年度召开一次。

1996年，中国台北品质学会、韩国品质管理学会和日本品质管理学会共同发起，成立了亚洲质量论坛。随着参与组织增多，论坛规模逐渐壮大。2002年，在东京会议上，通过《东京亚洲质量论坛宣言》，将亚洲质量论坛更名为亚洲质量网组织，宗旨确定为促进亚洲质量管理的快速发展，每年举办一届亚洲质量网组织大会，现已拥有包括中国、俄罗斯、日本、新加坡、韩国、印度、哈萨克斯坦、泰国、越南等 17 个会员组织。

四、精益质量管理阶段

工业化大生产后，世界范围内出现生产能力过剩，真正过剩的是缺乏竞争力、低质量的生产能力，高质量依然缺乏。人类追求质量、思考质量、管理质量的脚步不会停息，在全面质量管理基础上，精益思想获得发展，逐渐形成了精益质量管理。

把不可能变为可能

全面质量管理留下两个课题，一个课题是质量和成本的关系。几乎所有人的直觉是为了提高质量，必然需要付出成本。20 世纪 50 年代，费根堡姆就提出了关于质量成本的全新概念：质量成本是为了确保产品或服务满足规定要求的费用以及没有满足规定要求引起的损失，是企业生产总成本的一个组成部分。田口玄一曾言："在充满竞争性的经济社会中，质量改进和降低成本是进行持续改进和维持企业生存的两个轮子。"尽管戴明早早就提出"低成本与高质量可以共存"，但路径在哪里？戴明为此在很长时间内并不赞同全面质量管理。

另一课题是质量管理的终极目标是不是仅仅在于质量适用？

1957 年，洛克希德公司开始着手研制美国第一代潜射弹道导弹——"北极星"导弹，计划用 5 年的时间完成。然而没有想到，这年 10 月 4 日，苏联向宇宙空间发射了世界上第一颗人造地球卫星。当晚，五角大楼里灯火通明，美国人急于寻找对策，不由地将目光转向了"北极星"导弹和第一艘导弹潜艇的研制工作，决定将第一艘导弹核潜艇的研制时间由 5 年缩短为 2 年。也是在 1957 年，31 岁的菲利普·克劳士比离开了克罗斯莱公司，加入同样从事航天和导弹行业的马丁·玛瑞埃塔公司，任高级工程师和质量经理。

215

1958年9月，"北极星"导弹样弹第一次试射失败。在又经过了5次失败之后，直到1959年4月才完成第一次成功试射。克劳士比对这一切深深思考了两年，于1961年提出"零缺陷"的概念，其核心是"第一次就把事情做对"。次年，为解决确保质量与按期交货的矛盾并提高产品的可靠性，马丁·玛瑞埃塔公司首先在制造部门实施"零缺陷"计划，获得成功。1963年，美国通用电气公司实施"零缺陷"计划，增加了消除错误原因建议这一重要内容，从而使"零缺陷"计划更加完善。1964年年初，美国国防部授予克劳士比"杰出公民服务勋章"，要求军工系统的企业普遍采用"零缺陷"计划。其后许多民用企业也相继实施"零缺陷"计划。

但是，克劳士比的思想与质量界主流思想是不同的，被视为异端，离经叛道！在太平洋彼岸，一代质量大师石川馨就坚决反对"零缺陷"运动，认为"零缺陷"方法要求人们严格按照既定的标准和规章制度行事，服从高层管理人员策划的一切，不鼓励人们主动参与，扼杀了人们的创造能力与改革精神。而全面质量管理方法鼓励人们大胆质疑现有标准并不断改进它们，从而使质量最优化，大大提高了绩效。

回答石川馨质疑的，不是美国人，而是日本人。

第二次世界大战之后，美国汽车工业每名工人的平均生产效率是日本工人的9倍，丰田公司汽车年销量下降到区区3275辆，几乎濒临破产。总裁丰田喜一郎提出：降低成本，消除不必要的浪费，用3年时间赶上美国！否则，日本汽车产业将难以为继！

丰田汽车急需一种新的体系摆脱困境，丰田喜一郎把希望和重任交给了大野耐一。在大野耐一的带领下，丰田汽车开始创立自己的生产系统。1955年，丰田与质量专家新乡重夫合作。大野耐一和新乡重夫性格非常相似，都坚韧得近乎好斗的地步，对待工作常常提出"无情"的苛刻要求，他们都不能接受这样的想法：某事不能做。刚毅的性格造成两人不欢而散。

1956—1958年，新乡重夫在三菱重工工作期间，把6.5万吨超级油轮的建造时间由原来的4个月缩短至2个月，他打破了造船业的世界纪录，他所运用的体系迅速传遍了日本所有造船厂。

20世纪60年代初，新乡重夫与松下公司合作，把他的质量管理思想逐步发展成为"零缺陷"防差错系统。在流水线上，有一个环节需要安装两根弹簧，可是操作工人总会偶尔少装一根，而产生次品。怎么解决这个问题？事后检验当然是一种方法，但效率很低。新乡重夫建议在工人面前增加一个小碟子，每次将 2 个弹簧放在一个小碟子里。装配结束时，如果碟里有 1 个弹簧，就意味着漏装，一目了然，马上就可以纠正。

新乡重夫将这种方法称为"傻瓜工具"，意思是即使傻瓜也能一眼看出错误的机制。一天，一名年轻的女工看见新乡重夫，开始哭了起来。新乡重夫很奇怪，女工责问他："我不是傻瓜，干吗要你的方法？"新乡重夫赶紧向女工表示深深的抱歉，然后用日语造了一个术语——"波卡纠偏"表示防差错系统。

与之同时，大野耐一也没有闲着，从 20 世纪 60 年代起，丰田公司将竞争对手瞄准德国大众。1969 年，双方竞争日益白热化，战火燃烧到每一个领域。此时，更换调试 1000 吨级冲床的模具，大众汽车公司用 2 个小时，丰田汽车公司要花 4 个小时。这在大野耐一看来，简直无法忍受，下令赶超德国。怎么超越？大野耐一这次表现出宽阔的胸怀，请回了新乡重夫。

花了整整 6 个月的时间，新乡重夫终于将不得不停机的内部调试和可以在机器运行时进行的外部调试做了分离，逐步改进每一个程序中所有相关操作，成功将调试时间缩短到 1 个半小时。但是大野耐一并不满足，又指示将调试时间减少到 3 分钟。天啦！这怎么可能？一开始，新乡重夫觉得不可思议，但是经过 3 个月的努力，他实现了目标，并创造了著名的森口体系。这种生产管理思想和方法，努力在最短的时间完成工作，通过源头检验和"波卡纠偏"防止错误，达到成本极低、效率又高的效果。

在太平洋两岸，克劳士比和新乡重夫在"零缺陷"的道路上继续探索前行。

1979 年，克劳士比出版了第一本畅销书《质量免费：确定质量的艺术》。他提出，高质量给企业带来高回报，高质量并不是以高成本为代价，只要按照要求，第一次把事情做好，而且每次都很好，那么质量不仅是免费的，而且是一颗摇钱树；相反，每做错一次，就意味着增加一次成本。1984 年，克劳士比又出版了第二本畅销书《质量无泪：无困扰的管理艺术》。之后，他又相继出版了《削减质量成本：经理人缺陷预防工作手册》《完整性：21 世纪的质量》《质量再免费：如何在不确定的时代把质量确定》等 10 多本书，他的著作被公认为是质量与管理科学中最好的著作。他所倡导的"质量应定义成符合要求，而不是好或优秀""质量保证体系的原则是预防不合格，而不是对不合格进行评估""工作标准应该是零缺陷，而不是差不多就行""以不合格付出的代价来衡量质量，而不是用不合格的百分比来衡量质量"等理念被全球很多企业所接受，引发了全球生产制造业、工商业等领域的质量运动。哈佛商学院、沃顿商学院、耶鲁大学等高校纷纷开设了《克劳士比管理哲学》课程。克劳士比被美国《时代》杂志誉为"20世纪伟大的管理思想家""品质大师中的大师""零缺陷之父""一代质量宗师"。

根据20多年职业生涯中的系统性方法和精心笔记，新乡重夫撰写了18部书，被尊称为"纠错之父"。"波卡纠偏"系统被欧洲和美国引入。1988年，美国犹他州立大学与新乡重夫本人一起设立了"新乡奖"，是全球唯一精益管理领域的认证奖项，《商业周刊》称其为"制造业的诺贝尔奖"。1994年和1995年，美国总统比尔·克林顿代表美国政府两次致亲笔函，高度认可和赞誉"新乡奖"获奖企业。

那么，能不能真的实现近乎完美的"零缺陷"？谁将成为第一个吃螃蟹的人？

六西格玛的魅力

成立于1928年的美国摩托罗拉公司曾经生产了首款收音机设备、首款传呼机，一度在全球芯片制造、电子通信、手机等领域名列前茅。但是20世纪80年代前后，在同日本企业的竞争中，摩托罗拉公司败下阵来，先后失去收音机、电视机、半导体等市场。1985年，公司走到了濒临倒闭的边缘。问题出在哪里？如何拯救摩托罗拉？摩托罗拉公司痛定思痛，认为："摩托罗拉失败的根本原因是其产品质量比日本组织同类产品的质量差很多"。

一场质量改进运动在摩托罗拉全公司上下如火如荼地展开。

1986年，在研究制造缺陷和可靠度之间的关系时，工程师比尔·史密斯发现，"需要在产品设计半个公差限的范围内包含6倍标准差，才能从源头上确保产品不会发生缺陷！这个观点最终被整个公司所理解和采纳，并且将这场质量改进运动命名为六西格玛（6σ）。""σ"是希腊文的一个字母，在统计学上表示标准偏差值，用以描述总体中的个体离均值的偏离程度。1西格玛表示百万次操作中有690000次失误，即每天有三分之二的事情做错，这样的企业是无法生存的。2西格玛表示百万次操作中有308000次失误，即企业每天有三分之一的资源被浪费。大多数企业在$3\sigma \sim 4\sigma$间运转，就是说每百万次操作失误最多66800次最少6210次，这些缺陷需要经营者以30% ~ 15%

的销售资金进行事后的弥补或修正。5 西格玛表示百万次操作中仅有 230 次失误，达到这样水平的企业具有优秀的管理、很强的竞争力和比较忠诚的客户。而 6 西格玛表示百万次操作中的失误仅为 3.4，基本达到零缺点要求，这样的企业具有卓越的管理、强大的竞争力和忠诚的客户。六西格玛管理是一种以顾客为中心、以数据为基础、以追求完美无瑕为目标的管理理念。

摩托罗拉产品由上千个元件构成，通过六西格玛管理，摩托罗拉把质量控制转向整个生产过程，大大减少了次品数量，提高了电子产品精度。1988 年，摩托罗拉获得了美国"波多里奇国家质量奖"。1989 年公司取得空前的成功，产品的不合格率从 4 西格玛减少到 5.5 西格玛，即一百万操作的失误为 32，节约成本超过 20 亿美金。史密斯因此被尊称为"六西格玛之父"。

20 世纪 90 年代，摩托罗拉公司提出了六西格玛黑带计划。黑带是跆拳道中高水平的标志。跆拳道虎虎生威、以刚克刚、力大速度快，是强者之间的较量。其有着严格的技术水平等级制度和晋级升段考核要求，以腰带颜色代表水平，分为白带、黄带、蓝带等级别，其中黑带水平最高，代表习者经过长期艰苦磨炼，不仅技术动作相当成熟，而且文化素质很高，不受黑暗与恐惧影响，可以担任指导老师。用黑带命名六西格玛计划，表达了摩托罗拉公司追求质量卓越的信心。

韦尔奇接力前行

摩托罗拉公司黑带计划引起了一位世界级商界传奇人物的注意。20 世纪 90 年代中期，杰克·韦尔奇在通用电气的一系列改革取得了巨大成功，但他并没有满足，这次他将改革目光转向了质量。他说，质量控制计划是"巨大的事业，我甚至无法描述这项事业的巨大。""你不能以一种温和的、理性的方法去做，在那儿你必须告诉你的员工质量是生存的关键，你必须要求你的每位员工都接受培训，你必须鼓动他们，你必须有物质奖励，你必须说'我们必须做这件事'"。

1996 年年初，韦尔奇决定在通用电气推行六西格玛、全球化和服务业三大战略举措，其中六西格玛位列公司三大战略举措之首。韦尔奇提炼了流程管理技巧的精华和最行之有效的方法，创立一种提高企业业绩与竞争力的管理模式。他说："六西格玛是我们曾尝试度过的最重要的管理培训方法，它胜过到哈佛商学院就读，也胜过到克顿维尔进修。它教会你一种完全与众不同的思维方式。"1997年后，通用电气每年用于六西格玛的投资都在5亿美元左右。通用电气公司的经理奖金高达100万美元，以前奖金分配主要根据利润和现金流决定，为了推进质量计划，韦尔奇将其中40%奖励质量计划的执行程度。他告诫年轻的经理们，除非他们被选作黑带，否则不会有太大的前途。1995年通用电气的利润率为13.6%，到1998年提升到16.7%。

2000年，通用电气黑带人数达到1万名。在这一年的年报中，韦尔奇指出："六西格玛管理所创造的高品质，已经奇迹般地降低了通用电气公司在过去复杂管理流程中的浪费，简化了管理流程，降低了材料成本。六西格玛管理的实施已经成为介绍和承诺高品质创新产品的必要战略和标志之一。"

二十世纪八九十年代，美国公司掀起了质量管理方案研究的狂潮，继摩托罗拉、德仪、联信/霍尼维尔、通用电气、戴尔、惠普等先驱之后，财富500强的制造型企业几乎都陆续实施六西格玛管理战略，花旗银行等服务性企业也采用六西格玛战略来提高服务质量。20世纪90年代后期，索尼、东芝等在质量领域领先全球的日本企业纷纷加入实施六西格玛的行列。韩国的三星、LG也开始采用六西格玛战略。西格玛水平成为衡量一个国家综合实力与竞争力的最有效指标，美国公司的平均水平接近5西格玛，而日本公司的平均水平已超过5.5西格玛。

20世纪60年代，质量的概念实现从符合性质量到适用性质量的转变，20世纪80年代，六西格玛又让竞争性质量正式脱颖而出，向所有具有卓越精神的企业发出诱人的呼吁：让质量"零缺陷"，才能超越竞争对手和顾客的期望。这一切意味着，精益质量管理时代来了！

1990年，美国麻省理工学院数位国际汽车计划组织专家在研究后，对日本丰田的精益管理如此概括："精，即少而精，不投入多余的生产要素，只是在适当的时间，生产必要数量的市场急需产品或下道工序急需的产品；益，即所有经营活动都要有益有效，具有经济性。"

当然，精益质量管理不仅仅六西格玛一花独放，而是各种卓越质量追求满园花香、精彩纷呈，成为当代任何伟大企业和渴望伟大的企业的精神高地。松下公司对产品质量的要求近乎苛刻，在公司墙上一直挂着质量图表，废品率不是百分之几，而是万分之一至万分之二。1984年，在一次英国对欧洲市场上的电视机做的抽检结果中，日本松下公司获第一名，开箱合格率为100%。

成立于1802年的美国杜邦公司，深知质量安全的重要。尽管后来业务扩展到食物与营养、服装、家居和建筑等多个领域，但安全始终是公司的核心价值观之一。杜邦公司一直采用一个质量管理公式"1%=100%"，这一看似荒谬的公式道出公司对待产品质量的严谨态度。杜邦公司坚持，如果100只产品中有1只差错，那么这100只产品都是不良品。因为买到这1只有差错产品的消费者会认为，杜邦的产品质量百分之百有问题。20世纪90年代后，杜邦提出了实现质量"零差错"的目标，以消灭不良品为原则，要求所有杜邦产品百分之百达到优良等级。杜邦借助科学管理，运用先进机械设备，引入电脑控制机制，推动产品质量优良率不断上升，一步步接近"零差错"的目标。

但是，质量永远不会一成不变。摩托罗拉曾是无线通信的代名词，被视为技术和品质结晶的化身。但是近年来，摩托罗拉计算机处理器业务败给了英特尔，数字信号处理器没有竞争过老对手德州仪器，手机业务被中国联想集团收购。虽然今天摩托罗拉的产品品质仍然傲视同类产品，但是因为数字研发方面进展缓慢而开始衰弱。这不由地让我们回想起石川馨认为"零缺陷"将扼杀了人们的创造能力与改革精神。

日本质量专家狩野纪昭思考良久，将质量做了细分，认为质量分为满足最基本需求的必须质量、满足普遍需求的一元质量、具有竞争性元素和预先考虑顾客需求的魅力质量。例如一台冰箱，能不能制冷、会不会短路属于必须质量，耗电量属于一元质量，具有智能控制属于魅力质量。而在质量发展过程中，随着整体水平不断提高，魅力质量会变为一元质量，进而变为必须质量，这就需要企业在维持必须质量和一元质量的基础上，挖掘和满足顾客潜在需求，创造新产品和增加意想不到的魅力质量。今天，全球企业领导人已经越来越认识到，质量不仅仅是一门技术学科，也是贯穿整个企业的根本管理方法，成为持续创新的基础。

当"工业4.0"来临时，也许质量发展的下一个阶段就是极力满足个性化需求的魅力质量。

第六章
食以安为先

《淮南子·主术训》说:"食者,民之本也;民者,国之本也。"《史记·郦生陆贾列传》又说:"王者以民人为天,而民人以食为天。"民以食为天,食品是人类生存和发展的首要条件和必要条件,而食以安为先,从古至今,保障食品安全历来是政府保民生的大事要事。古代,人类不仅长期面临着生产力低下带来的食品短缺挑战,而且还会遭遇人为造假掺杂的问题。古罗马时期就发生过"食品三案",在红酒原料中掺入芦荟和其他药剂,在面粉中掺入碳酸盐,用麦芽替代物酿造啤酒。步入近现代工业化社会,食品供给增多、交易繁荣、环境变迁,威胁食品安全的不确定因素随之增多。质量发展依赖于生产力和消费能力的提升,有赖于市场优胜劣汰的作用,而在公共安全领域,政府作用不可或缺。食品安全作为最普遍的公共安全领域,尤其需要政府运用法治、监管等手段严加保障。

一、英国先行

英国，工业革命的先行者，也是现代食品生产的先行者，同样是现代食品安全法治的先行者，在全世界率先制定了第一部现代食品安全法。经过一百多年的发展，英国食品生产能力不断提高，法治逐步完善，构建起健全的食品质量安全体制。

问题来了

在人类发展的长河中，食品供应方式发生着变化，食品安全保障规则也随之变化。旧石器时代，古人依靠采集和渔猎为生。大约距今1万年，古人发明了种植植物和驯养动物的生存方式，开始主动创造食物。4000多年前，出现了家庭，食品供应主要以家庭为单位，食品安全保障主要依靠家庭成员之间的道德责任。

到中世纪，随着生产能力提升，过剩的食品逐渐被用于交易，食品供应扩大到社区民众之间，由于交通还不发达，食品生产商通常也是销售者，销售基本上局限于生产地点附近。除了伦敦外，英国其他城市日常食品交易大多在方圆20英里左右的范围内。同时，腌藏、酿酒、发酵等食品加工方式先后被发明，食品加工出现了掺假现象，交易出现短斤缺两、垄断囤积现象。1202年，国王约翰颁布英国第一个食品法《面包法》，规定严禁在面包里掺入豌豆或蚕豆粉造假。1266年，英王亨利三世颁布《面包与麦酒法》，规定按照一定的价格出售面包和啤酒，所有面包店挂牌营业，开张前要经政府机构和同业工会的定级审核，每年接收4次政府检查，所有上架面包必须加盖面包师的印章。许多城市专门任命或者选举了"啤酒品尝者"，负责评估啤酒质量、监督量器。违反法令者将被送上城市法庭。至今，英国东北部城市约克每年都会举办麦酒法令节，以纪念《面包与麦酒法》诞生。

这个时期，欧洲食品安全主要以社区责任、声誉成本进行约束。1321年，面包师威廉·雷·鲍尔严重违反面包法令，蓄意欺诈，被伦敦市长法庭判处以枷刑示众。14世纪中叶，欧洲黑死病爆发，可怕的瘟疫造成2500万多人死亡，占当时欧洲人口的近三分之一。人们医疗卫生观念为此大大改变，英国许多城市当局极其关注肉类安全，专门任命了肉类市场的监督官员，如果确认是腐肉，轻者处以罚金，重者处以枷刑。

到16世纪，欧洲食品掺杂现象依然很严重，连啤酒都加入香料、水果和杂草等各种乱七八糟的植物，有的为了延长啤酒的保存期甚至加入有毒的成分。1516年，巴伐利亚公国威廉四世大公颁布了世界上最古老的一部关于饮料的法律——《啤酒纯净法》，规定只许用大麦、啤酒花和水制作啤酒，不允许添加任何香料或者其他成分。17世纪中期，英国议会通过规制黄油质量的法令，为了便于追踪违法行为，要求每个黄油包装盒上必须写明生产者完整的姓和基督教名字的首字母。

18世纪60年代，英国首先发起第一次工业革命，食品生产呈现了新变化。一是工业化，在农业社会面包、酒类大多由家庭自产自用，随着机械技术广泛运用，大规模动力工厂逐渐取代手工家庭作坊，19世纪中期，英国家酿酒产量只占总产量的七分之一，曼彻斯特仅有一半居民自己烤面包。二是专业化，1810年罐头被发明，迅速推广至工薪阶层，豌豆、牛肉等各种菜肴煮成糊状塞进铁罐子里，冷冻、化学保存等食品加工也被发明。三是商品化，随着市场的扩大和运输的便利，食品供给范围进一步扩大，食品交易开始在大量的、分散的市场发生，生产者和销售者不断分离，城市食品消费者不再直接从生产者或种植者手中购买食品，食品生产过程远离公众视野。消费者逐渐远离食品来源、价格和加工等信息，购买决策仅仅依靠零售商提供的有限信息，市场信息经常不完全和复杂化，成本成了交易的主要关注点。在商业发展进程中，食品规则和制度日益依赖合同责任，食品安全主要以契约责任进行约束，食品的公共性进一步凸显，此时急需政府发挥"守夜人"作用，建立完善的法律法规体系，以严格的规则和产品责任约束食品违法行为。

19世纪初，英国食品安全问题非常严重，突出表现为掺假、掺毒和制伪，在白面包里加明矾、粉笔末、石膏、黏土、木屑，橄榄油中加印刷用的铅，茶叶中掺羊粪，醋中加硫酸，红奶酪中加红色铅，泡菜中加醋酸铜，糖果中添加黏土和铜绿。当时人们对营养与化学知识的了解严重不足，觉得越白越高级，很多面包师们在面粉中掺入明矾，让面包看起来更白。还有商贩在煮蔬菜的水里放入铜币，让蔬菜显得碧绿。啤酒商们在啤酒里加入一种叫印度防己的植物提取毒素，让味道更加醉人。大多数人完全不知道这样的做法有多大危害。

让英国食品中添加有毒物质和添加剂的问题大白于天下，引起公众关注的，不是英国人，而是一个名叫费雷德里克·阿库姆的德国人。他是一个热爱美食的化学家，长期生活在伦敦。1820 年，他出版了一本《论食品掺假和厨房毒物》小册子，第一次以科学的手段毫无偏见地讨论食品掺假问题，将英国描写为一个令人激动但又充满恐怖的地方，认为在英国很难找到没有掺假的食品，货真价实的商品已经可遇不可求。"每个地方都能发现各式各样的伪造商品，制假技术之高明甚至可以瞒过最厉害的鉴定专家""商贩们常常在大街上公然出售对孩子们极有诱惑的劣质糖果"。食品问题实实在在吓坏了公众，第一次引起如此大范围的关注，阿库姆被视为英国反掺假运动的先驱。《论食品掺假和厨房毒物》出版一个多月后，这位民间英雄在皇家科学研究院的图书馆里，偷偷撕走了几页珍藏图书，被人发现告上法庭。经好友出钱保释后，他逃回了德国，再也没有回到英国。

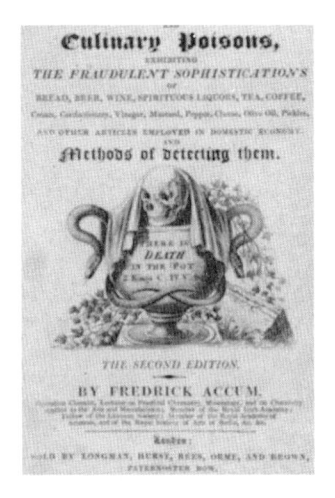

《论食品掺假和厨房毒物》。

阿库姆走了，英国食品问题并没有消失。

小孩子们最喜爱五颜六色的糖果，1831 年，奥肖内西博士调查糖果的漂亮外表是如何形成的，结果发现基本都掺入了有毒、可能导致食用者失明的原料：红色糖果用了红色氧化铅，绿色糖果用了铜，黄色糖果含有铅铬黄或会引起腹泻的藤黄。1844 年，《利物浦水星报》如此报道掺假现象："把咸黄油冒充新鲜的出售，不是在一块块的咸黄油上涂上一层新鲜的黄油，就是把 1 磅新鲜的黄油放在上面，让人先尝一尝，在尝过以后却把咸的卖出去或者洗掉盐再把黄油当作新鲜的出售。糖里面掺上米粉或其他价钱便宜的东西，照净糖的价钱出卖……胡椒里掺上豆荚磨成的粉末及其他东西。"恩格斯在《英国工人阶级状况》披露："工人买的土豆多半都是质量很差的，蔬菜也不新鲜，干酪是质量很坏的陈货，猪板油是质量发臭的，肉又瘦又陈又硬，都是老畜的肉，甚至常常是病畜或死畜的肉，往往已经半腐烂了。"

1848 年，英国布拉德福自治镇发生了一起重大的药糖中毒事件。糖商本想在糖里掺入熟石膏，结果一不小心掺入了砒霜，造成 200 人中毒、20 人死亡。19 世纪中期，英国的食品掺假达到了顶峰。1850 年，著名的医学杂志《柳叶刀》

组建卫生分析委员会，专门调查和报告食品质量。在反掺假运动的领袖人物阿瑟·哈塞尔医生主持下，从1851年1月至1854年年末，调查报告全文刊登在《柳叶刀》杂志上。在英国历史上，哈塞尔医生第一次运用显微镜分析食物的样品，发现食品中含有许多毫无营养价值甚至有毒的物质，为反掺假运动提供了有力的证据。《柳叶刀》杂志的打假行动获得了英国舆论界的空前响应与支持，《泰晤士报》《伦敦图文报道》《笨拙》等报刊纷纷转载《柳叶刀》的文章，唤起了英国公众对掺假食品的公愤。

1855年7月，英国议会下院成立专门委员会，调查食品掺假问题。委员会认为，"我们不可避免地得出这样的结论：当前英国掺假之风盛行。无论是国内还是国外人民看来，不仅大众健康因此处在危险中，全社会的钱财被诈取而去，而且社会公德因此而败坏，国家的商业道德由此而倒退。"

百年完善

1748年，法国启蒙思想家孟德斯鸠在《论法的精神》中这样定义法律："法律，在它支配着地球上所有人民的场合，就是人类的理性。"

1860年7月，英国议会决定用法律的理性和严肃性保护食品安全，通过了温和的食品掺假法，即《地方政府打击食品和饮料掺假议会法》。法令"首先认定出售任何由销售商自行搀入有害于健康的物质或成分的食品或饮料是非法的；再者，把掺假或不纯净的食品当作纯净或非掺假的食品出售也是非法的"。同时，授权地方食品当局设立公共分析师，负责对食品样品进行分析与鉴定，以判断是否有安全问题。

这部近代以来英国"第一部试图管理所有食品的单一立法"不可避免地存在一些缺陷，其中最致命的是缺乏约束性，造成没有能够发挥实质性的作用。一是没有建立主管食品立法的中央机关，是否实施该法令由各地政府自行决定，中央政府不加干涉，致使大多数地方政府将法令束之高阁。二是对掺假当事人过于宽容，主要惩罚手段是罚款，只有拒交罚金的才处以监禁。如果当事人证明自己是被他人欺骗，或根本没有意识到存在掺假，可以不受到制裁。三是公共分析师保障机制不健全，没有规定分析师可以主动购买和分析样品，分析师只能坐等那些具有"公共精神"的人士将样品送来,而且这些人为此每次要支付10先令6便士的检测费。由于是"自愿设立",很多地方政府对此置之不理,法令生效的12年间,全英国仅设立了7名公共分析师。伦敦城公共分析师亨利·莱瑟比在9年中共检测了57份样品,发现26份掺假。都柏林的查尔斯·卡梅伦是当时最为敬业的分析师,1862—1874年间,共分析了2600份样品,检测出近150份掺假样品,并且成功地使342件掺假案成立,当事人均由此获刑。卡梅伦个人的努力,难以改变当时英国的食品安全现状,据调查,1861年伦敦市场上87%的面包和74%的牛奶掺假。

19世纪中叶以后,英国学术界日益重视食品安全问题,其中最著名的反食品掺假活动家是约翰·波斯特盖特。波斯特盖特是英国皇家协会会员,在政府研究机构从事细菌研究15年,在萨塞克斯大学研究室工作22年。1854—1875年,他21年如一日著书立说和讲演证实食品掺假,游说、劝说和说服中央和地方政治家立法。

1872年,英国通过《禁止食品、饮料与药品掺假法》,虽然是一部过渡法令,但最明显特点的是立法趋向强制性。1875年,英国议会颁布《食品与药品法》。这部法令被认为是当时英国及其他国家中最好的一部食品法,是现代英国食品安全立法的先驱和基础,其所确立的许多原则和措施,被后来各国食品安全立法所继承和发展。这部法令也成为英国第一部得到有效实施的食品安全法,一个重要原因在于机构的完善。一是授权英格兰与威尔士地方政府委员会和苏格兰地方政府事务委员会主持食品安全监管政策的制定和实施,委员会对地方当局具有调查权、立法权、间接调控财政权和"半司法权",监督地方行政机关执法行为,强化了中央政府实施食品安全法令的主导作用,提高了法令的公正性和权威性,以及地方当局的行政效率。二是所有的地方政府必须在辖区内设立至少一名公共分析师,公共分析师必须要有专业知识和技能,并且不能直接或间接参与食品药品有关的商贸活动。三是样品提供者多元化,所有市场检查员、公害检查员、卫生医疗官、衡平检查员、警察都能购买和送检样品,食品商有义务向市场检查员等官员出售正式的商品作为样品。英国公共卫生立法体系也涉及食品安全问题,如1875年英国《公共卫生法》就"不卫生食品"做出规定。《食品与药品法》实施后,英国食品掺假程度大大降低。19世纪后期伦敦市场上牛奶的掺水率为10%~50%,到1900年下降到9.9%。

1899年8月,英国议会又修正了《食品与药品法》,规定当地方当局有令不行或玩忽职守的时候,授权英格兰与威尔士地方政府委员会和苏格兰地方政府事务委员会干预和强制执行食品安全法令。尽管如此，食品安全监管只是地方政府委员会的一项工作内容，地方政府委员会监管不力依然受到诟病。就在1899年，曼彻斯特征兵入伍时，发现超过40%的志愿者体质存在问题，而造成这一问题的元凶是劣质牛奶。英国医学专家伊斯特斯检测各地186份牛奶，结果令人绝望，80%的样品肮脏，含有大量的脓液、黏液、血丝、链球菌和结核病菌。次年，同样在曼彻斯特，发生了一起因饮用添加了含砷的糖的啤酒中毒恶性事件，6000人中毒，至少70人死亡。1903年3月至5月，《英国医学学报》连续7期刊登了社会活动家艾梅瓦特·史密斯夫人撰写的《关于大城镇牛奶市场报告》的系列文章，首次向公众全面揭示了城镇婴幼儿患传染病的重要根源，是牛奶从农场到餐桌各个环节中受到各种污物和病菌的严重污染。

设立专门的食品监管机构呼声越来越高。1905年，地方政府委员会在其内部设立了专门的食品处。第一次世界大战后，地方政府委员会被卫生部取代。

1907年，英国政府颁布了《公共卫生（食品安全）法》，开始对进口食品进行监管。1938年，再次颁布《食品和药品法》，把食品卫生与反掺假有机地融合起来。第二次世界大战时期，短缺成为英国食品面临的最大安全问题，食品部应运而生，在全国范围内实行食品控制政策。1943年，《国防（食品销售）条例》出台，对食品质量和标识的标准做出规定。第二次世界大战后，英国恢复了和平建设，1948年颁布《国家卫生服务法》，1955年再次出台《食品与药品法》。1968年，英国颁布了《药物法》，将食品和药品分开立法，食品恢复到单一的专门立法。

体制健全

1984年英国颁布了《水产类食品管理法》和新的《食品法》，但处理由生产技术革新而带来的食品安全问题明显不足，受到学者们的广泛批评，被认为是一部"陈旧的法律"，"来源于古老的、简易的和过时的原则"。

1990年英国再次颁布《食品安全法》，1991年1月起正式实施。与之前的食品法相比，这部法律最大的特点是更具全局性。尽管法律名称含有"安全"二字，但内容已经远远超出安全范畴，涉及成分、标签、销售和贮存等内容。

如果说，1990年之前的英国食品法可以称为"食品安全监管法"，即侧重于对违法行为的处理，那么1990年的这部法律可以称为"食品安全基本法"，即以纲领方针政策为主要特征，赋予立法机构、政府部门和地方当局制定各种规章的权力。这部法律延续了处罚从严的态势，违法责任主体不仅要承担民事赔偿责任，还要承受相应的行政处罚乃至刑事制裁。规定凡是销售和供应不适合人类食用的食品，使用虚假和误导消费者的食品标签都属于非法行为。一般违法行为，将处以5000英镑以下的罚款或3个月以下的监禁；销售不符合食品安全标准的食品，造成人体伤害的，处以2万英镑以下的罚款或6个月监禁；造成特别严重后果的，处以无上限额的罚款或2年监禁。2010年，一名英格兰妇女在一家餐馆吃了带羊肉的菜，结果过敏并引发其他症状，法庭判决餐馆45万英镑罚款，餐馆因无力负担而宣布倒闭。1990年的法令也有不完善之处，其把负责食品安全的主导权分别授予了英国农业、渔业、食品和卫生部，没有组建独立的食品安全机构，管理职能交叉混乱。

1996年，一名英国人因感染"疯牛病"死亡。事后曝光，早在1986年，英国就发现"疯牛病"，保守党政府刻意隐瞒事实长达10年，不人道地将饲料倾销到其他国家，以致"疯牛病"蔓延全球多地，受到国内外广泛诟病。事件发生后，各国纷纷禁止进口英国活牛、牛肉和牛制品。英国宰杀了全部30个月以上的肉牛，不仅每年5亿多英镑的牛肉出口化为泡影，而且还要花费35亿英镑进口牛肉。

1999年，英国颁发了《食品标准法》，要求组建独立的食品安全机构。食品标准局应运而生，以消费者利益至上为原则，负责食品安全总体事务和制定各种标准。该局为独立监督机构，不隶属于任何政府部门，实行卫生大臣负责制，每年向国会提交年度报告。食品标准局设立特别工作组，由该局首席执行官挂帅，负责监督、评估和检查其他食品安全监管机关的执法活动。同时，进一步厘清其他部门职能，在中央层面，环境食品与农村事务部主要负责食品安全、质量、成分和标签等立法工作，卫生部主要负责食品卫生和消费者的健康等立法工作；在地方层面，食品当局负责执行食品成分、质量、标签和广告等规定，地方议会执行卫生方面规定，港口卫生当局主要负责进出口食品的管理执行。同时，非政府组织和中介机构力量增强，积极参与标准制定、发布评价等活动。由此，英国食品安全管理体制向前迈出了一大步，逐渐实现向多层级治理和社会共治转变。1999年8月1日，欧盟解除了英国牛肉出口禁令。

进入21世纪，英国继续完善食品安全监管政策和措施，建立了食品追溯和召回制度。一旦发现食品安全问题，可以很快查明来源，紧急收回已流通的食品。还建立了食品危害报警系统、食物中毒通报系统、化验所汇报系统、流行病学通信和资讯网络系统，有效地控制有害食品在英国市场流通。2006年又颁布了《食品卫生条例》，要求企业控制食品制造和销售等各个环节的安全风险。此外，出台了《甜品规定》《食品标签规定》《肉类制品规定》《饲料卫生规定》《食品添加剂规定》等许多专门规定，基本涵盖所有食品类别，包含从农田到餐桌整条食物链。英国成为全球食品安全体制最完善的国家之一，21世纪还未曾发现新的"疯牛病"病例。

今天，世界上尚无一个国家的食品安全体制机制和监管制度无可挑剔，尚不能完全拒绝食品安全问题，英国也不例外。2013年1月，英国等国发生牛肉掺假和含有禁药的事件。2014年7月23日，英国《卫报》网站揭露了家禽生产黑幕："生产现场肮脏不堪，工人将用胶靴踩过的鸡肉重新扔回生产线。"英国人捍卫食品安全的战争没有停息，他们将继续拿起法律的武器，守护自身的生命健康安全。

二、美国呼声

美国食品药品安全问题同样留下过血的教训，早期的安全法律效仿和继承于英国，之后逐步探索。在美国食品药品法治体系健全过程中，公众发挥着重要的作用，尤其媒体始终发出强烈的呼声，成为一股巨大的推动力。

19世纪探索

美国药品法治起步较早，1813年通过了第一部联邦生物制剂法。1820年，11位医师在华盛顿特区召开会议，制定美国第一部标准药品法典——《美国药典》。1848年通过《进口药品法案》，要求美国消费服务部监管并禁止劣质药品和假药进口。而在食品领域，法治的步伐却显得迟缓。

19世纪40年代，纽约正在崛起为世界中心，人口规模扩大了近一倍，大量新生儿诞生，对牛奶的需求随之倍增。纽约周边的奶厂垄断着牛奶的供应，控制着价格，大力宣传一种新型的"儿童卫生奶"有100%质量保证。事情果真如此吗？1842年，一篇名为《牛奶随笔》的文章中写道："如果没有适当的生产条件，牛奶质量将遭受灾难性的污染，而且这种腐坏很难被人们发现。"文章并没有引起人们过多的关注，直到1853年，《纽约时报》的一则头条新闻才震惊了美国：每天运入纽约的14万升鲜牛奶，竟然都是由喝着泔水和酒糟的奶牛产下的！不仅如此，污染过的水被掺入牛奶，为了掩盖牛奶的异色与异味，还掺入石膏、淀粉、糖蜜到牛奶中。在多方舆论的压力之下，1858年，市议员麦克·图米被派往奶厂调查。在与奶厂老板们共进晚餐后，市议员打着饱嗝指责媒体"有偏见"，说"调查中并未发现一例泔水奶导致儿童死亡的案例"。连纽约的医生也被收买了，声称喝这种奶不会中毒。在半个世纪里，"泔水奶"在市场上继续畅通无阻。

19世纪70年代以来，美国工业化和城市化进一步打破了长期自给自足的食品供应方式。随着食品生产加工和罐装冷藏运输技术发展，奶油、果酒、威士忌等食品饮料被人工合成出来，掺假变得更加容易和普遍。美国参议院调查显示，所谓"纯正的福蒙特槭糖"只含有25%的槭糖浆，"纯正的水果果冻"由果核和果皮勾兑上葡萄糖和化学色素加工而成。马萨诸塞州健康委员会调查了3368种食品，发现390种食品存在掺假行为。与之同时，市场范围不断扩大，美国中西部生产的肉制品远销到纽约、波士顿等东部大城市。消费者不了解食品加工过程，用嘴吃、用眼看、用鼻闻，难以辨别食品质量。化学家艾伦·理查德这样写道："我们可以购买所有的商品，但是我们并不知道这些食品的加工过程，更不知道其质量的好坏。相对我们的祖母来说，我们对每天的饮食简直一无所知。"

当市场失灵时，政府管制就必须填补空缺。当时有议员就提出："通常的情况下，消费者会依靠自己的智慧来保护自身的利益。他们通过实践可以避免买到低劣的产品，这是自由放任原则的最好体现。但是，掺假食品是一个例外，普通消费者不可能发现食品质量是否低劣，必须利用科学的检测方法来检验，因此政府必须出面干预。"各州首先行动起来，陆续出台一些专项纯净食品法，对食品市场进行管理，但是由于标准不一，难免给违法者钻空子的机会，结果收效甚微。于是，要求联邦政府出面管制食品的呼声越来越强烈。

1862年，美国成立农业部化学署，即美国食品药品监督管理局（FDA）的前身，化学署历任首席化学家都成为对掺假食品作战的急先锋。查尔斯·

M·韦瑟里尔是林肯总统任命的第一位首席化学家,初创化学署时,就对食品掺假、安全、土壤等展开研究。1880年,首席化学家彼得·科利尔亲自调查掺假食品后,建议通过一部全国性的食品和药品法,但遭到驳回。

哈维·华盛顿·维莱博士,被称为美国"十字军化学家"和"纯净食品和药品法之父"。1883年,他就任首席化学家后,向食品和药品造假行为宣战。他向社会发出警告:"食品与药品的虚假商标已经成为整个国家的流行病,对上百万美国人的健康构成严重的威胁。"一方面,他积极推动建立食品标准委员会;另一方面,加大对掺假食品的调查研究力度。维莱关于化学防腐剂、色素对人体健康影响的研究结果引发了民众广泛的关注,食品药品掺假和滥用标签等问题激起了公众更大的愤怒,公众对通过一部联邦食品和药品法的支持率大大增加。

19世纪晚期,美国国会先后收到100多个食品和药品的相关提案,并不断通过单项法律。1898年,农业化学家协会成立了食品标准委员会,聘任维莱博士领导,开始制定相关标准。1899年,国会开始对食品掺假问题进行调查。1902年,国会两院联合成立一个附属委员会,专门负责对"掺假食品、饮料和药品以及虚假广告进行听证"。通过一系列听证会,愈来愈多的议员认识到掺假食品对公众健康的危害。同年通过《生物制品控制法》,以保证血清、疫苗和生物制品的纯度和安全性。

尽管很多人为之付出努力,然后直到20世纪初,美国还是没有一部全国统一的食品与药品管理法。

改变美国食品法的书

一本书的作用有多大?仅有50页的《常识》被认为影响了美国独立战争,塑造了美国精神。《汤姆叔叔的小屋》被公认为是美国"南北战争"的起因之一,林肯总统在会见作者哈里叶特·比切·斯托时说:"那么您就是写了那本书引发这场伟大战争的那个小女人了!"尽管媒体记者在"泔水奶"事件中受挫,但他们并没有就此罢休。半个世纪后,美国传媒业再一次掀起一场酝酿着食品质量改革的风暴,引发了巨大的社会舆论,推动了美国政府与公众的良性互动，促成美国食品药品法律不断健全。

西奥多·罗斯福一直对食品问题耿耿于怀，1898年他任美国第一志愿骑兵旅中校，带着骑兵队在古巴参加美西战争，由于大量的罐装肉制品腐败变质，导致数千美国士兵生病，成百人死亡。当时由美国六大商业集团组成的"牛肉托拉斯"，垄断了肉类加工的上下游市场。1901年，罗斯福补位就任美国总统，首先向"牛肉托拉斯"开刀，迫使其解散，扫除了食品安全法的一大障碍。1904年，罗斯福成功连任总统。次年12月，罗斯福建议国会颁布法律，制止食品药品标签不实和掺假行为，他为此动容地说："保护人民的胃是总统的职责。"然而整治食品问题又谈何容易？他的动容无法打动国会，相关法律没能通过。

1906年的一天，罗斯福在白宫边吃早点边读一本纪实小说《丛林》，当读到"工厂把发霉的火腿切碎填入香肠；坏了的猪肉被搓上苏打粉去除酸臭味；毒死的老鼠被一同铲进香肠搅拌机；洗过手的水被配制成调料；工人们在肉上走来走去，随地吐痰，播下成亿的肺结核细菌……"他大叫一声，跳起来，把口中尚未嚼完的食物吐出来，把盘中剩下的一截香肠用力掷出窗外。

《丛林》的作者厄普顿·辛克莱，美国著名左翼作家，15岁开始给一些通俗出版物写文章。1904年，他决定写一本揭露工厂残酷剥削和压榨工人的小说，为此潜伏到芝加哥肉联厂，和工人们一起生活了7周。辛克莱用3个月时间完成了《丛林》一书，描写立陶宛移民约吉斯·路德库斯一家在美国定居后的悲惨遭遇。1905年《丛林》开始在媒体上连载，1906年成书出版。与约吉斯·路德库斯一家命运相比，辛克莱描写的血腥和腐肉的气味、变质的黄油、任意加贴的标签更加刺激了读者。辛克莱为此感慨道："我想打动公众的心，却不料击中了他们的胃。"

欧洲为此削减了美国一半进口肉制品，美国国内肉类食品销售量急剧下降，整个畜牧业和食品制造业陷入一片恐慌。罗斯福专门约见了辛克莱，并责令美国农业部调查肉联厂的情况，调查的结论是"食品加工的状况令人作呕"。

在强大的舆论和贸易压力下，1906年6月30日，美国国会通过了《纯净食品与药品法》和《肉制品检查法》，批准成立由11名专家为核心的USDA化学局。因维莱博士对立法运动的重大推动作用，《纯净食品与药品法》在美国又俗称"维莱法"，其出台标志着联邦政府开始管制食品市场。该法赋予美国农业部对加工食品的纯度标准施行管理的权力，禁止食品、饮料和药品冒牌和掺假，并认可《美国药典/国家处方集》作为美国药品强度、质量、纯度及其检测的官方标准。1929 年，郭沫若用易坎人的笔名将《丛林》翻译成中文，书名改为《屠场》。

1906 年之后，美国食品法律在实践中持续完善，管制不断严格和细化。

在添加剂方面，1907 年，第一部《经许可的色素规章》出台，7 种色素被认为适用于食品。1914 年，美国最高法院在"美国对 Lexington 压榨机和升降机公司诉讼案"中，首次对食品添加剂作出判决。1958 年，《食品添加剂修正案》制定，规定新食品添加剂的制造商要证实安全性。

在组织机构方面，1927 年，化学局重组为两个单独的实体，由化学和土壤局负责非监管研究，食品、药品和杀虫剂管理局负责监管职能。1930 年，食品、药品和杀虫剂管理局改名为食品药品监督管理局，即 FDA，成为美国食药品最高执法机关，由医生、律师、微生物学家、药理学家、化学家和统计学家等专业人士组成。1940 年，FDA 从农业部划归联邦安全署。目前该局约有 1 万名正式员工，其中 2100 名是有学位的科学家，包括 900 名化学家和 300 名微生物学家。该局有 1100 名有执照的稽查员，监督美国国内 9.5 万多家公司，每年抽查其中 1.5 万家公司。

在标准方面，1930 年，《McNary-Mapes 修正案》授权 FDA 制定罐装食品的质量和容器装填的标准。1939 年，美国第一个食品标准——罐装番茄、番茄泥和番茄酱标准颁布。

继《丛林》之后，厄普顿·辛克莱又出版了《煤炭大王》《石油》《波士顿》等多部小说，1942 年他撰写的《龙齿》获普利策小说奖。由《丛林》开始，美国 20 世纪初著名的"扒粪运动"拉开了序幕，在这场运动中各个行业的造假内幕被曝光。时至今日，媒体依然是揭露、曝光质量安全黑幕的重要力量，有效弥补了个体消费者发现质量安全问题能力不足的问题。

从田头到餐桌，在食品的安全链条上，任何一个环节出现问题，都会造成最终的食品不安全。任何食品都是在一定的环境中生长和生产的，环境安全与食品安全密切相关。美国人认识到这一点，离不开英年早逝的女科学家卡逊的大声呐喊。

蕾切尔·卡逊，美国海洋生物学家，1907 年生于宾夕法尼亚州。30 岁以后，卡逊开始环境保护方面的写作，先后出版《在海风下》和《环绕着我们的海洋》。1945 年卡逊读到有关 DDT 的最新研究成果，意识到其危害性，她向美国《读者文摘》推荐关于 DDT 的测试文章，但遭拒。DDT 是一种无色无味的晶状有机氯，由欧特马·勤德勒于 1874 年首次合成。1939 年瑞士化学家保罗·赫尔满·米勒发现其能够非常有效地杀灭多种害虫，其使用量立刻大增。

1958年1月，卡逊的朋友，原《波士顿邮报》的作家奥尔加·欧文斯·哈金斯在信中向她哀叹，喷洒过DDT的地方，听不到鸟鸣，感觉不到任何自然的气息。卡逊的热情被重新点燃，其后4年，卡逊陆续发现了大量DDT等杀虫剂和除草剂对生物和人类危害的证据，甚至导致癌症和遗传损伤。1960年，她不幸患了乳腺癌，手术后不久，又出现了另一种肿瘤，但她以惊人的意志继续研究和写作。

1962年，《纽约客》杂志开始连载她的文章，立刻引发了巨大的反响。公众对农药危害生态环境、食品安全义愤填膺，农药制造公司想立刻封住卡逊的口，各种谩骂、污蔑、无耻的人身攻击接踵而来，一些被农药制造商雇用的无良学者歪曲她的论断，但是卡逊毫不退缩。这一年，卡逊的研究成果汇集成《寂静的春天》一书，开始出售。该书以扎实的数据和翔实的资料，严肃地指出人类不加选择地滥用化学合成制剂，不仅破坏环境，而且污染食品、空气和水，直接威胁人类的健康和生存。虽然她的健康每况愈下，但是她继续宣传主张，在哥伦比亚广播公司拍摄的纪录片中，她以沉着坚定的姿态、确凿无误的举证，无懈可击地阐述滥用农药的严重后果。在国会听证会上，约翰·肯尼迪总统听了她的演讲，授意专门调查杀虫剂问题。

1964年4月14日，56岁的卡逊被癌症无情地夺去了生命，但她播下的种子已经深深植根于人们心中。当《寂静的春天》再版时，美国前副总统阿尔·戈尔在前言中写道：她惊醒的不但是我们国家，甚至是整个世界。1970年，美国环境保护署成立，接管FDA设置杀虫剂耐受性的项目。1972年，美国禁用DDT等农药。1980年，卡逊被追授总统自由勋章。

《寂静的春天》出版后，美国食品管制范围明显扩大。1969年，FDA开始对牛奶、贝壳类动物、食品运输进行管理，系统审查"公认安全"清单。1971年，FDA开始对放射性危害进行管制。1973年，颁布低酸食品加工规章，确保罐装食品经过充分热处理。1977年，国会通过《糖精研究和标识法》。1980年和1982年，又分别颁布《婴儿配方法》和《反篡改包装规章》。20世纪90年代，开始注重食品知识教育，先后颁发了《营养标识和教育法》和《饮食补充剂保健和教育法》。

经过100多年的时间，美国食品法治越来越健全。但是法治总是面临着新问题和新要求。进入21世纪，转基因食品、荷尔蒙和其他各种添加剂开始出现，美国三分之一的成人超重，三分之一的儿童肥胖，食品问题不再局限于传统的安全范畴，而是扩大到公共健康领域。

作为美国《大西洋月刊》的一名调查记者，艾里克·施洛瑟在5年快餐业调查的基础上，2001年写成了传记文学《快餐王国》。该书一经出版，立即引起美国社会轰动，连续两年保持《纽约时报》畅销书排行榜首位，在美国销售600万册。2006年5月19日，根据该书改编的电影，在法国第59届戛纳国际电影节首映，获"金棕榈奖"提名。

该书详细讲述了美国快餐业发展，1970年美国人在快餐上的花费约为60亿美元，到2000年超过1100亿美元，汉堡包和炸薯条成为典型的美国食品，大工业化食品生产达到了无以复加的程度。然而，杀虫剂、除草剂、商业化肥、各种合成调味剂的大量使用，被生长激素、促蛋白合成类固醇或抗生素催肥的牛，带来的是肥胖和各种心血管疾病。每年美国大约有28万人因超重死亡，对付肥胖的保健费用接近2400亿美元，美国公共医疗和保险体系为此不堪重负。此外，新的食品病原体带来新的疾病，转基因食品带来新的挑战。面对食品安全问题，人类言胜尚早。

2006—2008年，加利福尼亚州相继出现"毒生菜""毒菠菜"等事件，一家肉食公司因安全问题大量召回牛肉。2009年，佐治亚州爆出"花生酱事件"，布莱克利工厂生产的花生酱因沙门氏菌污染，导致9人死亡，2000多种产品被召回，公众对美国食品安全监管制度和FDA保障食品安全的能力提出严重质疑。奥巴马总统事后评论说，美国食品安全体系不但过时，而且严重危害公共健康，必须彻底进行改革。

经过一年多准备，2010年12月21日，美国国会通过食品安全新法，即《食品安全现代化法案》，这是美国自1938年以来再一次对食品安全法进行的重大修订。该法案4篇42节，整体上理念先进，科学性和操作性强，确定了预防为主的理念，深入应用风险分析理论，着力提高发现和应对食品安全问题的能力，强化了企业或经营代理人等在防控食品安全风险方面的主体责任，以及多方合作渠道。

综观美国食品安全走过的道路，公共舆论一直发挥着有力的推动作用，甚至有人说，在美国如果想提升某个产品的质量水平，就找作家写一本书。此外，媒体与政府、立法机构同样作为公共利益守护者，通常处于良性互动中，而非对立。

改变美国药品法的事件

美国是世界上药品管理制度最完善的国家，而这些完善的制度来源于一个个惨痛的教训。

1906年美国第一部《纯净食品与药品法》出台，但对药品管理并不够严格，只是采取事后抽验的方法，禁止从事掺假或冒牌的药品州际交易。1912年国会又通过修正案，但依然失之于宽。到1933年，美国食品药品监督管理局认为该法已经过时，对新药临床和投入市场的规定有很大漏洞，建议彻底修正，加强安全试验。然而从将第一项议案提交给参议院开始，经过长时间拉锯战，未获通过，直到一起恶性事件爆发。

1937年，美国田纳西州马森基尔制药公司主任药师哈罗德·沃特金斯为了使小儿服用药物方便，用工业溶剂代替乙醇和糖，配制成口服液体磺胺醑剂。当时美国法律未明确规定新药必须经过安全试验才能上市，新药未做动物试验就直接投向市场。1938年磺胺醑剂造成358人肾衰竭、107人中毒死亡，其中大部分是儿童。美国联邦法院对马森基尔制药公司罚款26000美元，药剂师沃特金斯在内疚和绝望中自杀。

"磺胺制剂"事件让人们看到药品上市前必须确定其安全性。1938年6月25日，富兰克林·罗斯福总统签署通过了《联邦食品、药品和化妆品法案》。该法将管理范围扩大至化妆品和医疗器械，授予FDA对药品制造商的检查和执法权，明确要求所有新药必须通过安全性审查才能上市，老药品改变剂型应把处方送FDA审定。1941年《胰岛素修正案》要求，FDA对此类救命药进行检验，确保其纯度和效力。

1942年春天，第二次世界大战正酣，但此时美国西部整个地区的军营发生了黄疸型肝炎。美国陆军部下令彻查。调查小组仔细检查了士兵的食物、衣服、装备等，都没有发现任何原因，周围环境也没有问题。后来调查小组发现，由于黄热病一度在美军中流行，大大降低了军队士气，为此，美国对250万军人接种了用健康人血清作稀释剂的黄热病疫苗，二三个月前这些患有黄疸型肝炎的士兵们均接种过黄热病疫苗。调查小组进而发现，在注射的177批疫苗中有 9 批血清中混进了传染性肝炎恢复期志愿者的血清，结果造成美军 28600 人发生了黄疸型肝炎，62 人死亡。

1944 年，美国通过《公共健康服务法》，该法涉及的健康问题十分广泛，对生物制品监管和传染病控制做出严格规定。1945 年，国会通过《青霉素修正案》，要求美国食品药品监督管理局检验并保证所有青霉素制品的安全性和有效性。后来，修正案将该要求扩展到所有抗生素。之后美国又相继通过《色素添加剂修正案》《药物滥用控制修正案》《婴儿食品配方法》等法令。

1953 年，瑞士汽巴（Ciba）药厂（诺华前身）首次合成了一种沙利度胺的新药，初步实验表明，此种药物没有确定的临床疗效，便停止了继续研发此药。然而，德国格兰泰制药公司对沙利度胺颇感兴趣。研究人员发现，虽然沙利度胺治疗癫痫和作为抗过敏药物疗效欠佳后，但其具有一定的镇静安眠作用，尤其对孕妇怀孕早期的妊娠恶心和呕吐疗效极佳。在老鼠、兔子和狗身上的试验后，没有发现有明显的副作用。1957 年，沙利度胺获联邦德国专利。同年 10 月 1 日，格兰泰制药公司以"反应停"为名，正式将沙利度胺推向市场，并大肆宣传此药是"孕妇的理想选择"。到 1959 年，仅在联邦德国每月销量达到 1 吨，有近 100 万人服用过"反应停"，在一些州，患者甚至不需要医生处方就能购买到"反应停"。当时大部分国家药品监管制度宽松，几乎没有一个国家的药监部门提出，药品只有进行严格临床试验才能上市。"反应停"仅以几份实验室报告和证词为基础，即得到了欧洲各国、日本、非洲等国家的上市批准，迅速销售到 20 多个国家的市场。

但是美国 FDA 采取了谨慎态度，负责审评的弗朗西斯·奥尔德姆·凯尔西医生更是坚决反对，"反应停"最终没有能够进入美国市场。凯尔西出生于加拿大，曾任教芝加哥大学，获医学博士学位。1960 年，46 岁的凯尔西成为 FDA 雇员。到任一个月，便接手了沙利度胺进入美国市场的申请。当时新药申请特多，从 1938 年到 1962 年，FDA 接受了 13000 多种新药的申请，而 FDA 负责审查药物的只有 7 名全职医生和 4 名兼职医生，很难从严把关。凯尔西一直关注孕妇用药的安全性，对这个申请格外慎重，认为进口公司梅里尔公司提交的临床试验和动物试验的数据很不充分，个人证词多于科学证据，要求梅里尔公司提供更多的动物试验数据和所有临床试验数据，以证明该药真正安全。梅里尔公司一方面把欧洲的动物试验和临床试验数据送过去，另一方面展开了大肆宣传推销，在全美找了 1267 名医生，赠送分发了 250 万片"反应停"，服用者超过 2 万人。凯尔西承受着巨大的压力。

此时，关于"反应停"的危害性研究报告不断浮出水面。早在1959年，联邦德国汉堡大学的遗传学家维杜金德·兰兹博士首先报告了一例女婴的罕见畸形，随后联邦德国各地先后发现手脚异常的畸形新生儿。这些畸形婴儿没有臂和腿，手和脚直接连在身体上，甚至根本没有手脚，很像海豹，被称为"海豹肢畸形儿"或"海豹胎"。此外，还有腭裂、盲儿、聋儿、内脏畸形等现象。1960年，欧洲新生儿畸形比率异常升高引起很多人的注意。1961年，澳大利亚悉尼市皇冠大街妇产医院的麦克布雷德医生发现，他经治的3名海豹样肢体畸形患儿与他们的母亲在怀孕期间服用过"反应停"有关。随后麦克布雷德医生将他的发现和疑虑以信件的形式发表在《柳叶刀》杂志上。毒理学研究表明，沙利度胺对灵长类动物有很强的致畸性。1961年10月，在联邦德国妇科学术会议上，三名医生分别报告发现很多类似的畸形婴儿，并统计出从1957年到1961年间这种药物造成了8000余个畸形胎儿，人们大为震惊。1961年11月16日，兰兹博士通过电话向格兰泰制药公司提出警告："反应停"可能具有致畸胎性。在接下来的10天时间里，药厂、政府卫生部门和各方专家对这一问题进行了激烈讨论。最后因为发现越来越多类似的临床报告，1961年11月月底，格兰泰制药公司不得不从联邦德国市场上召回"反应停"。而此时，"反应停"已经被销往全球46个国家和地区，各国和地区先后采取强行下架的措施。

"反应停"从进入市场至1962年撤药，全世界30多个国家和地区共报告了海豹胎1万余例，还导致大约5000到7000名婴儿在出生前就因畸形死亡。各个国家畸形儿的发生率与同期"反应停"的销售量呈正相关，联邦德国有至少6000例畸胎，英国5500例畸胎，日本约1000余例，中国台湾也至少有69例畸胎出生。"反应停"事件成为20世纪最大的药物导致先天畸形的灾难性事件。

梅里尔公司火速收回发出的赠送药品，美国为此仅出现了17位海豹肢症婴儿。1962年7月15日，《华盛顿邮报》报道了凯尔西在"反应停"申请中的表现，认为如果不是她的坚持和勇气，美国将会有成千上万的婴儿出生缺陷。一夜之间，凯尔西从默默无闻成为美国英雄，当年肯尼迪总统给她颁发了"杰出联邦公民服务奖章"。1963年凯尔西出任FDA药物调查处处长；1968年升任科学调查办公室主任；为FDA服务45年后，2005年以90高龄退休。

其后，在兰兹博士的支持下，受害者对格兰泰制药公司进行了长达将近10年的控告。直到1970年，格兰泰制药公司才同意向控方支付总额1.1亿德国马克的赔偿金。此后数年间,在兰兹博士的努力下,联邦德国2866名"反应停"受害者得到了赔偿。2012年8月31日,德国西部城市施托尔贝格竖起了一尊铜像,名为"生病的孩子"。铜像左边是一个没有双臂、双腿畸形的小女孩靠在一张椅子上,右边是一张空椅子,以纪念死者,铜像底座中间写着"纪念那些死去的和幸存的沙利度胺受害者"。在雕像揭幕仪式上,格兰泰公司总裁斯托克代表公司,第一次就沙利度胺导致新生儿先天畸形向受害人道歉,此时已经距离"反应停"事件已经过去了50年。

为纪念那些"海豹儿"而竖立的铜像《生病的孩子》。

"反应停"事件直接推动了美国药品上市制度的完善。早在1951年,美国国会虽然通过了《达勒姆—汉弗莱修正案》,规定了处方药和非处方药的分类,但管理明显松软。1959年,参议员埃斯蒂斯·基福弗希望进一步修改法律,但遇到巨大阻力。"反应停"事件使得基福弗的提案获得广泛支持,1962年10月10日,国会通过了《基福弗—哈瑞森修正案》,规定安全性是药物监督的基本原则,新药上市前必须进行严格的试验,必须向FDA提交有效性和安全性数据,上市药物一旦出现问题,必须尽快召回。这个修正案最大的一个特点是,任何关于药品和治疗方法的审批要以科学实验来证明,而不是专家意见。从此,专家意见让位给科学实验。

1963年,由美国坦普尔大学6位教授所制定的世界上第一部良好药品生产作业规范(GMP),经美国国会审议颁布。6年后,美国FDA公布食品GMP。GMP要求药品、食品等生产企业应具备良好的生产设备、合理的生产过程、完善的质量管理和严格的检测系统,确保最终产品质量符合法规要求。1969年在第22届世界卫生大会上,世界卫生组织建议各成员国的药品生产采用GMP制度,以确保药品质量和参加"国际贸易药品质量签证体制"。1975年11月,世界卫生组织正式公布GMP。此后,英国、日本和大多数欧洲国家开始宣传、起草和颁布本国的GMP。1988年中国颁布了《药品生产质量管理规范》,1995年7月11日起开展药品GMP认证。目前,已有100多个国家实行GMP制度。

随着质量管理的发展,GMP也与时俱进,逐步增加了统计过程控制的内容。欧盟 GMP 首先增加了统计过程控制的内容，即从事后检验转为事先预防，而不强调事后的药品检验。1997 年欧洲零售商农产品工作组又提出了良好农业规范（GAP），鼓励减少使用农用化学品和药品，关注动物福利、环境保护、工人健康、安全和福利，保证初级农产品生产安全。

经过 100 多年发展，美国食品和药品安全法律日臻完善。1965 年，美国制定《药物滥用控制修正案》，以处理滥用镇静剂、兴奋剂和致幻剂所引起的问题。1972 年，开始审查非处方药。1976 年，通过《医疗器械修正案》。1983 年，通过《罕见病药品法》，鼓励治疗罕见病药品的研制和上市。1984 年，通过《药品价格竞争和专利期恢复法》。1986 年，《儿童疫苗法》规定对患者提供疫苗信息。1990 年，通过《安全医疗器械法》，规定了医疗器械制造商和使用方的责任。

完善制度还需要严格的执法，美国历来对药品违法行为毫不手软。2009 年，美国医药巨头辉瑞因为药品营销中存在故意夸大药品适用范围，被处罚 23 亿美元，5 位辉瑞员工和 1 名宾夕法尼亚医生共 6 位检举人分享了罚款中的 1.2 亿美元，鼓励了民众参与监督制药企业的热情。2012 年，世界制药巨头葛兰素史克公司因非法销售未经核准的药物，被罚款 30 亿美元。美国马萨诸塞州一家药厂在生产脑膜炎药过程中受到污染，导致 76 人死亡。2018 年 1 月 31 日，该案涉案药剂师陈葛南被判 8 年监禁。2018 年 7 月 13 日，针对美国制药巨头强生公司生产的滑石粉产品包含石棉，导致 22 名女性卵巢癌的事件，美国密苏里一个陪审团裁决，强生支付 46.9 亿美元赔偿，其中，补偿性赔偿 5.5 亿美元、惩罚性赔偿 41.4 亿美元。

面对与生命健康密切相关的食品和药品，对违法者的仁慈就是对消费者的罪恶。

三、日本共识

第二次世界大战之后，日本经济开始恢复重建，大力发展产业。尽管早在 1947 年，日本就制定了《食品卫生法》，但食品安全事件时常发生，森永、雪印、明治日本三大品牌都曾出过安全问题，消费者权益受损现象层出不穷。于是，消费者的手和法律的手慢慢地紧握在一起，汇聚成强大力量，维护起日本的食品安全。

法治起源

同日本工业革命一样，日本食品安全法治肇始也晚一些。1873年8月12日，日本司法省颁布了日本历史上第一部食品法规——《关于贩卖明知是伪造饮食物和腐烂食品的相关人员处罚规定》，标志着日本食品法治从无到有。1876年和1878年，明治政府又相继出台了《禁止销售用进口染粉着色的饮食物》《用苯胺及矿物质的绘画颜料给饮食物着色的取缔方法》《食物中毒及误用药物等而致死者的通报》等法令。

1880年7月17日，日本《刑法》颁布。该法首次规定食品安全刑罚内容："对于销售不熟水果和腐烂饮食物的商贩处以二日以上五日以下的拘留，或者五十钱以上一元五十钱以下的罚款。"1907年《刑法》修订，规定商贩销售混入有害物质的饮食物，处以三元以上三十元以下的罚款，造成人身损害或死亡的，参照过失罪从重处罚。1900年2月24日，日本颁布第一部食品安全专业性法律——《关于取缔饮食物和其他物品的法律》，意味着日本食品安全法规从法律转变。该法全文只有区区四条，为了配合其实施，此后政府部门制定10余部食品取缔规则，涉及牛奶、清凉饮料、冰雪、饮食餐具、甲醇、有害色素、人工甜味、鱼肠骨等。1916年，内阁府制定《饮食物营业取缔规则》，对饮食物陈列、消毒、清洁、加工等多个环节做出卫生规定。

20世纪初，日本食品安全保障制度开始建立实施，其中主要有三项制度。首先是卫生试验制度，在全国设立多个卫生试验所，对食物成分进行生理、病理、化学分析，对色素和添加剂成分进行检疫，并将结果报告警察厅和法院。1901年日本卫生局年报显示，该年度全国卫生试验所检验饮用水29万件，发现3.8万件有毒，法院做出有罪判决123件；检验牛奶2万件，发现873件有害，法院做出有罪判决110件。足以见得，日本当时饮食安全情况比较糟糕，而法院处罚力度明显很小。其次是生产日期标示制度，尽管只是规定在食品外包装上简单地贴上印有生产日期的纸条，但有效地防止消费者误食过期食品。再次是卫生侦探制度，由分散在全国各地具有专业知识的卫生监督员对食品商贩进行卫生监督，防止有害物质、灰尘和病毒混入食物。

第二次世界大战后，日本国内物资极度匮乏，粗劣、不卫生的食物大量流通。为了防止饮食卫生带来危害，提高公共卫生，1947年12月24日，日本颁布《食品卫生法》。该法共10章36条，包括强化添加剂管理、标识检查监督、营业许可资格、设立食品卫生委员会等内容，拉开日本食品卫生法治化新篇章。此外，还制定颁布了《食品卫生法施行令》《饮食业营业取缔法》等法律法规，以打击肆虐一时的食品造假问题。

我们在同一条船上

经过10年和平发展，1955年日本经济取得初步复兴，但是对于普通家庭来说，孩子能够吃上奶粉，仍然是一件奢侈的事情。这年6月起，日本西部地区的一些婴幼儿无精打采、彻夜哭泣，伴随腹泻、发烧、吐奶等症状，更恐怖的是这些孩子全身皮肤发黑。家长带着孩子来到医院，医生不知所以然，认为酷暑所致不适，配了一些药。药吃完了，症状丝毫没有减轻，而且不久出现婴幼儿死亡的现象。一时间，医生们束手无策，认为这是一种不知名的怪病。

冈山县《山阳新闻》一位K记者最终发现了疑点，他有一个8个月大的女儿，喝了森永婴儿营养奶粉，出现腹泻、发烧现象，停喂森永奶粉后，孩子很快恢复精神。他的小侄儿从东京来家里，吃了女儿留下的森永奶粉，也出现相同症状。K记者疑心大起，意识到问题可能出在奶粉上。他没有把奶粉一扔了事，而是赶到家附近的红十字医院一探究竟。最终发现，这些发生怪病的婴儿有一个共同点：都是人工喂养婴儿，喝的都是森永公司生产的婴儿奶粉。

森永炼乳股份公司成立于1917年9月1日，从1921年第一代森永婴幼儿奶粉上市起，销量一直稳居日本第一。在庞大的广告推动下，1955年森永奶粉份额占了日本市场的半壁江山。

冈山大学医学系的研究证明了K记者的猜测，罪魁祸首是森永奶粉，原因是奶粉含有砒霜。砒霜又怎么跑到奶粉里了？原来当时日本还没有冷藏罐车，从奶场收集的牛奶在运输到奶粉厂途中，很容易氧化变酸，制成的奶粉难溶于水。为了提高奶粉的溶解度，1953年起，森永在奶粉中添加高纯度的磷酸氢二钠。为了降低成本，后来换上了低纯度、价格相对便宜的工业用磷酸氢二钠。

而供货方日本轻金属公司在生产磷酸氢二钠时混入了砷,砷俗称砒霜。

1955年8月24日,冈山县将有关情况报告给厚生省。与之同时,日本各大媒体刊出头条新闻:"人工喂养婴儿奇病,冈山三人死亡"。整个事件受害人数达12344人,其中130人死亡。这起严重的食品中毒事件进入公众视野。然而森永拒不认错,表示磷酸氢二钠由日本轻金属公司提供,质量由供货商保证,森永没有检查的义务。只同意给住院婴儿家庭慰问费1万日元,其他患者家庭3000日元。日本轻金属公司则喊冤叫屈:"压根儿没有想到森永乳业会将那些工业品用于食品加工!"社会舆论广泛谴责森永乳业:"作为食品加工业竟然没有对其品质进行必要的检查!"

随后,受害儿童家长们自发组成了"森永奶粉被害者同盟全国协会",冈崎哲夫被推选为负责人。可是,当时日本没有一部关于消费者的保护法律。协会四处碰壁,1956年不得不解散。受害者家长没有就此罢休,而是兵分两路,一部分由冈崎哲夫牵头,成立了"森永奶粉中毒儿童守护会",继续通过各种途径维权。但是医学专家给出的是"完全不必担心后遗症问题"的结论,媒体选择保持沉默。受害者家长也失去耐心,1960年8月,守护会第6次大会在东京召开,只剩下以冈崎哲夫为首的4名成员,没有资金,没有场地。另一部分家长寻求民事诉讼,也惨遭失败,1963年法院判决森永公司无罪。

当正义得不到匡扶时,邪恶就会如毒蛇一般,时不时窜出来,伤及无辜生命。二十世纪五六十年代,日本发生了多起食品安全事件,富山县含镉稻米引发的"痛痛病",水俣市含汞鱼贝导致的水银中毒事件,假牛肉罐头事件,萨利德迈安眠药事件,米糠油事件……平民的生命一次又一次被漠视,消费者权益根本无法得到保障。

面对灾难,民间力量慢慢觉醒,消费者渐渐团结起来。1966年,以救援"森永毒奶粉"和"萨利德迈安眠药事件"受害儿童为目的,冈山县成立了"冈山药害对策协会",在当地医院协助下,对35名"森永毒奶"受害儿

1969年,"森永奶粉中毒儿童守护会"继续组织会议,为维护权益而抗争。(图片来自新浪网)

童进行了体检,结果发现受害儿童的皮肤、骨质、眼耳、牙齿、肝脏、肾脏、血液、智力和发育等均有异常。随即,大阪大学丸山教授开始追踪调查。1969年10月19日,日本《朝日新闻》从人道与良心出发,全文刊登了证明毒奶与后遗症有关的"丸山报告"。一夜之间,各地媒体争先追踪报道,受害者纷纷起诉森永公司。"抵制森永运动"再次兴起,形成了日本战后最大规模的一次抵制运动。而此时"森永毒奶粉事件"发生已经过去整整14年。

又过了4年,1973年11月28日,日本终审法庭终于判决森永有罪,判处森永公司2名工作人员3年徒刑。12月,森永公司接受了受害者家长提出的赔偿协议,予以"森永毒奶粉事件"的所有受害者终身照顾。迄今,森永公司每年支付10亿多日元,用于对受害者的健康赔偿和生活照料。18年抗争,日本消费者以马拉松耐力赛一般执着,终于赢回了权利和尊严。作为"冈山县森永奶粉中毒儿童守护会"的发起人,冈崎哲夫把后半生投入到维护消费者权益的抗争中。2000年,冈崎哲夫病逝,回望生命历程,他骄傲地说:"我的一生没有遗憾。"

正义也许会迟到,但绝不会缺席,那是因为有人热爱正义,永远追求正义。

消费者处于弱势地位,但并非只有被动接收食品安全的结果,维护权利首先在于权利意识的觉醒,其次要团结起来争取,保障食品安全有赖于每个人的共同努力。在消费者不断努力下,日本企业越来越重视消费者权利,企业和消费者之间不信任的藩篱逐渐消除。消费者可以造访企业,了解生产过程,直接参与商品检测。

与之同时,日本消费者法律逐步建立健全。1968年5月30日,日本第一部《消费者保护基本法》颁布,预示着日本开始从发展主义的冷酷中转过身来,把生命健康安全放在重要的位置,从"产业优先"向"消费者优先"转移。2004年,日本政府重新修订《消费者保护基本法》,更名为《消费者基本法》。去掉"保护"二字,就是要告诉所有消费者:消费者不只是接受法律保护的被动体,而应该成为积极争取权利的主动体,维护消费者利益不仅是个人权益,更是社会责任。忍气吞声地自认倒霉,幸灾乐祸地袖手旁观,为了面子的知假买假,不仅纵容假冒伪劣违法行为,而且在某种程度上成为"帮凶"。所有消费者都在同一条船上,人人都有爱护、看护、维护这条船安全的责任,唯有如此,食品安全之舟才会安全。

从卫生到安全

1947年《食品卫生法》颁布后，日本政府曾多次进行修改完善。1949年的修改突出了食品卫生委员会的调查职能，1952年增加了进口食品监控措施，1956年两次改修，第一次明确实施食品卫生安全责任制，第二次对添加剂进行了规定。"森永毒奶粉事件"后，1972年日本政府对《食品卫生法》进行了大幅度修改，主要提出了强化食品安全规制、强化营业者责任、完善检查制度、修改标识制度，在全国成立21个负责食品污染和添加剂检查的机关。1995年5月24日，第6次修订了《食品卫生法》，将天然添加剂纳入监管，重新制定农药残留标准，引入进口食品电子信息处理系统，导入指定检测机构的管理运营标准。

迈入21世纪的大门，日本食品法治体系又面临着严峻的考验。2000年6月25日，大阪市一些居民出现了呕吐、腹泻、腹痛等食物中毒症状，很快同样症状的人越来越多，所有医院都挤满了人，京都、奈良等地相继发生此类情况，到7月10日中毒者多达1.4万余人。

这些患者无一例外地饮用了雪印低脂肪奶。雪印集团下属的雪印乳业成立于1925年，牛奶制品占日本市场的11.2%，居同行业之首。原因很快查清，雪印乳业公司连续3周未按规定清洗生产线输送管道内壁，导致产品中含有大量金黄葡萄球菌。记者发现，尽管雪印乳业大阪工厂挂着大幅标语"质量是我们的良心"，但是长期以来，从未落实过每周对生产线杀菌一次的规定，甚至将过期牛奶作为原料重新使用。日本全社会为之震惊，全国万家食品超市拒售所有雪印乳品。2002年4月，雪印乳业公司不得不宣布倒闭。

一波未平一波又起。2001年9月11日，日本千叶县发现首例"疯牛病"，日本牛肉被迫停止出口，国产牛肉价格一落千丈，暴跌至不到原来的三分之一。日本政府决定高价回收国产牛肉，其价格是进口牛肉的两倍。面对如此巨大的差价诱惑，2001年10月到11月，雪印子公司关西食品中心将13.8吨澳洲牛肉贴上国产标签，出售给日本肉类协会组织。由于难耐良心谴责，西宫冷藏公司总裁水谷洋一公开揭露了关西食品中心的丑恶伎俩。全国上下再次掀起轩然大波,下架、召回同样不可避免,但此次人们开始思考是什么让雪印连续冒天下之大不韪?是不是法治体系存在漏洞?

2002年6月,食品安全委员会成立,其宗旨为优先保护消费者健康,对农林水产省、厚生劳动省进行监督。2003年5月16日,日本参议院表决通过《食品安全基本法》。从卫生到安全,一词之差,恰恰是日本顺应21世纪食品安全理念发展的大势。为了保障食品安全,日本不仅仅采取监测检验,而且导入风险管理理念,采取HACCP、GAP和食品安全追溯制度。同年,日本出台了"食品中残留农业化学品肯定列表制度",严格管理食品中农业化学品残留限量。

日本食品安全法治之网越织越密,就在人们觉得可以放下悬着的心时,2011年12月6日,日本第一大品牌奶粉企业明治宣布,受福岛核电站核泄漏影响,该公司奶粉中检出放射性物质铯,在全球召回40万罐奶粉。

也许食品安全永远不会有高枕无忧的时候,为了自身的生命健康安全,人类必须始终睁大眼睛。

第七章
政府质量管理

市场对质量具有优胜劣汰的作用，那么质量管理和质量发展需不需要政府发挥作用？答案毋庸置疑，质量作为企业的竞争手段，消费者的福祉，社会进步的力量，均离不开政府的作用。问题不是要不要政府管理质量，而是政府应该如何监管质量安全、推动质量发展？

一、维护消费者权益是国家天职

消费者是质量的接受者，也是质量发展的另一种力量。维护消费者权益，顺理成章、理所应当，今天是常识、常态，但其历史形成来之不易、历尽波折。一方面，消费者作为个体，在与企业博弈中常常处于下风，维护自身权益谈何容易，只有消费者团结起来、组织起来，才能产生力量；另一方面，政府部门一开始在推动经济发展和维护消费者权益之间的选择摇摆不定，跨越法律的障碍就更难了，在消费者一次次抗争后，维护消费者权益才最终确定为国家职责。

消费者团结起来

1843年，英国北方罗虚代尔的一家法兰绒纺织厂的工人们要求增加工资，举行了罢工，但斗争很快失败。一年后，28位工人坐下来商量，决定把手中少量资源集中起来，组织消费合作社，即"罗虚代尔公平先锋社"，向社员出售面粉、黄油、茶叶、蜡烛等日用品，消费者第一次结成联盟。

1891年，世界上第一个消费者协会——纽约市消费者协会成立，首先在与消费者利害关系最大、问题最多的食品和药品领域掀起了一场斗争。消费者运动应运而生，随后美国各地相继成立了一些地方消费者组织。1898年，美国的地方消费者组织结合为一个全国性联盟——美国消费者同盟，这是世界上第一个全国性消费者组织。1903年，该组织发展到全美20个州，共有64个分支。"劳工运动是19世纪的大发现，消费者运动是20世纪的大发现。"著名的华伦博士如是说。1928年，美国成立了世界上第一个旨在发展消费者教育的消费者组织机构和第一家消费者研究所。该所逐渐发展为一个拥有大规模实验室和检验设备的全国性组织，出版《消费者纪要》杂志，以商品检验报告的形式，不定期公布最佳购物情报。

1929年，纽约股票暴跌，全美经济不景气，消费者要求购买更便宜、更安全的商品，为此消费者活动愈演愈烈，美国第二次消费者运动兴起。1936年，美国消费者联盟从消费者研究所内分离出来，成为独立机构，创办了杂志《消费者报告》，初衷在于让企业停止天花乱坠的产品宣传方式。成立之初，杂志社资金少得可怜，属下的国家测试与研究中心只能检测燕麦片和泡腾片等最便宜的商品，将其分为最好的、可以接受的和不可以接受的三级类型。然而舆论并不待见消费者联盟，美国《读者文摘》给它打上了"危险的异端分子"的标签，称创立者们一心想挑战大企业的诚信，"如果他们不是想毁灭经济体系，至少也想给它抹黑。"但是《消费者报告》得到了广大消费者支持，订阅量和影响日益增长，检验测试的范围越来越大。1961年，《消费者报告》杂志每期发行达到百万份。现在美国消费者联盟已发展成为世界上最大的为消费者服务的商品检验机构。

如果说第二次世界大战之前的消费者组织，主要侧重于提供质量信息和知识普及，推动市场透明，那么第二次世界大战之后，随着人们生活趋于稳定，生活水平逐渐提高，消费者运动起码发生了三方面变化：一是维权从食品药品等一般消费品逐步延伸到汽车等耐用消费品领域；二是对质量、安全和卫生提出了更高的要求；三是推动了消费者权益意识增强。

1953年，美国消费者利益委员会成立，这个美国最有影响力的民间消费者权益保护组织的总部设在密苏里大学，主要向消费者提供报道、信息和情报，着重研究有关消费者利益方面的法律、政策，出版期刊《消费者业务杂志》，并受理消费者投诉。在解决消费纠纷时，该委员会通常采取向新闻媒体曝光、代表消费者向法院起诉等手段。此外，他们还监督法院审判程序，向法官提交备忘录等。美国消费者利益委员会和美国消费者联合会、美国消费者联盟成为美国最具特色的三大消费者民间机构。

到1969年尼克松执政时期，美国地方消费者机构增加到179个。美国还有私营消费者权益保护机构，其中最著名的当属最佳企业咨询所，在全美各地设立分支机构140多家，免费向消费者提供信息，告诉他们不要购买哪些厂家或商店的商品。还有大大小小的民间检验认证管理机构，按照消费者或者厂家的要求进行专业的检验测试，具有独立性和公信力。

日本消费者组织成立和消费者运动开展也较早，1921年设立的"滩购买联盟""神户购买联盟"，是日本最早的消费者组织，开展对消费者进行教育。两者后来合并成"COOP神户"，成为现今日本最大的生活协会。

第二次世界大战后日本经济衰弱，产品尤其伪劣，日本人深受其害。此时日本妇女大多没有工作，留在家里操持家务，成为当时日本最主要的消费者，但是劣质火柴常常让家庭主妇无法点火做饭。1947年9月，一些家庭主妇组织召开了"排除劣质火柴大会"，揭开了日本消费者运动的序幕。会后，成立了日本主妇联合会。主妇联合会成立伊始，就遭遇大阪牛肉问题。当时牛肉正常价钱40元，但常常买不到，而黑市卖到了250元，主妇联合会发起"不买牛肉"驱逐黑市运动，迫使牛肉价格下降。

1950年以后，日本频频发生侵害消费者利益的严重事件，消费者要求消费品安全的呼声越来越高，日本主妇联合会将维权运动从火柴延伸到日用品，设立了追查粗制滥造、劣质商品的日用品实验室，开始对商品进行检验。与工厂和专业质检实验室不同，日本主妇联合会采取接近实际使用的检验方法，以便发现更多问题。日本主妇联合会与生活协会一起成为日本消费者运动的主体。

1956年，日本全国消费者团体联合会正式成立。次年2月26日，在东京举办了第一次全国消费者大会，发表了《消费者宣言》，要求一切产品价格和品质必须尊重消费者的意志，提出了"消费者主权"的口号。联合会将工作目标确立为："把消费者的呼声传达给生产者和经销者，消除消费者和生产者之间的隔阂，为实现消费生活的健全化作贡献；要求政府和地方行政机关建立相关的消费者行政机构；要建立一个一切为了消费者、由消费者的愿望决定的消费社会，为实现消费者主权而奋斗；与世界各国的消费者团体密切合作，加强消费者的国际性团结。"日本消费者运动进入了一个全新时代。

1961年9月3日，日本消费者协会成立，总部设在东京。当年就开始进行商品比较检验，向消费者提供公正信息。目前日本有全国性消费者团体29个，各种民间消费者团体近4000个。除了主妇联合会，还有消费科学联合会、全国消费者协会联合会、全国消费者团体联络会、日本消费者联盟、日本生活协同组合联合会、日本青年团体议会等一些知名团体。后来，日本政府拨款承担日本消费者协会的检验费用。

在欧洲，德国是最早出现消费者组织的国家之一。19世纪末，便涌现了大批消费者自助组织，开展商品检验和出版刊物。20世纪中叶以后，德国开展了声势浩大的消费者运动，相继建立了许多民间消费者组织。1952年，德国消费者协会总会成立，遂成为德国最大的消费者保护组织，代表全德所有的消协组织，处理各类消费者事务，其任务是推动消费者保护，使之达到立法和行政的目的，推进与协调各消费咨询机构与消协本身的咨询研究机构的活动。目前德国消费者协会总会有38个分支机构，各分支机构代表组成会员大会，由选举产生的执行委员会安排工作任务，消费者政策咨询委员会、信息与咨询机构协作委员会负责提出建议与计划。消协总会及其分支经常就消费的热门话题，出版指南、参考性的小册子，消协总会定期发布《消费者政策手册》，刊登有关消费者事务的观点、方案与评论。德国大多数消费者组织接受联邦政府或州政府的资助，消费者协会的经费大多来自政府。

也是从20世纪中叶起，一些发达国家消费者组织纷纷成立，努力争取和扩大消费者发言权，保护消费者更多利益。荷兰成立了消费者联盟，设立了比较试验基金会。澳大利亚成立了消费者协会和消费者组织联盟，消费者协会接受消费者投诉并向媒体曝光，协助消费者调解、走司法程序等，从专业角度提醒消费者注意平时容易被忽视的权益。1951年，法国家族团体、妇女同盟、工会、消费者协会联合成立了消费者联盟，现在全国有15家国家级消费者协会和近千家分支机构，为消费者提供建议，要求企业从市场召回危险产品，或上法庭捍卫消费者利益。1957年，英国成立消费者协会，并陆续成立消费者事务研究会、全国消费者组织联合会、全国消费者保护理事会等全国性协会。1969年，韩国设立第一个消费者团体——主妇俱乐部联合会，目前韩国有10多个全国性民间消费者团体、180多个地方民间消费者团体。1971年，新加坡工会组织成立了新加坡消协组织，其涉及范围相当广泛，调研商品和服务的价格、质量等各类问题，从而提出建议和实行监督，接受和处理消费者投诉，印制和散发宣传材料，组织有关专题研讨，对消费者进行教育，具有相当高的公信力。

随着国际贸易发展，跨越国界的消费越来越多，消费者也在世界范围内结成同盟。1960年，美国消费者同盟、英国消费者协会、澳大利亚消费者协会、比利时消费者协会和荷兰消费者同盟等5个国家的消费者组织发起，成立了国际消费者联盟组织，总部设在荷兰海牙。后来迁到英国伦敦，亚太地区分部设在马来西亚的槟榔屿。它是世界各国、各地区消费者组织参加的国际消费者问题议事中心，是一个独立的、非营利的、非政治性组织，宗旨为在全世界范围内维护消费者权益，主要工作包括收集和传播消费者权益保护的情报资料，开展消费者教育，促进消费者组织国际合作交流，组织消费者权益问题的国际研讨，援助不发达地区消费者组织开展工作，在国际机构代表消费者说话。国际消费者联盟组织现有115个国家和地区的220多个消费者组织成员。1987年9月，中国消费者协会被接纳为该组织的正式成员。

1962年，欧洲消费者同盟创建，在欧洲代表消费者利益，致力于消费者保护，有14个会员组织和5个联系会员组织。此外，欧洲各国消费者还共同成立了欧洲检验组织。1973年，欧共体设立了消费者顾问委员会，由欧洲消费者同盟、另外3个欧洲消费者组织的代表和消费者保护专家组成。

在维权运动中，消费者逐渐明白，要真正获得权益保护，必须拿起法律的武器。

20世纪60年代，美国"最难缠的消费者"拉尔夫·纳德叫板汽车安全。纳德出生于美国康涅狄格州一个黎巴嫩移民家庭，1955年进入哈佛大学法学院学习，期间目睹了同学因车祸而瘫痪，写下了论文《买不到的安全车》。文中称："尽管每年有500万起车祸、4万人因车祸身亡、11万人终身残疾、150万人受伤，但是底特律制造商在设计汽车时追求的是时尚、成本、性能和计算好的报废期，而不是安全。"

1958年纳德毕业后，在康涅狄格州的哈特福德当一名律师。他没有安稳于富足的律师生活，而是继续关注汽车安全。1965年11月，他出版了著名的论著《任何车速都不安全：美国汽车设计埋下的危险》，大量揭露了汽车行业的恶行，给当时飞速发展的美国汽车工业当头棒喝，引起了社会的关注。而通用汽车选择一个当时大公司最常用也最卑劣手段：雇用侦探调查他，抓他小辫子，再让他闭嘴。

拉尔夫·纳德（1934—）。据说在美国，给两个人写信不写地扯就可以收到，一位是美国总统，另一位是纳德。纳德每天收到2000封左右信件，被誉为"消费者的保护神"。

深谙法律的拉尔夫·纳德意识到，只有舆论的压力，并不能转化为实效。于是，他说服他的朋友艾奥瓦州首席检察官劳伦斯·斯卡利斯，于1966年1月举行关于汽车安全问题的听证会，引起了全国性关注。两个月后，在公众的密切注视下，由参议员里比科夫领导的一个委员会，在国会又举行了一场更为重要的汽车安全调查听证会，招来通用汽车公司总裁詹姆斯·洛希"训话"，要求其对该公司采取的骚扰行径做出解释，并向受害人道歉。随后，一个新的联邦政府管理机构——美国国家公路交通安全管理局成立。这年9月，美国国会颁布了《国家交通及机动车安全法》。

初战告捷后，纳德马不停蹄，用稿费、演讲收入和社会捐款成立"应对法律研究中心"，研究食品、卫生、药物检验、劳动安全、人寿保险和生态环境等社会生活问题。在他的努力下，1967年美国通过《卫生肉食法》，强制屠宰业接受检疫；1968 年通过《天然气管道安全法》。从 1966 年到 1973 年，美国国会通过有关法律法规 25 种，绝大部分是纳德及其工作人员的调查和呐喊的结果。广告不得夸大其词、婴儿食品不得使用味精、禁止在铁道上排泄污水等，今天看来是社会常识，但这都是他们据理力争的结果。在纳德的有力推动下，1974 年国会通过《情报自由法》，规定公民有权向政府部门索取或查阅除涉及国家安全机密之外的政府工作报告、工作记录和其他资料。后来参议员里比科夫说："纳德使消费者运动成为美国经济、政治、社会生活中不可忽视的因素，这是任何别人所未曾做到的。"

自 20 世纪 70 年代以来，许多发展中国家建立了消费者组织。消费者运动更加活跃，成为一种全球性的社会现象，不仅仅局限于立法保护，而是向广度和深度发展，推动消费者保护制度更加完善。与此同时，许多专家成为消费者维权运动的领导人，活跃在消费者运动的舞台中心。

从买者当心到产品责任

保护消费者权益，今天看来理所当然。但是 18 世纪之前，神权、君权和等级特权神圣不可侵犯，谈"平等"二字都是奢侈，消费者权益自然不可能受到重视。直到启蒙思想时代，蒙昧主义、专制主义和宗教迷信受到抵制，"人人生而平等""天赋人权""人民主权"等观念演化成自然秩序，催生了《独立宣言》《人权宣言》等纲领性革命文件。但是人权作为普遍性特征方临肇端之时，资本生产正处于野蛮扩张阶段，消费者根本没有表达意愿的机会。随着工业革命的发展，物质的日益丰富，竞争的日益频繁，消费者由被动逐渐掌握了主动，其权益才开始真正受到重视。

1776 年，亚当·斯密在《国富论》中指出："消费是一切生产的唯一目的，生产者的利益，只有在能促进消费者利益时，才应加以注意。"这一转变，意味着人类关于质量安全的概念发生了一次根本性转变，生产、制造、服务等一切都离不开消费者权益，生产者应从给予转变为满足。

但是从理论走到现实，道路并不平坦。那个年代，消费者如果因产品质量问题而受到损害，并不能得到法律的有效保护，只能"买者当心"，最多根据《合同法》寻求法律救济。《合同法》的前提是作为原告的消费者与被告之间存在合同关系，而一般情况下，产品往往经过多个环节，才会最终到消费者手中，消费者和生产商之间并没有建立直接的合同关系，消费者根据合同法提起诉讼，只能起诉与之建立有合同法律关系的销售商。

"无合同无责任"成为那个时代的主要原则，消费者深受其害。1842年，温特博特姆，一个驿站的马车夫，在运送邮件途中，马车轮子突然毁坏，温特博特姆重重地摔下马车而受重伤。温特博特姆将马车制造商赖特告上了法庭，而赖特以"与原告之间不存在合同关系"为由进行抗辩。结果法院接受了被告的意见，判决被告不需要负赔偿责任。1886年夏天，凯纳格公司从波士顿经销商巴纳德那里购买了一批国外毛料，工作人员只检查了4包就收下了全部货物。几个月后拆包才发现部分毛料损坏和腐烂，在要求赔偿失败后，诉讼至康涅狄格州巡回法院，得到了支持。但是联邦最高法院却发出了推翻原判的再审令，戴维斯法官认为，原判本质上改变了买卖双方原有的权利和义务，这是不容许的。

温特博特姆和凯纳格公司只是那个时代的受害者之一，许许多多消费者在受到伤害后，因缺少一纸合同而投诉无门。面对一起起恶性事件，英美等国政府开始重新审视自身的职责。1860年7月，英国颁布《食品掺假法》，这部法令虽然过于温和，但有一个最大的亮点：第一次确立了"保护消费者免遭钱财损失和身体伤害是政府应尽的职责"的思想。其后，该观点逐渐成为世界共识，被认为是各国食品安全立法的主要目标之一。1893年，英国颁布了《货物买卖法》，规定货物的品质和样品应相符，如果发生违反品质保证，卖方应补偿差额。这一立法不仅为消费者在购买质量低劣商品后获取赔偿提供了法律依据，也为英美法系买卖法的发展奠定了重要基础。

1913年，美国第28任总统伍德罗·威尔逊宣布："法律的第一个义务就是确保其服务的社会健康，卫生法和纯净食品法是商业正义和法律效力的固有部分。"次年，美国通过《联邦贸易委员会法》，设立世界上第一个保护消费者权益的政府机构——美国联邦贸易委员会，其主要任务是制止不正当竞争行为和保护消费者利益，在保护消费者权益方面拥有立法权、受理投诉权、调查权、行政裁决权、起诉权等权力，可以禁止某些产品进入市场，责令经营者停止生产、取消

美国联邦贸易委员会标识。

订货,向违反者征收罚金、没收或销毁产品,并有权直接向国会报告重大事件。该委员会设有消费者保护局,在全国10个地区设有办事机构,拥有雇员700多名,多为律师和经济学家。

20世纪初,一些经典案件的审判,终于开始打破了"无合同无责任"的规则。

1909年,斯塔特勒从批发商买了一个大咖啡壶,由于做工有缺陷,咖啡壶在加热中爆炸,斯塔特勒未能幸免被炸伤,随之将制造商告上法院。法院判斯塔特勒胜诉。1915年,一位德国妇女从药店买回合成盐,结果含有玻璃碎片,导致她受伤。她为此起诉制造商,德国法院判决其胜诉。

1916年,麦克佛逊从零售商手里购买了一辆别克汽车。一天,他开着别克汽车正常行驶,突然一只车轮的轮辐裂成碎片,轮胎发生爆裂。汽车倒在路边,麦克佛逊被抛出车外,受了重伤。麦克佛逊把别克公司告上了法院,但是别克公司辩称,轮胎是从一家汽车零件商店买来的。尽管只要稍稍检查就可以发现轮胎的缺陷,但是法院还是以原告与被告之间没有合同关系,判决被告胜诉。从马车到汽车,麦克佛逊将要遭遇和74年前温特博特姆同样的悲剧,幸运的是他遇到了贵人。当案件上诉到纽约最高法院,法官卡多萨认为:"制造人如果知悉该项物品将由买受人之外的第三人未经检验而使用的,则无论有无合同关系,对该项危险物品的制造,均负有注意义务。制造人未经注意的,对所发生的损害应负赔偿责任。"因此,判决别克汽车赔偿麦克佛逊。

1928年8月26日,英国,多诺霍的朋友为她在苏格兰佩斯利的一家商店里买了一瓶姜汁啤酒。多诺霍喝完啤酒后,突然看到瓶里有一只已经腐烂的蜗牛,她当场昏厥,事后患上了严重的肠胃炎。多诺霍将姜汁啤酒的制造商史蒂文森告上了法庭,结果被初审独任法院、苏格兰高等民事法院第二分院先后驳回。于是,多诺霍上诉至英国上议院。由5名上议院成员组成的法院受理了此案,而5名上议院成员发生了激烈的争论,最终以3∶2多数票判决多诺霍胜诉。司法委员会为此指出:产品的生产者"知道在产品准备或者包装过程中未尽合理注意,将导致消费者的生命或者财产损害的,该生产者对消费者负有尽合理注意的义务"。如果生产商未尽合理注意便有过错,便需承担法律责任。这就是"过失责任原则",无疑对维护消费者的合法权益具有重要意义,使得那些购买了瑕疵产品并因此而遭受人身伤害或者财产损失的消费者,可以直接起诉生产商。

1944年的一天,对于餐馆女服务员埃斯克拉来说,一切都显得很正常。可是当她将可口可乐放进冰箱,悲剧发生了,其中一瓶突然爆炸,埃斯克拉受了严重伤害。她随后将可口可乐公司告上法院，但是她拿不出任何证据证明可口可乐瓶装公司有过失，相反后者倒是提供了瓶子制造、检验以及装气的适当性证明。埃斯克拉悲伤极了，然而加利福尼亚最高法院的判决让她悲喜交加，特雷诺法官认为：当制造商将其产品投放市场时，明知其产品将不经检验就会被使用，如果这种产品致人伤害，那么制造商就应承担赔偿责任。

随后，美国法院在各种判决中不断扩大对疏忽责任的解释，责任人不仅限于制造商，设计人因疏忽造成损害也要承担责任。"过失责任原则"越来越多地取代了"无合同无责任"的规则。第二次世界大战前，消费者保护运动基本上是消费者的自发运动。而第二次世界大战之后，世界主要商品市场逐渐由卖方市场走向买方市场，各国政府越来越关注国民生活，从以经营者利益为重心转到以消费者权益为重心，和全社会一道真正开始维护起消费者权益，相关制度和法律体系随之逐步完善，成为各国社会经济政策的重要组成部分。

1963年，格林曼的妻子购买了一件尤巴电力公司生产的电动工具，当格林曼用此刨削木材时，一块木头从工具中突然飞出，砸中他的脑袋，立刻血流满面。格林曼为此起诉了尤巴电力公司，初审法院判决他胜诉。被告又上诉到加利福尼亚州最高法院，该法院法官判决维持原判，并写下了具有历史意义的意见："为了使生产者承担严格产品责任，原告无须证明明示担保的存在。"这一判决又将消费者保护向前推动了一步，其意义在于：判定制造商有没有责任，从制造商的行为转移到产品的性能。也就是说，只要产品性能存在问题，制造商就需要承担责任。

消费者保护独立成法

1962年3月15日，美国总统约翰·肯尼迪在国会发表了《关于保护消费者利益的总统特别咨文》，首次提出了著名的消费者的"四项权利"：有权获得安全保障，有权获得正确资料，有权自由决定选择，有权提出消费意见。以后这四项权利逐渐为世界各国消费者组织所公认，并作为最基本工作目标。1969年，尼克松总统又提出了消费者的第五项权利：救济权。至此，消费者权益得到了明确，在世界范围受到公认和公平对待。1983年，国际消费者联盟组织把每年的 3 月 15 日确定为"国际消费者权益日"。肯尼迪提出的 4 项权利和国际消费者协会确定的另外 4 项权利，即满足基本需求的权利、公正解决纠纷的权利、掌握消费基本知识的权利和在健康环境中生活工作的权利，一并成为全世界保护消费者权益工作的 8 条准则。此后，每年 3 月 15 日，世界各地消费者和有关组织都要举行各种活动，推动保护消费者权益运动进一步发展。

在消费者权益不断明确后，设立保护消费者权益的政府机构呼声在美国越来越强烈。1968 年，美国总统约翰逊要求设置全国消费产品安全委员会。1972 年，约翰逊去世前夕，国会终于批准通过了《消费品安全法》，明确规定政府具有收集和应用产品质量信息的职责。同时，美国消费品安全委员会得以设立。这个联邦政府内部的独立管理机构，由总统任命的 5 名委员组成，总部设立在华盛顿特区和马里兰州贝塞斯达，有 5 个直属地区办事处，在全国主要城市分设 27 个常驻联络站。其主要职责是对消费产品使用的安全性制定标准和法规并监督执行，管辖多达 15000 种消费品，每年在市场直接抽查几千种产品，处理几百起抽查和投诉的案件。

除消费品安全委员会，美国还有十几个部门主管的多家政府检验监督机构，包括卫生与公众服务部主管的食品药品监督管理局、农业部主管的食品安全检验局、农业销售局、环境保护署，商务部主管的国家标准局、海洋大气管理局，交通部主管的联邦航空管理局、联邦铁路局、国家公路交通安全管理局等，这些机构分别对各自主管的领域进行监管。各州、县、市均设有消费者权益保护机构，各州一般设有独立的消费者事务部，没有独立设置的州则由州长办公室或司法部长办公室承担相关职责。美国逐渐形成了层级明确、系统完备的美国消费者权益保护机构，成文法与判例法并重，联邦立法与州立法相结合，形成了覆盖所有消费领域的消费者保护法律制度，综合运用民事、刑事、行政法律手段进行监管。

20 世纪 50 年代中期，日本开始进入一个大规模生产、大规模销售、大规模消费的社会，由于相应的法律、行政管理手段变革未能跟上经济发展的步伐，消费安全恶性事件大量涌现，1955 年森永砒霜牛奶事件、1960 年假牛肉罐头事件、1962 年安眠药药害事件、1965 年服用感冒药猝死事件、1966 年从餐具中检验出福尔马林事件、1969 年瑕疵汽车事件，等等。频繁发生的重大质量安全事件，引发了消费者维权运动，引起日本政府对消费安全问题的重视，其成果不断得到政府的承认。日本政府开始反思原有的经济发展理念和市场管理手段，逐步将产业发展优先原则向国民生活优先原则转变，并思考如何调整消费者保护的行政措施，从而为处于弱势地位的消费者提供更安全的保障。

1970年10月，日本政府出资设立了专门保护消费者利益的特殊法人——国民生活中心。《国民生活中心法》规定：国民生活中心独立行使职权，提供有关改善国民生活的情报，从事消费者教育与培训活动，宣传各种生活消费知识与消息，接受消费者申诉和提供援助等。另外，各都、道、府、县设有地方性的消费生活中心。随着消费者的觉醒和日本经济的发展，保护消费者权益的相关法律法规逐渐完善起来，制定了《消费者保护基本法》《食品卫生法》《消费者生活合作社法》《家庭用品质量表示法》《煤气事业法》等。1994年，通过《制造物责任法》，规定因产品缺陷对人的生命、身体和财产造成损害时，制造商等承担赔偿损害责任。

20世纪70年代，英国等许多欧洲国家开始学习美国法律体系。1959年，英国在商务部属下成立了消费者保护委员会。1973年，颁布了《公平交易法》，在英国贸工部成立公平交易局。1974年，专门设立了物价及消费者保护部。1976年，通过了《转卖价格法》。1979年，出台了《货物买卖法》。1982年，制定了《货物与服务供应法》。但多如牛毛的法律规范使得企业和消费者无所适从，也造成了司法适用的模糊性。1987年，为了提振消费信心，英国整合既有的法律规范，专门制定了《消费者保护法》，取代了12部既有的法规。

20世纪70年代之后，许多发达国家制定了保护消费者权益的基本法，以及各种配套的保护消费者权益的具体法律制度，形成了比较完善的消费者保护制度和法律体系。1969年，韩国颁布了《消费者保护法》，1987年进行了修改，并在财政经济部下设消费者保护院，这个带有一定行政职能的"特殊公益法人机构"是政府保护消费者的重要执行部门，院长由总统直接任命。此外，还设有韩国公平交易委员会，下设消费者保护局，该机构推行有效竞争政策，促使企业提高产品质量，增加商品种类，降低产品价格，从而提高消费者福利。

1971年瑞典在世界上首次设立了消费监察官制度，1976年将消费监察官并入国家消费政策管理局。法国、奥地利、西班牙分别于1978年、1979年、1984年制定并实施了消费者保护法。1995年，澳大利亚贸易惯例委员会与澳大利亚价格监督管理局合并，成立了澳大利亚竞争和消费者委员会，该机构职能是保护消费者权益和企业权利，履行行业监管和价格监测，防止非法竞争行为。

大多数第三世界国家也立法和设立政府机构，保护消费者权益。1994年，阿根廷宪法明文规定，通过保护自由竞争来保护消费者权益。1997年，智利出台了统一的《消费者权益保护法》，由智利全国消费者服务总局负责执法工作。在制度建设方面，许多方便消费者诉讼和寻求保护的制度被发明建立，如集团诉讼制度、小额法庭制度、消费者组织或行政机关支持起诉制度、消费者合同撤销权、消费检察官制度和产品责任制度等。

消费者保护日益国际化。质量安全信息公开透明，逐渐在世界范围内形成共识。1973年10月2日，第12届国际私法会议在海牙通过了《产品责任适用法律公约》，国际社会首次尝试为统一产品责任而制定法律。规定公约适用于因产品本身缺陷所造成的损害，即使产品本身没有缺陷，由于对产品的使用方法或特性没有说明或说明不适当，消费者或使用者因此受到损害。1985年4月9日，联合国大会投票，一致通过了一部具有世界意义的保护消费者的纲领性文件——《保护消费者准则》，责成各国政府应当拟订、加强或保持有力的保护消费者政策，确保满足合理需求：保护消费者的健康和安全不受危害；促进保护消费者的经济利益；使消费者取得充足信息；提供消费者教育；提供有效的赔偿消费者办法；有组织消费者及其他有关的团体或组织的自由。

1977年1月27日，欧共体在斯特拉斯堡通过了《关于造成人身伤害与死亡的产品责任欧洲公约》。1985年，欧共体理事会发布了第374号指令，即《欧共体产品责任指令》，欧共体在内部统一产品责任方面迈出了重要的一步。此前，欧共体成员国各自实行不同原则规则的产品责任制度，荷兰、意大利等国采取过错责任原则，德国、比利时等国采取过错推定责任原则，法国、卢森堡等国采用无过错责任原则。结果造成对同样的产品侵权案件，不同成员国处理不同。《欧共体产品责任指令》的颁布，促进了欧共体成员国在保护消费者权益方面保持步调一致。

进入21世纪，世界各国维护消费者制度更加严密严格。2002年德国政府成立了消费者保护、食品和农业部，该部下设联邦消费者保护与食品安全局、消费风险评估研究院，研究院专门从事消费风险评估和风险管理工作。2008年8月14日，美国总统布什签署生效了《消费品安全改进法案》，该法令成为自1972年《消费品安全法》颁布以来最严厉的消费者保护法案，要求建立消费品安全公共数据库。2010年美国政府又制定了《美国消费品安全2011—2016年战略规划》。2015年3月26日，在获得议会上下两院的通过后，英国女王御准了《消费者权益法案》，旨在对英国现行涉及消费者权益保护的相关法律、法规进行整合和改革，以进一步明晰和强化对消费者权益的保护。该法与2013年的《消费者合同规则》、2014年的《消费者保护规则》，一并构成英国消费者权益保护法的核心规范，成为调整企业与消费者之间法律关系的基本规则。

只有法律的护卫，才能让市场和消费者重返安宁。法治向公众传达的是一个极其简单的理念：信任的背后是责任，比利益更重要的是社会的公平与正义。质量不可能一蹴而就，质量强国之路正是一步步完善法律法规、提高国民法治意识的漫漫长路。

二、透明真实才能安全

中国老百姓有一句俗语："买的没有卖的精。"通常情况下，产品生产者和销售者总是占有更多的质量安全信息，而消费者不仅知之甚少，而且还可能被蒙蔽。促进质量安全信息公开透明真实，就成为政府的一项重要职责。

从产品标识到质量溯源

远古时期，部落使用各种动植物、文字符号作为图腾标识。古埃及、巴比伦、印度、希腊、古罗马等文明古国要求在陶器、金属器具和手工制品上刻下各种标记，以便官方征税，或用于作坊主与工匠之间记账，符号与商品概念结合起来，商业意义的商标开始萌芽。13世纪，欧洲行会要求工匠在商品上打上行会认可的标记，已经初步具备现代商标内涵。1266年，英王亨利三世颁布《面包与麦酒法》，要求面包师在其制作和出售的面包上必须打上自己的标识，以便一旦发现重量不足，就可以查处弄虚作假对象。1300年，英王爱德华一世签署法令，要求制造的金器要经过检验，并打上工匠、检验者标识和皇冠头像。这些都与中国古代"物勒工名"制度相类似，萌芽了最初的质量追溯。

商标充其量只是一个"身份证"，并不足以让消费者了解更多的信息。1700年，欧洲印制了第一批标签，内容包括名称、产地、生产者、厂址、产品主要成分，以及质量状况、保存期限、使用保养注意事项等信息，产品质量信息成为产品生产者和销售者的明示担保。19世纪，在商品上打上标识标注已经普遍，消费者通过标签可以了解越来越多的产品信息。但是，一些制造商在标签上做起了手脚。

1849年，美国缅因州班戈市夏洛特·温斯洛女士配制了一款温斯洛太太舒缓糖浆，此药水能够让处于出牙期吵闹的婴儿安静下来，并快速睡眠，因此大受欢迎。然而这种糖浆每一盎司含65毫克吗啡，标签上却没有任何标注。这个事实掩藏了62年，直到1911年，美国医学协会在《纽约时报》刊发了一篇文章指出，糖浆里含有有害成分。又过了19年，1930年这种糖浆才被取消销售，其间有多少婴儿受到伤害就不得而知了。

20世纪初开始，美国对食品药品安全管理的一个重要方面就在于标签。1912年美国国会通过的《食品和药品法修正案》明确规定，禁止在药品标签上夸大宣传。1913年，《Gould修正案》要求，应以重量、容量或数量的方式，明白而显著地将食品包装内含物标注在包装的外面。1924年，最高法院在"美国对95桶苹果酒声称为醋的诉讼案"中，首次对产品标签误导或欺骗作出处罚判决。1938年美国《联邦食品、药品和化妆品法案》规定，禁止在药品标签上做虚假宣传。1950年，《人造奶油法》要求，有色人造奶油要有明显标识，以与奶油区别。1957年《禽类产品检验法》和1970年《蛋类产品检验法》详细规定，畜类产品容器、标签样式和内容等要求。

1977年12月16，联邦德国颁布新的《药品法》规定，任何药品必须在外包装上以德文注明生产者名称、药名登记号、告诫性指示、药品含量容量或剂量使用方式、成分、变质期以及医生处方购药的指示，必须在包装内附有此药适应症禁忌、副作用、用量、用药时间等内容的说明书。该法规定了制造商的责任：一旦发生产品责任诉讼时，药品制造商和销售商不能因为已获得政府批准或许可，以及他们遵守德国标准药典的规定而影响应承担的民事或刑事责任。

此时，标签内容越来越丰富，除了各种成分、用途外，认证、标准等信息也被要求写入其中。1935年，法国国家产地冠名研究院成立，针对葡萄酒和烈性酒行业首创了原产地冠名标签制度。加贴此项标签的产品，意味着拥有地理概念上的原产地特色，在特定的地域范围内具有独特地质条件、气候特征、农艺方法和管理方式，由拥有一定专业技能的人进行制造与加工。之后原产地标签被欧盟与世界认可，并扩大到其他行业。

政府质量管理 第七章

在所有质量信息中，安全警示无疑是最重要的，美国将产品警示缺陷与产品制造缺陷、产品设计缺陷并列，作为产品缺陷的三种形式。

迈克尔因患鼻窦炎，长期连续服用一种含有非那西丁的鼻窦充血片，而造成肾脏损坏。他将生产商华纳/齐沃科特诉至法院，要求损害赔偿。虽然被告按照《联邦食品、药品和化妆品法案》的警告规则，在药品标签上一字不差地做了警告和提示，但是法院依然判定其警告不适当，认为："被告给出的警告强调危害肾脏只是一种可能，并没有提醒消费者一定会损害肾脏，而且它虽然强调'大量服用'，但是大量这个词对于消费者来说是模糊而不确定的，它也没有强调非那西丁是一种危险药物，而且字体小到需要消费者用放大镜才能看到。"

而在 Tesmer v. Rich Ladder Co 案中，原告使用被告公司生产的梯子刷墙时，因梯子滑落导致其终身残疾。法院判定：虽然被告在其产品梯子上附有警示标签，提示需要在 75.5 度的角度使用，但是被告并不明白 75.5 度的意思，导致梯子使用不当造成伤害，因此原告的警示并没有包含安全的使用方法而使得产品存在警示缺陷。

上述案例的判决可以看出，判断警示是否充分、恰当、合理，一是内容上，警告必须准确而充分地表明危险的严重性和程度，能够引起消费者应有的关注；除了警示产品存在危险之外，还需告知避免危险的正确使用方法；二是形式上，警告必须明显、突出，并使用相当大的字体印刷等，足够引起警示一个合理谨慎的消费者的注意。

1960 年 5 月 27 日是星期五，博伊尔开始使用加利福尼亚化工公司生产的"三牛"牌液体除草剂前，按照容器上的标签警示，戴上了手套和头巾等防护装备，然后站在迎风的位置，用背式压力喷雾器向车道周围喷洒药剂。喷完后，她立即清洗了喷雾器的箱子，而且把清洗箱子的水和剩余的药物倒在了后院的杂草中。一切收拾妥当，她和家人驱车到俄勒冈海岸过周末。然而当天晚上，她头痛剧烈。在接下来的周三下午，天气晴朗并且温度适宜，博伊尔穿一身超短日光浴装，趴在原来她倾倒清洗除草剂残液的杂草上晒太阳。很快，她感到发热，大腿奇痒，半小时后，身上开始出现点状的麻疹，之后状况恶化，身体大面积肿胀。当天下午 6 点，她开始眩晕并且意识模糊，肌肉颤抖和痉挛。到晚上七八点，她被送往医院。她被从死神手里夺回生命后，持续接受了 18 个月的治疗。造成这一恶果的原因是，她躺在除草剂残液污染的地面上时，大量有毒的亚砷酸钠通过皮肤吸收和呼吸进入了她的供血系统引起中毒。

地区法院判决，加利福尼亚化工公司存在警示过失，向博伊尔支付

267

7910.60美元损害赔偿金。法官易斯特在判决意见中说:"一个面向公众生产和销售对人体有高度危险产品的生产者,应当有义务向公众提供该产品详细的规格说明书、使用说明以及详细的警告。这样才能保证普通的使用者不仅在其适用产品生产销售目的时,而且在其他一切必要的附带性或从属性使用中(如储存、销毁)安全合理地使用该产品。另外,还要给出关于产品使用后或其迟发效果,以及其潜在或存留危险,这些效果和危险不为普通消费者所知道或合理预见,但生产者依据其专业的知识可以预见的。"

假冒商品必然假冒标识,标识防伪才能防止商品假冒。18世纪,防伪技术被应用于货币。近年来,由于假货日益严重,各国名牌企业越来越重视防伪技术,广泛使用激光全息、荧光、油墨温变等常规防伪技术。与此同时,竞相开发技术含量高、信息量大、保密性强、不可逆变、不可复制的新防伪技术。美国把研制的"指纹"标签纸应用在牛仔裤、香水、唱片等商品上。

科技不仅被用于防伪,而且丰富了质量安全信息内容,方便消费者获取。20世纪20年代,美国威斯汀豪斯实验室里,科学家约翰·科芒德发明了条形码。用宽度不等的多个黑条和空白,按照一定的编码规则排列,以表达物品的生产国、制造厂家、商品名称、生产日期、类别等信息,产品在全世界都能够被扫描和识读,极大地方便了商品流通。1977年,多个国家制造厂商和销售商联合成立了欧洲物品编码协会,1981年更名为国际物品编码协会,开发和协调全球性物品标识,促进国际贸易发展。20世纪90年代,二维码被发明,其比条形码存储更多的信息,表示更多的数据类型。

科技准备好了,质量安全溯源呼之欲出。质量安全溯源,即能够正向、逆向、不定向追踪产品生产和流通过程,为政府监管提供了新途径。1988年,美国制定的《处方药营销法案》要求,药品经营企业应提供药品的真实来源和销售记录文档,但纸张文档记录药品成本很高而且很容易造假,质量安全溯源第一次尝试遂告失败。1997年,"疯牛病"让整个欧洲忐忑不安,欧盟为此明确要求,所有成员国应建立牛肉产品追溯系统。2000年1月,欧盟发表了《食品安全白皮书》,提出"从农田到餐桌"全过程追溯控制。根据欧盟相关规定,从2005年1月1日起,凡是在欧盟国家销售的食品必须具备可追溯性,否则不允许上市销售。

20世纪90年代,美国政府对标签越来越关注,1990年颁布的《营养标签和教育法案》和《有机食品生产法》,1994年颁布的《膳食补充剂健康和教育法案》,1997年颁布的《食品和药物管理局现代化法案》,都对食品标签信息提出了更高的要求。2002年,"9·11"事件的第二年,美国国会通过《生物反恐法案》,将食品安全提高到国家安全战略高度,要求食品加工企业必须建立商品可追溯体系。2006年,美国FDA将无线射频识别技术应用于药品追踪和追溯。这种技术是将一种具有产品电子代码的物理载体附着于可跟踪的物品上,可全球流通并对其进行识别和读写。2011年的美国《食品安全现代化法案》对食品标识规定做了更新,赋予FDA对食品标签错误的强制召回权,规定生产经营者要评估食品生产整个过程的风险,制定并实施相关防控措施,同时应将控制措施的实施情况进行记录。

2001年6月,加拿大法律明文规定,所有食品必须在成分说明的标签上列出13种主要营养成分,包括脂肪、卡路里、钠、纤维、蛋白质、钙、维生素A、维生素C和铁等,以防止厂商滥用所谓的"健康食品""绿色食品"定义。2012年,加拿大整合了《水产品检验法案》《农产品检验法案》《肉品检验法案》《消费者包装与标识法案》,出台了最新法案《加拿大食品安全法案》,强化了食品追溯能力。

从20世纪90年代起,德国是世界上四大食品出口国之一,又是食品进口大国。德国《添加剂许可法规》规定,生产商必须在食品标签上一一列出所有使用的添加剂。《食品法》《食品和日用品管理法》《HACCP方案》和《食品卫生正确操作的指导性政策》构建起德国食品安全监管的四大法律支柱。《食品法》规定,无论是国产还是进口食品,包装标签都要注明商标、食品成分、有效期和质量认可的显著标识。为了保证《食品法》的实施,德国设立了覆盖全国的食品检查机构,联邦政府、各州和地方政府都设有负责检查食品质量的卫生部门。2001年,联邦食品、农业和消费者保护部下设联邦消费者保护与食品安全局、联邦风险评估研究所,独立负责食品安全风险评估、风险信息传递,把评估结果如实提交风险管理部门。在德国一只鸡蛋都有说明"身份"的红色标签,以"2-NL-4315402"这组编码为例,第一个数字表示产蛋鸡的饲养方式,0表示有机饲养,1表示露天饲养场放养,2表示圈养,3表示鸡笼饲养;第二组字母表示鸡蛋出产国,DE是德国,DK是丹麦,BE是比利时,NL是荷兰;第三部分数字表示产蛋鸡所在的养鸡场、鸡舍或鸡笼的编号。德国食品从原材

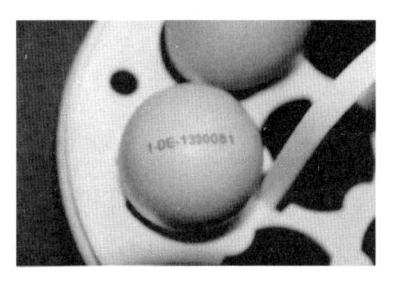

这个编号为"1-DE-1300081"的鸡蛋是德国1300081养鸡场露天饲养场放养的鸡产下的蛋。

料采购到生产、加工、仓储、运输、销售各个环节，"从田野到餐桌"整个过程都处于监控之下，各种信息都是公开透明的，且记录在案、有据可查。一旦发现问题，便可立刻追本溯源，找到根源所在。

广告≠忽悠

广告历史悠久，古巴比伦商人为了招揽顾客便大声呼喊，古埃及首都特贝遗址发掘出文字"广告传单"，公元前6世纪罗马城招牌广告已满城皆是。到1141年，法国贝星州街头出现了专门的口头广告组织。1445年，德国人约翰内斯·古腾堡创造了铅活字印刷，广告业步入近代传播时期。1472年，英国人威廉·坎克斯顿在伦敦张贴了世界上第一张纸介印刷广告，标志着西方印刷品广告时代的开端。5年后，世界上第一份用机器印刷的英文广告出现。17世纪到19世纪50年代，英国一直处于世界广告发展前沿。1645年杂志广告出现，1650年英国报纸刊登了世界上第一篇报纸广告，1666年《伦敦周刊》正式开辟了世界上最早的报纸广告专栏，各报随之纷纷争效。今天，几乎没有一个地方没有广告的影子。

广告蓬勃发展的同时，广告管理随之产生。1258年，法国政府对吆喝广告制定了《叫喊人的法则》，赋予叫卖人叫卖权利的同时，对叫卖人的行为和价格进行规范，广告管理法规肇始。1907年，英国颁布的《广告法》是最早的比较完整的广告法，明确规定禁止在娱乐场所、公园、风景区和有历史价值的建筑物上做广告。到此时，广告立法仅仅限于对广告的行为、载体等做出规定，还没有对广告最核心的内容进行管理。

19世纪50年代，美国超过英国，成为最大的广告王国。1843年美国费城成立了世界上第一家广告公司，成为广告业发展的重要标志。1911年，美国最早的广告法案《印刷物广告法案》出台，又称《普令泰因克广告法案》，法案始于纽约州，1945年修订为全国性广告法。这部被视为国际广告立法发展史上的里程碑的法规，规定："凡其陈述之事实，有不确、欺诈或使人误信者治罪。"也就是说，广告者必须对其内容负责，确保其内容合法、公平、诚实和真实，确保其是一种负责任的传播行为。

1914年，美国国会通过《联邦贸易委员会法》，明确规定，利用虚假广告歪曲产品质量，通过推销或广告引诱消费者上当，欺骗性商品定价，以及其他采用不公正或欺骗手段使消费者上当的做法，均为违法行为。该法案第一次对虚假广告作出法律定义，其第 15 条规定：虚假广告的判定是指在主要方面是欺骗性的广告，在具体判决时，既要考虑广告说明、词句及设计、声音或其他组合，还要考虑其对相关事实的表述程度。该法案还规定，联邦贸易委员会为虚假广告的管理机关，下设 6 个局，其中欺诈行为局专门管理虚假广告。该局又分为食品药物广告处、一般广告处、一般营业处、科学意见处等。联邦贸易委员会可以对虚假广告发出禁止令，向区法院起诉及处以 1 万美元以下的民事处罚。1938 年，联邦贸易委员会对此法案进行修改，通过了《惠勒—利·对联邦贸易委员会的修正案》，进一步扩大了联邦贸易委员会的权限。此后，美国通过的《食品、药品和化妆品法案》《不当包装与商标法》《消费者信贷保护法》《玩具安全法》等法规都涉及广告管理。

1955 年的一天，加利福尼亚州的莱恩正吃着斯旺森公司生产的鸡肉罐头，突然一根鸡骨头卡住了他的喉咙，差点要了他的命。莱恩将斯旺森公司告到了初审法院，但被判败诉。莱恩又上诉到加利福尼亚上诉法院，上诉法院做出撤销原判的决定。首席法官西恩认为，斯旺森公司在《洛杉矶时报》刊登的广告宣称罐头为无骨，广告可以被认为是销售合同的一部分。

1997 年起，日本是世界第二大广告王国。1908 年制定的《治安处罚条例》和 1911 年制定的《广告物品管理法》要求废除夸大、虚假广告。1940 年，制定《广告律会》。1947 年出台的《禁止私有独占及确保公平交易的有关法律》，"确保一般消费者权益为其立法目的"，对广告行为作出新的规范。1948 年制定的《药事法》和《轻型犯罪法》，1949 年推出的《户外广告物品法》，以及其后颁布的《滞销商品及其不正当宣传防止法》《医药品广告标准》等，进一步完善了日本广告法律管理。1962 年，制定《广告取缔法》。1974 年，日本广告审查机构成立，接受对广告的投诉和咨询，负责对实际广告物的审查，目的在于消除广告的不良影响，使消费者免受伤害。在受理、审查消费者诉怨时，采取广告同业、广告媒体和学者专家三个阶段审查。此外，日本还制定了《户外广告法》。

1968 年，法国制定《限制诱惑销售以及欺骗性广告法》。1973 年 12 月 27 日，法国颁布的《商业、手工业引导法》第 44 条对"虚假广告罪"作出明确规定，指出因虚假广告给消费者造成的损失，消费者有权向检察官提出申诉。依据《关于欺诈及假冒产品或服务》规定，犯有"虚假广告罪"的，将被处以两年以下监禁和最高 25 万法郎罚金。

20 世纪 70 年代，各国对广告管理更加严格，要求广告必须言之有据。1971 年，美国联邦贸易委员会出台了一项管理广告业的重要法案，法案核心是：所有广告发布前，必须有实验室或其他科学研究、调查的合理凭据，不能空口无凭。1997 年美国 FDA 通过《面向消费者的广告行业指导》，规定药品广告必须对所有可能的副作用做出详尽说明。如果广告误导病人用药，危害了公众安全，药企可能会面临天价罚单。

1974 年，德国制定《食品改革法》。这部被称为保护消费者"权利宪章"的法律，规定禁止制作、播放具有欺诈性、容易使人误解的广告，未经科学测定或未经充分证实具有某种效用的食品，不得通过广告宣传；不得使用容易使消费者受骗的原产地、数量、重量、生产日期、保存期的标识、陈述或其他信息；不得通过广告使消费者误认为某种食品是药物。该法还禁止电台、电视台播放香烟或烟草制品的广告。为了具体实施该法，该法授权联邦政府青年、家庭和卫生部长，可以制定相应的条款、命令和标准，使法律具体化。

比隐瞒更狡猾的是误导，误导性广告常运用模棱两可、让人误解的语言或表达方式，诱导消费者对商品或服务产生不切实际的期望。1975 年，欧洲经济共同体准备了第一个《欧共体关于误导广告和不公平广告的法令》的议案，旨在统一成员国管制误导性广告和不公平广告。由于成员国无法对不公平广告统一认识，直到 1984 年 9 月 10 日该法令才正式通过，名称改为《欧共体部长理事会关于误导性广告的法令》。该法令要求成员国在 1986 年 9 月前将本国法律与其统一起来。此外，欧盟还制定了电视广播指令、烟草产品广告指令、人用药品广告指令等，在食品领域也有大量涉及食品广告和销售的指令，在远程销售指令、消费信贷指令、普遍产品安全指令中也包含有广告的特殊规则。2007 年 12 月 12 日生效的欧盟《不公平商业行为指令》对违规广告作出详细规定，明确界定误导行为，其中包括虚假免费产品、虚设奖项和误导儿童等，其是目前世界上限制广告误导行为最严格的指令之一。

从 20 世纪 70 年代开始，比较广告开始广泛使用。比较广告通过与同类商品或服务进行对比，以突出自己优势。各国对比较广告分歧较大。美国态度宽松，1979 年美国联邦贸易委员会出台的《比较广告政策声明》，鼓励真实的比较广告。除了英国、法国等少数国家外，欧洲大多国家对比较广告持否定态度，将比较广告视为对他人商标的擅自使用、诋毁或不正当竞争。1997 年

10月6日，欧盟通过《关于误导和比较广告的指令》，才开始对比较广告采取更为开放的态度。

法治之外，广告业界的自我管理同样非常重要。广告业很早就意识到，保持广告的可信度是整个广告业共同的利益，因此必须保持自律。1891年，世界上第一个广告行业自律组织——美国户外广告协会成立。1900年，世界上第二个广告行业自律组织、英国第一个广告行业组织——广告主保护协会在伦敦成立。1904年，美国各地广告俱乐部联合建立了美国广告联合俱乐部，以此加强行业合作和自律。1911年，世界广告俱乐部联盟打出了"让广告真实起来"的口号，开始广告净化运动。1912年，美国广告工作者们为树立更高的广告标准，组织了全国自治委员会，监督和排斥质量低劣的广告。

第一次世界大战结束后，世界贸易慢慢复苏。1919年10月20日，法国贸易部长率领法国、英国、比利时和意大利等4国商界领导人组成的代表团，抵达美国新泽西州大西洋城，经过与美国商界4天的磋商，决定成立国际商会，总部设在巴黎。1937年国际商会正式通过《国际广告行为准则》。同年，全美传播业协会先知先觉地制定了《电视广告规定》，而此时世界上还没有电视广告。世界上第一个电视广告要等到1941年7月1日2点29分（西五区），宝路华钟表公司在"WNBC"电视台做广告："美国以宝路华的时间运行！"1938年美国出口广告协会成立，1954年更名为国际广告协会，总部设在纽约。

第二次世界大战后，日本经济快速发展的同时，广告业及其相关组织也快速发展起来。1950年3月，日本广告净化会成立，一个月后拟定《广告净化纲要》，提出以社会公德为基础、真实传达信息、不得诽谤他人等要求。1953年10月，全日本广告联盟成立，一年后制定了《广告道德实践要领》。

1962年，英国20个广告团体组成广告标准局，并根据国际商业会议的规则，制定了《广告活动规定》。该组织成为英国广告行业自律组织的最高机构，负责对电视、广播之外的所有媒体广告进行管理，代表公众利益，仲裁和处理所有的广告申诉。

1963年，国际商会通过《国际商业广告从业准则》，其成为国际性共同广告法规，法国、希腊、丹麦、瑞士等国家均以该准则标准执行。该准则禁止有害健康的产品广告，用专家或名人做的证人广告必须实事求是，规定商品广告、标贴要标明主要内容成分，限制使用竞争性广告语言。同年，国际广告客户联合会通过《国际电视广告业之约定》。

1971年，美国广告公司协会、美国广告业联合会、全国广告协会和营业质量促进会倡导成立全国广告审查理事会，进一步推进美国广告自律运动。全国广告审查理事会下设全国广告审查局和全国广告审查委员会两个管制部门。全国广告审查局负责监视、监听全国性广告，受理来自消费者、品牌竞争者和营业质量促进会等的申诉，对于无法解决的问题，提交给全国广告审查委员会仲裁。全国广告审查委员会由企业、广告公司、有经验和学识者代表组成。1974年10月，日本广告审查机构正式成立，该机构运行体系仿照美国相应组织，分为审查部门和运用部门两大组织。1975年5月，日本推出全新的《全日本广告联盟广告纲要》。

1992年，欧洲广告标准联盟在布鲁塞尔设立，这个非营利性组织，对欧洲广告具有监督、推动功能，宗旨是促使成员国的商品和服务平等，确保消费者免受虚假和误导广告的伤害。1999年颁布了《广告自律指导》，作为成员国广告管理的指导。

在政府、社会组织和消费者的共同努力下，广告一旦被发现有虚假成分，首先面临着受禁。2003年肯德基推出的一则电视广告称，肯德基"有人体必需的碳水化合物，是每日菜单不可缺少的组成部分"。美国联邦贸易委员会收到投诉后，立刻展开调查，很快禁播了这则广告。同年6月，苹果公司推出了G5电脑，发布了一则声称为"全球最快个人电脑"的广告。5个月后，英国广告标准局认为，苹果的说法得不到充分支持，因此禁止了这则广告。随后戴尔公司在美国对苹果广告进行投诉，2004年美国促进商业竞争署理事会全国广告局同样对这则广告发出禁令。2008年，苹果又发布了一则广告，声称苹果虽然不支持Flash但能接入"所有互联网"，英国广告标准局认为其夸大其词，予以查禁。在世界各地，类似受禁广告案例几乎天天发生。

广告应该成为一种保证质量和服务水平的承诺，任何愚弄公众的广告必须受到惩罚：一方面被受众抛弃，致使产品快速死亡；另一方面受到法律的惩罚，一旦虚假广告造成危害，世界各国将毫不客气处以重罚，美国尤为严厉。2007年1月4日，美国贸易委员会对涉嫌发布虚假广告的仙纳得恩、可体燃脂速、美身综合维生素和清脂瘦身片等4种减肥药的生产厂商处以高达2500万美元的罚款。2011年8月，谷歌为加拿大几种不允许在美国做线上推广的药物做广告，被美国司法部重罚5亿美元。2012年7月，葛兰素史克公司因不当宣传抗抑郁药盐酸帕罗西汀可以用于未满18岁的病人，以及没有报告治疗糖尿病的药物文迪雅的安全数据，在美国被罚款30亿美元，创下有史以来制药行业被罚款的最高纪录。

其他国家同样不手软。2014年3月，雅诗兰黛旗下倩碧因广告宣传误导消费者，被意大利监管部门处罚40万欧元。2015年12月，澳大利亚竞争和消费者委员会认为，利洁时公司所销售的诺洛芬产品存在虚假宣传，一纸诉状将该公司告上法庭。法院判定利洁时公司赔偿170万澳元，3个月内下架相关产品，在其网站和多家报纸上发布了修正信息。但是澳大利亚竞争和消费者委员会认为罚得太轻，不依不饶地将利洁时公司告到澳大利亚最高法院，最终最高法院判处利洁时支付600万澳元的罚款。

曝光一切丑陋行为

假冒伪劣制造者、销售者利用质量信息的不对称性，设计消费陷阱，谋取利益。而信誉是质量的重要保障，大力曝光假冒伪劣产品和失信行为，不仅直接惩罚当事人，让制假售假者名誉扫地成为过街老鼠，而且对其他生产者和经营者具有震慑作用，因此成为各国打击制假售假行为一种重要手段。

欧洲国家有着对制假售假者处以游街的传统。早在13世纪，英国面包店老板首次违法，将会被处以脖子上挂次品面包，囚于马车上游街示众；第二次违法，将被处以戴枷锁游街示众；第三次违法，将被吊销执照，封店歇业，永不准从事面包制造业。法国同样如此，史料记载，1315年，16名面包师在面粉中混杂动物粪便被发现，在广场上，愤怒的市民对这些面包师唾骂、鞭打后，让他们手拿腐烂面包接受轮式刑车惩罚。史料还记载，有屠夫因出售问题肉，被罚脸紧贴在马尾上游街，有不诚实的啤酒商被装进垃圾车游街。17世纪，路易十四最信任的大臣柯尔伯制定了一系列法令，其中要求公开展示不合格产品，对伪劣产品制造者处以戴枷游街惩罚。

法国作为拥有众多世界著名品牌的国家，一直是全球假冒产品的受害者。近现代曝光的方式已经不是游街，而是展览。1951年，在巴黎十六区塞纳河畔的一群老式建筑里，法国制造商联合会建立了一个赝品博物馆。馆内分成5个厅，陈列着500多种展品，包括食品、衣鞋、手表、药物、烟酒、化妆品、名牌箱包和饰品等，所有陈列品均为双份，一份为真品，另一份为赝品。这些展品，都是通过制造商举报，由警察局和海关等部门收缴来的。

无独有偶，德国也有类似的博物馆。其中一家是假药博物馆，专门展示各种谋财害命的假药、伪劣医疗器械和欺骗性的医疗广告。德国在《反对不公平竞争法》中明文规定，广告不能使用诱惑性解说词，不能有欺诈行为。这些假货大部分是德国食品和药物管理局查获没收后送来的，也有许多是上当受骗的消费者主动赠送的，既有德国的，也有其他国家的，展品每年都在增加。在博物馆里陈列着一台"科学新成果""睡眠机"，其发明者吹嘘：只要将"睡眠机"罩在眼睛上，将电线套在脖子上，就可以把每天8小时的睡眠时间缩短到只需2小时。

在索林根南公园，德国反剽窃行动协会建立了一家反剽窃博物馆，展出"金鼻子剽窃奖"获奖"作品"。"金鼻子剽窃奖"由德国设计师里多·布瑟创始。1977年，他发现自己为百来苏蒂公司设计的一款电子秤被一家香港供应商抄袭，仿品销售量达10万台之多。在百来苏蒂的禁令下，香港公司停止了销售，但很快又有其他厂商抄袭并售卖。于是当年，布瑟创立该奖项，奖杯造型是一个长着金鼻子的黑色小矮人，象征着那些用仿冒手段获取高额利润的厂家。"金鼻子剽窃奖"的评选，一般由被仿冒企业带着自己的产品、仿制产品和司法维权文件，向反剽窃行动协会提出候选人建议。反剽窃行动协

"金鼻子剽窃奖"奖杯。

会收到建议后，将直接联系仿制企业，如果仿制企业收回仿制产品，或能证明没有仿制，就将其从候选人名单上剔除，否则，将被列入剽窃奖候选名单。虽然至今为止没有人领奖，但一年一度的颁奖活动对剽窃者产生威慑，引起公众对剽窃行为的关注。

现代媒体的发展，为曝光假冒伪劣提供了新途径。19世纪末20世纪初，美国诞生了一个新的词语——"扒粪者"，专指那些揭丑的记者和作家。1903—1912年之间，《麦克鲁尔》杂志就刊登了2000多篇揭露社会问题的文章，而《丛林》是20世纪初期美国"揭露黑幕运动"的第一部小说，有力地推动了美国建立健全食品药品安全法治。之后传媒成为很多国家推动"打假"的工具，德国《博弈》、西班牙《消费研究》、中国香港《选择》等杂志经常揭露制假售假违法行为，刊登群众来信和消费者呼声，产生巨大社会反响。

电视和网络媒体传播范围更加广泛，曝光力度更大。美国商务部下属的国际贸易管理局专门设立了打假举报网站，为企业、消费者、政府和国际合作

伙伴提供投诉通道。美国法律规定，如果发现商家胆敢做虚假广告，不是一停了之、一罚了之，而且将处以更正广告或称"揭短广告"的惩罚，即商家在电视上揭自己的短，将事实告诉消费者。时间上，更正广告发布至少持续一年或与原虚假广告同等时间；成本上，更正广告成本不得少于原广告成本的四分之一；内容上，更正广告必须针对原广告中虚假不实部分进行揭露。这种"揭短广告"收费标准通常比普通广告的多一倍。华纳—兰伯特公司曾发布广告，称其产品李施特林漱口液能预防或减轻感冒和咽喉疼痛，后被美国贸易委员会发现为虚假广告，被责令在电视等媒体上连续16个月公开更正，声明该漱口液无此功能，花费了1030万美元。

英国同样运用电视曝光，2010年起，英国广播公司拍摄一部名为《假英国》的纪录片，专门曝光形形色色的假货和无奇不有的骗术，讲述假货对消费者的影响和危害，比如假冒儿童座椅可能危害到生命等。《假英国》揭露假货数量之庞大，品种之繁多，令人瞠目。

"花园城市"新加坡是购物天堂，商品物美价廉。世界各地游客慕名而来，一下飞机，马上会收到新加坡旅游促进会发放的一张"黑名单"，上面列举了新加坡所有不合格商品。为了杜绝假货次品，新加坡旅游促进会专门推出了"黑店曝光"计划。新加坡设有专门负责游客投诉的法规，若法庭确认某商店有违法行为，该商店就会出现在"黑名单"上。

假冒伪劣产品在阴暗处生产和交易，一见光就原形毕露，制假售假者自然害怕曝光。政府监管部门只要和民众站在同一立场，尽心尽力地尽到监管责任，也不会忌讳曝光。

三、真谛在于共赢

企业和消费者不是敌对双方，而是以遵守契约为前提的买卖合作方。政府管理既要保护消费者权益，又要疏通消费、促进生产，为市场经济发展铺平道路。法律和监管的最终目的从来不是为了惩处不法行为，而是促进买卖双方遵守契约，保持良性循环。因此，在日常市场中，政府推动质量安全信息公开透明，将减少双方产生摩擦的概率。当出现问题时，采取交易双方都能接受的措施，将损失降到最低，往往更有积极意义。前者可称为契约维护，后者可称为契约补救。

保护商标

企业是产品质量的制造者，只有权利受到保护，才能激励优秀企业有激情、有动力生产更多优秀产品。除了产权之外，企业最大的权利无疑就是商标权和知识产权。

威尼斯著名出版商和学者阿尔多·马努齐奥，在语言史、符号史和书籍装帧史上都占有一席之地，设计了现代标点符号、近似于书写体的斜体，建立了阿尔多出版社。1501年，马努齐奥在威尼斯出版了世界上首部袖珍本《神曲》，并且在封面下方打上了独一无二的标签"海豚与船锚"。这种只有八开大小，采用平装设计的小册子，可以塞进口袋，方便携带和阅读。正是这些"袖珍"版的《神曲》《十日谈》《彼特拉克诗集》《亚里士多德作品集》，将文艺复兴的种子播撒向了更为广阔的欧洲大陆。1515年，65岁的阿尔多·马努齐奥与世长辞。

没想到，在这位印刷巨匠去世的第二年，里昂商人就开始猖狂的偷盗行为，大规模印刷这样的书籍，并卖到法国和比利时。对此，阿尔多出版社除了表示愤怒，根本找不到任何解决的途径。万般无奈下，阿尔多出版社只好印刷广告，提醒消费者如何鉴别真假：正版书的商标"海豚与船锚"，海豚头向左；盗版书不仅纸张质量粗糙，印刷错误频频，而且海豚头向右。但是"山寨"袖珍书大行其道，阿尔多出版社不但没能维护住自己的权益，反而丧失了消费者的信任。甚至在一段时间内，他们不得不生产同样劣质的书籍，以求一线生机。

随着历史发展，商标使用范围越来越广，形式日臻完备，随之而来的是，伪造仿制商标的现象日益增多。1804年，在阿尔多出版社遭遇商标侵权300年后，法国颁布了《拿破仑法典》，其中《关于工厂、制造场和作坊的法律》第十六条把假冒商标定为私自伪造文件罪，第一次肯定了商标权与其他财产权同样受保护。19世纪中叶，法国名酒大量被希腊、意大利等邻国伪造商标，假货冲击法国名酒市场。1857年，法国制定的《关于以使用原则和不审查原则为内容的制造标记和商标的法律》，成为世界上最早通行的全国统一的商标法，该法明确提出商标在哪里注册，就在哪里受到保护，违反该法将以诈骗罪论处。

19世纪，欧洲各国相继建立现代意义上的商标制度，以国家强制力保证商标只允许所有者使用，他人不得仿冒。1862年，英国制定了世界上第一部成文商标法《商品标记法》。1885年，英国又颁布了《商标注册法》，明确规定商标注册程序，从而全面确立了商标通过注册获得权利的制度，改变了仅可以通过使用获得商标权的局面，在商标法律发展史上具有里程碑的意义，之后被其他国相继效仿。

早在1791年，美国第一任国务卿托马斯·杰斐逊就建议利用美国宪法的贸易条款，保护帆布制造商的商标。然而直到1870年，美国国会才制定了首部商标法，建立了商标登记保护的联邦管理制度，规定商人对其合法登记的商标享有使用权，禁止他人使用相同或实质相同的标识。但是1879年美国最高法院宣布该法令违反宪法而被废止。两年后，美国国会基于宪法的贸易条款，制定了新的商标法，将法律对象限定于对外贸易以及与印第安人贸易中的商标注册事宜，而不包括州际贸易。1905年美国国会才通过第一部现代联邦商标注册法。1946年7月，美国国会通过了《兰哈姆法案》，确立在联邦范围内对商标的保护和注册，成立了美国专利商标局。该法案此后历经修改，实施至今。

德国、日本、瑞士分别于1874年、1884年、1890年相继颁行了商标法。目前，世界上已经有超过127个国家和地区颁布了商标法，明文规定商标是一种受法律保护的权利，不容许他人侵犯。1982年8月23日，第五届全国人民代表大会常务委员会第二十四次会议通过《中华人民共和国商标法》。

商标侵权不仅发生在一国之内，而且发生在跨国间，保护商标的国际组织和协定随之出现。1878年，12名贸易商和制造商创建国际商标协会，旨在保护和促进商标所有人的权利，确保制定切实可行的商标法律，帮助和鼓励人们推进和认识商标权。该协会现在已经发展成为一个由商标所有人和专业人士组成的国际性团体，有来自全球190多个国家和地区的6500多家成员，是当今世界上最大的商标品牌组织，并成为联合国非政府观察员。1891年，《商标国际注册马德里协定》签订，成为规定、规范国际商标注册的国际条约，目前成员国和组织已超过100个。1989年6月27日，国际组织发布解读文件《商标国际注册马德里协定有关议定书》。

保护知识产权

19世纪中后期，人们发现单纯商标保护已经无法全面维护知识原创者的利益。1845年4月，26岁的美国技工伊莱亚斯·豪经过3年的努力，发明了第一台真正现代意义上的缝纫机。次年10月10日，在取得缝纫机专利证书后，他四处推销，但是没人愿意投资他的发明。心灰意冷的伊莱亚斯又转向英国，同样四处碰壁。1849年，伊莱亚斯不得不回到美国。在穷困潦倒中，他的妻子伊丽莎白在马萨诸塞州坎布里奇离开了人世。悲痛欲绝的伊莱亚斯忽然发现，自己发明的缝纫机在美国已经遍地开花，无耻的商人无视他的专利权，大肆仿造，甚至无耻地将这些仿制品展出。1850年8月，伊莱亚斯将当时占据缝纫机市场最高份额的胜家公司告上了民事法庭。经过长达4年的诉讼，花费了大量的金钱和精力，1854年，马萨诸塞州一家法院才最终判决，伊莱亚斯胜诉，胜家公司赔偿20万美元。缝纫机的经历让伊莱亚斯心有余悸，1851年他虽然发明了拉链，并获得专利，但不敢投放市场，以至于人类使用拉链晚了整整44年。

这次数百年来专利维权斗争中取得的第一次胜利，并没有改变当时侵权成风的现实。1873年，奥匈帝国政府邀请世界各国参加在维也纳举办的一场有关发明的万国博览会，由于当时对展览品没有充分的法律保护，应者甚少。于是，一个新的名称——知识产权呼之欲出，将商标权、专利权和版权合三为一进行管理。

其实人们早已经注意到专利权和版权。1474年3月19日，威尼斯共和国颁布了世界上第一部专利成文法——《发明人法规》。该法规定：任何人在本城市制造了以前未曾制造过的、新而精巧的产品，本城其他任何人在10年内没有得到发明人的许可，不得制造与该产品相同或者相似的产品。1623年，英国议会通过了世界专利史上第一部完整的成文法《垄断法》，对科学技术成果采取保护和奖励政策，规定了发明专利的主体、客体、取得专利的条件、专利的有效期限和宣告专利权失效的条件。随着印刷技术的改进，17世纪出版业成为新兴行业。1709年4月，英国议会通过了《安娜女王法令》，该法令还有一个非常长的名字——《为鼓励知识创作而授予作者及购买者就其已印刷成册的图书在一定时期内之权利的法》，昭示了该法的目的。《安娜女王法令》被认为是世界上首部版权法，该法在世界上首次承认作者是著作权保护的主体，确立了近代著作权思想，对世界各国著作权立法产生了重大影响。

知识产权保护并非一帆风顺。美国早在1787年颁布的《联邦宪法》就指出，国会有权"保障著作家和发明人对各自的著作和发明在一定期限内的专有权利，以促进科学和实用艺术的进步"。1790年，美国制定了最早的版权法，保护范围仅限于书籍、地图和期刊。同年，借鉴英国垄断法，制定颁布了第一部专利法《促进实用技艺进步法案》。1793年，制定了新的法案，用专利注册制度代替了专利审查制度，专利权的授予不再进行新颖性和实用性的审查，只要符合形式要件就可以，结果导致没有价值、无效、抄袭的专利层出不穷。1836年又恢复专利申请的实质审查。之后美国又对专利法多次修订，出于保护本国利益的目的，对外国人申请专利多加限制。直到19世纪末，美国专利保护才逐步摆脱歧视，采取相对公平公正的政策，制度设计逐渐完善。20世纪30年代经济大萧条，一些经济专家将经济危机归罪于"垄断"的美国专利制度。美国由此开始了持续50余年的反对专利法运动，政府对专利权作出了诸多限制性规定。直到20世纪70年代末期，才重新回到专利保护的轨道上来，先后修订或制订了《专利法》《商标法》《版权法》《反不正当竞争法》《互联网法》《软件专利》等，构建起一套完善的知识产权保护法律体系。

到19世纪后期，跨国侵权现象已经非常严重，知识产权保护已经不再局限于一国之中。1883年3月20日，比利时、法国、巴西、萨尔瓦多、意大利等11个国家在巴黎召开了一次外交会议，签订了《保护工业产权巴黎公约》，诞生了第一部世界范围保护智力创造的重要国际条约，并成立了管理公约的国际局。公约于1884年7月7日生效，后又经过多次修订。2017年5月14日，随着阿富汗的正式加入，公约缔约方达到177个国家和地区，1985年3月19日中国成为该公约成员国。

19世纪，西欧尤其是法国涌现出许多大文学家、大艺术家，他们创作了大量脍炙人口的作品。当这些作品流传到世界各地时，这些国家开始考虑在国际范围如何保护版权。1878年，雨果在巴黎主持召开了一次重要的文学大会，建立了一个国际文学艺术协会。1883年，该协会将一份经过多次讨论的国际公约草案交给瑞士政府。1886年9月9日，英国、法国、德国、意大利、瑞士、比利时、西班牙、利比里亚、海地和突尼斯等10国在瑞士伯尔尼，通过这个草案，签订了《保护文学艺术作品伯尔尼公约》，成立了管理公约的国际局，版权走上了国际舞台。现在公约缔约方总数达到 176 个国家（地区）。美国派代表参加了 1886 年的大会，但是拒绝在公约上签字，借口是该公约的许多条款与美国版权法有矛盾，得不到国会批准，而背后真正的原因是当时美国出版业远不如英法等欧洲国家发达，参加公约对美国不利。直到 1988 年，美国才加入该公约，成为第 80 个成员。此公约从 1989 年 3 月 1 日开始在美国生效，此时已是该公约签署 103 年后了。

1952 年 9 月在日内瓦，由联合国教育、科学及文化组织主持准备的《世界版权公约》在日内瓦缔结，1955 年生效，1971 年在巴黎又进行了修订。该公约规定了国民待遇原则，即成员国国民已出版作品，不论在各成员何地出版，均享有该国国民的作品的同等保护；凡在成员国中首次出版第一版的作品，不论作者是否系成员国国民，均享有该国国民的作品的同等保护；成员国国民未出版的作品，在每个成员国中均享有该国给予该国国民未出版的作品的同等保护。

1893 年，两个小国际局合并，成立了保护知识产权联合国际局，最初设址在瑞士伯尔尼市，仅有 7 名工作人员。1967 年 7 月 14 日，国际保护工业产权联盟和国际保护文学艺术作品联盟 51 个成员，在瑞典首都斯德哥尔摩签订了《建立世界知识产权组织公约》，于 1970 年 4 月 26 日生效，世界知识产权组织正式建立。1974 年，世界知识产权组织成为联合国一个专门机构。2001 年 4 月 26 日，世界知识产权组织决定从该年起将每年的 4 月 26 日定为"世界知识产权日"。目前，世界知识产权组织管理着 21 部公约，有 184 个成员。知识产权和货物贸易、服务贸易并重，成为世界贸易组织的三大支柱和国际贸易的前沿阵地。随着关税逐步减让，知识产权保护在国际贸易中的地位和重要性越来越突出，各种争论争端将继续成为热点。

1970—2010 年期间的世界知识产权组织标识。

各种公益组织也应运而生。1901 年，一个在全球范围内专门从事保护知识产权和反假冒的非政府组织——全球反假冒组织成立，总部设在法国巴黎。为了鼓励各国、各地区反假冒工作，全球反假冒组织设立 7 项年度奖，分为单位奖和个人奖，颁发给在知识产权执法方面做出突出贡献的政府执法机构、企业、非政府组织和新闻媒体、相关从业人员。1978年，15家世界知名制造商自发成立国际反假联盟，总部设在华盛顿。目前其已经成为全球最大反假冒侵权非营利性组织，旗下成员囊括了各领域国际知名品牌。其宗旨是反对假冒商品、假冒商标、假冒产地标识等各种假冒活动，敦促各国政府教育消费者认清假冒活动给人身安全和经济带来的后果。联盟同全球政府机构和行业伙伴合作，通过法规、政府、民众教育等途径，加强知识产权保护。联盟每半年集会一次，交流信息，讨论立法进展。联盟还针对一些假冒主要来源国，派出考察工作队，定期调查该国情况，同政府官员、贸易代表和消费者就解决假冒活动问题应采取的方法自由交换思想。1985年，国际商会成立一个分支机构——防伪情报局。该局通过收集情报、调查分析、提供专家咨询和技术培训等方法，保护产业界免遭假冒侵害。2004年，国际商会启动"阻止假冒和盗版商业行动"，进一步阻止盗窃知识产权的猖獗行为。

反对不正当竞争

　　竞争是市场经济的产物，良性竞争促进产品质量提升，垄断造成质量停滞不前。当"山寨"侵权的不当竞争出现时，更加扰乱市场秩序，不仅给消费者带来假冒产品，而且给企业造成损害。维护自由公平竞争、反对不正当竞争，是发展经济、保护企业利益的必然要求，也是保护消费者利益的必然要求。

　　1808年，罗伯特·富尔顿发明汽船后，获得了纽约州水域汽船运输的30年垄断权。1811年，新泽西州商人埃伦·奥格登建造了一艘改进型汽船"海马"号，并取得该州水域营运的特许权。1821年，一位年轻的船主汤姆斯·吉本斯对该特许权发起挑战，上诉到最高法院。1824年2月4日，最高法院终于开庭，经过长达5天的智力较量，首席大法官马歇尔作出裁决：纽约州建立汽船垄断的法律与联邦法律相抵触，因此无效。水域开放了，航线增加了，船票降低了。

　　该案的判决并没有阻止垄断大行其事。1870年，约翰·洛克菲勒等人合伙在美国俄亥俄州建立了标准石油公司。"标准"的意思是，他们出产的石油是顾客可以信赖的"符合标准的产品"。到1879年年底，标准石油公司已控制了全美90%的炼油业。公司总裁洛克菲勒放言："总有一天，所有的炼油业务都要归标准石油公司。"1882年，洛克菲勒首度提出"托拉斯"这个垄断组织的概念，并合并了40多家厂商，垄断了全国80%的炼油工业和90%的油管生意。1886年，标准石油公司又创建了天然气托拉斯，名为美孚石油公司。由于洛克菲勒采取行贿铁路运输商、切断小企业的原油供应和铁路运输等诸多不公平竞争手段，他遭到许多批判，也使很多人遭受痛苦。艾达·塔贝尔就是其中一个，她的童年在油田度过，她父亲的企业被洛克菲勒强行兼并。塔贝尔长大后成为一名记者，她在杂志上连载了长达800页的调查报告，将洛克菲勒定位成一个嗜血、冷酷的石油寡头，由此点燃了民众与商业巨头约翰·洛克菲勒兵戎相见的熊熊战火。

1890年，在参议员约翰·谢尔曼的推动下，美国国会通过了《谢尔曼反托拉斯法》。这部世界上首部反不正当竞争的法律规定：凡以托拉斯形式订立契约、实行合并或阴谋限制贸易的行为，均属违法；凡垄断或企图垄断，或与其他人联合或勾结以垄断州际或对外贸易的任何行为，均属刑事犯罪。同年，尽管俄亥俄州起诉标准石油公司成功，但标准石油公司只是将俄亥俄州业务分离出来。这个时期，兼并浪潮席卷了美国整个制造业，各种大型企业联合体成立。从1895年到1904年之间，美国至少有1800家大公司被联合企业收购，这些联合企业在其经营领域一半以上市场占有率达40%，三分之一占有率达70%。

1908年，西奥多·罗斯福总统誓言将垄断市场、勾结铁路的标准石油公司彻底铲除，拉开了反托拉斯与托拉斯之间最为激烈的对抗序幕。1911年5月15日，美国最高法院做出判决，依据《谢尔曼反托拉斯法》，将标准石油公司拆分为34家地区性独立石油公司。洛克菲勒为之辛苦经营40年、耗尽毕生精力的石油王国轰然倒塌。

但美国民众没有为此高奏凯歌，而是反思《谢尔曼反托拉斯法》，认为该法措辞极为含混和笼统，为司法解释留下了广泛空间，造成执行不力。为了弥补该法在规范市场竞争秩序方面的不足，1914年，美国一口气颁布了《克莱顿法》和《联邦贸易委员会法》两部反托拉斯法律。《克莱顿法》因参议员克莱顿提出而得名，其限制集中、合并等行为，明确了不允许价格歧视、严重削弱竞争的独家交易并购等做法。《联邦贸易委员会法》不仅禁止不正当竞争的方法，而且禁止对消费者不公正和欺骗性的做法；并授权联邦贸易委员会负责执行各项反托拉斯法律，防止消费者权益受到侵害。

其后，美国又对上述法规进行修改和补充，1918年通过了《维伯—波密伦出口贸易法》。1933年6月颁布的《全国工业复兴法》规定，建立全国复兴委员会，负责监督工商企业界不公平竞争。1950年制定了《赛东—克富维法》，规定当一个公司购买另一公司资产时，有可能削弱竞争或倾向于创立垄断集团，则应加以禁止。

第二次工业革命中的另一个翘楚德国，也遇到托拉斯问题，1896年5月27日，德国制定了第一部较为完备的《反不正当竞争法》。该法禁止在经济活动中采取欺诈、诽谤等措施打击竞争对手，禁止在经营过程中滥用商标、泄密等不正当竞争行为。由于条文阐释过于简陋，没有能够真正阻止不正当竞争。19世纪末20世纪初，德国垄断性竞争更加普遍，电力托拉斯控制了德国40%的电力生产，反不正当竞争的呼声日渐强烈。1909年10月1日，德国新制定的《反不正当竞争法》开始全国范围内施行，极力防止不道德的竞争行为，保障公平交易。1957年，联邦德国颁布了《禁止限制竞争法》。1986年，德国对1909年版《反不正当竞争法》进行了较大修改。

只有竞争者和消费者同步得到保护，才能维护有序的市场秩序，促进质量提升。2004年7月8日，在历时三年之久大刀阔斧的修订后，德国新《反不正当竞争法》开始实施。新法第一条就开宗明义地指出，本法旨在保护竞争者、消费者以及其他市场参与者免受不正当竞争，同时保护公众在未扭曲的竞争中的利益。新法有三大突出变化：一是明确把消费者列为新法保护对象；二是把侵害消费者权益纳入对不正当竞争行为的界定中；三是对经营者和消费者增设了多种权利，如排除损害请求权和剥夺利润请求权。该法改变了旧法纯粹保护竞争者利益，加强了对消费者权益的保护，禁止一切误导顾客的行为。

在学习借鉴美国和德国经验的基础上，1934年日本制定并颁布实施《不正当竞争防止法》，1947年又制定了《禁止私人垄断及确保公正交易法》，两法一起构成了日本专门的反不正当竞争法律体系。1962年，日本颁布了《不当赠品及不正当表示防止法》，该法目的之一就是保护一般消费者利益。1993年，日本修改《不正当竞争防止法》，明确规定不正当模仿行为是一类具体的不正当竞争行为。2005年，日本又对该法进行了修订，规定使用与他人商业标识相同或者近似的标识，并且有可能使公众产生混淆的，就构成不正当竞争行为。

20世纪初，英国帝国烟草公司占全国烟草生产的一半，电线托拉斯、制盐托拉斯、漂染业托拉斯分别占各行业生产的90%，精梳棉纺业托拉斯控制了该行业的全部生产。然而直到 1948 年，英国才制定了《限制性商业惯例法》。1973 年制定了《公平交易法》，设置公平交易局。1988 年颁布了《竞争法》，设立了反垄断和不正当竞争的机构——竞争委员会。

20 世纪 60 年代后，世界各国家纷纷制定反不正当竞争法。1966 年比利时制定了《防止滥用经济权利法》；1967 年和 1984 年西班牙先后颁布了《保护竞争法》和《消费者保护法》；1985 年加拿大颁布了《竞争法》；1990 年俄罗斯颁布了《反垄断法》，并成立反垄断与促进新经济结构国家委员会；1994 年巴西颁布了《反垄断法》。

在世界各地，人们拿起反不正当竞争的法律武器，向国际垄断巨头宣战。美国电报电话公司因长期垄断着美国电话通讯业务，于 1984 年，被拆分成一个专营长途电话业务的电报电话公司和 7 个地区性电话公司。自 1997 年 10 月美国司法部指控微软垄断操作系统起，欧盟、日本、韩国等反不正当竞争机构先后对微软提出指控。2004 年 8 月 27 日，旧金山和洛杉矶等多个加利福尼亚州城市政府联合控告微软公司，滥用在个人电脑操作系统领域的垄断地位，制定不合理的商品价格。虽然微软逃过被解体，但被处于向竞争对手支付 7.5 亿美元的巨额赔偿。2004 年 3 月，欧盟委员会处以微软 4.97 亿欧元罚款，后因其拒不纠正垄断做法，2006 年 7 月和 2008 年 2 月欧盟委员会又分别处以其 2.8 亿欧元和 8.99 亿欧元罚款。2006 年，英国公平交易局对英国航空公司和维珍航空公司的合谋涨价事件进行调查，最终以涉嫌价格操纵为由，给英航开出 1.215 亿英镑的巨额罚单。2009 年 7 月，韩国公平交易委员会对高通滥用 CDMA 调制解调器芯片垄断处以 2.08 亿美元罚款。2013 年，欧盟委员会就涉嫌操纵利率，向花旗、德意志银行、巴克莱银行等 6 家银行开出 17.1 亿欧元的罚单，创下世界反垄断罚款的最高纪录。

召回为了挽回

1965 年 9 月，在拉尔夫·纳德的推动下，美国国会颁布了《国家交通及机动车安全法》，并诞生了一项新的制度——召回制度。该法案明确规定，汽车制造商有义务召回缺陷汽车，国家公路交通安全管理局一旦发现汽车制造缺陷，有权强制汽车公司召回已售出的有安全缺陷的汽车。法案实施以后，美国上亿辆汽车被召回，公路交通事故死亡率下降了一半以上，其中大多数由企业自主召回，由政府强制性召回的很少。一旦企业被发现为了降低成本、减少支出而隐瞒缺陷，不采取召回措施，将被追究更大的法律责任，受到更重的惩罚。

产品召回制度既让企业能够及时对缺陷产品进行补救，又有利于保护消费者的人身财产安全。1972年，美国颁布《消费品安全法案》，授权美国消费品安全委员会对缺陷产品实施召回，标志着缺陷产品召回制度正式确立。此后，美国陆续在多项产品安全和公众健康的立法中引入了缺陷产品召回制度，召回范围扩展到几乎所有可能对消费者造成伤害的产品。美国有6个主管产品召回的政府机构：消费品安全委员会主要负责监管一般消费品的召回，农业部食品安全检验局主要负责监管肉、禽和蛋类产品的召回，食品药品监督管理局主要负责监管除肉、禽和蛋类制品之外的食品、药品、化妆品、医疗设备等的召回，环保署主要负责监管可能对环境造成破坏或污染的机动车辆、农药等产品的召回，国家公路交通安全管理局主要负责监管汽车、儿童安全座椅、摩托车及相关设备、轮胎等产品的召回，海防警卫队主要负责监管娱乐船、艇及其配套产品的召回。

缺陷产品召回制度日趋完善，体系逻辑严密，制度设计实用，成为美国管理产品质量安全的常用手段。据美国消费品安全委员会估计，通过召回等措施，每年减少质量安全事故达30%以上。2000年，为了进一步加强汽车安全的管理和监督，美国通过了新的交通安全法规，加大了对违反汽车召回制度厂商的惩罚力度。新的法律规定，汽车制造商必须在5天之内向国家公路交通安全管理局上报产品召回的事件。对隐瞒严重缺陷以及相关事项的厂家负责人的惩罚由5年徒刑加重至15年，并对厂家处罚1500万美元的罚款。

日本参照美国缺陷产品召回制度，1969年在《机动车形式制定规则》中增加了制造商应承担召回缺陷汽车义务的内容。1994年将缺陷汽车产品召回制度写进《道路运输车辆法》，并加大处罚力度。2002年4月通过《道路运输车辆修正案》，将处罚上限由100万日元上升至2亿日元。凡是提交虚假的用户申请书，掩藏召回的车型或没有遵守召回指令的汽车制造商，都适用于这一处罚规定。涉及汽车召回欺诈行为的个人，将被处以最多1年刑期和最高300万日元罚款。日本负责汽车产品召回的部门为国土交通部。目前，日本有《消费者产品安全法》《电气产品和材料安全法》《气体工业法》《关于加强液化气安全和优化交易法》《家庭用品含有有害物质管理法》等 5 部法律，授权有关部门责令制造商召回缺陷产品。

世界各国相继在各个领域采取召回措施。1974 年，澳大利亚颁布的《联邦贸易实践法》规定，生产者不能采取令人满意的措施阻止缺陷产品发生危害时，负责消费者事务的总检察长可以命令其召回产品。澳大利亚食品召回由澳新食品标准局主导进行。1979 年，英国颁布《机动车安全缺陷法》，开始实行汽车召回制度，成为欧洲最早实行汽车召回的国家之一。1984 年法国生效的《消费者法》授权公平贸易、消费事务和欺诈监督总局，针对可能对消费者造成直接和严重伤害的产品，发出产品强制召回令。从 1992 年开始，韩国实施汽车召回，当年只召回 1100 辆，无论是汽车厂家还是车主对召回的认识都不十分清楚，随着政府对汽车安全的要求更加严格和车主权利意识的不断提高，召回数量在不断增加，到 2002 年达 129 万辆。而德国召回采取分工负责，联邦机动车管理局负责监督汽车召回，食品安全局和联邦消费者协会等部门联合成立的食品召回委员会负责监督食品召回，通常由食品问题企业在 24 小时内向委员会提交报告，委员会对其给出评估报告，并正式开始实施召回计划。

2004 年 1 月 15 日，欧盟正式实施《消费品安全指令》，适用市场销售的所有产品，规定企业应确保产品具有溯源性，当出现危险时，企业能快速去除产品风险。同时，欧盟建立包括非食品类消费品预警系统、食品和饲料预警系统、医疗器械和药品等专门系统在内的消费品快速预警系统。通过快速预警系统，欧盟任何成员国主管部门确认的危险产品信息，可以迅速传到欧盟委员会和其他成员国主管部门，欧盟委员会每周上网公布产品安全缺陷和风险信息，以便各国共同采取有效措施，防止或限制该类产品在欧盟销售。

食品是召回重镇之一。加拿大、美国和德国根据被召回食品对人体可能造成的危害程度，分为一级召回、二级召回和三级召回。极有可能引起严重健康损害甚至死亡的召回为一级召回，可能引起暂时性或可逆性健康损害但引起严重健康损害的可能性较小的召回为二级召回，贴错标签、产品标识有错误或未能充分反映产品内容等一般不会造成健康危害的召回为三级召回。

1992 年，杰克盒子连锁快餐店售卖被大肠杆菌感染的汉堡包，导致数百人病倒和 4 名儿童死亡。杰克盒子连锁快餐店立即发出通知，召回约 20% 被污染牛肉。这件丑闻导致快餐店损失将近 1.6 亿美元的销售额，支付了几千万美元个人和集体诉讼费。1996 年，欧瓦拉公司生产的苹果汁被大肠杆菌污染，导致一名 16 个月大的小孩死亡以及数十人感染，公司召回苹果汁。1998 年，沙莉集团生产的肉制品被李斯特菌感染，导致一人死亡，召回了近 16000 吨熟食和热狗。

德国百年老店 Haribo 甜点公司是全球最大的果汁橡皮糖和甘草糖的制造商，产品出口 100 多个国家和地区。2007 年 8 月 20 日，该公司称，在清洗生产机器时发现生产线传输带的一根金属钢轨被扭曲，可能导致金属粉末污染了部分产品，决定在全球召回该批次全部 1.4 万袋糖果，公司将承担全部费用。正是由于这种负责任的态度，才保障了这个家族企业经营百年，产品持续畅销全球。

宜家家居专卖店除了出售家居外，还出售食品，每年食品收益近 20 亿美元。从 2002 年起，宜家家居出售一种瑞典牛肉丸。2013 年 1 月 15 日，爱尔兰食品安全局向媒体公布：在一次牛肉汉堡抽检中，接近半数的牛肉汉堡馅内含有马肉。同年 2 月 25 日，位于捷克的宜家门店被检出牛肉丸中含有马肉成分。很快，"马肉风波"扩大到全球 27 个国家和地区，英国、德国、丹麦、芬兰等无一幸免。为此，宜家集团不得不宣布，在 14 个欧洲国家召回牛肉丸。欧洲冷冻食品供应商芬德斯公司也宣布，召回瑞典市场上掺杂大量马肉的多款牛肉产品。2013 年 5 月 6 日，在"马肉风波"掀起信任危机之后，欧盟委员会通过了一揽子立法提案，强化食品从生产到消费全过程的质量溯源体系。

汽车是另一个召回重镇。1996 年，福特公司因为点火开关存在短路过热的隐患，在美国和加拿大引发了超过 1100 场汽车火灾，至少 30 人因此受伤。公司为此召回了 870 万台皮卡和 SUV 等车型，损失 2 亿美元。

2009 年 8 月，丰田汽车在美国因自动加速而导致车祸，但公司以汽车用户未能正确固定汽车踏板铺垫为由，拒绝进行汽车召回，美国舆论和公众给予了极大的关注和声讨。三个月后，美国政府对丰田公司的缺陷汽车展开调查。在主管部门、媒体和公众的压力下，丰田公司在美国召回数百万辆汽车。2009 年丰田公司利润比上年下降 12.93%，出现 71 年来首次亏损。丰田公司召回事件在全球引起轩然大波，2010 年年初，美国众议院对丰田汽车召回举行了听证会，丰田公司社长丰田章男被要求出席，在听证会上承认了汽车设计和质量安全缺陷问题，对公司造成的安全问题进行道歉。美国政府对丰田公司处以 1600 万美元的罚款，到 2010 年 12 月 21 日又对丰田公司处以 3242.5 万美元罚款。2012 年 10 月 10 日，丰田公司又宣布在全球召回 743 万辆汽车。

世界各大著名车企几乎都曾经大量召回故障车辆，这些频频发现的故障虽然引起部分消费者的不满，但召回毕竟阻止了事态进一步发展，维护了消费者的安全和利益，也为企业修改错误提供了机会。屡次召回给丰田造成巨大经济损失，但由于丰田通过零部件追溯系统，快速定位缺陷零件影响的车型、数量和销售地等重要信息，在很短时间内召回商品，最大限度地挽回消费者信心。在召回事件发生后，2012年市场份额仍然保持全球第一。

重拳出击打假

从20世纪80年代开始，随着贸易全球化自由化，假货开始快速膨胀，许多国家制定严厉的打假法律，严厉惩罚制假行为。1994年，世界贸易组织制定的《关于与贸易有关的知识产权协定》要求，协定缔约方必须坚持"制假入刑"原则。协定这样描述："规定适用的刑事程序和惩罚条例，这些程序和条例至少适用于在商业规模上故意制造假冒商标或侵犯版权的行为。所获得的法律补救措施应包括足以起到威慑作用的监禁和（或）罚款，其处罚程度应与对具有相应严重性的罪行法律补救措施的处罚程度一致。"

法国是全世界名牌产品受冲击和危害最严重的国家之一，有着悠久的打假历史和丰富的经验。一方面，运用市场调节功能；另一方面，强化政府干预和法律制裁。法国打假以经济重罚为主，对制假售假者最高处罚可达罚款100万法郎和2年徒刑。法国参与打假的主要机构有工业部工业质量处、消费竞争和反诈骗总署、宪兵总署、警察局、海关、企业联合会等6个部门。1995年，成立打击假冒伪劣商品委员会，由政府部门、海关、经济管理部门、司法机关及警方、各大企业、企业联合会代表组成，办公室设在工业部工业质量处，协调部际打假工作。1986年前消费竞争和反诈骗总署的打假、质量监督工作归属农业部，现隶属财政部领导，其主要任务包括监督市场竞争政策的实施、监督检查工业产品质量、保护消费者权益，到2015年共530人，设有21个地方局，各地方局又分为110个群，每个群20人左右。法国宪兵设有搜寻队，可以直接抓捕制假售假的违法者，对恶性案件可以调动部队。法国警察打假活动主要限于城市。法律赋予海关扣留产品和现场处罚权。企业也主动参与打假，许多法国公司设有专门的打假机构，明察暗访造假企业、货源和幕后经营者。行业协会也发挥着积极作用，除了制造商联合会外，1952年，75家法国名牌生产厂家联合成立了科尔贝委员会。委员会利用各种手段查询不法厂商信息，给成员提供情报，与各个国家交换信息。

近年来，美国因为制造、分发、销售假冒产品，每年损失数十万个就业机会和2000亿美元，影响最大的行业包括计算机软件、汽车和服装。美国建立了强大而完善的法律体系，为打假提供诉讼和处罚基础，其中包括《商标法》《消费品安全法》《防伪法》《知识产权法》等。2006年3月16日，美国总统小布什签署了《禁止假冒商品法》，这是继1996年《反假冒消费者保护法》之后，美国对《反假冒条例》所做的第一次较大修改。美国警察负责打假具体行动，警方对产品的生产、运输、批发、销售诸环节定期或不定期抽查，一旦发现假货，可以直接抓人。

英国把打假重点放在关系人身健康安全的产品和危险品方面，如假冒食品、药品、武器、核燃料等问题。英国从事打假的机构主要有警察机构、地方标准贸易机构、产业联合体和防伪行业组织。英国打假协调机构设在英国国际刑警局，该局有专门负责打假工作的机构，主要收集假冒活动情报，地方警察局和地方标准贸易机构负责查处造假。英国防伪企业集团是一个由政府官员、防伪企业、行业协会、用户等组成的行业性组织，1999年就有成员300多家，与政府、企业和行业组织之间建立广泛联系，主要为政府打假提供信息和技术服务，为用户提供防伪技术帮助，为防伪企业间的联系、交流和合作提供服务。

日本相关法律也较齐备，有《商标法》《意匠法》《特许专利法》《著作权法》《防止不正当竞争法》《关税法》《关税定率法》等。《商标法》和《防止不正当竞争法》规定，严厉处罚违者，判处5年以下拘役或500万日元以下罚金；对违反法律的法人处以最高达1.5亿日元的罚金；除刑事处罚外，还可能被追究民事责任。《关税定率法》第二十一条将仿冒产品与毒品、兴奋剂和枪支并列为禁止进口物品，海关发现即予以没收；个人消费者在海外购买仿冒名牌，禁止带入日本国内。

澳大利亚公共管理市场秩序之好堪称世界之最，这得益于有一套健全的法律体系和治理制度。澳大利亚先后制定了《交易标准法》《版权法》《商标法》《价格监督法》等，组建了联邦消费者事务局、竞争和消费者委员会等打假机构。这些机构每年接受投诉和咨询高达300万人次，绝大部分相当细小。为此，各州都设立了小额投诉法庭。这些法庭有权判决10万澳元以下的赔偿，及时给予消费者一个说法。消费者不必为一双不合格的鞋子而跑断腿、磨破嘴，只要告上法庭，很快就可以得到赔偿。澳大利亚消费者亲昵地描述小额投诉法庭为"吃个早餐的工夫就可伸张正义"。

德国法律规定，一旦发现携带假货入关，5 件以下予以没收，5 至 10 件追加罚款，10 件以上被视为制售假冒产品，最高可被处以 30 万欧元的罚款和 3 年监禁。2011 年 9 月 23 日，德国联邦议院颁布《产品安全法》，代替 2004 年出台的《设备与产品安全法》。新法规几乎适用于所有产品，提高了对违反法律行为的惩罚，违反规定者可被处以 1 万欧元罚款，冒用 GS 认证标识的，罚款将高达 10 万欧元，处以 1 年监禁。

西班牙法律规定，假冒违法者按情节分为轻、重、严三种，罚款分别为 4000 美元、2 万美元、80 万美元；对严厉的情节，罚款额可超过商品实价的 5 倍，并处判刑和勒令关闭工厂。

韩国成立了由政府官员、检察官、警方和工商界代表 51 人组成的反假冒特别工作小组，《商标法》规定：制造、销售仿冒伪劣商品，侵害商标品牌权益的，构成侵害罪，可被处以 7 年以下有期徒刑或 1 亿韩元以下罚金。

打假是维护质量安全最后的防线，面对假冒伪劣，各国家和地区决不会心慈手软，总是高举严刑峻法之剑，集中政府部门、社会组织、企业和消费者等多方力量，以雷霆之势重拳出击，采取惩罚性赔偿和违法入刑，有力地震慑违法者。

四、质量发展动力

质量是基础，安全是底线。在维护好安全底线的同时，国家政府部门在提升质量基础、增进人们福祉、推动经济发展方面作用同样不可或缺。

弘扬工匠精神

16 世纪末，航海者利用太阳和北极星的位置可以确定船只的纬度，但迟迟不能解决经度问题。原理上并不难，地球每天自传一周 360 度，一个小时运行经度 15 度。也就是说，只要准备掌握时间，就能定位经度。不过当时钟表都是依靠钟摆来计时，在海上，船一晃动钟表就不准。1707年，一支英国舰队在战胜法国舰队返航途中遭遇大雾，由于无法确定准确位置，4艘战舰撞上海岛后沉没，1500多名水手淹死。此事让英国朝野震惊，1714年英国国会通过《经度法案》，悬赏2万英镑制造航海钟。

质量有时需要个人和团队的痴迷追求。约翰·哈里森，一个自学有成的英国钟表匠，耗时7年，于1735年，制造出航海钟的第一个模型"哈氏1号"。但哈里森并不满足，希望造出一个更精确、更可用的航海钟。在经历"哈氏2号"失败后，他埋头苦干19年，1759年造出"哈氏3号"。但是"哈氏3号"又大又沉，此时哈里森已经66岁，他果断地再次推翻了自己的设计。两年后，终于造出了直径仅仅13厘米的怀表"哈氏4号"。哈里森让他的儿子威廉带着"哈氏4号"出海测试，经过64天航行，当航船抵达牙买加，表仅慢了5.9秒。1769年76岁高龄的哈里森造出了"哈氏5号"，英国国王乔治三世亲自佩戴此表航行测试。哈里森制作的钟表一直珍藏在格林尼治皇家天文馆内，而哈里森一生造5只钟表的工匠精神却在世界每个角度流传。

2014年11月11日，日内瓦拍卖场，一块怀表创下2130万美元的价格纪录。这块被誉为迄今"世上最贵的表"，出自约80年前世界最顶尖制表大师们之手。1930年，纽约银行家亨利·格雷夫斯向瑞士百达翡丽公司提出，订制一枚能够显示太阳时间、恒星时间、响闹时间的怀表。百达翡丽随即委托日内瓦最出色的钟表大师维克托林·皮盖特担任总设计师。皮盖特邀请当时最出色的钟表艺术家卢克·罗查特、保尔·格雷、大卫·尼克尔等共同参与设计。经历整整8年，一块由900多个零件组成的纯手工机械表终于完成，具备万年历、计时、日出时间等24项复杂功能，报时曲《威斯敏斯特》每十五分钟响起报时，预计能够精确走时至2100年。正是对完美与极致的追求，这块怀表具有了非凡的价值。

第一次工业革命许多发明成果都是能工巧匠实践经验的结晶。飞梭的发明者凯伊是机械师，水力纺纱机是木匠海斯和理发师阿克莱特发明的，珍妮纺纱机的发明者哈格里夫斯原是织工，同样也是织工的克伦普顿发明了骡机，蒸汽机发明者瓦特曾是钟表匠和大学仪器修理工。

今天人们一提到工匠精神，首先想到德国。"德国制造"之所以享誉世界、引领潮流，其中一个重要因素就是工匠精神。德国工匠们对每一件产品都精雕细琢、精益求精、臻于完美、追求极致，穷其一生潜修技艺，埋头苦干、专注踏实而又勇于变革和创新。

1996年，在世界遗产委员会第 20 届会议报告上，科隆大教堂被列入《世界遗产名录》。1248 年 8 月 15 日，科隆大教堂开工建造，1560 年教堂内大厅基本竣工，但工程因德国宗教改革运动而中断。1823 年续建，直到 1880 年，才由德皇威廉一世宣告完工。这座教堂长 144.5 米、宽 86 米，共用 16 万吨磨光石块砌成，前后耗时超过 600 年，德国工匠用慢功细活打造了完美的建筑。

世界十大名表之一的德国朗格表，由费尔迪南多·阿道夫·朗格于 1845 年 12 月 7 日创立。170 多年来，朗格家族坚持"只生产世界上最优秀的钟表"的信念，追求工艺完美，专注于自制机芯与机械表制造，设计了不同表系的不同基础机芯。所有部件必须手工打磨完成，每块表制作周期长达 6 个月以上，每年只产出约 5000 只。用无与伦比的精湛技术、精益求精的信念与高水准的完美手工，朗格在顶级制表领域树立了极高的旗杆与标准。

西门子、奔驰、博世……德国有很多百年工业家族，全德 350 万家企业中 90% 是家族企业，百强家族企业平均历史在 90 年以上。这些"百年老店"的成功有一个共同特质——对每件产品、每道工序都凝神聚力、精益求精。西门子公司创始人、著名发明家维尔纳·冯·西门子说："我决不会为了短期利润而牺牲未来。"他的曾孙彼得·冯·西门子又说："人口有 8000 万的德国，之所以有 2300 多个世界品牌，靠的是德国人的工作态度，是他们对每个生产技术细节的重视。"德国企业不盲目扩张，不盲目提速，而是稳扎稳打，一步一个脚印地致力于企业一个或几个产品的制造。菲立普·克劳契维茨在著作《巨人再起：德国企业的兴盛之道》中写道："德国人性格中好的一面正是其彻底性，且通常会尽善其用。享有良好信誉的德国产品无处不在。作为消费者，德国人对需求提出了最高标准；作为制造商，他们自己组织生产，开设公司来满足这种高标准的需求。"

敬业、专注、精益、创新的工匠精神既来自民族文化的基因，又离不开制度的保障。1878 年、1897 年、1908 年，德国三次修订手工业法律，通过建立限制竞争的法律条款，赋予手工业者一定的特权，使手工业者专注于产品质量。德国前总统赫尔佐格曾说，为保持经济竞争力，德国需要的不是更多博士，而是更多技师。在德国，职业不分尊卑贵贱，只是分工不同，工程师、高级技工、普通技工同样受到全社会尊重，有着神圣的自豪感与荣誉感。在德国，工匠收入水平普遍高于社会平均工资水平，熟练工或高级工的收入甚至高于医生、教授、律师。

德国百年企业多，还有一个国家更多，那就是日本。到 2017 年，日本百年企业有 25321 家，超过 200 年的企业有 3939 家，300 年以上的有 1938 家，而 500 年以上的有 147 家。吉尼斯世界纪录将世界存续最悠久的家族企业授予金刚组，这家专注于木结构建造的日本公司创立于公元 578 年，当时中国正处在南北朝时期，至今已有 1440 多年历史。

1955 年，为了防止手艺流失，日本建立了"人间国宝"认定制度，其不仅在于保护国家级的艺人，更在于弘扬精雕细作的工匠精神。2010 年，日本 NHK 电视台在制作一档纪录片《工匠达人》中，采访了日本一些非常有意思、有特点的工匠达人，讲述他们身上不容亵渎的工匠精神。哈德洛克工业株式会社的创始人若林克彦为了研制永不松动的螺母，用了整整 20 年。东京吉祥寺商业街，每天早上四五点就有顾客排队购买一种叫羊羹的小点心。40 多年来，这家 3 平方米的店每天限量生产 150 个羊羹，每人限购 5 个。为什么不扩大再生产？因为做三锅要花十个半小时，已经是极限了，再多一点就会影响口感，质量没有保障了。长崎市"琴海堂"蛋糕店老板山本洋一做麦芽糖，60 年来坚持只用当天产的新鲜鸡蛋、米饴，不放任何添加物，如此让看似平淡无奇的蛋糕始终保持美味无比、品质如一。东京银座有一家只有 10 个座位的数寄屋桥次郎寿司店，连续两年被评为米其林三星餐厅。店主小野次郎被誉为"日本寿司之神"，用 80 年的时间做寿司、思考寿司，苛求每一个细节的完美，早上亲自去鱼市场挑选食材，除了工作以外，永远戴着手套，以保护他制作寿司的双手。这里的寿司起价 3 万日元，起码需要提前 1 个月预订，但很多人认为，这是"值得一生等待的寿司"。20 年、40 年、60 年、80 年……完美没有尽头。美国导演大卫·贾柏根据小野次郎的故事，拍成纪录片《寿司之神》。

1971 年，秋山利辉创建了秋山木工，其所生产的家具被日本宫内厅、迎宾馆、国会议事堂、知名大饭店等购置。在秋山木工学校内，学徒要经过长达 8 年近似严酷的培训，在此期间，不能使用智能手机，不能上网，平日与父母只能书信往来，一年只可以回家两次，四年间不得谈恋爱……更需牢记"匠人须知 30 条"。秋山工厂工人工资中，技术工资占 40%，人品工资占 60%。秋山利辉写过一本书《匠人精神》，其言："有一流的心性，必有一流的技术。" 2007 年日本著名作家渡边淳一出版了杂文集《钝感力》，这本畅销全球的书主要讲述迟钝的力量，将"钝感力"定义为"赢得美好生活的手段和智慧"，告诉人们从容面对生活中的挫折和伤痛，坚定地朝着自己的方向前进。

美国、中国和日本，当今世界前三大经济体，GDP 之和占据世界总量的将近一半。三个国家都在经济发展的关键时刻，不约而同地在全国范围内选择了组织"质量月"活动,并一直延续至今。这看似巧合的举动,其实有着同样的思考和目的。

1960年,日本引进品质管理10周年。而两年前,欧洲经济共同体成立,贸易自由化从区域兴起,然而向全球范围蔓延。日本能不能承受住贸易自由化的冲击?石川馨沉思之后,认为工匠精神不应局限于个人、家族企业,质量教育和培训不应局限于管理层和工程技术人员,而应推广到公司的所有员工,在全社会弘扬,日本需要来一次质量革命,让所有人都参与到质量发展中。他四处奔走呼吁,组织了"质量月"委员会,亲任第一任"质量月"委员会委员长。这年11月,日本举办了世界上第一次"质量月"活动。其最突出的一个特点是,发动企业和员工争做质量的主人,让质量真正成为企业和员工的共识。

1978年,是中国历史的一个转折点。中国国民经济开始恢复,但许多企业生产效率低、质量问题严重。1978年6月24日,原国家经贸委向全国发出了关于开展"质量月"活动的通知,决定9月份在全国工交战线开展"质量月"活动,大张旗鼓地宣传"质量第一"的思想,树立"生产优质品光荣、生产劣质品可耻"的风尚。8月31日,中国"质量月"广播电视动员大会在全国政协礼堂召开,当时国务院7位副总理出席。时至今日,每年的9月都是中国"质量月"。

1980年,美国质量控制学会发起"质量周"的活动。1984年5月,美国国会通过决议,确立每年的10月为"质量月"。这年10月,美国拉开了一年一度的全国"质量月"活动序幕,里根总统在致辞中说:"卓越的生产质量和服务质量的保证,是关系到国家经济繁荣的大计。生产质量和服务质量将对提高生产率、减少开支,以及赢得消费者产生深远的影响。"

1989年,老布什当选总统的第一年,他在"质量月"中发表讲话:"我重新声明,我们的领先地位需要一个强有力的保证,这就是全面质量管理和不断提高质量的原则。美国能够而且必须在这方面超过其他国家,建立一个在质量方面具有国际水准的新起点,并以强有力的竞争实力占领世界市场。"

1993年,新当选的克林顿总统在第10个"质量月"致辞中肯定:"美国社会质量控制组织无论是对公众还是对私人企业的质量管理的改善都起着巨大的推动作用,它们的影响力波及社会各层次许多重要组织,是敢于革新、充满活力的美国精神的体现。"此后,在"质量月"中发表讲话成了美国总统的惯例。正是在质量的推动下,美国经济和科技实力不断攀升。

1990年,联合国将每年11月份的第二个星期四确立为"世界质量日",

目的在于增进全世界对质量的认知，了解质量对一个国家和组织的成长和繁荣所起到的重要作用。每年"世界质量日"，俄罗斯都举办一年一度的质量国际研讨会。

质量强国之路究竟应该怎么走？需要国家战略引领，需要夯实质量基础，需要提高质量国际竞争力，需要守护质量安全，需要健全质量相关法律，但最根本的一条是，需要弘扬质量文化。

加大质量激励

优质受到奖励，才能激发涌现更多优质。激励来自市场销售和利润的增长，也来自社会和政府的认同。20世纪50年代开始，质量奖被用于激励企业提升管理水平，激励生产者专注质量，以此提高国家整体竞争力。在全世界质量奖中，最著名的当为日本"戴明质量奖"、美国"波多里奇国家质量奖"和"欧洲质量奖"，它们并称为世界三大质量奖。

1950年和1951年，戴明两次到日本讲课，给日本带了质量热潮。他的讲课讲义汇编成《戴明博士论质量的统计控制》一书，在日本出版热卖。当日本科学家与工程师联合会把版税支付给戴明时，他没有接受这笔钱，而是慷慨地赠送给日本科学家与工程师联合会，希望用于推进日本质量管理活动。为了永久纪念戴明的慷慨之举和他对日本人民的友情，日本科学家与工程师联合会设立了世界上第一个国家质量奖——"戴明质量奖"，用以表彰在质量管理方面取得重大成就的企业和个人，推动日本工业质量管理发展。"戴明质量奖"委员会主席由经济组织基金会主席担任，为保证评审公正，成员均来自工业界和学术界，没有营利性机构人员参加。随后，戴明博士的著作《样本分析》在日本翻译出版，他再次捐赠了该书的版税。

迄今"戴明质量奖"仍是日本质量管理的最高奖，共分三类：第一类叫戴明奖，授予在全面质量管理研究和传播方面做出杰出贡献的个人或组织；第二类叫戴明应用奖，颁发给组织或者领导质量管理取得成就的个人；第三类叫戴明控制奖，颁发给使用全面质量管理取得成就的组织。"戴明质量奖"有力地推广普及质量管理方法，为提高日本产业竞争力起到关键作用。1954年，日经杂志建立了"日经质量管理文献奖",评选出在质量管理和用质量管理统计方法研究方面的卓越文献,由"戴明质量奖"委员会评审和颁奖。

每年11月"质量月"期间,日本都举办隆重的"戴明质量奖"颁奖大会,日本和海外相关组织机构、企业代表聚集一堂,共商共享质量发展心得。为了前瞻性引导质量发展,"戴明质量奖"委员会不断地改进完善评审标准。"戴明质量奖"没有局限于日本国内,1984年开始向世界开放,世界上优秀企业和质量工作者均可申请,1989年美国佛罗里达电力股份公司成为第一家获得此奖的外国企业。

20世纪70年代起,少数国家和地区也开始设立质量奖。1974年,挪威质量奖设立。1975年,韩国质量管理奖创立。1977年加拿大魁北克设立质量奖,20年后为表彰国际知名质量管理咨询大师H·詹姆斯·哈林顿对加拿大质量运动所作的巨大贡献,魁北克质量协会将质量奖更名为"哈林顿—列农奖"。哈林顿博士担任IBM质量经理一职长达30年,曾任美国质量学会主席一职,出版了《改进流程》《业务流程改进》等著作,被誉为"质量管理和绩效改进教父"。2000年,斯里兰卡国家质量奖也以哈林顿的名字命名。1982年和1984年,爱尔兰国家质量奖和加拿大卓越奖分别设立。

20世纪80年代,日本优质产品席卷美国,美国国家广播公司播放的纪录片,第一次向美国介绍"戴明质量奖"及其创造的经济奇迹。许多政府和企业界人士询问:美国能不能也设立一个类似日本"戴明质量奖"那样的美国国家质量奖,推动美国企业开展全面质量管理活动?美国商务部部长马尔科姆·波多里奇强烈呼吁,唯有全面质量管理,才能让美国经济繁荣和国家强大。马尔科姆·波多里奇没有停留在口头上,随即召集了几十位经济专家、管理学家和企业家进行了一系列听证会,以寻找提升质量管理水平的新出路。在充分研究的基础上,他向美国国会提出了设立国家质量奖的建议,并着手起草国家质量促进法的初稿。

1987年,马尔科姆·波多里奇去世。这一年的8月20日,美国总统里根签署了国会通过的美国100—107号公共法案,为纪念法案起草人、因意外逝世的时任商务部长马尔科姆·波多里奇,法案命名为《马尔科姆·波多里奇国家质量促进法》。根据该法案,创立"波多里奇国家质量奖",用以表彰在全面质量管理和提高竞争力方面做出杰出贡献的美国企业。

100—107号公共法案在论及设立"波多里奇国家质量奖"时,开宗明义地阐述:"美国在产品和加工领域的质量领导地位,20年来一直受到外国竞争者强大的挑战。美国工业界和商业界已经认识到，不良质量已经使全美损失了20%的销售收入。建立一个质量改进项目的战略计划，对于美国国家经济的良好运行和提高美国在全球市场上的有效竞争力正在变得日益重要。改进现场管理、鼓励员工采用质量工具、加强统计过程控制，都将对制造业成本控制、质量的提高产生重要作用。质量改进的概念无论对于大公司还是小企业、制造业或者服务业、私人投资业或公共部门都可以直接适用。为了达到成功的目标，质量改进计划必须以管理为先，顾客为本，这可能会要求公司和机构在某些基本的方面进行变革。一些工业化国家已经成功地用给予特别承认的方式，把国家质量奖授予经过审核被确认为非常出色的私人企业。在美国建立这样一种质量奖励计划，将会帮助和刺激美国公司为了获得这一荣誉而改进质量和生产率，同时为了获得利润和竞争优势；将会对那些在改进自身的产品和服务质量方面取得成就的公司给予表彰，并且为其他公司提供榜样；为工业、商业、公共和其他领域的组织评估自己的质量改进效果建立指南和样板；通过提供有价值的评价指标的细节，使人们了解一个组织怎样成功地改变他们的企业文化并获得卓越绩效，为其他希望实现卓越质量和绩效的美国公司，提供特别指导。"

波多里奇国家质量奖。

美国"波多里奇国家质量奖"由美国国家标准与技术研究院负责评选，波多里奇国家质量奖基金提供资金支持，由总统或者商务部长负责颁奖。"波多里奇国家质量奖"最初只颁给制造业，1998年12月30日，美国总统克林顿签署了100—107号公共法案的修正案，决定从1999年开始，授奖范围和对象扩大到教育、医疗卫生领域和非营利组织。"波多里奇国家质量奖"评价要素和所占比率分别为领导作用12.5%，战略计划8.5%，以顾客和市场为中心8.5%，信息、分析与知识8.5%，人力资源开发8.5%，过程管理8.5%，经营结果45%。"波多里奇国家质量奖"的最大优点在于，根据美国政府部门、企业、大学、咨询机构和其他组织的反馈信息，每年都会修改评价标准、申请指南和评审过程，以便激励更具针对性。2001年4月，小布什总统曾专门出席"波多里奇国家质量奖"标准修订研讨会。尽管"波多里奇国家质量奖"每年获奖企业不超过6个，但对提升全美质量意识，引导企业为质量、荣誉和成就而战起到强大的鼓舞作用。

美国历任总统都对该奖发表过讲话,克林顿总统说:"'波多里奇国家质量奖'在使美国恢复经济活力以及提高美国国家竞争力和生活质量等方面起到主导作用。"小布什总统说:"我由衷地向'波多里奇国家质量奖'获奖者表示感谢,感谢你们为追求卓越所做出的贡献,感谢你们为美国的竞争优势所作的贡献!你们的努力和奋斗展示了我们国家的卓越,帮助建设更加繁荣的未来!"2014年,奥巴马总统在颁奖仪式上说:"在通往伟大的美国之路上,活跃着努力变革和追求完美的人民,'波多里奇国家质量奖'获得者就是这种精神的典范,他们显示了质量、创新和追求卓越对于增强民族竞争力、创造美国的灿烂未来是多么的重要!"

2000年,美国国家标准与技术研究院战略规划与经济分析小组项目办公室发布的报告明确指出:美国国家标准与技术研究院战略规划与经济分析小组项目社会净收益保守估计为245.5亿美元,而社会成本仅为1.9亿美元,收益与成本比高达207:1。

此外,美国政府还设立了其他方面的质量奖,1986年,里根政府开设联邦品质学院,设立表彰政府部门的"联邦质量典范奖"和"总统品质奖"。1992年3月,美国国会设置"国家品质承诺奖",用以鼓励美国大学传授全面质量管理,每年评选三名获奖者。

从1987年"波多里奇国家质量奖"设立到1991年,全世界又有10余个国家和地区设立质量奖,其中包括澳大利亚卓越经营奖、中国香港工商业奖、芬兰质量奖、比利时质量奖、墨西哥国家质量奖、中国台湾质量奖、拉吉夫·甘地国家质量奖、巴西国家质量奖、秘鲁国家质量奖等。

"戴明质量奖"和"波多里奇质量奖"在推动和改进制造业、服务业方面所取得的质量成效,让时任欧洲委员会主席雅克·戴勒坐不住了,他大声疾呼:"为了企业的成功,为了企业的竞争的成功,我们必须为质量而战!"同样坐不住的还有荷兰飞利浦公司董事长,他向欧洲各大公司发出倡议,设立一个质量基金会。该提议不仅得到各大公司的积极回应,而且得到欧共体委员会和欧洲质量组织的大力支持。

1988年9月15日,在欧共体委员会主席的参与下,英国电信公司、菲亚特汽车公司、荷兰航空公司、荷兰飞利浦公司、法国雷诺汽车、德国大众汽车等14家欧洲最大公司的董事长们相聚在一起,在布鲁塞尔签署了关于成立欧洲质量管理基金会的协定。这个不以营利为目的的组织,致力于提高欧洲产品的质量水平和国际竞争力,大力推广全面质量管理,成为欧洲杰出组织的摇篮。

1991年，该组织首创欧洲企业卓越化模式。

1992年，欧盟尚未正式成立，但欧洲人决定率先在质量领域进行合作，开发一个欧洲质量改进框架。在欧洲委员会副主席马丁·本格曼先生倡议下，"欧洲质量奖"成立，由欧洲质量管理基金负责评审和管理，以企业卓越化模式作为评奖基础。

"欧洲质量奖"授予欧洲全面质量管理最杰出和有良好业绩的企业，着重评价企业卓越性。奖项分为质量奖、单项奖、入围奖和提名奖。质量奖授予最好企业，单项奖授予在一些卓越化模式基本要素中表现优秀的企业，获得入围奖意味着企业在持续改进质量管理的基本原则方面获得了较高水准，获得提名奖意味着企业已经达到欧洲卓越化模式的中等水平。"欧洲质量奖"设立之初，只有营利性企业才能申请，非营利性企业被排除在外。1996年"欧洲质量奖"扩大到公共领域的组织，1997年又扩大到250名雇员以下的中小企业以及销售、市场部门和研究机构等，2006年更名为"欧洲质量管理基金会卓越奖"，至今该奖依然是欧洲最负声望的组织卓越奖。

就在"欧洲质量奖"成立的1992年，法国、瑞典、印度尼西亚、新西兰、西班牙、乌拉圭相继设立国家质量奖。从此，各国设立质量奖的热情被点燃。1993年，土耳其质量奖、荷兰国家质量奖、丹麦质量奖、阿根廷国家质量奖成立；1994年，英国卓越质量奖、苏格兰质量奖、威尔士质量奖、新加坡质量奖、迪拜质量奖、葡萄牙质量奖创立。1996年，11年前成立于中国北京的亚太质量组织创立了沃尔特·赫德基金会，设立了以两位担任亚太质量组织名誉主席的石川馨和哈林顿博士的名字命名的质量奖，即"哈林顿—石川馨奖"。

当人类迈进21世纪大门时，质量促进和振兴几乎无一例外地被视为迈向强国之路的国家战略，全球起码有67个国家和地区设立了质量奖。2000年，亚太质量组织又作出一个决定：设立国际质量奖，为各国提供一个质量竞争的国际平台。2010年，将该奖更名为"全球卓越绩效奖"，向全世界所有国家开放。而此时，已有88个国家和地区设立质量奖，建立国家质量奖励制度成为国际通行做法，成为卓越管理和创造经济奇迹的助推器。2001年中国也设立了"全国质量奖"，2014年改设为"中国质量奖"。

获得质量奖，意味着荣誉，企业可以把质量奖标识印在名片、广告上，向消费者标明其优质和诚信的身份。荣誉背后是更多的责任，获得质量奖，只是意味着获奖的那一刻企业具有符合标准的质量水平和质量追求。然而追求卓越不是短距离冲刺，而是一场马拉松，任何无意识的懈怠和有意识的违规，都将因为曾经的荣誉而加倍蒙羞。

旭电公司1991年、1997年曾两度获得"波多里奇国家质量奖",成为全美制造业中的第一个两次获得该奖的企业,但后来放松了质量管理,经营状况每况愈下,2007年被伟创力并购。

创立于1669年的同仁堂,历经300多年而不衰,在海内外信誉卓著,树起了一块金字招牌,与其始终重质量、讲信誉密切相关。同仁堂"炮制虽繁必不敢省人工,品味虽贵必不敢减物力"的古训,更让很多企业家铭记在心、激励在行。2016年3月29日,同仁堂从人民大会堂捧回了"中国质量奖"。然而两年多之后,因下属企业造假的"蜂蜜门"事件被曝光,2019年2月18日,同仁堂被撤销"中国质量奖"称号,证书和奖杯被收回。340多年的质量坚守和信誉,瞬间碎成一地,让人扼腕痛心。

普及职业教育

人的质量是一切产品和服务质量的基础,追求质量不过是做更好的人,产品和服务质量的根本保证是劳动者素质。日本"质量管理小组之父"石川馨将日本人成功的秘诀归结为"质量,始于教育,终于教育"。没有教育的支持,质量绝对不可能实现。

在漫长的古代社会,知识与技能的传授形式主要是子承父业。中世纪出现与行会结合的学徒制,为社会培养了许多能工巧匠,传承了许多精湛的手工技艺。13世纪德国建立了"师傅带学徒"的职业模式,中世纪晚期又设立了"学徒、熟练工、师傅"的工匠分级制度,并以条例形式固定下来。各行会章程一般都会对招收学徒做出规定,1345年伦敦马刺行会章程规定,本行业学徒学习时间不少于7年。1562年,英国女王伊丽莎白一世颁布了《工匠、徒弟法》,以法律方式明确了学徒制,规定了学徒年限、人数、资格和权利,统一了全国的学徒训练,提高了劳动者素质,使英国获得大批技术人才,为英国工业革命储备了人才。1601年又颁布了《济贫法》,规定贫苦儿童必须当学徒。

第一次工业革命后,大机器生产代替手工操作,工厂取代手工作坊,学徒制已经无法适应经济发展对劳动力的需要,职业教育逐步产生。1773年,澳大利亚人肯达曼在他主持的小学中增设了技术劳作课。18世纪末，德国出现补习性质的职业学校，大多是星期日学校和夜校。1794年法国创立巴黎多科技术学院；1802年颁布的《关于公共教育的基本法》涉及改建与发展中等学校和专科学校；1833年颁布的《基佐教育法案》要求每座6000人以上的市镇都要建立一所高级小学，每所学校必须教授一门商业科目；1863年法国成立技术教育委员会。

英国作为第一次工业革命的领头羊，积极推广职业教育。1814年，废除了过时的《工匠、徒弟法》。1853年，成立科学和工艺署，负责管理技术教育机关，提供国库补助金，推动应用科学的教学。该署致力于推广科学课程，将许多文法学校改为科技学校，使社会对科技教育的偏见有所好转。1868年，英国成立了议会科学教育特别委员会，伯恩·塞缪尔森任委员长。1881年他又担任了皇家技术教育委员会主席，付出大量时间和精力考察德国等国家和地区的技术教育，形成了《塞缪尔森报告》，认为欧陆列强的工业发展与完善的教育体系特别是技术教育密切相关，而英国职业教育落后的原因在于从事科学教育的师资不足、中等教育和职业学校的设备不完善等。1889年，英国颁布了《技术教育法》，规定征收"一便士税"以资助职业教育。

德国有一句格言："不教青年人手艺，等于让他们去偷窃。"1859年，德国全国实科学校超过50所。普鲁士政府批准的《实科学校课程编制》，明确规定实科学校毕业生的待遇与文科中学的相同，但其不能升入大学。1869年德国工业法规定，徒工不仅要遵守雇主的培训指导，同时要到地方当局举办的职业学校学习理论和文化知识，而雇主要为徒工提供必要时间，后来闻名世界的德国"双元制"职业培训开始萌芽。1841年全德的文盲率为9.3%，1865年为5.25%，1895年下降为0.33%。到1901年，德国文实之争告一段落，政府宣布实科中学毕业生可以升入大学。此时德国工业补习学校超过千所，在校生达15万人以上。

19世纪50年代前，美国还没有建立起完整的职业教育体系，主要依赖欧洲移民的大量迁入来解决技术人才和产业工人。19世纪50年代后，美国经济发展速度加快，迫切需要高素质专业技术人才。在美国著名政治家莫雷尔等人的强烈呼吁下，1862年美国国会颁布了《莫雷尔土地赠予法》，授权联邦政府向各州赠地，每拥有一位国会议员的州可无偿获得3万英亩土地，各州获赠土地的出售金需用于建立和维持新型职业技术学院。1890年，联邦政府通过第二个《莫雷尔法案》，规定联邦政府第一年补助各学院1.5万美元，之后每年增加 1000 美元，直到达 2.5 万美元后不再增加。这两个法案极大地刺激了各州兴建农工学院的热情。1862 年美国培养高级技术人才的院校仅有 4 所，到 1896 年已拥有 69 所。

从 19 世纪末到 20 世纪初，政治、经济与科技的竞争，刺激了职业教育的需求。而经济危机的爆发，又使许多不具备技术的工人失业，职业教育成为社会需求。职业学校数量增加的同时，迫切需要建立健全法律制度，更好地提高在业人员的技能和资格水平。

1904 年英国政府颁布了《中等学校条例》，1909 年和 1910 年又相继颁布了《职业交换法》和《职业选择法》。受 1913 年颁布的《技术学校条例》影响，英国职业学校大量涌现，但是民间专业证书考试的机构众多、标准不一，职业教育的专业证书和普通学历证书互不融通。1921 年，教育署与专业机构合作，建立了一套较为系统的技术人员资格证书体系，制定了统一标准，参加国家统一考试合格者将获得国家证书或国家文凭，解决了长期以来"证出多门"的问题，促进了英国职业教育规范发展，提升了职业教育地位。1924 年《哈多报告》提出了中等教育"两分法"，强调现代中学职业教育的重要性。1939 年《斯宾斯报告》也强调，要加强中等学校职业教育。

1897 年德国保护工业法提出，年满 27 岁的技术工人才有资格培训学徒。1908 年颁布的手工业条例规定，凡是进行学徒培训的企业主，自己首先必须通过师傅考试，进一步提高了职业培训的地位。1911 年人口仅为 6356 万的德国，在校生达到 1034 万人。1919 年颁布的《魏玛宪法》第 145 条明确规定，普及义务教育原则上由至少 8 学年的国民学校和与此相衔接的针对不超过 18 周岁人员的补习学校来实施。1920 年 6 月，在柏林召开的德意志帝国教育会议上，根据德国"职业学校之父"凯兴斯泰纳的提议，将补习学校、初级实业学校统称为职业学校。1938 年颁布的《国家教育法》，第一次规定职业学校教育为义务教育。

20 世纪初，美国进入机器生产的高潮期，急需大批熟练的技术工人。1906 年成立的全国工业教育促进协会联合一些议员，向国会提供了职业技术教育立法方案。次年，国会通过《戴维斯法案》，要求在普通中学之外成立职业学校。在斯密斯、休斯等人的强烈呼吁下，1917 年美国国会颁布了《斯密斯—休斯法案》，授权联邦政府为促进各州中等职业技术教育的发展提供财政拨款。1916 年技术院校学生约 13.5 万人，占全国高等院校学生总数的 1/3，1926 年技术院校在校学生接近 40 万人。

1919年7月，在公共教育部长阿斯蒂埃的呼吁下，法国议会通过了被誉为法国历史上的"技术教育宪章"《阿斯蒂埃法案》。法案明确规定，由国家代替个人承担职业技术教育的任务，全国每一市镇必须设立一所职业学校，经费由国家和雇主各负担一半。18岁以下的青年男女有接受免费职业技术教育的义务，雇用他们的工厂主、商业主必须保证他们每周有4小时的工作时间用于接受脱产职业技术教育。之后法国政府多次颁布补充法令，1925年7月通过《徒工税法》，1937年颁布《瓦尔特·保兰法》，进一步完善了职业技术教育制度。

明治维新后，日本政府学习西方，职业技术教育开始起步。1899年2月，明治政府以敕令的形式颁布了《实业学校令》，规定实业学校的宗旨是给予从事工农商业等实业者必要的知识。同年，文部省颁布一系列专门教育规程。到1913年日本中等实业教育猛增到527所，比1899年增加了3.2倍。1903年颁布的《专门学校令》，又促进了高等职业技术教育发展。

第二次世界大战尚未结束，英国人已经开始考虑战后教育问题。1944年8月颁布了《教育法》，又称《巴特勒法》，将技术中学纳入新的中等教育体制之中，确立了英国职业教育的法律地位。为鼓励社会和企业参与职业教育的热情，英国先后颁布了《产业训练法》和《就业与训练法》，明确和强化了政府、工业部门和教育部门共同合作，承担职业培训职责。1964年颁布的《产业训练法》，强调工业部门、就业者和教育工作者的义务和责任，政府酌情补助企业培训费用，激发企业参与培训的积极性。1973年颁布的《就业与训练法》，将各行业培训管理由劳工部转归就业部，就业部下设人力事业委员会，统管全国人力发展和劳动力培训的政策及重要事宜。1986年英国政府发布《教育与培训并重》白皮书，确立了由政府统管全国职业教育的体制。同年10月，英国政府成立国家职业资格委员会，改革职业资格制度，将所有职业资格纳入全国性职业资格体系，在全国范围内推行国家职业资格证书制度。1991年颁布《21世纪的教育和训练》白皮书，规定在国家资格框架内各类证书可以相互融通。1998年《教育改革法》颁布，英国各地设立了城市技术学院和城市工艺学院两种新型教育机构。2008年之后，英国政府投入了15亿英镑，增加学徒工学习的机会。

20世纪40年代中后期，在各级政府和产业界的大力支持下，美国初级学院逐步由转学教育机构变成了兼顾转学教育、社会教育、职业技术教育、社区服务的综合性短期高等教育机构，通称社区学院。第二次世界大战结束后，美国联邦政府颁布了《退伍士兵权力法案》《国防教育法》，推动780万名退伍军人接受职业技术教育。1963年通过的《职业技术教育法》，强调对职业技术教育的财政支持，有力地推动职业教育发展。1965年全美职业学校有405所，到1975年增至2452所。1994年5月，克林顿总统签署《从学校走向工作机会法案》，提出实施从高二开始为期3年的学校职业技术教育加企业培训计划。

第二次世界大战一结束，德国立即着手恢复和重建教育事业。1945年10月，在获得占领军同意后，巴伐利亚州文教部通知各地区立刻整修校舍，恢复职业教育，7个月后约45%的中小规模职业学校恢复教学。1964年10月，各州长在汉堡签订了《联邦共和国各州之间统一学校制度的修正协定》，通称《汉堡协定》，明确规定了实科学校的组织形式。同年，德国教育委员会在《对历史和现今的职业培训和职业学校教育的鉴定》中首次使用了"双元制"一词，正式将德国存在100多年的企业与职业学校合作办学的双元培训形式用语言确定下来。1969年8月，德国《联邦职业技术教育法》正式颁布，确立了"双元制"的法律地位。到1975年，联邦德国共有160.7万名职业学校学员，其中在"双元制"下接受培训的多达138.2万人。2005年4月正式生效的新《职业技术教育法》，扩大了职业教育实现方式。2011年，德国有140万名学徒在45.5万家企业里工作。目前，德国每两名就业者就有一名参与过职业培训，约70%的青少年在中学毕业后会接受"双元制"教育，每周3～4天在企业接受实践教育，1～2天在职业学校学习专业理论，培训时间一般为2年到3年半。职业学校教育费用由国家承担，企业实践培训费用由企业承担，1/5的企业参与到这种共同培养模式中。

另一个战败国日本，第二次世界大战后同样满目疮痍，但很快经济飞速发展。在《产业教育90年史》中，日本前文相奥野诚亮写道："战后我国的复兴和经济飞速发展，特别有赖于产业教育的普及和发展。"二十世纪五六十年代，日本多次推行教育体系改革，成功打造了一个以培养高技能"工匠"型人才队伍为目标的职业教育体系。1951年6月，第10次国会通过《产业教育振兴法》后，日本政府加大对职业教育的支持力度。1958年7月开始实施的《职业训练法》，规定了政府和企业培训责任。1967年又对该法进行修订，引入终身训练体制的思想。1985年6月8日颁布的《职业能力开发促进法》，强调要在劳动者整个职业生涯期间，通过职业训练和技能检定，有计划地实施综合性能力开发，即"生涯训练"。日本许多有实力的大公司一般都自己办学，松下电气工学院、丰田工业大学、日立工业专科学校等一批学校茁壮成长起来。

前首相田中角荣曾经说："决定国家进步，归根到底在于教育的质量。我们必须下定决心，向教育事业投资，使下一代的继承人青少年能在舒适的环境下接受自由豁达的教育，这是我们的职责。"此言至今对所有谋求发展的国家仍具有积极意义。

第八章
未来之战

2013年4月，在汉诺威工业博览会上，《德国工业4.0实施建议》的发布，昭示着第四次工业革命的来临。科技创新决定产业变革的速度，质量发展决定产业变革的深度。科技历来又是质量变革的第一动力，第四次工业革命将对质量发展产生前所未有的深刻影响。站在数字时代的大门前，我们尚无法明确知道质量未来的发展方向，但我们可以知道的是，即将到来的是一场大变局；我们可以明确的是，谁掌握了质量大变局的主动，谁就将占据未来发展的世界制高点。世界从来没有如此一致，密切关注和思考质量何去何从。

一、大幕已经拉开

2008年全球金融危机爆发后,世界主要经济体无一例外地选择了回归制造业。回归不是简单重复过去的方式、过去的路径、过去的故事,而是在"工业4.0"平台上,开始新变革,占据新高度,追求新质量。

"工业4.0"来临

20世纪70年代开始,以可编程逻辑控制器和计算机应用为标志的第三次工业革命,即信息化革命来临,推动了电子与信息技术的广泛应用,制造自动化控制程度大幅度提高。从此,机器不但接管了人的大部分体力劳动,同时接管了一部分脑力劳动,自此工业生产能力超越了人类的消费能力。

1982年,互联网刚刚启蒙,更没有商业化,居住在加拿大的美国人威廉·吉布森是一个地地道道的文科生,正在攻读英国文学学位。他完全不懂电脑,更连不上网络,但是他在传统打字机上一字一句敲出了一部科幻小说《燃烧的铬合金》。在小说中,威廉·吉布森创造了一个连接世界上所有人、所有计算机和各种信息源的赛博空间。1984年,吉布森又创作了另一部科幻小说《神经浪游者》,小说中人脑与计算机通过网络合一。这部小说一经出版就造成轰动,成为第一本同时获得"雨果奖""星云奖"与"菲利普·K·迪克奖"三大科幻小说大奖的著作。

从科幻到现实,一切又来得如此之快,让人目不暇接。1989年万维网出现,首先将世界上的计算机连接起来。由于太空探索经常需要派无人飞行器执行各种危险任务,1992年美国国家航空航天局提出"信息物理系统"这一概念,即赛博物理系统。

1993年10月3日15时左右,在索马里首都摩加迪沙郊区的美军军事基地,一队"黑鹰"和"小鸟"直升机搭载着约150名士兵起飞,执行代号为"邪灵蛇行动"。结果被数千名索马里民兵围攻,造成18名美军死亡、80多人受伤。

4日下午，美国电视屏幕反复播放索马里人用绳子拖着美国特种作战队员尸体游街示众的画面，舆论一片哗然，民众一致抨击美国政府出兵索马里，克林顿总统不得不下令从索马里撤军。由于赛博物理系统技术可以远程控制各种武器装备，让士兵在执行危险作战任务时，大大降低伤亡率。事件之后，美国国防部高度重视赛博物理系统，将其从太空领域引向军事领域，大力开发现代无人机。

经过前期积累，到2005年，第四次工业革命的浪潮已经蠢蠢欲动。2005年11月17日，在突尼斯举行的信息社会世界峰会上，国际电信联盟（ITU）发布了《ITU互联网报告2005：物联网》，正式提出"物联网"概念。报告指出，无所不在的"物联网"通信时代即将来临，世界上所有物体从轮胎到牙刷、从房屋到纸巾都可以通过因特网进行主动交换。物联网时代，通过在各种各样的日常用品上嵌入一种短距离的移动收发器，人类在信息与通信世界里将获得一个崭新的沟通维度。

2006年，第一个信息物理系统国际研讨会在美国召开，国家科学基金会组织科学家海伦·吉尔第一次详细描述了信息物理系统概念。海伦·吉尔指出，信息物理系统已超出台式计算、传统和事后分析的嵌入式实时系统、传感网等范畴，而是包含所有物理实体信息化、多层次超大规模联网、多重时间和空间上的复杂度、动态重组和动态重新配置、高度自动化和控制回路在不同层次实现闭环、非常规计算和物理层面可靠操作。这年年末，美国科学基金会将信息物理行业列为重点资助领域，每年投入大量资金支持基础性研究，到2016年投入起码超过3亿美元。

2007年7月，美国总统科学技术顾问委员会在题为《挑战下的领先——竞争世界中的信息技术研发》的报告中，列出了八大关键信息技术，其中信息物理系统居首位，其余分别为软件、数据、数据存储与数据流、网络、高端计算、网络与信息安全、人机界面、计算机运用与社会科学。2008年，美国电子电气工程师协会成立信息物理系统技术委员会，开展该领域交叉学科研究和教育。2008年3月，美国信息物理系统研究指导小组发布《信息物理系统概要》，提出把信息物理系统应用于交通、农业、医疗、能源和国防等方面。

2014年6月，美国国家标准与技术研究院汇集相关领域专家，成立信息物理系统公共工作组，联合相关高校和企业专家，共同开展信息物理系统标准研究，推动信息物理系统跨多个"智能"应用领域的应用。2014年年末，美国总统科学技术顾问委员会发布《加速美国先进制造业发展》最终报告，把第四次工业革命中的共性技术——智能化技术放到了至关重要的位置。2015年，美国发布《国家制造创新网络纲要年度报告》，美国国家标准与技术研究院工程实验室智能电网项目组发布信息物理系统测试平台设计概念，汇总了全球信息物理系统测试平台清单，正式建立信息物理系统测试平台组成和交互行的公共工作组。2016年5月，美国国家标准与技术研究院发布《信息物理系统框架》，分析了信息物理系统的起源、应用、特点和相关标准，从概念、实现和运维三个视角，阐述了信息物理系统在功能、商业、安全、数据、实时、生命周期等方面的特征，提出了信息物理系统两层域架构模型，引起了业界的极大关注。美国利用国际产业链优势，在信息物理系统标准、学术研究和工业应用方面一马当先。

其他世界强国也不会等闲视之，制造强国德国更是不甘落后。2009年，德国《国家嵌入式系统技术路线图》明确提出，信息物理系统将是德国继续保持制造业领先的技术基础，建议发展本地嵌入式系统网络。2010年7月，德国政府通过《高技术战略2020》。2011年，德国科学与工程院完成了长达几百页的《信息物理系统研究议程》，描绘了信息物理系统的落地场景，接着启动了"工业4.0"专项研究。

始创于1947年8月的汉诺威工业博览会，目前已成为规模最大的国际工业盛会，是联系全世界技术领域和商业领域的重要国际活动。2013年4月，在汉诺威工业博览会上，德国有线电视和卫星电视行业协会、机械设备制造业联合会与信息技术、电信和新媒体协会成立了"工业4.0"联盟。德国教育研究部发布了《德国工业4.0实施建议》，立刻受到弗劳恩霍夫协会、西门子公司等德国学术界和产业界的积极响应和广泛支持。随后，德国立即将"工业4.0"项目纳入了《高技术战略2020》，这意味着德国在全球率先将"工业4.0"上升为国家战略，人类步入以智能制造为主导的第四次工业革命。

德国的行动很快在应用方面产生效果，世界第一个已投产的信息物理生产系统试验室在德国建成。德国企业和政府都一直毫不吝啬科技研发的投入，单2016年，德国企业研发投入将近1600亿欧元，德国政府研发支出高达158亿欧元，德国研发经费占国民生产总值的3%，授予专利数量15652个，科技创新对国民经济的贡献率高达80%。就在这一年，同样在汉诺威工业博览会上，展示的"工业4.0"应用超过100项，从智能生产线模型，到机器人、传感器等硬件元素，再到数据处理、智能控制等软件元素，意味着"工业4.0"进入应用推广阶段。这一年3月，德国经济部还发布了《数字战略2025》，德国政府首次就数字化发展做出系统性安排，针对2016—2025年德国经济数字化转型，提出十大行动步骤，明确了"德国制造"转型和未来数字社会构建的思路。

日本和韩国等国家也不甘落后。日本以东京大学和东京科技大学为首，投入了极大的科研力量，开发信息物理系统技术在智能医疗和机器人等方面的应用。2013年6月14日，日本政府正式出台《日本再兴战略》。2014年6月，韩国正式推出被誉为韩国版"工业4.0"的《"制造业创新3.0"战略》。经过进一步补充和完善，2015年3月，韩国政府又公布了《"制造业创新3.0"战略实施方案》。韩国科技院等高等教育机构和科研院开设信息物理系统课程，从自动化研究和发展的角度，开展计算设备、通信网络与嵌入式对象的集成跨平台研究。

站在"工业4.0"起跑线前，新一轮科技竞争的发令枪已经打响，世界各国千帆竞发、百舸争流，起步就是冲刺，开局就是决战，谁也不肯落后半步。

制造业回归

20世纪80年代左右，美英法先后进入"去工业化"时代。到1994年，美国制造业劳动力占总劳动者的比重从1965年的28%下降至16%，欧盟15个国家制造业就业比重从1970年的30%下降到20%，日本制造业就业比重从1973年的27%下降到23%。1971年法国工业尚占国内生产总值的33.6%，之后比重一路下滑，到2013年仅占18.8%，下降几近15%。在成本与质量、短期利益与长远发展之间，发达国家又一次走到了十字路口。那么，拿什么来挽救制造业？

1993年，美国政府批准了由联邦科学、工程与技术协调委员会主持实施的先进制造技术计划，旨在传统制造技术的基础上，吸收机械、电子、材料、能源、信息和现代管理等多学科、多专业的高新技术，综合应用于产品全寿命周期，实现优质、高效、低耗、清洁和灵活生产。第二年，该委员会下属的工业和技术委员会先进制造技术工作组组织专家，编制先进制造技术分类目录。

理想很丰满，现实很骨感。尽管美国首先提出了"先进制造技术"的新概念，但付诸实践举步维艰。到2005年，美国国内制造业占GDP的比重仅为

12.99%，而金融和房地产服务业（不含建筑业）占 GDP 的比重约 22%，占美国企业利润总额的 40% 以上。这年 5 月，国会要求美国科学院评估本国技术竞争力，提出维持和提高竞争力的建议。5 个月后，一份沉甸甸的报告摆在小布什总统面前，报告借用了丘吉尔在第二次世界大战前夕的演讲《站在风暴之上》为名，指出："当其他许多国家在蒸蒸日上的时候，我们的经济领导地位赖以存在的基石——科学技术，却在逐渐被腐蚀……"小布什坐不住了，2006 年 1 月 31 日，在发布《国情咨文》中，他向世界宣布了雄心勃勃的《美国竞争力计划》，提出今后十年美国从研发、创新和教育三个方面提高国家竞争力，把着力点之一放在标准化上：提高能源部、国家标准与技术研究院所属实验室的能力，加强制定新技术高级标准、制定供应系统生产标准，提高应对国家标准挑战的能力，开发抗击地震、飓风等自然灾害的技术和标准以提高建筑质量。

小布什的计划刚要启动，2008 年国际金融危机爆发，世界经济哀鸿遍野。不仅美国，所有强国都开始重新审视制造业。

2009 年 4 月，奥巴马入主白宫不到三个月，就来到乔治城大学演讲，第一次提出把重振制造业作为美国经济长远发展的重大战略。美国认识到，先进制造业在国家经济、就业、技术创新、产品质量和军工发展中扮演着重要角色。同年 12 月，奥巴马签署《重振美国制造业的框架方案》，将发展先进制造业作为提升国家经济实力、满足国防需求、确保全球竞争优势的重要举措。

随后，美国制订了一系列制造业振兴计划。2010 年 6 月，美国制造商协会发布《制造业发展战略：创造就业机会，提升美国竞争力》。同年 8 月 11 日，奥巴马正式签署《制造业促进法案》，将小布什执政时期的进口关税减让措施延长至 2012 年年底，授权免除了机床制造设备、人造纤维产品等 800 种制造业生产原材料和中间产品的进口关税，旨在推进制造业高质量发展，使其在人工智能方面占据主动权。美国制造商协会总裁 John Engler 对此表示：《制造业促进法案》终于正式成为法律，让美国制造商欢欣鼓舞；该法案将降低在美国做生意的成本，并刺激美国出口。2011 年 6 月 24 日，根据美国总统科学和技术顾问委员会提交的一份题为《确保先进制造业领先地位》的报告，奥巴马宣布了一项超过 5 亿美元的《先进制造业伙伴关系计划》，以期通过政府、高校和企业的合作来强化美国制造业。

2012 年，美国大选年，美国国防部向国会递交了《国防工业基础能力调查报告》，指出：美国已在金属加工领域的铸造、锻造和机械加工等方面丧失了技术上的优势，现有的工艺、技术不再能够满足火箭发动机、导弹发射系统、无人机、地面车辆等关键领域的制造需求，其主要原因是制造技术储备不足、新工艺不够成熟。这一年2月22日，美国国家科学技术委员会正式发布《先进制造业国家战略计划》，将先进制造业提升为国家战略，而质量再一次承担起拯救美国危机的任务。该计划明确提出五大目标，以及削减生产成本、提高劳动力技能、加大制造业领域研究和基础建设投入、加强制造流程创新、提高产品质量、加快产品开发等措施。

扬斯敦，英文的本意是"青年城"。然而由于其地理位置偏僻、经济不振，年轻人都跑到外地去打工，这里反被人们戏称为"老年城"。2012年8月，美国第一个国家增材制造创新研究院在扬斯敦成立。这年扬斯敦天寒雪多，但无法阻止众多年轻人心怀梦想、不远万里来参加3D打印科技创业比赛。扬斯敦被激活了。

扬斯敦只是美国创新研究的试点。2013年1月，在总结前期经验的基础上，美国总统行政办公室正式出台了国家制造业创新网络及所属制造业创新研究机构的初始设计方案，要求每个创新研究机构都要为本地制造业特别是中小企业和初创企业的发展，提供共用性基础设施和测试装备，扩大实验室演示和验证作用，促进技术准备，实现产业化服务。在讨论2013年财政预算时，奥巴马总统向国会建议，建立全国制造业创新网络，10年内建立45个与制造业相关的创新研究院，加大先进制造技术投资，支持先进技术从实验室走向市场，促进制造业创新发展。2014年1月，在北卡罗莱娜州立大学，下一代电力电子制造创新研究院正式成立，美国能源部集资投入1.4亿美元，4所公立大学、2家国家实验室和以ABB公司为首的18家企业加盟。2014年8月美国咨询公司BCG发布的《全球制造业转移的经济学分析》，指出美国已经成为发达经济体中制造业成本最低的经济体。

2016年2月，美国国会颁布《国家制造业创新网络纲要的战略计划》，提出提升竞争力、促进技术转化、加速先进制造劳动力的发展、确保稳定和可持续发展的基础结构四大战略目标。2018年10月5日，美国国家科学技术委员会下属的先进制造技术委员会发布了一份40页的《先进制造业美国领导力战略》报告，提出三大目标，指出先进制造业质量控制要点和思路。如，3D打印增材制造离不开机器、工艺标准化和可靠的组成材料质量，建立新标准以支持增材制造数据的表示和评估，从而确保零件质量和可重复性。又如，传统药物制造为确保最终产品质量始终如一，必须每批次进行大量测试，原材料成分或加工的任何问题都可能导致整批药物报废或昂贵的产品召回，而在计算机控制系统下的连续制造，可提高产品均匀性，下一步，需要将传感器、处理硬件与控制软件进一步集成，形成无缝集成的连续单位运营制造生产模式，实现计算机毫秒级持续验证产品质量，以保持产品质量的一致性。再如，当智能和数字制造概念应用到食品制造时，数字成像、自动化、高级检测和数字线程形成的下一代质量控制系统，将改善供应链的完整性，更好地保证食品供应的安全、质量和营养价值。

2019年4月，美国国家竞争力委员会发布题为《加速：能源充裕时代下美国制造业加速振兴行动计划》的报告，直言全球化、经济衰退、政策与税收趋势变化、欧洲和亚洲国家制造业的迅猛发展、消费市场的快速变化对美国企业和产业发展的挑战，对美国全球超级大国地位与国家安全的威胁。面对巨大挑战和更加有利的战略机遇，美国急需建设一个由更安全、更可持续、更廉价的能源组合，和正在复兴的稳定且敏捷的先进制造业双重驱动的创新驱动型经济体。

作为工业革命的发生地、现代工业的摇篮，英国曾经是世界第一大制造强国，享有200多年的繁荣。然而从二十世纪六七十年代开始，英国制造业经历巨大变革，"去工业化"现象明显，钢铁、化工等传统制造业的发展空间不断压缩，汽车等传统产业被转移到劳动力和生产成本相对低廉的发展中国家，而集中精力发展金融和数字创意等高端服务产业。

2008年国际金融危机由美国次贷危机而起，然而英国的情况比美国更加糟糕，其中原因耐人寻味。1970年制造业对英国经济产出的贡献为30%，2008年下降到10%，制造业从业人员相应地减少了三分之二。尽管英国仍然拥有一批研发创新能力强、极具竞争力的企业，但是制造业在研发、投资、世界出口份额中的指数都出现了令人不安的发展趋向。2008年英国GDP转向负增长，2009年第一季度甚至降为-8.6%。金融危机严重打击了英国实体经济，英国政府意识到，以金融为核心的服务业无法持续保持国际竞争力，制造业才能维护国家经济韧性。英国开始摸索重振制造业，提升国际竞争力，希望重现18世纪工业革命时代的辉煌。

2008年，英国政府提出"高价值制造"发展战略，宣布成立战略投资基金，以实际行动扶植制造业。2011年，英国制造业全面发力，英国政府确定五大竞争策略，即占据全球高端产业价值链、加快技术转化生产力的速度、增加对无形资产的投资、帮助企业加强对人力技能的投资、占领低碳经济发展先机；启动了《开放和了解制造业计划》，加大制造业人才培养力度，吸引更多年轻人就业制造业。同年3月，英国政府宣布投入5100万英镑，在工程和物理科学研究理事会下建立9个创新制造研究中心。同年年底，又提出了《先进制造业产业链计划》，面向汽车、飞机、再生可能源和低碳技术等领域，投资1.25亿英镑，鼓励供应链和主要生产商协同分布。

2013年10月，英国政府科技办公室推出《英国工业2050战略》，认为科技改变生产，未来信息通信、新材料等科技与产品、生产网络的融合，将极大改变产品的设计、制造和提供，甚至使用方式，未来制造业主要趋势是个性化的低成本产品需求增大、生产重新分配和制造价值链数字化。这将对制造业的生产过程和技术、制造地点、供应链、人才甚至文化产生重大影响。《英国工业2050战略》不是将英国带回20世纪工业发展模式，而是以高质量重新占领世界市场。在此背景下，约翰—路易斯百货商场、霍恩比玩具模型公司、列顿集团等生产商纷纷将海外生产基地部分转移回英国本土。

1995年法国推行35小时工作制以来，劳动力成本迅速上升至欧盟最高水平，较大影响到其制造业竞争力。2008年全球金融危机爆发后，法国人惊醒。2013年1月起，法国实施"竞争力与就业税抵免"政策，有效控制制造业劳动力成本上涨。在法国本土，2013年该政策的补助力度相当于企业员工薪酬支出的4%，2014—2016年均达6%，2017年达7%。2013年9月12日，法国瞄准能源、数字革命和经济生活三大问题，制定了一项10年期规划——《新工业法国》战略，决心在34个工业领域率先实现转型。2015年5月18日，法国政府大幅调整《新工业法国》规划，将"新工业法国Ⅱ"聚焦于未来工业和大数据经济、环保汽车、新资源开发、现代化物流、新型医药、可持续发展城市、物联网、宽带网络与信息安全、智能电网等九大支点。

2019年，德国正式发布《国家工业战略2030》，有针对性地扶持重点工业领域，提高工业产值，保证德国工业在欧洲乃至全球的竞争力，计划到2030年将工业产值占国内生产总值的比率增至25%。该战略将钢铁铜铝、化工、机械、汽车、光学、医疗器械、绿色科技、国防、航空航天和3D打印等10个工业领域列为"关键工业部门"，政府持续扶持，为相关企业提供更廉价的能源和更有竞争力的税收制度，并放宽垄断法，允许形成"全国冠军"甚至"欧洲冠军"企业，以提高德国工业全球竞争力。可以预言，德国产品将继续以高质量畅销世界，德国声音在欧洲将更有分量，在世界强国的名单上德国不会缺席。

"重振制造业""再工业化"等口号一再被发达国家提起，并付诸实践，这不是简单地回到过去、回到工业时代，而是一场以"工业4.0"为核心的崭新革命。

眼花缭乱的新材料

在人类社会的发展进步过程中，材料带有时代和文明的标志，是人类一切生产和生活活动的物质基础，也是质量的重要基础。从石、木等天然材料，到陶瓷、青铜、钢铁，人类从未中断过追求更好材料。

1903年，法国化学家贝内迪克蒂斯研制出一种新型"夹层玻璃"。这种玻璃即使碎裂，碎片也会被粘在薄膜上，破碎玻璃的表面仍保持整洁光滑，用于航空挡风玻璃、汽车挡风玻璃、建筑玻璃，能有效防止碎片扎伤和穿透坠落事件的发生，确保了人身安全。1911年，荷兰物理学家昂纳斯发现，在低温下某些固体电阻趋于零，于是超导材料被发明诞生。1920年，德国研究人员罗森海因发现超塑性合金。1928年，英国科学家森金斯正式定义了超塑性现象。1963年，美国海军军械实验室冶金师布勒发明了记忆合金。1970年，日本筑波大学教授白川英树发明了导电塑料。1974年，日本松下电器发明了贮氢合金。每一种新材料的发明，都带来质量的巨大改变。

利用力学和理化性能的结构材料，能够满足高强度、高刚度、高硬度、耐高温、耐磨、耐蚀、抗辐照等要求。利用电、磁、声、光热等效应的功能材料，可以实现某种功能，如半导体材料、磁性材料、光敏材料、热敏材料、隐身材料和制造原子弹、氢弹的核材料等。超纯硅、砷化镓的研制成功，导致大规模和超大规模集成电路的诞生，使计算机运算速度从每秒几十万次提高到每秒百亿次以上。航空发动机材料的工作温度每提高100℃，推力可增大24%。在隐形机的机身上涂一层高效吸收电波的材料，使雷达无法对其进行追踪。1991年海湾战争中，美军F–117A隐形战斗轰炸机曾出击1270次，成功轰炸了设防严密的伊军战略目标80个，多次超低空投弹，而没有被发现。

1纳米等于千分之一微米，相当于头发丝的十万分之一。当粒子尺寸减小到纳米量级，声、光、电、磁、热性能将呈现新特性。1984年，德国物理学家格莱特把6纳米金属粉末压制成块状，发明了世界上第一块纳米材料。1991年，碳纳米管被发明，它的重量是相同体积钢的六分之一，强度却是钢的10倍。

随后，纳米技术被成功用于医学、药学、化学及生物检测、制造业、光学和国防等多个领域。在纺织和化纤制品中添加纳米微粒，可以除味杀菌消除静电，冰箱利用纳米材料可以抗菌，运用纳米技术的墙面涂料耐洗刷性可提高10倍，纳米制成的微型机器人能疏通脑血管的血栓。

2004年，英国曼彻斯特大学科学家安德烈·盖姆和康斯坦丁·诺沃肖洛夫从高定向热解石墨中剥离出石墨片，然后将薄片两面粘在一种特殊胶带上，撕开胶带，石墨片一分为二。如此不断重复操作，薄片越来越薄，最后剩下仅由一层碳原子构成的薄片，这就是石墨烯。两人因此共同获得2010年诺贝尔物理学奖。石墨烯是已知最薄的一种材料，单层石墨烯厚度0.335纳米，1毫米厚石墨有将近150万层的石墨烯。石墨烯结构非常稳定，强度非常高，具有很好的韧性、极高的比表面积、超强的导电性等优点，被使用在传感器、晶体管、新能源电池、海水淡化、航天航空等领域。继三星之后，2017年中国使用石墨烯技术，发明了比纸薄、能弯曲、可卷折的显示屏。

尼龙玻纤、耐用性尼龙材料、石膏材料、铝材料、钛合金、不锈钢、镀银、镀金、橡胶类材料……新材料不断被发明和更新换代，世界材料产业的产值以每年约30%的速度增长。化工新材料、微电子、光电子、新能源成为研究最活跃、投资者最看好、发展最快的新材料领域。各种各样新材料层出不穷，让人眼花缭乱，又一点一点将产品品质水平撬向新高度。

1991年，美国发表第一份国家关键技术报告，将新材料列为对经济繁荣和国家安全至关重要的6个领域之首，提出通过改进材料制造方法、提高材料性能，达到提高国民生活质量、加强国家安全、提高工业生产率、促进经济增长的目的。2000年，美国制定的国家纳米技术计划，被列为第一优先科技发展计划。2010年12月，为了推动清洁能源发展，美国能源部发布《关键材料战略》，重点支持风轮机、电动汽车、太阳能电池、能效照明等清洁能源所需的稀土及其他关键材料，以解决因产地、供应链脆弱和缺乏合适的替代材料等原因导致的安全问题。《先进制造业伙伴关系计划》提出材料基因组计划，其目标是使美国企业发现、开发、生产和应用先进材料的速度提高两倍。《先进制造业国家战略计划》要求联邦政府组合投资先进材料。2014年，美国发布《材料基因组计划战略规划》，瞄准生物材料、催化剂、光电材料、储能系统、轻质结构材料、有机电子材料等9个领域63个方向。同年12月16日，奥巴马总统正式签署《振兴美国制造业与创新法案》，将纳米技术、先进陶瓷、光子及光学器件、复合材料、生物先进材料、混合动力技术、微电子器件工具的研发和制造作为重点关注领域。2016年，美国发布《国家制造业创新网络战略规划》，组建轻质现代金属制造创新研究所、复合材料制造创新研究所等，重点发展先进合金、新兴半导体、碳纤维复合材料等领域。

2009年9月，欧盟委员会公布《为我们的未来做准备：发展欧洲关键使能技术总策略》，将纳米科技、微（纳）米电子与半导体、光电、生物科技及先进材料等5项科技列为关键技术。2011年11月，欧盟委员会公布了为期7年耗资800亿欧元的《地平线2020》规划提案，提出专项支持信息通信技术、纳米技术、微电子技术、光电子技术、先进材料、先进制造工艺、生物技术、空间技术以及这些技术的交叉研究。2012年，欧洲科学基金会又推出《2012—2022年欧洲冶金复兴计划》，总投资超过20亿欧元，对数以万计的合金成分进行自动化筛选、优化和数据积累，以加速发现与应用高性能合金和新一代先进材料。2014年，欧盟提出石墨烯旗舰计划，投资10亿欧元支持石墨烯制备、应用等13个方向。

德国企业界普遍认为，确保和扩大材料研发的领先地位是在国际竞争中取得成功的关键。为鼓励社会力量参与新材料研发，德国先后颁布实行了"材料研究""材料技术""为工业和社会而进行材料创新"等3个规划。2012年6月，德国启动实施《纳米材料安全性》长期研究项目。5个月后，德国又启动《原材料经济战略》科研项目，目的在于开发能够高效利用并回收原材料的特殊工艺，加强稀土、铟、镓、铂族金属等的回收利用。

日本也不甘落后，先后推出"材料整合""信息统合型物质材料开发""超高端材料/超高速开发基础技术"等项目，启动"元素战略研究""元素战略研究基地""创新实验室构筑支援事业之信息统合型物质材料开发"等计划，融合了物质材料科学和数据科学的新型材料开发方法，进行庞大的数据库积累和大数据解析。第四期《科学技术基本计划（2011—2015年）》特别强调，材料等高新技术在国家发展战略中的重要地位，确定了新材料产业的重要发展方向。

俄罗斯始终把新材料相关产业作为国家战略和国家经济主导产业。2012年4月，俄罗斯发布《2030年前材料与技术发展战略》，将智能材料、金属间化合物、纳米材料及涂层、单晶耐热超级合金、含铌复合材料等18个重点材料列为发展方向，同时制定了新材料产业主要应用领域的发展战略。2015年，俄罗斯科学院发布《至2030年科技发展预测》，提出信息通信技术、生物技术、医疗与保障、新材料与纳米技术、自然资源合理利用、交通运输与航天系统、能效与节能等7个科技优先发展方向。

1983年，美国人查克·赫尔突然萌生一个想法：把"打印材料"一层层叠加起来，把计算机上的蓝图变成实物。通过试验，最终研发了3D打印技术。1986年，开发了第一台商用3D打印机。2005年，ZCorp公司推出市场上第一台高精度彩色3D打印机。2010年11月，世界上第一辆用3D打印机打印而成的汽车Urbee问世。2011年7月，英国研究人员开发出世界上第一台3D巧克力打印机。2011年8月，南安普敦大学工程师们设计利用3D打印技术打印了世界上第一架无人飞机"SULSA"。2012年11月，苏格兰科学家首次用3D打印机打印出人造肝脏组织。2019年4月15日，以色列特拉维夫大学成功以病人自身的组织为原材料，用3D打印机打印出全球首颗拥有细胞、血管、心室和心房的"完整"心脏。

3D打印揭开了人类增量生产的序幕，引起了世界各国的重视。2014年韩国政府制定了3D打印技术产业发展总体规划；2016年又制订了《韩国3D打印产业振兴计划（2017—2019年）》，提出到2019年韩国成为3D打印技术的全球领先国家。2015年，日本经济产业省公布《2015年版制造白皮书》，将3D打印作为大力发展项目。2016年，德国发布的《数字战略2025》，将工业3D打印作为重点支柱项目。

二、数字质量浪潮

科技发展始终是质量变革的最大动力，毋庸置疑，在"工业4.0"浪潮下，质量将发生一次新变革、新飞跃，内涵和外延将发生深刻变化，迎来数字质量阶段。数字质量起码包含三大内涵：全面满足消费者体验的魅力质量，沟通顺畅和反应迅速的敏捷质量，从需求到服务的全生命周期质量。数字质量管理具有全面、快捷和零距离三大特性。

魅力质量

质量大师朱兰博士曾经说过："我们都生活在质量的堤坝之后。"第一次工业革命带来了质量新变革；第二次工业革命让检验与生产分离，质量统计控制成为主流；第三次工业革命兴起全面质量管理的高潮。当第四次工业革命来临时，无论是德国的"工业4.0"、日本的《创新25战略》，还是美国的《先进制造业国家战略计划》、俄罗斯的《2030年前经济社会发展战略》、中国的《中国制造2025》，无一例外地再次聚焦质量。2015年，美国质量学会开展了面向未来的研究，撰成《2015年质量未来报告：不断改进》，指出：质量可能是无形的，但无处不在。2017年，福布斯携手美国质量学会起草发布了《不断上升的质量经济实力》，这份由1869名最高管理人员和质量专业人员参与的调查报告指出：质量对企业的盈利增长产生直接影响。数字时代，质量是经济社会可持续性的首位要素，是经济社会发展不可替代的基础和动力，质量就是未来。

美国时间2011年10月5日，加利福尼亚州库比蒂诺市，苹果公司总部所在地，这里的天空阴郁得像包含着泪水，随时可能滴下泪珠。苹果大楼鸦雀无声，苹果人低头、抱肩、静默，偶尔传出的一声抽泣，像冰块撞击在每个人的心头。就在刚才，苹果董事会在官方网站首页向全世界宣告："我们沉痛宣布史蒂夫·乔布斯去世。乔布斯的才华、激情和精力是无尽创新的来源，丰富和改善了我们的生活。世界因他无限美好。他对妻子劳伦和家庭付出了极大的爱。我们向他的家人，以及所有被他的杰出天才而触动的人表达哀悼之情。"

乔布斯走了！年仅56岁。对于妻子，失去了一位好丈夫；对于他的4个儿女，失去了一位好父亲；而对于世界，失去了一位梦想家。

在家人的陪伴下，乔布斯平静地离去，然而全世界并没有平静。各大媒体直播车从四面八方赶往比蒂诺市，又把关于乔布斯的新闻传遍世界每一个角落。全球苹果店熄灭苹果logo，以纪念乔布斯。世界各地的"果粉"用各种形式悼念他们的"乔帮主"，其中不乏世界名人，比尔·盖茨、扎克博格、斯皮尔伯格……纷纷发表声明，表示哀悼。部分国家政要也在其中，美国总统奥巴马说："得知乔布斯去世的消息，我和米歇尔非常难过。乔布斯是美国最伟大的创新者之一，他敢于与众不同地思考，大胆地相信他可以改变世界，并且天才地实现了他的梦想。"英国前首相布莱尔说："乔布斯是一位具有杰出创意才能的人，他拥有准确的灵感和创新的能力，他坚信通过创新的力量可以改变整个世界。"对乔布斯的哀悼跨越了国界、政治、种族，时任俄罗斯总统梅德韦杰夫说："乔布斯改变了整个世界，没有人不羡慕他过人的才华和智慧，我诚挚地向他的家人表达我的哀悼。"

1985年里根总统授予乔布斯国家级技术勋章，曾引起一番热议。尽管乔布斯从小很迷恋电子学，但他只上了六个月的大学。在苹果发展历程中，他从未发挥一个传统意义上技术工程人员的作用。可是谁又能比乔布斯对苹果的技术影响更大呢？每周他都要会见一次研发人员，推动他们将创意发挥到极致。如同一个高明的建筑师未必精于木工、瓦工，但他一定有超乎常人的目光。

　　有创新梦想的人不乏其人，但如何创新是另外一回事。乔布斯曾经说过这样一句话："创新无极限！只要敢想，没有什么不可能，立即跳出思维的框框吧。如果你正处于一个上升的朝阳行业，那么尝试去寻找更有效的解决方案：更招消费者喜爱、更简洁的商业模式。"创新理念始终流淌在乔布斯和苹果的血管里，苹果的创新始终为了满足消费者需求，乃至创造消费需求。乔布斯设计苹果手机的时候，不仅仅着眼于设计一款先进的手机产品，而是从很多细节着手，设计和创造出一种当消费者拿到手机后将获得的美好和舒适的消费体验。这一特点将苹果手机和它的很多竞争对手的产品区分开来，让苹果手机在消费者眼中有了独一无二的吸引力。苹果培训手册中有这样一句话："你的工作是了解顾客的所有需要，包括甚至连他们自己都没有意识到的一些需要。"

　　如果说，以往的创新比较关注产品本身，那么现在的创新更加倾向于给消费者创造一种美好的、全新的产品消费体验，让消费者享受独特的、愉悦的感受，乃至对未来的新期待。乔布斯创下了一个巨大的品牌帝国，得到世界上任何一个CEO从未有过的殊荣。就在2011年，《福布斯》杂志评选出来全球最具价值品牌排行榜，苹果首次成为世界第一大品牌。此后，苹果一直雄踞霸主之位。

　　2013年5月，全球摄影师叹息不已，柯达宣告破产。这家创立于1879年的公司，统治了胶片照相机行业一个多世纪。1969年，贝尔实验室诞生数码摄像技术时，柯达并不以为然，此时数码相机造价高、质量差，其像素、清晰度、存储能力等远不如胶卷相机的。1973年，卡西欧公司推出一款28万像素的数码相机，数码相机开始进入消费领域，一场数码相机像素升级风暴来临。1998年，数码相机进入百万像素时代。2006年，千万像素基本成为行业标准，存储能力、配套冲洗能力极大改善，数码相机的整体使用体验超过传统胶卷相机的。但是柯达一直痴迷于胶卷相机，最终转型不力，被消费者抛弃。

　　以前是卖方市场，现在是买方市场。时代不同，消费需求不同，定制化生产成为明显特征。今天的消费者更加挑剔，影响力比之前任何时期更加强大，产品竞争比之前任何时期更加残酷。企业努力降低成本，提高生产速度，但顾客永远只购买更好的产品和服务，解决顾客问题、满足顾客需求成为未来生产和商业模式的最主要目的。质量任何时候都不能丢弃，质量才是新时代的通行证。在新一轮产业革命中，谁拥有最新技术、最坚实基础、最有效管理，谁就掌握了未来发展的话语权。没有质量这张通行证，再低的成本、再快的速度，都无法进入新时代的大门。低质量意味着更大的浪费，满足消费者体验的创新才能具有极佳的效果。福特和丰田曾经满足那个时代消费者的需求，现在特斯拉用IT理念造汽车，而不是以底特律为代表的传统汽车厂商思路，汽车越来越像成年人玩具。尽管很多人对自动驾驶抱有怀疑态度，但未来一定会来。

就在乔布斯辞世的同一天，在地球的另一边，印度发布了一款名叫"天空"的平板电脑，售价仅仅35美元，号称世界最廉价的平板电脑。印度有媒体浮想联翩地评论："天空将像当年苹果一样，在车库里创业起步，在世界毫不留意中发展，以廉价为法宝，然后终会有一天以世界第一品牌的身份震撼全球。"

2017年，印度曾经仅用2天时间，用钢铁构建组合成一栋10层的"现代化高楼"，号称可以600年屹立不倒。印度媒体大肆宣扬，用尽各种赞美之词表达喜悦之情：太神了，不可思议，令人惊叹，难以置信，民间魔术……然而，由于建设前没有进行完整的地基建设，这栋楼很快出现倾斜。而今天，"天空"平板电脑不知所终。

20世纪90年代初，互联网逐步从军事、大学、科研机构走向普通家庭。1994年的一天，美国套头基金交易管理公司年轻的副总裁杰夫·贝佐斯偶然进入一个网站，被一个数字震撼住了，2300%——互联网使用人数年增长速度。几周后，他义无反顾地辞职，踏上创业之路。1995年7月，贝佐斯用30万美元启动资金，在西雅图郊区创建了全美第一家网络零售公司，这就是亚马逊公司。2019年3月5日，福布斯发布2018年度全球亿万富豪榜，杰夫·贝佐斯蝉联榜首，其身家净值达1310亿美元。

就在2018年，全球网购消费者规模超过18.8亿人，电子商务市场销售额超过2.84万亿美元。比尔·盖茨曾经说过，"21世纪，要吗电子商务，要吗无商可务。"网络拉近生产者、经营者和消费者之间的距离，让无数消费者了解每一件商品。与之同时，社交媒体和互联网也让消费者与消费者之间的距离更近，质量信息传播速度更快，低劣质量将付出更加高昂的代价。20年前，如果产品出现质量问题，客户只会告诉身边为数不多的亲朋好友。但在数字化环境下，消费者拥有更多发言权和更大影响力，一旦发现质量问题，马上通过互联网，将有关消息传播到世界各地，迅速告知成千上万素不相识的人。2016年2月，一款宜家马尔姆抽屉柜倒塌，造成美国明尼苏达一名22个月大的男孩死亡。事件迅速传遍全球，宜家被迫召回几千万件马尔姆抽屉柜。调查显示，超过80%的购物者表示，网上顾客评价影响着他们购买产品或服务的决定。顾客说了算的时代已经来临，低质量负面影响显著增加，代价更加高昂。

2013年6月1日，国际标准化组织正式发布了ISO10008：2013（E）《质量管理·顾客满意·商家对消费者电子商务交易指南》，从电商交易系统规划、设计、开发、实施、维护和改善等各环节，对电商企业提升服务质量提出系统要求和实务指南。2018年，全球贸易总额超过39万亿美元，质量竞争不仅在一个地区、国家内部，而是日益全球化，任何产品都可能要与"德国制造""日本制造""瑞典制造""美国制造"进行比较。如果说，克劳士比在"零缺陷"理论中提出的"第一次就做对"还是一种追求，那么数字时代，"第一次就做对"成为基本要求，因为"第二次才做对"意味着永远出局，再无机会。

质量提升永无止境，停滞就是退步。

敏捷质量

20世纪70年代，软件开发是一个缓慢的、逐步的、分阶段的过程，从构想到制订计划和需求文档，从一个阶段到下一个阶段，从一个团队到另一个团队，整个新软件完成后，再经过测试，然后反馈给客户。软件工程师把这种一步步推进的软件开发方法，形象地称为"瀑布"模型。到20世纪90年代，软件功能越来越强大，规模越来越庞大，一旦出现差错，往往需要耗费很大的精力从头再来，这种顺序模式有时让软件工程师"发疯"。

犹他州雪鸟城坐落在盐湖城外约25英里，是美国八大滑雪胜地之一，每年冬季这里覆盖着十几米厚的皑皑白雪。2001年2月11日，正是深冬，寒冷没能阻碍思想的火花，17名具有反叛精神的软件开发人员聚集到雪鸟城，探讨如何改变原来的软件开发模式。3天后，他们成立了敏捷联盟，发表了《敏捷宣言》，倡导一种能应对快速变化需求的软件开发能力。《敏捷宣言》列出了敏捷软件开发的4个核心价值观：一是注重个体和交互，而不是仅仅遵循一些流程或者一些使用工具；二是注重更好地利用工作软件，而不是用繁杂或者面面俱到的文件进行记录；三是注重与用户之间的合作，而不是就合同进行一轮又一轮的协商谈判；四是注重对变化做出及时响应，而不是按部就班地遵循一个已经制定好的方案和计划。敏捷软件开发模式破土而出，"敏捷"成为人们应对这个眼花缭乱世界的一个重要关键词。敏捷不仅是软件开发的需要，而且是各行各业发展的需要。

移动互联网、物联网、人工智能、"工业4.0"等新科技浪潮席卷而来，智能工厂、智能生产和智能物流成为"工业4.0"三大主题，不仅软件更新越来越快，而且整个人类犹如在一列飞驰的高铁上。过去企业界有一种说法："开发一代，生产一代，销售一代。"企业通过应用六西格玛、精益生产等降低成本、提升质量、延长产品寿命周期。现在随着科学技术的大量涌现和飞速发展，电子商务实现一键购物，购物过程越来越快的同时，产品生命周期越来越短，产品更新换代越来越快。智能手机使用寿命一般在5年以上，但大部分人一般3年左右就换一次新手机，更不要说琳琅满目的快消品、一次性用品充斥超市。

我们面临着最剧烈、最大范围的变革，工作和生活方式被改变，每个行业被重新定义。一方面，企业通过快速重组、动态协同，快速配置、集成与共享资源，降低消耗，减少产品投放市场所需时间，增加市场份额。另一方面，通过网络快速获取信息，及时响应市场变化，第一时间对市场需求做出反应，提高生产效率。但是这远远不够，企业还必须确保向市场投放的每件产品都是安全的，乃至优质的。又快又好，两者缺一不可。

就像人们尚不知道"工业4.0"最终发展成什么样，尚无人能清楚地描述未来质量管理将走向何方，但有一点是确信无疑的，"工业4.0"将颠覆传统的质量管理理念，深深地影响质量方法变革。质量管理思维只有与数字化一起演变发展，才不至于被抛弃，才能开拓质量管理的新领域、质量发展的新境界。科技解决一部分问题，从快的角度，智能制造的直接目标是快速响应，一切将变得更快，数字产品几乎能在一瞬间交付给客户；从好的需求，运用高度自动化和系统化的方法持续改进，达到日益精益，保证提供更高品质的产品。于是，一种新的质量管理方法——敏捷质量管理呼之欲出。

2012年1月，德国质量协会组织了一个"德国的质量使命"答案征集活动，向100多位德国工商、政治、管理等领域的杰出人士提出了一个问题："要使质量继续作为德国工业在世界市场上的核心区别特征和决定性成功因素，必须要做些什么？"经过两年多的研究，到2014年年底，答案揭晓：面向未来，要通过质量长期获得成功，关键在于将传统美德与 21 世纪所要求的响应速度快、网络化、沟通能力和跨文化交流能力等美德有机地结合在一起。这意味着必须保持永不停止质量改进和创新的意愿，始终能够迅速地、灵活地面对变化的世界。

2013 年 10 月，英国政府发布了长达 250 页的《未来制造业：一个新时代给英国带来的机遇与挑战》报告，指出制造业并不是传统意义上"制造之后进行销售"，而是"服务再制造"，未来英国制造业的第一个特点就是快速、敏锐地响应消费者需求，更快地采用新科技，加强产品定制化趋势。

2016 年，德国质量协会起草了《敏捷质量管理宣言》，希望在"工业 4.0"发展框架内，既确保德国企业的质量能力，又确保系统化的质量保证方法和过程能够达到"工业 4.0"的程度，提出"以变应变"七大原则：与现有和未来潜在的消费者持续不断的互动；能够为团队及其成员提供所需要的资源、结构和文化的服务型领导；团队当中和团队之间形成有效的跨学科跨部门的网络式协作、互联互通和无等级自我管理；通过一次又一次的变革寻求动态的平衡；不断产生新的解决方案；聚焦并找到解决真正问题的方案；了解、整合并竭力满足利益相关方的各种需求。

德国开始涌现具有"敏捷质量管理"七大原则的敏捷组织。在这样的组织中，雇佣者和被雇佣者之间不再是简单的上下级关系，而是打破森严等级，每个员工都是自己工作的领导，都能够自我管理并且连成网络，更愿意负责任地找出质量问题，更容易在畅所欲言中想出新点子。只有主动出击发现问题，而不是等出现问题后才作出反应，才能领先一步。高效沟通带来灵活、快速和具有创造性的反应，不仅能够调动资源，而且把质量保证深入到组织的整个网络架构中，推动和支持动态的敏捷工艺，实现产品质量安全，造福消费者。

2018 年 1 月 28 日，宜家家居在推特上发布消息："坎普拉德在他位于瑞典南部的寓所里安详离世，坎普拉德的家人和全球宜家家居员工都会非常思念和怀念他。"75 年前，年仅 17 岁的坎普拉德创办了宜家。从销售钢笔、皮夹子、画框、装饰性桌布等低价格产品，到在全球 36 个国家和地区拥有 294 个商场，宜家成功的一个重要秘诀在于，采取没有等级区别的扁平组织结构，鼓励员工质疑管理者决策，公开表达他们的想法和信念，直接向高层管理者提出意见和看法。正是在这样的文化影响下，宜家员工勇于承担责任并相互合作，全身心投入工作，及时发现问题并提出建议，推动宜家成为世界品牌。

全生命周期质量

智能已来，质量并非无忧无虑。

"工业4.0"时代，数字化将颠覆传统的质量理念，质量内涵越来越丰富，质量管理必须以变应变。消费者不仅关心产品的技术质量和过程质量，而且关注产品的快速反应、人文特性、透明度等。质量将从功能性品质、服务性品质发展到贯穿产品生命周期的整个供应链、产业链、价值链，覆盖组织所有活动和方方面面，全过程质量管理将向着全生命周期质量治理迈进。企业中专门质量管理人员可能消失，因为每个人的工作都与质量有关。质量可能看不见，但又无处不在。

每一次革命性的科技进步都带来人类分工的变化。自给自足的小农经济时期，生产者基本上是消费者。第一次工业革命后，分工越来越细，生产者与消费者的距离越来越远。而第四次工业革命，生产者与消费者不仅再次深度联系，而且零距离。传统质量管理，消费者主要从产品的起点和终点两端表达质量愿望，起点提出质量需求，终点评价质量水平。随着数字转型发展，"工业4.0"把个性化产品和大规模生产融为一体，一切变得越来越透明，消费者越来越深度参与质量创造过程，定制化需求不断得到满足。

在虚拟空间中，不仅可以模拟预生产的产品特性，而且可以对研发、设计、试验、制造和装配等进行仿真"预演"，形成更优方案，大幅度提高设计精度，大幅度降低研制成本。通过信息物理系统，不仅可以更加精准地分析客户状况和客户需求，迅速将客户需求转换为设计、生产，而且可以让用户借助仿真手段，直接参与产品的设计和生产，共同实现敏捷设计和柔性生产。3D打印进一步降低制造业门槛，个体甚至可以参与部分制造。

在莱茵河畔的路德维希港，1865年，巴斯夫有限公司在此从漂白剂起家，经过100多年发展，已成为世界最大的化工厂之一。2015年，该公司成立150周年，巴斯夫开启了数字化转型之旅，试点智慧工厂。世界各地的消费者从网上下达个性化的洗发水和洗手液等订单，巴斯夫智慧工厂就会立刻形成一个射频识别标签，贴在空的洗发水或洗手液瓶上，进入生产流水线，设备读取射频识别标签信息，然后按照消费者需求自动调配比例进行生产，并选择个性化的包装方式，每一瓶洗发水或洗手液都可能跟流水线上的下一瓶全然不同。

在"工业4.0"透明高效的信息化生产流程中，信息物理系统实现物理空间与信息空间联通，打破生产流程的信息孤岛现象，质量持续改进遍及整个组织内的所有活动，并在瞬间完成。1933年，日本欧姆龙创建时仅有两名职员。经过80多年发展，已经成为全球性跨国企业。在日本京都郊外，府绫市欧姆龙工厂装有158个传感器。这些传感器每分钟获取一次数据，一旦某个生产环节脱离规范操作，传感器就能瞬间捕捉到异常信号，立刻发出警报。生产者在最短时间内做出响应，马上改进生产工艺，预防出现不合格产品。如果发现不合格产品，可以迅速追溯到哪一步出错。

六西格玛和精益质量管理大大提高了产品质量精准，而智能化将使精准制造发生翻天覆地的变化。虚拟现实、增强现实、数字孪生技术等应用，可在平板电脑、手机移动终端、可穿戴设备上展示工艺结果，预判质量水平。运用统计和其他数学工具对业务数据进行高级分析，进而能够评估和改进操作工艺流程。

100多年前，泰勒将质量管理聚焦在产品检验，然后逐步延伸到生产、采购、新产品开发和设计。传统质量检验，从流水线上取样，送到实验室使用专门仪器检测，一旦发现产品存在质量问题再进行追溯，此时大量产品已经产生，传统检验有一定的滞后性。"工业4.0"时代，智能工厂把质量检验检测融入生产全过程，质量特性的实际数据和环境数据100%在线检测，确保任一时刻发生任何偏差都能够即刻知晓，每个零件都具备100%可追溯性。对于外观项目，将标准图片输入智能图像系统进行比对判断。这意味着，专门的检验检测人员和部门将大幅减少，甚至消失。

制造业向着制造服务业转变是大趋势，而未来服务是全方位的，企业不仅提供优质产品，而且持续监控产品售后质量。美国通用公司生产的飞机发动机上装有各种传感器，随时收集飞行时发动机的各种数据。这些数据实时传回通用公司，经过智能软件系统分析，可以精确地检测发动机的运行状况，甚至预测故障，提示进行预先维修等，以提升飞行安全和发动机使用寿命。以往西门子公司定期派出工作人员，维护保养其生产出售的高铁牵引电机，现在传感器不断把高铁牵引电机数据传回给工厂，西门子能及时掌握电机的运行状况，并及时判断电机是否需要检修。

未来发展无法预测，但"工业4.0"时代，质量必将更加美好。

大数据的喜与忧

数字化时代，产生海量大数据，消费偏好、产品参数、工艺参数、控制参数等数据都与质量相关，都能为质量管理所用。持续的质量数据收集和分析为质量改进提供依据，大数据为质量管理提供新思维、新方法。无线射频识别技术、二维码和条形码可以用于产品的标识与追溯，在线数据收集表、移动文档收集与整理质量记录，移动云平台实时处理大数据，将滞后的质量数据变成直观可见的趋势，从而事前预防问题，而不是问题出现后再去解决问题。

大数据提供难以想象的透明度，有利于构建信用体系，为政府监管提供便利。运用大数据，政府部门可以建立透明的、全覆盖的、统一的、预防性的质量安全管理体系，将目前以抽查为主的管理模式转变为运用大数据和智能管理为基础的管理模式。对于网络零售监管这样的世界性难题，将很便利地实现可追溯、可评价。

大数据为质量管理和发展开拓新天地，也带来新问题。数据安全和真实尤其备受关注，数据质量安全将成为最重要的质量安全。

2018年3月17日，美国《纽约时报》和英国《卫报》曝光，脸书上5000万用户的信息数据被一家名为"剑桥分析"的公司泄露。"剑桥分析"公司利用用户数据，建立模型，预测并影响政治活动中公众选择。事件震惊全世界，2个交易日内，脸书公司市值蒸发近500亿美元。互联网和大数据时代，数据持有者在价值链中拥有巨大操控力。接二连三的用户信息泄露事件不得不让人思考：在商业利益和用户隐私权益之间，谁才是守护神？

比泄露事件更令人震惊和不安的是数据造假。工业革命时代，生产者与消费者之间的距离被拉远，造成质量信息不对称，这种不对称是因为不了解、不掌握。"工业4.0"时代，数据拉近生产者与消费者之间的距离，生产者将更加广泛地了解和掌握消费者需求，而消费者在获取更丰富质量信息的同时，可能会被更多虚假信息所蒙蔽，不对称性可能进一步加剧。

互联网行业数据造假已经成为通病。刷好评、刷点击量、刷转发……甚至直接用外挂程序造假，诸如此类的现象屡见不鲜。2016年9月，脸书视频浏览量统计虚高，误导了根据两年数据量买下视频时间的广告商。2017年1月，优步因夸大司机收入被处2000万美元罚款。2017年8月，Google因广告虚假流量而退款。2017年10月，推特承认过去三年用户数统计虚高。

而日本制造业篡改产品质量数据丑闻此起彼伏，严重削弱"日本制造"的国际公信力。

2015年3月，日本国土交通省入场调查东洋橡胶工业公司。为了达到抑制建筑物晃动标准，该公司篡改抗震橡胶装置数据，涉及154栋建筑物。

2015年10月，日本三井不动产集团销售的横滨市都筑区一幢公寓楼发生倾斜。调查发现，施工前该公司篡改固定地桩的混凝土用量、地盘强度等数据资料，施工时偷工减料，至少有8根支撑大楼的地桩没打进稳固地层。

2016年4月20日，日本三菱汽车工业公司承认，在燃油经济性测试中有不当行为，为了获得相关燃效认证，该公司"美化"油耗数值，夸大汽车燃油效率，涉及62.5万辆汽车。早在2000年和2004年，三菱就曾两次隐瞒车辆缺陷记录和客户投诉信息。

2016年5月18日，日本铃木汽车公司承认，从2010年前后，就开始用违反国家规定的方法检测燃油效率，涉及日本国内销售的16款车型，共计210万辆车。

2017年10月8日，日本第三大钢铁企业神户制钢所承认，从10年前开始，篡改部分铜、铝产品的检验数据，以次充好交付客户。造假铝制品波及丰田、本田、马自达、三菱、日产和铃木等200家企业。

一个半月后，2017年11月24日，日本有色金属巨头三菱综合材料株式会社社长竹内章在记者会上承认，2015年4月至2017年9月，公司下属三菱电线工业、三菱伸铜和三菱铝业三个子公司修改出厂橡胶密封制品的技术参数，以达到公司或客户要求的技术标准，部分问题产品被用于飞机、舰船和汽车。

又过了四天，日本东丽株式会社发布消息称，2008年4月至2016年7月期间，其子公司东丽HC株式会社在产品检查阶段，篡改轮胎补强剂等产品质量数据，使之符合客户要求，

2017年10月12日，日本神户钢铁总裁川崎弓在新闻发布会上就数据造假鞠躬致歉。
（图片来自观察者网）

累计发生 149 起。

2018 年，日本又曝光了一起数据造假事件。1995 年阪神大地震发生后，日本防震建筑快速增加。日本 KYB 工业株式会社是一家生产减震器的百年公司，从 2003 年到 2018 年，该公司采用口口相传、不留记录的隐蔽手法，先后对未达到国家标准或客户要求的产品质量数据实施篡改，涉及日本政府机关、医疗机构、警察消防、观光购物、防灾避难等公共设施。

数据安全不仅是技术问题，而且和政治、法律、社会、文化、道德等密切相关。过去，我们曾经创造一个词语"地球村"，以此呼吁世界各地人们共同爱护和保护地球。今天，我们需要一个"数据村"的新概念，号召全人类一起维护数据安全。

不一样的标准化

立足于大规模标准化生产的流水线，是第二次工业革命最重要的发明之一。尽管第三次工业革命诞生了自动化生产线、数控机床、柔性生产线，但大规模标准化生产依然是制造业的主要生产模式。第四次工业革命，产品生产将从规模化转变为定制化，面对个性化、多样化，标准化将如何发展？

过去，产品大多直接由各种零部件构成。"工业 4.0"时代，标准化的零部件将组装成为模块，以模块设计产品，能够快速响应市场多样化需求，满足消费者差异化需求。传统的标准化将在零部件和材料生产等方面继续发挥作用，标准水平和国际化程度越来越高。2012 年，大众启动具有"工业 4.0"特色的模块化 MQB 战略。MQB 将大量汽车零部件标准化，令它们可以在不同品牌和不同级别的车型上实现共享，目前共享比率达到整车零部件的 60%。在 MQB 平台上，个性化的发动机、变速箱等主要单元与标准化的零部件，像搭积木一样自由组合，可以生产出不同级别、不同形式的车型。由此可见，"工业 4.0"时代，标准化不仅不会消失，而且通用性会越来越高。为了让不同模块顺利连接，对模块接口标准化也提出了要求。

另一个更加重要的标准化在于信息物理系统。要实现万物相连，保证信息顺畅沟通，就需要统筹信息物理系统设计、实现、应用等多方面的标准化问题，必须讲同一种语言，解决互联互通、异构集成、互操作等复杂技术问题。这些挑战都是全球性的，谁占据这个高地，谁就将掌握主导权。世界强国无不铆足了劲，其中以美国和德国之间的竞争最为激烈。

2014年3月，AT&T、思科、通用电气、IBM和英特尔五大巨头公司在波士顿汇聚一堂，决定成立工业互联网联盟，以期打破技术壁垒，促进物理世界和数字世界的融合。2014年年末，通用电气发布了《2015工业互联网观察报告》，强调大数据分析在工业互联网中的作用，针对赛博安全、数据孤岛和系统集成等挑战，提出了解决思路和行动指南。这一年，德国国家科学与工程院发布《确保德国制造业的未来——对实施"工业4.0"战略计划的建议》，认为需要在8个关键领域采取行动，其中首当其冲的就是标准化和参考架构。2014年12月，德国发布《工业4.0标准化路线图》（第一版），提出首要目标是制定全局性的"工业4.0"参考架构模型，为"工业4.0"标准化工作提供基础，推动将"工业4.0"背景下出现的新概念纳入国际标准。2015年2月21日，德国总理默克尔在联邦政府播客中说，德国可成为"工业4.0"标准的推动者，并在欧洲甚至全球推行这些标准。

2015年4月，德国电工电子与信息技术标准化委员会发布"工业4.0"参考架构模型。两个月后，美国工业互联网联盟发布第一版工业互联网参考架构。两个架构何去何从？是竞争还是合作？业内人士忐忑不安。

在一些大企业协调下，2015年11月在瑞士，美国工业互联网联盟和德国"工业4.0"平台召开了一次秘密研讨会。事先双方约定：为了避免在市场上造成更大的负面影响，如果谈不妥将不公开这次会议。结果双方发现，两个参考平台具有很强的互补性。2016年3月，双方代表再次来到瑞士苏黎世，探讨"工业4.0"参考架构模型和工业互联网参考架构的潜在一致性。双方联合成立非正式工作组，共同探索"工业4.0"平台和工业互联网联盟之间协调合作的可能性与主要方向。紧接着，2016年6月和9月，双方分别在芝加哥和海德堡，又召开了两次研讨会，继续探讨以标准统一实现数据互流。

2016年8月，中国工业互联网产业联盟推出《工业互联网体系架构（版本1.0）》。2016年4日，日本经济产业省和德国经济与能源部发表《物联网和工业4.0合作共同声明》，确立在国际标准化方面的合作计划，加快网络安全国际标准化的讨论速度，合作领导物联网与"工业4.0"标准建立。2016年12月8日，日本推出"工业价值链参考框架IVRA"顶层设计。2017年3月19日，日本政府与德国政府联合签署《汉诺威宣言》，加强包括网络安全国际标准化、物联网与"工业 4.0"标准等九大领域的紧密合作,联手推动第四次工业革命。

科技、文明和质量总是在人类合作与竞争交替中不断前行,标准应是一座连接世界的桥,而不应是一条隔绝世界的河,"工业 4.0"标准同样如此。

三、走向世界舞台中央的中国

从站起来到富起来、强起来,中国正走向世界舞台中央。国家强,质量必须强;民族兴,质量必须兴。中国质量发展虽然取得巨大成绩,但毋庸讳言,质量依然是中国发展的短板,与世界大国的地位还不相称,与人民群众的需求相比还有明显差距。坚持高质量发展,提升质量总体水平和国际竞争力水平,是中国大国崛起的必由之路。

直面问题

改革开放 40 多年,中国经济发展取得巨大成就。2000 年中国是世界第七大经济体,2007 年超越德国成为世界第三大经济体,2010 年超过日本成为世界第二大经济体,2018 年 GDP 总量达到 13.6 万亿美元。2013 年中国成为世界第一大货物贸易大国,2018 年中国外贸进出口总值达 30.51 万亿元人民币。中国从站起来迈向富起来。

经济高度增长的同时,中国质量总体水平不断提升。1985 年中国建立国家监督抽查制度,产品抽样合格率仅为 66.5%;2018 年产品抽样合格率达到 89.8%。1999 年全国制造业质量竞争力指数为 76.28,2018 年达 83.78。世界品牌价值及战略咨询公司发布"年度全球 500 强品牌榜"显示:2007 年 12 家中国品牌入围,2019 年已达到 77 家。质量总体水平不断提升的背后是,中国质量发展体制机制不断完善,质量法规制度体系不断健全,企业质量主体责任不断落实,质量发展环境不断优化,质量基础设施不断夯实。中国从富起来正迈向强起来。

与之同时,中国质量还存在诸多不尽如人意的地方。

2017年3月13日，一名自称是陕西奥凯电缆有限公司员工的网友，在网上发帖《西安地铁你们还敢坐吗》，称西安地铁3号线存在安全事故隐患，"整条线路所用电缆偷工减料，各项生产指标都不符合地铁施工标准"。随后，监管部门随机抽取5份样品送检，检测结果均为不合格。

2018年7月15日，国家药品监督管理局发布通告：近日，国家药监局对吉林长春长生生物科技有限责任公司生产现场进行飞行检查，发现长春长生在冻干人用狂犬病疫苗生产过程中存在记录造假等现象，超过25万支问题疫苗流往山东等地。

从2014年开始，北京、同江、石家庄、沈阳、西安、苏州、无锡、南京、常州、丹阳、成都、武汉、温州、深圳、上海等地三十余家学校的学生，出现不同程度的流鼻血、皮肤过敏、过敏性鼻炎、头晕、恶心、视力下降等症状。后查明，这些学校的塑胶跑道存在冒用检验合格报告、使用不良原材料、甲苯严重超标等问题。跑道本是为了孩子们的健康而修建，而"毒跑道"给孩子们的生命健康带来严重伤害。

中国是世界上每年新增建筑量最大的国家，《民用建筑设计通则》规定，重要建筑和高层建筑主体结构确定的耐久年限为100年，一般性建筑为50～100年，但中国建筑平均寿命只能持续25～30年。2009年6月27日，上海闵行区莲花河畔景苑在建的一幢13层住宅楼，突然向南整体倾倒，整幢楼倒塌。2010年，昆明新机场航站区停车楼和高架工程引桥坍塌，造成7人死亡、8人重伤。2016年11月24日，江西省宜春市丰城电厂三期在建项目冷却塔施工平台倒塌，造成73人死亡。每一次血淋淋事件的爆发，都伴随着对建筑质量的叹息。

质量，曾经带给中华民族骄傲和自豪，也带来过痛心和灾难。一半是海水一半是火焰，唯有善待质量，方能趋利避害。

憧憬未来

提升质量、发展质量已经成为新时代最强烈的呼声之一，质量强国既是中华民族伟大复兴梦的重要组成部分，也是实现路径之一。

当前，中国正处于中国制造向中国创造转变、中国速度向中国质量转变、中国产品向中国品牌转变的迭代期，正迈入质量社会综合治理体系形成期，正步入质量发展关键期和黄金期。质量不仅成为人民群众幸福安康的基础，而且成为国之大事、要事、急事。中国质量发展机遇和挑战并存，任重而道远。一方面，要补上第三次工业革命及其之前缺下的质量课；另一方面，要在第四次工业革命中占据世界质量的高地。

中国质量大发展，首先要全面唤醒质量意识。

自古以来，工匠精神就是"中国气质"之一，成为流淌在中华民族中的质量基因。《考工记》说："百工之事，皆圣人作也。"老百姓说："三百六十行，行行出状元。"《庄子》里的"庖丁解牛"，欧阳修写的《卖油翁》，《核舟记》中的王叔远都诠释了工匠精神的内涵。"技可近乎道，艺可通乎神。"然而曾几何时，工匠精神悄然隐身。一百年前，胡适在《新生活》杂志第二期发表传记寓言《差不多先生传》，令人啼笑皆非，又使人猛然警醒。

近年来，工匠精神成为一个热词。从2016年到2019年，"工匠精神"四度写入政府工作报告。党的十九大报告指出，要"建设知识型、技能型、创新型劳动者大军，弘扬劳模精神和工匠精神，营造劳动光荣的社会风尚和精益求精的敬业风气。"新时代呼唤工匠精神，新时代的工匠精神表现为爱岗敬业的职业精神、精益求精的品质精神、协作共进的团队精神、追求卓越的创新精神。工匠精神在企业家层面，即为企业家精神，主要表现为严守质量安全底线的主体责任意识和以质取胜的战略思维。

市场由供需双方构成，企业生产产品，提供质量；消费者选择产品，享有质量。质量意识不仅在于质量提供者，而且和消费者密切相关。调查显示，44.58%消费者表示会或可能会购买假名牌。一方面对假冒伪劣痛恨不已，另一方面又纵容质量违法行为，这不能不说是一种悲哀。全社会要大力培育消费者三种质量观：一是质量安全公共道德观，倡导从我做起不知假买假；二是理性质量消费观，树立优质优价的观念；三是科学质量发展观，共同为质量发展贡献智慧和力量。

中国质量大发展，需要加大科技创新力度。

科技是质量的重要基础之一，近代中国质量衰弱、国力羸弱首先从科技落后开始。当前全球新一轮科技革命孕育兴起，正深刻改变人类生产生活方式。只有把握世界新一轮科技革命和产业变革大势，在第四次工业革命中占据制高点，才能全面提升质量供给水平，提高国际竞争力，满足质量新需求。2018年，《科技日报》刊发系列报道，罗列了中国光刻机、芯片、操作系统、核心工业软件、高端电容电阻、航空钢材、铣刀、高端轴承钢、高强度不锈钢等一批"卡脖子"技术。一方面，中国需要在云计算、大数据、人工智能等新一代信息技术发展中紧跟世界潮流；另一方面，要突破全产业链基础材料、高精度加工工艺等技术，提高产品可靠性、稳定性和适用性。

由标准、计量和合格评定构成的国家质量基础设施虽然取得了长足发展，但还存在社会认知度不高、整体水平差距较大、体制机制有待健全等短板。未来，需要继续强化国家质量基础设施的国家战略地位，加强顶层设计，编制国家质量基础设施中长期发展规划。完善国家质量基础设施体系，发挥政府引导与市场主导两方面作用，加快与国际社会合作交流和互联互通。继续加大科技投入力度，瞄准世界更高水平，推进计量单位制量子化变革，加大与国际标准接轨力度，提升检测技术能力。

质量发展关键在人，要将质量教育纳入全民教育体系，加强质量通识教育，推进质量教育进课堂，构建中小学质量教育模式。完善职业教育体系，将提高质量素养作为提升人才关键能力和素质的重要内容，加快高技能人才的培养。

中国质量大发展，还需要进一步完善质量制度。

良好质量本质上是一种资源，良性的市场机制能够优胜劣汰，有效配置质量资源。首先，构建质量安全信息透明体系，建立质量保险制度，让市场在质量资源配置中发挥主体作用，是中国质量制度建立健全的首要任务。其次，构建社会质量共治体系，鼓励消费者组织发展，完善第三方安全评价体系，形成社会共建、共治、共享的大质量工作机制。再次，更好地发挥政府在质量发展和安全保障中的作用，健全质量安全法律法规体系和监管体制机制，制定产品责任法，健全信用体系和风险防控体系，强化企业主体责任。积极探索"工业4.0"时代质量安全监管方法，用好大数据，实施智慧监管。加大打假治劣力度，抓住食品药品等重点领域监管，强化惩罚性赔偿，严惩质量违法行为，严防质量逆淘汰的现象。加大知识产权保护，开展重点领域质量攻关，大力培育中国品牌、世界品牌。

科教兴国战略、人才强国战略、创新驱动发展战略、区域协调发展战略、可持续发展战略、军民融合发展战略、乡村振兴战略……中国提出并正在实施一系列国家战略。站在新时代的起点上，质量强国战略理应尽快出台，在即将顺利完成第一个百年奋斗目标的时候，面向第二个百年奋斗目标，全面规划质量发展蓝图，让中华民族站在更高更坚实的平台上逐梦复兴，实现富强、民主、文明、和谐、美丽的社会主义现代化国家。

参考文献

[1] 查尔斯·辛格，E.J.霍姆亚德，A.R.霍尔，等.技术史（1~7卷）[M].上海：上海科技教育出版社，2004.

[2] 帕尔默，科尔顿.近现代世界史（上、中、下册）[M].北京：商务印书馆，1988.

[3] 克拉潘.现代英国经济史（上、中、下卷）[M].北京：商务印书馆，2011.

[4] 保罗·肯尼迪.大国的兴衰[M].北京：中国经济出版社，1989.

[5] 阿克顿.新编剑桥世界近代史（1~14卷）[M].北京：中国社会科学出版社，1988.

[6] 斯塔夫里阿诺斯.全球通史——1500年以后的世界[M].上海：上海社会科学院出版社，1999.

[7] 威廉·兰格.世界史编年手册（现代部分）[M].北京：三联书店，1978.

[8] 崔玉亭.世界科技全景百卷书[M].北京：中国建材工业出版社，1998.

[9] 杰克·戈德斯通. 为什么是欧洲？世界史视角下的西方崛起（1500—1850）[M].浙江：浙江大学出版社，2010.

[10] 王斯德.世界通史[M].上海：华东师范大学出版社，2001.

［11］董正华. 世界现代化历程［M］. 江苏：江苏人民出版社，2010.

［12］刘宗绪. 世界近代史［M］. 北京：北京师范大学出版社，2004.

［13］吴友法. 德国现当代史［M］. 湖北：武汉大学出版社，2007.

［14］安德鲁·戈登. 日本的起起落落：从德川幕府到现代［M］. 广西：广西师范大学出版社，2008.

［15］杰里米·里夫金. 新经济模式如何改变世界［M］. 北京：中信出版社，2011.

［16］保罗·肯尼迪. 大国的兴衰［M］. 北京：国际文化出版公司，2006.

［17］阿尔弗雷德·诺斯·怀特海. 科学与近代世界［M］. 北京：商务印书馆，1959.

［18］陈晓律. 世界现代化历程［M］. 江苏：江苏人民出版社，2012.

［19］罗伯特·L.奥康奈尔. 由兵器科技促成的西方历史［M］. 海口：海南出版社，2009.

［20］汪熙. 英国东印度公司［M］. 上海：上海人民出版社，2007.

［21］伊拉斯谟. 愚人颂［M］. 南京：译林出版社，2011.

［22］王受之. 世界现代建筑史［M］. 北京：中国建筑工业出版社，1999.

［23］陈志华. 外国建筑史（19世纪末叶以前）［M］. 北京：中国建筑工业出版社，1997.

［24］姚贤镐. 中国近代对外贸易史资料（1840—1895）（上、中、下册）［M］. 北京：中华书局，1962.

［25］李明珠. 中国近代蚕丝业及外销（1842—1937）［M］. 上海：上海社会科学院出版社，1996.

［26］韦康博. 工业4.0时代的盈利模式［M］. 北京：电子工业出版社，2015.

［27］恩格斯. 英国工人阶级状况［M］. 北京：人民出版社，1956.

［28］程人乾. 卢森堡［M］. 北京：商务印书馆，1972.

[29] 钱德勒. 看得见的手：美国企业的管理革命［M］. 北京：商务印书馆，1987.

[30] 陈勇勤. 19世纪60—90年代鸦片、洋布洋纱输入和相关国情［J］. 安徽史学，2014（1）.

[31] 仲慧. 中国质量代表团参加日本质量月和亚洲质量论坛纪实［J］. 中国质量，2003（1/2）.

[32] 国务院发展研究中心. 消费者保护制度的国际经验与制度借鉴［J］. 内部资料，2004（3）.

[33] 黄新. 法国：没有工业革命的工业化［J］. 南宁师专学报，1997（6）.

[34] 范洲平. 俄罗斯质量计划［J］. 中国标准化，2004（2）.

[35] 谢瑾瑜. 简述美国的质量管理［J］. 标准计量与质量，2003（6）.

[36] 郭若虚. 美国质量多棱镜［J］. 中国质量万里行，1995（2/3）.

[37] 张公绪. 百年质量管理历程与当前的质量管理形势［J］. 质量与可靠性，2004（3）.

[38] 吴义雄. 鸦片战争前的鸦片贸易再研究［J］. 近代史研究，2002（3）.

[39] 上海市质量协会课题组. 印度宏观质量管理的发展历程与措施［J］. 上海质量，2017（10）.

[40] 金今时. 通过NCS提高韩国职业教育和培训质量的探讨［J］. 职业教育研究，2018（4）.

[41] 郭政，朱倩沁. 巴西质量管理发展［J］. 上海质量，2018（2）.

[42] 西贝. 商标的发展史［J］. 中国市场，1996（1）.

[43] 汤重南. 一战后的德国与今天的日本［J］. 求是，2014（1）.

[44] 郝丽娟，张辉，宁波. 日本质量缘何崛起？［J］. 认证技术，2012（12）.

[45] 居伊·马特尔. 携手工业4.0实现持续改进与质量管理创新［J］. 上海质量，2018（3）.

[46] 妮可·拉齐维尔. 质量4.0：未来质量的起点[J]. 上海质量，2018（4）.

[47] 丹·雅各布. 质量4.0：新产品导入成功的决定性因素[J]. 上海质量，2018（6）.

[48] 梁彦萍. 简述俄罗斯标准化发展及现状[J]. 航空标准化与质量，2013（6）.

[49] 克里斯廷·A.罗伊斯—路易斯. 英国关于消费者安全的法律[J]. 环球法律评论，1990（8）.

[50] 阎淑敏. 法国核电发展的主要阶段[J]. 国外核新闻，1984（5）.

[51] 史景星. 从蹩脚"东洋货"到称霸世界市场——浅谈日本的质量管理[J]. 上海企业，1982（5）.

[52] 吴传刚，石瑞敏，马莉. 瑞士现代学徒制的机制分析与经验借鉴[J]. 黑龙江高教研究，2018（1）.

[53] 王继军. 法国畜产品质量追溯的做法与思考[J]. 江苏农业科学，2008（3）.

[54] 邓建勋，周怡，黄晓峰. 引入保险机制的工程质量风险管理模式研究——国外的经验及对我国的启示[J]. 建筑经济，2008（3）.

[55] 郝宝利. 甄别优劣净化市场——记德国商品检验基金会[J]. 经贸文摘，1995（10）.

[56] 布罗夫. 俄罗斯现代化的历史经验[J]. 理论与现代化，2016（4）.

[57] 储直明. 法国建筑工程质量保险经验及借鉴[J]. 建筑，2009（10）.

[58] 刘祖和. 国外建筑工程质量监管经验借鉴[J]. 工程质量，2006（7）.

[59] 罗斌. 日本、韩国农产品质量安全管理模式及现状[J]. 广东农业科学，2006（1）.

[60] 李惠阳. 消费者保护对产品标识标注的要求[J]. 法治论丛，

2008（7）.

［61］王晓燕. 法国标准化管理与运作模式考察报告［J］. 上海标准，2004（5）.

［62］徐水波，蔡宝军，刘淑文，等. 感受法国、比利时及荷兰麻类纤维质量管理［J］. 中国纤检，2012（7）.

［63］李荣花，王簧松. 世界主要国家缺陷汽车产品召回管理制度分析［J］. 汽车运用，2005（4）.

［64］邢晨光，张宝珍. 法国武器装备试验与评价组织管理体制［J］. 航空科学技术，2015（7）.

［65］彭聪. 法国食品质量安全监管体制及措施［J］. 中国质量技术监督，2006（10）.

［66］晨罡. 在瑞士和法国感受服务质量［J］. 上海质量，2003（11/12）.

［67］蔡蕾. 16世纪英国食品立法的肇始及特征——兼论立法在近代英国国家建构中的作用［J］. 河南师范大学学报，2012（1）.

［68］刘代丽. 法国通过质量认证推动农业品牌化［J］. 农产品市场周刊，2015（9）.

［69］王海波. 法国宇航的质量管理［J］. 航天工业管理，2002（4）.

［70］马跃. 法国名牌风靡全球的秘诀［J］. 化工质量，2005（4）.

［71］刘恒江. 美国、法国和德国消费者对企业责任认识的差异研究［J］. 上海质量，2011（5）.

［72］郭汉丁. 国外建设工程质量监督管理的特征与启示［J］. 建筑管理现代化，2005（5）.

［73］魏秀春. 英国食品安全立法研究述评［J］. 井冈山大学学报，2011（3）.

［74］刘亚平. 英国现代监管国家的建构：以食品安全为例［J］. 华中师范大学学报，2013（7）.

［75］温小辉，冯杰. 从自由放任到多层级全面深入监管——英国食

品安全立法的演进［J］.保定学院学报，2017（1）.

［76］魏秀春，商薇.试析公共分析师与英国牛奶安全监管（1875—1914）［J］.德州学院学报，2015（2）.

［77］刘倩.第二次世界大战时期英国的农业政策研究［J］.世界农业，2017（6）.

［78］李佳洁，王宁，王志刚，等.英国对食品安全责任主体法律责任立法的借鉴研究［J］.食品科学，2014（9）.

［79］罗淑宇.中世纪晚期英国城市食品市场管理刍议［J］.全球视野理论月刊，2011（10）.

［80］张伟清，曹进，陈少洲，等.英美加三国食品监管法规及监督检查现状［J］.食品安全质量检测学报，2017（2）.

［81］冯天雨.十九世纪以来英国政界在食品安全领域的行为和作用综述［J］.食品界，2016（10）.

［82］肖久艳.中世纪晚期英国农民饮食结构分析及影响［J］.黑龙江史志，2014（17）.

［83］陈相龙.德国和英国药品监督管理工作概况及对我国的启示［J］.医药导报，2016（6）.

［84］张钦彬.法国食品标签制度［J］.太平洋学报，2008（7）.

［85］朱从兵.设想与努力：1890年代挽救华茶之制度建构［J］.中国农史，2009（1）.

［86］陈万明，王希贤.中国近代生丝出口贸易兴衰探略［J］.南京农业大学学报，1986（6）.

［87］张丽.鸦片战争前的全国生丝产量和近代生丝出口增加对中国近代蚕桑业扩张的影响［J］.中国农史，2008（4）.

跋 文

自《质量春秋》一书出版后，远方一直有一个影子若即若离地向我招手：继续写一本关于世界近现代质量发展历程的书。但我迟迟不敢迈出第一步，唯恐无法担此重任。在犹豫中，闲来翻阅资料，写一些短文，犹如戒烟的人掏一支香烟，放在鼻前嗅一嗅，权当慰藉。

2018年2月月末，春节已过、春天将近，在小酒微醺后，我终于下定决心：紧紧抓住那个影子，再写一本《质量天下》。牵手的刹那，心底所有的渴望化作了前行的动力，从此开启了一段甜蜜又艰辛的旅程。甜蜜是因为深爱，艰辛是一个又一个长夜相伴。其间，机构改革了，有人笑问，再写质量是不是过时了？开弓没有回头箭，更何况我愚钝而固执地认为，质量之箭方向不会错。

将近三年来，我欣慰地看到，许多同道之人依然没有放弃，一边奔走呼吁，一边潜心研究，"质量"正成为一个热词、高频词，全社会正达成高质量发展的共识。我感动于许多亲朋好友一如既往地支持和帮助，好友王多、杨逸淇、冯红文让本书部分内容先期发表在《上观》《解放日报》《文汇报》《中国质量监管》等媒体上，友兄贾玉奎邀请我参与国家社会科学基金项目《中国经济转型期质量强国战略研究》，让我不断受到激励，在此一并表示衷心感谢。衷心感谢好友彭敬信为我封面题字，诚挚感谢中国海关出版社有限公司出版我的拙作。

  完稿之时，中美贸易摩擦正酣。生意不会不做，中美贸易在打打谈谈中肯定会达成协议，只不过谁让步多一点而已。贸易战从来不会是单纯的贸易战，背后是科技战、金融战、改革战、制度战……决定最终胜败的是综合实力，而衡量实力还得看质量。

  同时，谨以此书怀念我的母亲！

作者

2021 年 7 月